DAVID GOLDBLATT

THE GAMES
A GLOBAL HISTORY OF THE OLYMPICS

奥运会的全球史

［英］大卫·戈德布拉特 著　项歆妮 译

华中科技大学出版社
http://www.hustp.com
中国·武汉

SPORT, TU ES LA PAIX !

COUBERTIN

体 育 ， 你 是 和 平 。

——顾拜旦

目录 CONTENTS

001	引 言	
005	第一章	任重道远：奥运会的复兴
059	第二章	纵享世博会：美好时代尽头的奥运会
105	第三章	针锋相对：20世纪20年代的奥运会及其挑战者
167	第四章	好戏连台！隆重上演的奥运会
223	第五章	小即是美：战后奥运会的失落世界
269	第六章	光影留存：奥运会的光彩与阴影
335	第七章	分崩离析：破产、抵制和奥运会业余主义的终结
381	第八章	风靡全球！后冷战时代奥运会的全球化
455	第九章	走向南方：新世界秩序中的奥林匹克
507	结 论	
519	尾 声	2017年：派对结束后
529	Notes	

引　言

噢，体育，众神的愉悦，生命的本质
你突然现身于环绕乏味现代生活的灰色空地
就像旧时闪耀的神使，那时人类仍面露微笑
点点晨曦照亮山顶
斑驳光芒洒遍阴郁的森林

——乔治斯·霍尔罗德与埃什巴赫
（金牌获得者，1912年奥林匹克艺术竞赛）

一直以来，顾拜旦男爵认为"体育与艺术不是对立的，而是社会文化生活的独特且重要的组成要素"。因此，在他看来，奥运会自然也应该举行关于体育主题的艺术、文学和音乐比赛。这一点，当时的许多运动员和艺术家们都不认同。在1912年斯德哥尔摩举办奥运会前夕，他数次试图说服瑞典的主办者举办这样的比赛。但是，他们在咨询当地艺术界的意见时，发现艺术界人士对这样的提议感到困惑甚至反感。因此，他们礼貌地拒绝了这样的方案。顾拜旦并没有因此打消念头。相反，他自己宣布1912年的奥运会将举办艺术比赛，并且呼吁参赛者把作品寄到他的寓所——就我所知，他是裁判委员会的唯一成员。

在诗歌比赛单元，奖牌被授予霍尔罗德与埃什巴赫辞藻华丽的《体育颂》。它一定符合顾拜旦颇为与众不同的宗教信念以及对于古代与现代体育历史的过度理解。然而，在某些重要的方面，它们显然是绝对正确的。古代世界举办运动会，但是现代世界开展体育运动。从18世纪中叶开始直至20世纪初叶，我们在北欧和美国进行的主要体育运动类型源自古代的运动会以及近代试验或者全新发明的体育运动，例如篮球和手球。与几乎所有前现代比赛不同的是，它们从宗教日历或本地日历、宗教礼仪以及宗教目的中分离出来，让人们获得它们自身内在的意义和因进行这些运动而产生的愉悦感。不同于前现代世界的极度狭隘视野，这些运动的规则通过书面形式固定了下来，这使得它们可以在全国范围内甚至全球范围内传播，这种传播通过构建相应的现代理性的机构进行系统管理。所有这些意味着，当工业资本主义和军国主义的兴起使得世界变成一个日益残酷、悲惨、工具性的地方时，它们也产生了一种不同的竞争方式——有组织的现代体育赛事。

这两位创作冗长诗歌的诗人霍尔罗德与埃什巴赫的名字取自顾拜旦妻子出生地附近的两个村庄的名字（确切地说，是霍尔罗德伯格与埃什巴赫-奥-瓦），它们显然是他的笔名。他举办了自己的比赛，投递了自己的诗歌，然后他评选出了获奖选手。我觉得我们有理由认为他相当喜欢这首诗，但是此后一个世纪里的读者并不欣赏他的作品。这首诗分别用法语和德语书写，有那么一点诗歌的韵律、形式和韵脚，但是这首诗的英文版读起来像一段学校的布道词，既笨重又浮夸。考虑到诗歌极力装出的神圣语调，也许这就是符合它的诗歌类型。这首诗歌的绝大部分,仅仅是对业余绅士体育运动模式的极为糟糕的诠释。这种运动模式,在 19 世纪西方国家的精英教育机构和军事机构崭露头角。在这些机构中,体育被用来培养统治帝国及其平民百姓所需的品质和道德框架。正是这类运动员,也只有这类运动员,以及这种运动形式,才有可能登上现代奥运会的巅峰。

因此我们无法从顾拜旦的思想遗产中获益良多,不管是这首诗或者是它所歌颂的绅士体育世界都是如此。业余性及其精英准则都已经被奥运会舍弃,顾拜旦对于运动会主要是一种精神事件以及一种现代宗教形式的根深蒂固的信念,已经在奥运会从绅士俱乐部与对新希腊体育的崇拜向普遍人性的世俗商业化颂扬的转变过程中被悄然遗忘。在我看来,《体育颂》似乎只有两个诗节能打动我们。

首先,顾拜旦不同寻常地颂扬了体育抹除社会差异、让拥有天赋和能力者在一个原本不公正的世界里展露才华,他写道:

噢,体育,你是正义

人类在他们的社会制度中无法获得的完美公正

在你的四周却是理所当然

其次,他用一种带有性兴奋和迷幻药导致的极乐与入迷状态下的语言,颂扬了体育带来的身心愉悦:

噢,体育,你是欢乐

在你的号召下身体摇摆啊,眼睛含笑

血液在动脉里奔涌

思绪飘扬到更加明亮澄澈的天界

顾拜旦并非有意为不同阶级、族裔、性别、残疾程度和性取向的群体构建一个包容与平等的世界舞台。即使在这首诗中最热情洋溢的部分，他都无法把奥林匹克运动以及奥运会想象成一个集体狂热、沉思或者狂欢的地方。但尽管如此，奥运会还在继续提供这些。

本书主要研究关于顾拜旦男爵及其对体育盛会的独特看法，是如何演变成全球性的标准和与之相关的全球性的行政机构是如何出现的。但是这个演变过程实际上是由那些努力争取完全平等并使我们的身体摇摆、我们的眼睛含笑、我们的思想开阔的运动员们的故事组成的。

第一章

任重道远：奥运会的复兴

雅典·1896

你所有的剧院和大理石雕像现在何处
你的奥运会现在何处

——帕那吉奥提斯·苏索斯，1833

很显然，电报、铁路、电话、热情洋溢的科学研究、大会以及展览为和平做出的贡献远胜于任何条约或者外交会议。那么，我希望体育运动能为和平做出更大的贡献……

让我们输出赛艇运动员、赛跑运动员和击剑运动员：这是未来的自由贸易，当他被引入欧洲旧世界城墙的那一天，和平事业将得到新的强有力的保障。

这足以鼓励你的仆人去梦想……在适应现代生活条件的基础上去继续并完成这项宏伟而有益的任务，即复兴奥运会。

——顾拜旦男爵，1892

第一节

顾拜旦男爵于1892年发表的演讲,可能是呼吁创立现代奥运会的最重要的呼吁,但是很难说它是最早的。早在半个多世纪以前,具有民族主义倾向的希腊出版商与思想家帕那吉奥提斯·苏索斯在诗歌《死者的对话》中,设想柏拉图的幽灵向着满目疮痍的刚刚独立的希腊诉说。如今,终于摆脱奥斯曼帝国的宗主权,现代希腊何处寻?它盛大的活动、艺术与竞技何处寻?[1] 他思绪难平,给希腊内政部部长发去信函,提议希腊恢复古代奥运会,每四年在具有显著现代民族主义意义的地点轮流举行:雅典,新的国都;的黎波里,伯罗奔尼撒的核心地带;迈索隆吉,希腊抵抗奥斯曼帝国的战争中的一个重要据点;赫尔达岛(Island of Hyrda),那里驻扎了击败奥斯曼帝国军队的重要海军力量。[2] 奥林匹亚本身,除了几面墙与几根柱子以外,仍然被包裹在淤泥当中。

此时,古代运动会的意义还与希腊的民族主义事业息息相关。但是三百多年来,由于重新发现此前遗失的古代文献,欧洲人备受鼓舞,纷纷重新阐释古代奥运会,借鉴它的意象和语言,甚至举办他们自己的奥林匹克庆祝活动,把希腊的体育运动与各种不同的活动联系起来,例如英格兰反宗教改革中的娱乐政治和法国大革命的盛大庆祝活动。

从苏索斯创作诗歌到顾拜旦发表演说的六十年里,将会有几十场奥运会赛事、娱乐活动和盛大的庆祝活动。而现代体育的兴起和全球化,以及奥林匹亚本身的实际挖掘,将会塑造这一切。苏索斯率先呼吁恢复奥林匹克赛事，顾拜旦率先赋予这个想法国际性的眼光并且发起了现代奥运会。他们的想法都产生于一个现代化的欧洲与一场古代的宗教盛典之间悠久而不同寻常的相遇，这场宗教盛典距离哥伦布在美洲登陆已经过去了一千年，他们和我们对其的了解都仅凭片言只语。

关于奥运会的传统历史认为，罗马帝国皇帝狄奥多西一世在公元392年明令禁止奥运会，在其后的二百多年里奥林匹亚圣殿被人们荒废掉，最后在火灾中被摧毁。公元5世纪和6世纪发生的地震与泛滥的洪水损毁了大部分遗址，然后遗址湮没在堆积如山的泥沙里。残余的石头以及把那些宏伟的柱子连接起来的金属支架和销子被人捡走。然而，狄奥多西一世的法令实际上针对的是异教行为，尤其是古罗马古老的多神国教：神殿、神谕宣示所与圣所，以及向古老神明的虔诚供奉和牺牲。狄奥多西法令的监管不够全面，因为当时国家的军事力量忙于帝国的内战和与歌特人的边境战争。似乎奥运会并没有立刻消亡，而是苟延残喘，其影响力逐渐消失，其生存空间在对其重要的宗教活动和组织日益敌对的氛围中受到挤压。根据拜占庭历史学家琉善的记载，"奥运会存在了很长时间，直到阿卡狄乌斯之子狄奥多西二世统治期间"，这意味着奥运会最终在狄奥多西二世执政的公元436年左右终止。[3]

到那时为止，奥运会的核心已经被毁掉。根据11世纪拜占庭编年史家乔治·卡卓诺斯（George Kedrenos）的记载，端坐于奥林匹亚宙斯神庙中的镶有黄金和象牙的巨大的宙斯雕像被迁移至劳萨斯宫殿，最终于公元475年左右毁于君士坦丁堡周期性爆发的严重火灾中。但是，人们对他的奥林匹亚狂热崇拜在此之前已经消失殆尽。

第一章 任重道远：
奥运会的复兴

琉善写道："奥林匹亚宙斯神庙被烧毁之后，伊利斯人的庆祝典礼和奥林匹克竞赛就荒废了。"[4] 6世纪中叶发生了地震与严重的河流洪水，使神庙最终消失。①[5] 湮没在泥沙之中，其后统治伯罗奔尼撒的拜占庭人、法兰克人、土耳其人与威尼斯人对神庙遗址置之不理。

一千多年以来，奥运会仅仅留存在文字中，它们有待文艺复兴时期的人文主义学者对古典文献的重新发现和编纂。随着古希腊语、拉丁语以及本国语言翻译的书籍在16世纪日益增多，那些涉及奥运会重要方面的关键著作在少数读者中间传播，越来越多读者对其产生兴趣。例如，仅在16世纪最后二十五年中英国人就翻译了普鲁塔克的《希腊罗马名人传》、希罗多德的《历史》以及荷马的《伊利亚特》。从荷马的这部史诗中关于在特洛伊城边、普特洛克罗斯葬礼上举行的比赛描述中，感兴趣的读者了解到竞技可以是一种神圣的仪式。他们会从普卢塔克的著作中，熟悉亚历山大大帝的奥林匹克生涯。从希罗多德的著作中，他们可以了解到奥林匹亚提供的荣耀——以各种多样以及可转让的形式出现——但不是现金奖励。② 最后，后来的读者将受益于公元2世纪的旅行家以及地理学家帕萨尼亚斯在《希腊志》中对于奥林匹亚与奥运会的精彩的、详细的第一手描述。[6] 对于希腊人为什么要举行奥运会或者他们为何尊崇它们，现代欧洲人可能仍然无法做出定论。但是，他们在读完帕萨尼亚斯

---

① 最近对奥林匹亚沉积物的分析显示，它们的厚度表明这些沉积物不可能是由流经这座圣殿的克拉迪奥斯河产生的。事实上，沉积物的成分包括大量海洋微生物遗骸，这表明奥林匹亚曾遭遇过海啸造成的灾难性洪水——海底地震使巨浪冲入了克拉迪奥斯河，湮没了这座圣殿。——作者注
② 这一事实使希罗多德笔下的波斯人惊骇不已："马铎尼斯，你让我们对抗的这些人是什么样的人？他们争夺的不是金钱，而是成就的荣耀！"——作者注

的著作之后，便会觉得奥运会的重要性毋庸置疑："希腊有的是壮美山河，希腊有的是奇闻轶事；但是上天对希腊人最大的眷顾莫过于厄琉西斯秘仪和奥运会。"

作家们深受启发。莎士比亚于 16 世纪 90 年代初创作了戏剧《亨利六世》，第三部分中乔治王子集结约克家族的部队时说：

> 如果我们能有复兴之日，一定重重酬谢他们，
> 把像奥林匹克竞赛中得胜者一般的荣誉授予他们。①

十年之后，在《特洛伊罗斯与克瑞西达》中，年长的希腊王子涅斯托尔描述战争中来自特洛伊城的对手赫克托尔：

> 我也看见一群希腊人把你紧紧包围在中间
> 像俄林波斯山上的一场角斗似的
> 你却从容不迫地在那儿休息②

1633 年，迈克尔·德雷顿称赞罗伯特·多佛为"英国奥运会伟大的发起者和拥护者"。[7] 德雷顿是那个时代的著名诗人，也是颂扬罗伯特·多佛开创的科茨沃尔德奥运会的诗集《安娜利亚·杜布伦萨》的三位作者之一。

自 1612 年以来，科茨沃尔德奥运会在英格兰西部的祁坪凯姆敦（Chipping Camden）由多佛山形成的天然圆形剧场举行，它有赞助，场面很壮观，提供宴饮、舞会、比赛、赌博，并为体育庆典和竞技提供现金奖励。山上搭建起一座临时城堡，一大群人聚集到这

---

① [英]莎士比亚：《莎士比亚全集》，章益译。人民文学出版社，2014 年，第 337 页。——译者注

② [英]莎士比亚：《莎士比亚全集》，朱生豪译。人民文学出版社，2009 年，第 299 页。——译者注

第一章 任重道远：
奥运会的复兴

里观看猎犬追踪野兔以及赛马、摔跤与胫踢①、棍术和掷链球。多佛于1582年出生于诺福克的一个天主教绅士家庭，其时在伊丽莎白女王执政下的英格兰日益倾向于新教。他从剑桥大学毕业后，在伦敦的格雷律师学院从事律师工作，后来退隐到他在乡下的小庄园。据大家所知，他是一个很有魅力的、迷人的男人，热爱庆典和娱乐，他创立并且命名科茨沃德运动会，这既是地方绅士的赞助行为又是具有全国性意义的政治行为。在英格兰斯图亚特王朝时期，农村广泛地举行竞技活动和赛会，当地赞助人默默地支持它们，但是多佛在他自己的运动会上占据中心地位，使得它比其他活动的规模要大得多。人们身着詹姆斯一世的旧衣服游行，这是有意庆祝这位国王的统治以及响应他对于大众娱乐和休闲的态度，这在部分新教徒日益具有激进、禁欲的清教倾向的17世纪的英格兰具有迫切的政治重要性。到17世纪30年代时，清教徒地主和绅士在他们的领地上禁止此类活动，关闭了农村集市。1642年内战的爆发和1645年保皇主义事业的失败使这些活动停止。1652年，多佛在克伦威尔严厉的禁欲统治下去世，他主办的运动会随之消失。1660年君主复辟后重新举办过一系列运动会，但是奥林匹克的名号已经遗失，尽管多佛的运动会总是喧闹欢腾，受到民众的欢迎，但也只是成为"另一项乡间饮酒放纵的庆祝活动"。[8]

科茨伍德运动会可能失去了与奥运会的关联，但是奥林匹亚在欧洲文学想象及其通俗文化中保有一席之地。约翰·弥尔顿写于

---

① 胫踢（skin kicking）：也被称作打呼噜，由两名参赛者参与的竞技活动，双方的双手抱在一起，只能踢对方的小腿，先摔倒的一方为输家。——编者注

17世纪末的《失乐园》中这样描写撒旦及其同伙的逃亡：

> 有的在旷野里竞走赛跑，
>
> 有的在空中高处飞行比胜，
>
> 好像奥林匹克的竞技或派西亚的田赛①

更引人注目的是，18世纪初叶伏尔泰在英格兰短暂停留期间，在参加泰晤士河畔的一场体育赛会后写道："我恍惚自己已经穿越到了奥运会。"[9]德国启蒙运动的博学者弗里德里希·席勒在他的《美学文集》中把古代奥运会视为"游戏作为美的要素"的例证。从崇高的变成滑稽的：我们发现1786年英国报刊报道了关于奥运会的"滑稽模仿"，其中女性参赛者被"放置在一个平台上，套上马颈轭"。她们的额头上涂有"笑得最难看者获奖"的字样，她们的奖品是一顶"镶有金边的帽子"。1794年，《泰晤士报》把在纽马克特举行的一场马车竞赛描述成"在某种程度上复兴了奥运会，鼓励绅士走上赛马场，提振迅速衰败的赛马会"，参赛选手是霍奇斯保姆和莱兹夫人，奖金达到500基尼②，这在当时可是一笔巨款啊。③[10]

---

① [英]约翰·弥尔顿：《失乐园》，朱维之译。上海译文出版社，1984年，第65页。——译者注

② 基尼（guinea），英国旧货币名。基尼出现在1633年，是英国第一代由机器生产的货币。——编者注

③ 很难想象在对古代奥运会的复兴中还有什么比纽马克特的赌博更加糟糕的。尽管古代赛会也会有赌博，但是妇女和金钱奖励是绝对看不到的，人们举行奥运会是为了崇敬宙斯而不是促进赛马兄弟会成员的健康。18世纪关于奥运会的最佳文学表述——比如英国诗人吉尔伯特·韦斯特的《论奥运会》(Dissertation on the Olympick Games ,1749) 以及让－雅克－巴泰勒米的流浪汉小说《小阿纳卡西斯希腊游记》(Travels of Anacharsis the younger in Greece, 1778)——与此前的作品相比，它们是基于对古典文献更加系统性与学术化的阅读，因此人们肯定清楚奥运会的精神。但是何必让细节妨碍一场欢快的表演呢？——作者注

第一章 任重道远：
奥运会的复兴

在之后的半个世纪里，有可能不同于精英阶层的是，普通大众对于奥运会的了解更有可能是在杂技场而不是在图书馆里获得的。最晚在19世纪50年代，奥运会的盛况和赛马会见诸纽约的弗朗哥尼马戏场、在不列颠巡演的巴布罗·方克的皇家马戏团以及爱丁堡的马卡特夫人的魔环和大马术场。巴布罗·方克是英国首位黑人马戏大师，他"无与伦比的马术表演"为"奥运会增添了新颖的特征"。马卡特夫人的宣传海报承诺："竞技专业人员的非凡进步定会令那些喜爱古典文化的观众回想起古老的奥运会。"最为雄心勃勃但是最不成功的复兴者是传说中被称为查尔斯·兰道姆上校的人，关于他的生平没有确切资料。对于他的从军生涯，更是无法确定。他在伦敦西部的切尔西购买了克雷芒屋的大片场地，并且于1831年创立了"体育场"——或者用其全名来说是，"为举行培养男子气概的防御性训练、马术、骑士品质和水上赛事及技巧娴熟的娱乐休闲活动而设立的英国国家竞技场"。他在1832年和1838年为庆祝维多利亚女王的加冕而举办了自己的奥运会。不幸的是，这些努力似乎付诸东流了，这个体育场在此后几十年里主要举办的是在一个稍显粗俗下流的维多利亚时期的游乐园通常举行的节日庆祝、集会及盛大演出。

如果有人想获得关于古代奥运会的更为全面的知识，以及这些赛事给欧洲大陆创造力带来的更具体的影响，就需要比文字更强大的东西。必须有人亲自去参观奥林匹亚。

第二节

自 15 世纪以来，学者、文物研究者、盗墓者及寻宝者一直在欧洲的古代文明遗址搜寻。自 17 世纪末以来，他们实际上已开始挖掘了几处遗址。庞贝古城和赫库兰尼姆在 18 世纪中叶重见天日。拿破仑在埃及境内发起军事攻击的同时，也开始了声势浩大的科学探险活动，其中包括出土罗塞塔石碑。队伍日益壮大的文物收藏者和严谨的古希腊文化研究者开始想知道能否发掘奥林匹亚，那里会出土什么文物。法国本笃会修士及博学的文物爱好者伯纳德·德·蒙福孔于 1723 年致信科孚岛主教，其教区包括奥林匹亚的遗址，他写道："地下埋藏着多少宝藏啊。我觉得奇怪的是，为何没有人想挖掘那处遗址。"18 世纪最为重要的古典主义者及古希腊罗马艺术和建筑最具影响力的阐释者约翰·约阿希姆·温克尔曼被古代雕塑中体现的同性之爱及体育文化和奥运会深深打动。他数次向他在梵蒂冈的赞助人请求去考察奥林匹亚，但是毫无效果。无论如何，在挖掘工作真正开始以前，西伯罗奔尼撒以外的地区必须有人亲自到奥林匹亚去证实那里是否埋藏着有价值的文物。这个任务被委派给英国古文物收藏家理查德·钱德勒，他是艺术业余爱好者协会的负责人——一家位于伦敦的贵族收藏家和古希腊罗马艺术爱好者俱乐部。他后来走遍希腊，搜寻文物、誊抄铭文、描绘古代遗址。钱德勒购买了从雅典帕特农神庙出土的几个文物碎片，他还于 1766 年前往奥林匹亚，他在那里饱受蚊虫叮咬，并被强烈的阳光灼伤。他到达奥林匹亚之后极度失望："我们满怀期冀去发掘眼前的遗址，结果却发现它几乎完全暴露在外,这令我们相当失望。"那里只有"砖砌建筑物零星的残余,以及依稀可见的石墙"。[1]

尽管这样的考察结果令人失望,至少西欧的古希腊文化研究者知道如何抵达奥林匹亚。1787年,法国驻君士坦丁堡的大使委托路易斯·法维尔首次画出奥林匹亚遗址的草图。1828年,一支重要的法国远征部队在伯罗奔尼撒登陆,协助希腊起义者反抗奥斯曼帝国的独立战争。正如拿破仑在埃及进行的声势浩大的远征,尽管规模要小很多,伴随这支部队来到希腊的是摩里亚科学考察队——包括一大批考古学家、地理学家、植物学家及艺术家。他们在1829年开展了为期六周的考察工作,发掘了宙斯神庙的大部分遗址,包括许多柱间壁。他们把神庙的部分外墙、刻有赫拉克勒斯十二项任务的大理石匾切割下来,运往巴黎的卢浮宫。至今它们还在那里。但是,淹没神庙的泥沙厚达5米,更别提遗址的面积巨大,都有待更加系统性的挖掘工作。[2]

最终挖掘神庙的工作花费了长达六年的时间,但是德国古典主义者恩斯特·库齐乌斯教授花费了近二十五年的时间才使挖掘工作得以进行。在希腊和德国之间进行了长达二十年的复杂外交谈判之后,双方最终于1874年达成协议,德国出资挖掘遗址,出土的文物归希腊政府保管。经过六年的发掘,出土的不仅是宙斯神庙,而且包括帕萨尼亚斯提及的大部分建筑物及其他重要建筑物,例如赫拉神庙、回音柱廊,以及马其顿王室的雕像神庙——腓力的圆形神庙。整个遗址的发掘又耗费了整个世纪,到20世纪70年代出动重型机械来挖掘体育场和竞技场,整个挖掘工作才全部完成。再加上对这些实体文物的长达一个世纪的学术研究,才使得人们在古希腊世界及其身体观念和体育文化的更为广泛的范围内来理解奥运会。人们至今对于如何理解奥运会仍存在相当大的争议，但是接下来本书将对我们时代对于古代奥运会的理解进行简要阐述。[3]

希腊人自己把举办第一届古代奥运会的时间定在公元前 776 年，这种说法较为传统但是可能并不可靠，因为在此之前的两个多世纪里，奥林匹亚神殿就已经成为人们用来做礼拜和举办仪式的场所。事实上，有证据表明在五百年前的迈锡尼文明时代，人们就已经在这里举行祭礼。这样看来，更有可能的是当地的运动会最初是由埃利斯城邦来组织的，并且可能与祭奠有关，早在公元前 8 世纪就已经举行过，并且在公元前 7 世纪时传遍整个古希腊，成为重要的公共事件。起初它们仅仅在西伯罗奔尼撒举行，然后传播至雅典和斯巴达。从公元前 6 世纪开始，传播至希腊北部的塞萨利和西西里及意大利南部的殖民地。除了奥运会之外，还有皮提亚竞技会、尼米亚竞技会及科林斯地峡运动会，这样每四年周期中的每一年都有体育竞技会，就确定了体育竞技在古希腊宗教、文化与政治中的中心地位。

尽管古希腊宗教是多神教，这里的人们信奉许多不同的神，但是从公元前 5 世纪初开始，奥林匹亚运动会成为专门崇拜宙斯——"万神之王"的庆典，这样奥林匹亚运动会成为每四年周期中举办的运动会之首。宙斯神庙的建造始于公元前 490 年左右，是奥林匹亚神圣内区阿尔蒂斯中最宏伟的建筑物。然而，这栋建筑物的光芒完全淹没在菲狄亚斯于公元前 430 年左右雕刻的巨大宙斯神像下。这座雕像被希罗多德颂扬为古代世界的七大奇迹之一，它是一座巨大宏伟的大理石雕像，宙斯端坐在镶有黄金和象牙的王座上，手捧真人大小的奈基——胜利女神。与此同时，初建于公元前 6 世纪的奥林匹亚体育竞技场向南迁移，并且扩大了建筑面积，建设了巨大的砾石铺路的跑马场；两座建筑物的四周都是土筑高坡，可以容纳至少 45000 名观众。

值得花点时间来说一说运动会涉及的观众人数，因为他们在整个古希腊自由民（free-born men）中占有相当大的比例——可能占到了百分之五——他们不仅会从相当远的地方赶来观看，而且会忍受希腊 8 月灼热阳光的暴晒。至于那些精英阶层，他们可以居住在别墅和旅馆里。古罗马人一如既往增添了令人叹为观止的基础建筑，包括新旅馆、尼禄皇帝自己的私人别墅，科拉狄奥河边的大浴房及奇迹般的民用自来水。河水通过水渠流到巨大的水道口——由公元 2 世纪古希腊首富希罗德·阿提库斯出资建造的宏伟的多层大理石水景。但是，对于寄身在神庙四周草地上搭建的临时帐篷里的大多数观众来说，希腊的 8 月有点难熬。但是，斯多葛派哲学家埃皮克提图认为，人们值得经历这样的艰辛来锻造坚强的品格："你难道没有被炎炎烈日灼伤？你难道没有觉得帐篷里拥挤不堪？你难道没有感受到无处盥洗？你难道没有厌烦四周的喧嚣和其他令人头疼的事物？然而我觉得当你忍受所有这些困难只是为了观看宏伟的运动会，你会愿意忍受它们。"

吸引人数众多的观众前来观看奥运会的动机非常复杂，源于古希腊罗马世界更为广泛的身体文化。一千多年以来，这个所有人都以裸体现身的竞技场，成为自由民的贵族阶层的民事生活和娱乐生活的中心，他们可以从大部分的劳动中脱身，是因为他们那富有的、男权的家庭和奴隶劳动。公民责任与竞技场的体育运动和体力劳动互动的方式多种多样。在有些城邦，体育运动是为战争做准备的，如果有必要，所有公民都必须扛起武器。在其他城邦，强调的是身体健康、精神健康及公民美德之间的关联。整个古希腊对于男性竞技者身体美的崇拜说明了许多古希腊人认为：身体美则一切都是好的。

宣布奥运会召开的传令官会提前几个月跨越整个泛古希腊地区通知运动员和观众到奥林匹亚去。事实上，即使在5世纪伯罗奔尼撒的激烈战事发生的同时，奥运会也在持续举行。

奥运会五天的赛程在公元前5世纪时确定下来，并一直延续到公元前2世纪，那时古罗马人征服了古希腊。他们把宙斯重新命名为朱庇特，把奥运会延长成一个六天的庆典，这样的安排一直维持到将近六百年后奥运会的终结。在开幕日，法官和官员——古希腊人的裁判——运动员、教练及他们的亲属被要求在宙斯神庙集合并且宣誓："他们如果不公平竞争就是犯罪，他们必须公正，不准收受贿赂。"[4]然而，正如宙斯群像——通往奥林匹亚体育场之路的两排青铜雕像证实，欺诈和贿赂十分严重。宙斯的这些雕像是用那些违反规则的人缴纳的罚款建造的，以对未来的运动员起警示作用。在号手和传令官（希腊语为 salpinktes 和 keryx）之间也存在竞争，胜者将在那周剩下的时间里通知运动员的获奖情况并且为他们的成就欢呼。

第二日以在遗址四周的许多圣坛和神庙里举行的血祭开场，然后群众将赶到赛马场去观看二轮战车比赛（分为两匹马的战车和四匹马的战车），以及骑马竞赛。尽管这些竞赛项目存在巨大风险，获胜者的奖励被授予富有的马主人而不是骑手。第三天专门用来举行五项全能运动，选手们跑步、掷铁饼、投标枪、负重跳跃，跳跃的方式无人能够准确地描述出来。如果到这个阶段还没有产生胜利者（尽管如何判断是否获胜还不太清楚），最后将用摔跤比赛来决出胜者。第四日庆祝珀罗普斯节，会屠杀一百头公牛，男孩们进行体育竞技，人们尽情吃喝。

第五日，运动员回到体育场赛跑和决斗。一共举行三场比赛：每场比赛大约有二十名运动员参加预赛和决赛：单程短跑（stade）是指沿着体育场的一条跑道全速短跑；往返短跑（diaulos）也是全速短跑，但是指跑过去再往回跑一次；长跑（dolichos），字面意思是"长的"，指绕竞技场跑24圈，大约5000米。摔跤有两种形式：地面摔跤（kato pale）是指选手试图抓住对方，在沙坑里扭打，而站立摔跤（orthos pale）是指一种更正式的搏斗，双方选手站立，以抓住和扳倒对方为目的的打斗。拳击是现代观众熟悉的运动，选手们不戴手套上场，不过古罗马人一直嗜血残忍，他们鼓励选手们使用指节铜套。最后是潘克拉辛（pankration），字面意思是"全能"，一种完全没有限制的搏斗，仅禁止撕咬对方以及戳伤对方的眼睛。最后一日全部用来庆祝：首先是运动员游行，人群向他们抛撒嫩枝、插枝和鲜花；然后为获胜者授予橄榄花冠，制作的材料取自宙斯神庙阿尔蒂斯丛林；最后为裁判和冠军单独举行一场盛宴。

顾拜旦时期的人们对这一切知之甚多。顾拜旦在很大程度上成功地将对崇尚运动和运动员身体的精神上的庆祝活动，竞技的荣耀及积极参与的光荣的阐释，与他对盎格鲁—撒克逊体育与教育美德的宣扬结合起来。当然，这两者之间存在着巨大差距，但是顾拜旦试图弥合这个差距的努力如果说是极度保守的、非学术的、浪漫的与家长式的，至少是合理的。

然而，他对古代运动会与业余体育竞技以及政治的关系的理解是站不住脚的。就前者而言，禁止职业运动员参加现代运动会，以及对业余体育竞技进行严格的界定，都是合情合理的，人们通过对想象中的过去的呼吁，在道德上打磨了半个多世纪。曾在20世纪60年代担任国际奥委会主席的艾弗里·布伦戴奇仍然认为："从古代流传下来的业余准则符合最高的道德法则。"[5]

事实上，尽管在奥林匹亚没有现金奖励，运动会常常是一种高度职业化和商业化的体育文化的一部分。除了奥林匹亚，整个地中海东部广泛地举行体育活动及运动比赛，奖品是现金及其他物品。参加那些比赛并不会妨碍运动员参加奥运会。雄心勃勃的政治家，例如6世纪的雅典人梭伦，就曾经奖励那些凯旋的冠军。五百年之后，马克·安东尼注意到，获得奥运会桂冠的运动员可以免于参军，获得土地、退休金，并可以减税。根据帕萨尼亚斯的记载，一个克里特岛人索塔德斯在奥运会的长跑竞赛中获得冠军后，又代表以弗所人再次参加比赛并且再次获得了冠军。以弗所人为他的效忠提供了大量奖金。

顾拜旦试图找到古代奥运会先例来为他的国际主义与和平的现代奥运会提供合理化的解释，也意味着他想宣扬一种自以为与政治权力和政治关切脱离的体育文化。但是古希腊人似乎并不这样认为。希罗多德指出，雅典人基伦在公元前640年的往返短跑比赛中获胜后信心大振，转而回到故乡发动政变。西门，一个雅典的贵族，被城市的统治者庇西特拉图流放。他"碰巧在奥林匹亚运动会的四马战车竞赛中获得了奖……在接下来的一届奥林匹亚运动会上，他以同样的马儿获胜；但这一次他把胜利让给了庇西特拉图，庇西特拉

第一章 任重道远：
奥运会的复兴

图被宣布是获胜者。他们签署休战协议后，西门得以回到了自己的领地。"[6] 其他几个出现在奥林匹亚胜利名册上的僭主，包括科林斯（Corinth）的吉普赛利斯（Kypselis）与西锡安（Sikyon）的奥塔戈瑞斯（Orthagorides）。

也许更能说明问题的是，顾拜旦本人在真正举办体育赛事和仪式之后发现，奥林匹亚是政治家抛头露面的好机会。我们在普卢塔克的描述中看到地米斯托克利——一名公元前5世纪的雅典平民主义将军——出席奥运会："观众一整天都在盯着他看，而忽视了赛场上的选手，并且用崇拜的掌声向远道而来观看运动会的陌生人示意尊重他的显赫身份，这样的排场令他畅怀，他向朋友们坦承他为希腊奉献的所有努力都得到了很好的回报。"[7] 奥林匹亚自始至终是产生和交换政治资本的地方。正如顾拜旦后来发现，这与现代社会并无不同。事实上，奥运会的这些特征将会被成倍地放大和增加。

第三节

　　欧洲的古典主义者和学者保留并且阐释古代运动会的书面文献。欧洲的考古学家和古文物研究者勘测并且挖掘出了奥林匹亚。大众通过文学、报纸以及马戏团知晓奥运会这个概念。然而，他们中没有人真正举办过运动会或者把古代竞技文化与欧洲开始出现的新的体育、竞技和体育运动关联起来；事实上，在罗伯特·多佛于17世纪中叶举办的科茨伍德运动会终止之后，再也没有人举办过"奥林匹亚式的"体育竞技会。这些关联的首次重建始于18世纪末和19世纪初的德国、法国和瑞典，但是最为成功并且最具影响力的复兴奥运会的运动出现在19世纪中叶的英国和希腊，奥运会的概念与更为强大的社会力量紧密结合，对顾拜旦的复兴活动产生积极影响：在英国，运动会与运动会伦理以及现代体育的道德美德紧密结合；在德国，运动会与民族主义紧密结合。

　　运动会也获得了新生，尽管它们在法国获得了完全不同的政治意义，因为它们是在法国大革命的重要政治人物查尔斯·吉尔伯特·罗姆（Charles Gilbert Romme）的倡议下复兴的。罗姆是立法议会成员，是罗伯斯庇尔的支持者，他在创立旨在废除王室和宗教日历的新的合理化的共和日历，以及支持引入这种时间和空间单位的十进制化方面起到了关键作用。日历增加了五天以符合太阳年，每四年会有一个闰日。罗姆认为这个闰日可能是举办公共庆典与运动会的好时机："我们可以把它称为法国奥运会以及奥林匹克年的末年。"[1]这个想法在共和国持各种政见者中获得相当大的支持。皮埃

第一章 任重道远：奥运会的复兴

尔·多努提出："让法国借鉴这些精彩庄严的运动会，作为自身文化的一部分。我们现在应该复兴这些值得赞扬的发明，在运动会上举行一切比赛，音乐、舞蹈、赛跑和摔跤。"1793年，时任公共安全委员会主任的乔治·丹东向国民公会致辞："我对奥运会无法忘怀，请国民公会授权批准在巴黎的战神广场举办全国性运动会。"尽管丹东很快就失去他的职位，不久之后更是失去了性命，但是在战神广场举办运动会的想法流传下来。1796年，巴黎举办了一场体育和竞赛的大众庆典，命名为共和国奥运会，吸引了数十万人前来参与。《箴言报》（*Le Monitor*）报道称："他们模仿那些聚集在竞技场参加奥运会的年轻斯巴达男子，为聚集一堂的希腊观众树立了民族道德的光辉榜样。"他们举行"运动会、竞赛以及各种充满活力和意义的运动"。传令官身穿共和国国旗的红、白、蓝三种颜色服装宣布竞赛开始，军乐队为比赛伴奏。一名巴黎屠夫赢得了摔跤比赛的冠军，长跑冠军是一名军士长。获胜者头戴桂冠，并且获得法国制造的商品——手枪、长剑、花瓶和手表——在观众面前列队行进。其后又举办了两次奥运会，1798年法国人甚至提议把奥运会像大革命那样延伸到周边国家。但是到1799年拿破仑上台之后，法国人无暇再举办任何奥运会，直至将近一个世纪之后，在顾拜旦的干预之下，法国人才真正兴起一场重大并且可持续的奥林匹克复兴运动。

维多利亚时期的英国作为这个时期的主导者、无数现代体育运动的发起者和传播者，以及现代运动会伦理的整合者，把体育视为其精英阶层的情感、道德和心智发展的重要因素，似乎是它促使了奥运会的复兴。然而，发扬奥林匹克精神的不是贵族运动员和古典主义者济济一堂的公学或者牛津大学和剑桥大学，而是威廉·彭尼·布鲁克斯，他是一名医生，并且担任什罗普郡的小集镇马奇文洛克的治安官。[2]1850年，他开设了文洛克奥林匹亚班，作为马奇文洛克农业读书会的分支，其开幕辞明确记录了目的："通过鼓励人们参与室外娱乐活动，以及每年在公共会议上为在体育竞赛与职业技能方面突出者授予奖励的做法，来促进本镇居民的道德、身体以及心智的发展。"同年下半年第一届马奇文洛克奥运会举行（尽管后来爆发了两次世界大战，奥运会如期举行至今）。这里的运动会内容丰富，既是农村集市又是学校体育日。参与运动会的人既有专业选手又有业余选手，既有男人也有女人，既有当地的也有外来的，既有为老年人设立的项目也有为年轻人设立的项目。比赛项目包括板球、足球、射箭、跨栏赛与赛跑，为获胜的专业运动员提供数目可观的现金奖励。同时，还有蒙上眼睛、推手推车、把两腿套入袋内的赛跑、骑驴和蒙眼抓人这样的比赛项目，最受欢迎的是模仿中世纪的马上长矛比赛①。随着运动会日益受到大众的欢迎，布鲁克斯增加了游行和盛大庆典、诗歌比赛、射击、骑自行车，以及永远变化、内容丰富的五项全能运动。除了五项全能这项比赛有点像古代奥运会之外，马奇文洛克的奥运会与古代奥运会天差地远，冠以奥运会这个名号只不过是让一项典型的维多利亚时期的活动听上去更加光彩而已，它结合了国民自豪与绅士赞助、理性娱乐与消遣，以及布鲁克斯对于农村贫苦人士和城市工人阶级身体健康的真正关切。1860年，布鲁克斯致信五个当地小镇的镇长，提议他们联手举办一

---

① 马上长矛比赛（tilting at the ring）：此处指马上长矛比赛的一种形式。参赛者需骑在马上，在全速冲刺的情况下，将手中的长矛穿过一个小金属环。——编者注

第一章 任重道远：
奥运会的复兴

场什罗普郡奥运会。其后四年举办了这些运动会，其中规模的最大的一次运动会吸引了 15000 名观众，直到 1864 年的倾盆大雨逼停在什鲁斯伯里举行的运动会，加上民众缺乏热情，运动会不了了之。

民众对利物浦体育俱乐部的热情经久不衰。这个俱乐部创立于 1862 年，其目的很明确，就是为了培养业余运动员以及要求他们遵循公平比赛的绅士美德，并且向底层阶级和中产阶级中久坐不动的怀疑论者灌输体育教育的价值。[3] 这个俱乐部的推动力量源自查尔斯·梅利和约翰·哈利。梅利毕业于坚定倡导运动会美德的拉格比学院（Rugby College），他热衷慈善事业，为这个城市出资建造了自动饮水器、新公园、绿地休闲空间以及室外体育馆。约翰·哈利是一个派头十足的、自命的"竞赛监督官员"，喜欢奇装异服，对运动带来的精神上和身体上的益处抱有强烈热情。这两个人都信奉当时颇为流行的朱文诺的格言——健全的精神寓于健全的身体。1862 年 6 月，他们把它刊登在《利物浦每日邮报》的一则"宏伟奥林匹克庆典"广告的顶端。不同于在马奇文洛克举行的运动会，这些组织者不向专业运动员授予现金奖励和名次，但是为"绅士业余选手"颁发银奖和铜奖，以及提供在看台上观看比赛的门票。高端客户则可以观看越野障碍赛马、体操、击剑（军刀和大刀）、摔跤、拳击、跑步、跳远和投掷板球；"委员会不遗余力……使庆典名副其实"。利物浦宏伟奥林匹克庆典杂乱无章，但是受到民众的极度欢迎。尽管时间安排十分混乱，但来到体育场的观众人满为患，并连续三年举办了庆典，其中 1863 年第二届庆典总共有 12000 名观众参加。《利物浦每日邮报》满怀喜悦地写道："如果说有哪个庆典名字从古代完美地传递到现代，那就是奥运会了，我们这个时代举办的体育盛会

025

与那些粗俗下流的体育竞赛相比显得卓尔不群。"1864年在动物园举办的庆典就没那么令人愉快了，主办方不允许许多从外地赶来的专业运动员参与比赛。然而，他们决心不改，参加了由当地赌马业者赞助、临时增加的田径比赛。

这些英国前奥运会的最后能量在1865年汇聚在一起，人们在伦敦召开会议，旨在组建全国奥林匹亚协会，参加者包括约翰·哈利及其他来自利物浦的代表，布鲁克斯博士及来自设在伦敦的德国体操协会的恩斯特·拉文斯坦。全国奥林匹亚协会被设想为一个可以"集中遍布全国的体育、田径和体操俱乐部"的组织，并且举办面向"八方来客"的全国性运动会，参赛者不包括女性或者专业运动员，但至少在阶级方面，它没有限制。伦敦自然而然成为1866年首届全国奥林匹亚协会运动会的举办地。这座城市除了人口庞大、潜在观众多的优势之外，它还是大多数全国性重要体育协会的所在地——例如玛丽勒本板球俱乐部和新成立的足球协会，而且有很多重要的贵族运动员在这里安家。然而，这些协会与运动员对于全国奥林匹亚协会的组建或者其主办的运动会的邀请都不以为意。这个由来自地方的无名之辈和一个德国体操运动员组建的协会能够组织并且象征性地管理体育赛事的看法是难以想象的。很快另外一个组织即业余体育俱乐部成立，尽管人们注意到它"于1866年2月发表的计划书只不过是在圣诞节期间临时拼凑起来的，其目的只不过是为了反对全国奥林匹亚协会"。[4] 为了表明他们的反对意见，这些体育精英人士在伦敦西部的博福特之家那优雅别致的花园里举办了他们自己的全国锦标赛，向观众收取一个基尼的高昂入园费，并且规定任何参与公开竞赛或者全国奥林匹亚协会举办的运动会的人将没有资格参加他们举办的锦标赛。全国奥林匹亚运动会更贴近大众,共有10000名观众观看了1866年在水晶宫举行的运动会,1867年同样有这么多观众观看了在伯明翰举办的游泳、跑步和体操竞赛。

这是英国奥运会复兴运动的全盛时期。这个复兴运动与伦敦的精英运动员和大学没什么关联,有时候甚至会遭到他们的激烈反对。这个由来自地方的体育爱好者和慈善家联合组建的协会,既没有资金也没有政治资本来维持体育盛会或运动。1868年,由于无法找到大都市中任何一家重要体育俱乐部作为主办单位,在惠灵顿的什罗普郡举办的运动会规模缩减,更像是一场马奇文洛克的地方性赛会。1874年和1875年继续在什罗普郡举办了两届运动会,但是它们不再具有全国性意义。与此同时,业余体育俱乐部巩固了他们对全国性体育活动的掌控,摇身一变成为业余体育协会,在全国范围内开展体育运动。全国奥林匹亚协会的最后一届运动会于1883年在马奇文洛克北部的哈德利小村庄举行,规模小得可怜。布鲁克斯博士和马奇文洛克运动会的主办方锲而不舍,布鲁克斯继续努力争取英国政府支持大众体育教育,并且与希腊当局以及其他机构接洽,探讨举办一场复兴奥运会的可能性,但是在很长一段时间里,他的沟通和影响毫无效果。在英国,奥运会的影响范围缩小到东北小镇莫佩思,在那里从1870年直至第一次世界大战爆发一直在举办莫佩思奥运会——与马奇文洛克的运动会相比,这里的运动会更加都市化、商业化,声势浩大,人们常常借此喝得酩酊大醉。这里不举办仿古的盛大庆典,甚至都不屑模仿一丁点古希腊的奥运会。

对于古希腊文明的刻意模仿在现代希腊占有更为重要的地位。如前所论,第一个复兴奥运会的倡议是由诗人帕那吉奥提斯·苏索斯于 1835 年提出来的，而希腊正是在前几年摆脱奥斯曼帝国的控制，获得独立。在苏索斯的影响下积极投身于复兴奥运会的重要人士包括极其富有的航运巨头埃万杰洛斯·扎帕斯（Evangelos Zappas）。[5]1856 年，扎帕斯希望把自己的财富变成一笔全国性遗产，他致信奥托国王，提议在已修复的雅典中部的帕那辛纳克体育场（始建于公元前 300 年左右，但之后长期处于损毁状态）举办一场复兴的奥运会，为获奖者提供奖励，所有一切开支均由一笔数目相当可观的遗产来支付。当时的外交部部长亚历山大·朗加维斯感到有点不可思议，他没想到竟然有人对体育这么感兴趣。他在回信中写道，那笔钱最好用来建造一座永久性的建筑物，可以在里面每四年举办一场关于希腊农业、工业和教育成果的展览，把其中一天用来进行体育比赛和娱乐。1858 年，一项协议达成了，1859 年将召开首届运动会，当地人称之为"扎帕斯奥运会"。然而，它们只是朗加维斯长达一个月的农业展览、制造业创新展览及美术竞赛和戏剧竞赛中很小的一个组成部分。

运动会在雅典的一个地面铺设鹅卵石的城市广场举行，时间定在三个星期日，比赛项目仿照古代奥运会，设有跑步、赛马和马车比赛、掷铁饼和投标枪，以及攀爬涂有油脂的长杆的项目。运动会由国王和王后宣布开幕，获胜者将获得刻有"第一届奥运会桂冠"字样的奖牌，奖品十分丰富。观众人数很多，参加比赛的运动员来自整个希腊语世界，但是会场组织十分糟糕。很少有观众能够真正看到比赛，当人们凑到前面去观看比赛时，当地报纸报道称："本来应该维持秩序的警察一点都不称职，他骑着马到处乱跑，撞到了很多男女观众。"[6] 其中一篇社论更加鄙夷地写道："没有什么比在劳德维克广场举行的喜剧更加滑稽了，如果我们把它称作奥运会就真是大错特错了。"[7]

1865年，扎帕斯去世，他自己的巨额财富中的很大一部分用于继续复兴奥运会。奥托国王当时已被流放；他在1862年被乔治一世取代，这位十几岁的丹麦王子是欧洲同盟和希腊精英共同选定的人选。乔治国王热衷体育，而且为了让自己对希腊的统治更加名正言顺，欣然支持了1870年举办了第二届奥运会，这一次还是作为一场农工展览的部分内容。扎帕斯遗产的部分资金被用来重建帕那辛纳克体育场（虽然没有铺设大理石），搭建一座小型看台，并且为来自整个希腊语世界的运动员提供数额可观的旅费和奖金。这次奥运会象征性地借鉴了更多古代奥运会的内容，例如竞赛选手被要求正式宣誓并且由传令官宣布比赛。人们在运动会开幕会上吟唱了一首奥林匹克圣歌，冠军被授予桂冠。这次奥运会吸引了30000名观众，大多数希腊人认为此次奥运会取得了巨大成就。但是有些人，如贵族中的古典主义者和组委会成员菲利普·约安努，对于参赛选手中竟然有来自工人阶级的人——比如获得爬杆冠军的特劳加斯是一名石匠——感到震惊，他们对于参赛选手中包括没有"受过良好教育的青年"深表遗憾。其后在1875年召开的运动会上，组织者和绅士体操运动员扬尼斯·菲基亚诺斯保证只允许来自"社会上层人士"的运动员参赛。想参赛的运动员必须通过自己的大学，申请在菲基亚诺斯的体育场训练两个月。这确保了运动会的参赛选手全部是"来自有教养的阶级……而不是那些参加前两届奥运会的工人阶级男子"。尽管媒体欢呼这届奥运会将"更为体面"，事实证明这是一场灾难。新建的体育场完全不适合竞赛，观众必须拔起带刺的灌木，移走石头，才能找到地方坐下。那些观众本来就对运动会的杂乱无章甚为烦躁，再加上菲基亚诺斯冗长而无趣的开幕式演讲，观众的不满更加明显。

因此，扎帕斯奥委会调低了接下来十年内举办运动会的资助预算，就不足为奇了。他们把时间和扎帕斯几乎所有的遗产用于建造宏伟的扎皮翁宫：这座早就承诺要建造的新古典主义风格的展览厅和神庙于 1888 年竣工。当有人提议举办第四届扎帕斯运动会时，扎帕斯奥委会对此并不上心。新成立的泛希腊体操协会接过了复兴奥运会之棒，这个协会是雅典的贵族体育中心，它于 1891 年和 1893 年举办了两届小型泛希腊运动会，获得乔治国王和康斯坦丁王储的赞助，并且吸引了他们前来观看比赛。1890 年，康斯坦丁甚至签署了一项皇家法令，宣布从 1892 年开始每四年举办一次奥运会。但是如果希腊君主及其同盟希望复兴奥运会，他们还必须得到其他国家和地区的支持。

第四节

  皮埃尔·德·顾拜旦的身体葬在洛桑，他的心葬在奥林匹亚，但是他出生于法国，在第三共和国时期饱受煎熬。查尔斯·皮埃尔·弗雷迪·德·顾拜旦男爵于1863年出生在巴黎的一个贵族世家，家中排行第四。顾拜旦在1870年第一次领圣餐，同年发生色当（Sedan）大难，普鲁士军队在此打败法国军队，抓获法国皇帝，普鲁士在这场为期很短的普法战争中取得初步胜利。1871年巴黎被占领，其时德意志帝国已经统一，获胜的德军把一份和平协议强加给法国后撤军，要求割让阿尔萨斯－洛林，夺走了法国人仅剩的一点民族自信。法国皇帝流亡在外，旧秩序荡然无存，法国第三共和国建立。顾拜旦的父母打算培养他成为牧师，1874年送他到圣伊格纳斯耶稣会学院学习。课程内容与19世纪的世俗文化几乎无关，而是聚焦于修道仪式和虔诚奉献，学生还要花费大量时间学习希腊语和拉丁语，此外还有专门课程教授学生修辞学。"从拉丁语课堂到法学课堂；从修辞学课堂到会客厅谈话；从在总理事会发表演讲到参与政治生活。"[1] 由于所有这些训练都是在一种学生之间相互竞争的氛围中进行而显得兴味盎然；通过发布并且比较成绩而刺激学生间的竞争；为最优秀者颁发奖品；有意模仿古典时代对于身心平衡的强调，鼓励学生学习击剑、骑马、拳击和划船，顾拜旦积极参与所有训练项目。

  尽管耶稣会学院的教育十分严格，但是它与席卷第三共和国的巨大经济、社会和技术变化对于学生产生的影响无法比拟。巴黎当时是那个美好时代大型的、世界性的实验地,是欧洲以及全球艺术、哲学、文学、音乐和设计网络中最为重要的节点,并且这里举办了一系列大型国际展览和世界博览会。到顾拜旦离开学校时,这个表面上循规蹈矩的男学生决定与父母及其所处社会阶级中很多人所持有的主要信念决裂,拒绝担任神职,并且在政治上成为支持共和国的贵族人士。顾拜旦进入自由学院学习——一家教授新的社会科学和公共管理的精英学校,信奉各式各样的国际主义、和平主义和进步主义——他在这里选修了大量自己喜欢的课程。这里的实验主义和反传统主义的学术氛围很适合他。但是,尽管学习非常顺利,顾拜旦仍渴望某种与他的贵族地位更加相称的东西,某种能使他立足于世界的东西。

也许我们可以从他发表于19世纪80年代初的作品《一个归顺者的传奇故事》中了解他此时的思想,这是一部几乎毫不掩饰的半自传体小说,这个以游记体书写的甜腻无比的爱情故事,为顾拜旦书写记忆以及发表社会和道德方面的评论提供了框架。[2] 小说的主要人物艾蒂安是一个力图寻找自己在世界上的地位和人生目的的年轻贵族,"艾蒂安厌倦了自己只能被迫采取行动,却无法真正有所作为。他在四处都可以看到人们的行动,各种各样、形式诱人的行动。在私下的调查中,他潜意识里想要寻找的是行动的动机。"[3]

顾拜旦在19世纪80年代的大多数时候探索的问题是,一个人在世界上可以发挥何种作用,完成何种更为宏伟、更加高尚的使命和任务。自我教育可以为他提供部分解答,但是对于顾拜旦来说解决问题的关键是旅行——这是一个具有不凡学术抱负的贵族的特权和期待——他正是在英国和美国游历期间对体育、教育改革和民族发展产生了浓厚兴趣。

顾拜旦遵循的是造访过英国的法国旅行家和作家的悠久传统。他对英国既爱又恨,这种矛盾的情感常常体现在他对待英国贵族的统治上:它是牢固的君主制与尊贵传统的完美结合,抑或只是一种日益过时的统治手段?顾拜旦不信奉君主专制制度,也不希望自己与时代背道而驰,正如他常常讥讽属于自己阶级的某些人士,"禁锢在过去的废墟中"。那个时代最受读者欢迎的游记之一,同时也是顾拜旦非常熟悉的作品,是依波利特·泰纳(Hippolyte Taine)的《英国札记》(Notes on England)。[4] 他对于英国贵族的评价截然不同,在他看来,他们是"高贵的……是整个国家中最开明的、最独立的和最有用的公民"。

他们为什么会是这样的呢?1883年,他游遍牛津、剑桥、伊顿公学、哈罗公学和拉格比公学。1887年,他的足迹遍布基督公学、查特豪斯公学、马尔伯勒公学、惠灵顿公学、威斯敏斯特公学和温切斯特公学。关于这个问题,顾拜旦参考的最重要的文学著作是一本英文版的托马斯·休斯的《汤姆·布朗的求学时代》。他声称自己"在参观英格兰所有的公学时都带着它,这样更有助于我回想起自己的学生时代,以便更好地理解它"。[5] 事实上,他在英格兰度过的时光以及随后于1888年出版的书籍《安格尔特雷教育》(L'Education Angleterre)只不过恰好印证了他在阅读汤姆·布朗时获得的种种印象,而不是对其所见所闻的批判性或者反思性审视。在19世纪的畅销书中,《汤姆·布朗的求学时代》包含作者——19世纪40年代就读于拉格比公学的汤姆斯·休斯——的简洁回忆以及奇思妙想,为数代人界定了公学运动会伦理的意义。仔细阅读这本书可以发现,在沉闷的说教、浮夸的道德规范以及过分感伤的文字背后，偶尔会透露出更多具有颠覆性意义的讯息——几乎不加掩饰的同性爱、时而流露出的人间温情以及对于这些骇人听闻的教育机构过度的残忍和暴力的不屑——但是顾拜旦从来都不是一个仔细的读者。顾拜旦认为："英国校长的最高目标是让男人去引导学生们。"至于他们如何达到这个目标，答案十分简单："我在这个问题上询问的所有人给出的答案是一致的。他们只需以喜悦的心情遵循学校的道德规范，并大声宣布体育是其中的原因。"顾拜旦坚信这一切都是从19世纪20年代起对拉格比公学进行改革的校长托马斯·阿诺德的杰作，他正是在这里发表自己著名的感想："黄昏时刻，我独自一人在拉格比公学的哥特式大礼拜堂里，双目凝视那块巨大的墓碑，上面没有墓志铭，只铭刻了托马斯·阿诺德这个伟大的名字，我仿佛在我面前看见了大英帝国的基石。"[6]

这段关于阿诺德的影响以及顾拜旦自己在拉格比公学时光的记述是"有意创造的神话"[7]，还是（正如他的传记作家所认为的那样）一种"深层次的、多重因素决定的愿望实现"方式，这样的看法显然是不准确的。[8]事实上，阿诺德对于体育运动几乎漠不关心；据报道，他充其量只是在场外观看过比赛，但是他既没有参与过运动会，也没有倡导过运动会。相反，他的教育改革首先针对的不是运动会，而是把灌输宗教信仰作为培养基督教徒绅士成为业余运动员的前提条件。虽然这个目标在某种程度上是通过比以往更多一点关注学生的道德健康和情感健康来实现的，但是纪律和秩序同样重要。阿诺德当时对于男生与生俱来的罪恶十分担心。他在负责拉格比公学期间公然体罚学生，这在当时的英格兰司空见惯，低年级学生给高年级学生跑腿这种臭名昭著的教学传统持续了整个19世纪。

顾拜旦在他的游记中粉饰了大多数此类情形。事实上，拉格比公学以及其他公学中的体育传统是在年轻一代校长的手中创立的，尽管他们效法阿诺德，但是他们发现运动会是控制学生和塑造其道德观和行为的最为有效的机制。最重要的是，团队体育运动为培养强壮体魄和绅士气质提供了舞台。它们让学生充满竞争意识但并不激烈，它们向学生灌输对于权威和法治的敬畏但并不会压制个人。从更为宽泛的意义上说，这种体育文化力图达到在精神健康与身体健康之间平衡的古希腊美德。最重要的是，它为光辉与荣耀、无畏和勇敢保留一席之地。

顾拜旦对由19世纪后半叶像查尔斯·金斯莱这样的年轻一代教师和健壮基督徒塑造的公学运动会伦理的升华，最终成为他关于奥林匹克主义综合理念的核心组合部分。19世纪80年代末，他利用它来为法国教育的深刻改革辩护，改革针对的不仅是精英阶层，还包括平民百姓。他当然认为英格兰模式及其对团队体育和球类运动的关注优越于受到严格控制的德国体操传统。许多法国人曾经把目光投向德国，它的民族主义体操、训练和军事胜利的传统，并呼吁法国体育以及军队按照德国的路线改革。相反，顾拜旦认为："法国需要的是公民而不是士兵。我们的教育需要的不是军国主义，而是自由。"[9]

顾拜旦理由充分，但是现在他需要付诸行动；1888年，他协助前总理、年岁已高的共和国政治家朱尔·西蒙牵头组建并管理"体育锻炼在教育中传播总务委员会"。该组织发起一场教育政策运动，为宣扬业余体育的优点提供论坛，并负责组织田径比赛、足球比赛和橄榄球比赛。1890年，它与一个规模较小的竞争对手合并，成立法国体育协会联盟。这个联盟在较为极端的民族主义者看来与英国的关联过于密切，反对者如科幻作家巴夏尔·格鲁塞创建国民体质教育联盟，并谴责引进英国运动会和风俗。格鲁塞甚至呼吁，在法国举办全国性的奥运会。有意思的是，就在顾拜旦推出自己的复兴计划的三年前，他对这个提议不屑一顾，甚至有点鄙夷。"格鲁塞的联盟大张旗鼓。它在战争爆发时成立，它令人想起奥运会以及在埃菲尔铁塔脚下的庆祝活动，在那里国家元首将用桂冠为年轻的运动员加冕。然后每次当他们谈论军事防御时，他们都宣布他们不想采取政治行动……这一切够了，它太过分了。"[10] 然而这恰恰是顾拜旦将要继续创建的，复兴奥运会对于他来说是重中之重，它把他生命中众多个人的、政治的、体育的和文化的事业结合起来。

顾拜旦发表于1908年的回忆录中充满了不切实际的幻想，他没有明确地写自己何时并且如何提出复兴古代运动会的想法。显然他早期的怀疑态度被从故事中删除。事实上，顾拜旦男爵重写了自己的心智发展历程，似乎他自始至终都梦想复兴古希腊文化。"我说不清这个必须复兴奥运会的念头是何时以及如何在我脑海里浮现的……我一直都熟悉这个术语。古代历史上没有什么比奥林匹亚更让我浮想联翩。这座梦想之城……早在我青少年时期就不停地在我的脑海里竖立起它的柱廊和门廊。早在我想从它的废墟中构建复兴原则时，我就在脑海中重建过它，使它的轮廓重新变得清晰。"[11] 毫无疑问，顾拜旦在耶稣会学院接受的教育确保他熟悉关于奥运会的一些古典文献，而且他很可能了解一点德国在奥林匹亚的发掘工作，但是从他的回忆录、阅读书籍或者札记中很少能看到他自始至终都

第一章 任重道远：
奥运会的复兴

对这个主题感兴趣，以及他在奥运会与自己的教育改革工作或他日益国际化的视野之间建立起任何重要的关联。事实上，对于他的转变（至少促成了他思想的变化）最有可能的解释是，由他与布鲁克斯博士以及马奇文洛克奥运会的接触促成的。

1889年初，顾拜旦在英国报纸专栏上呼吁，征召通讯记者为他传递关于体育教育的信息。彭尼·布鲁克斯博士是应召者之一，他向顾拜旦源源不断地发去关于奥运会的信件、简报和报道。男爵显然对此倍加关注，同年晚些时候，他在国际体育运动大会上发表演说——他于1889年在巴黎举行的世界博览会上的献辞——赞扬布鲁克斯的看法和倡议，直接引用后者在1866年于伦敦举行的全国奥林匹克庆典上的演说："我们怎么能不同意一个睿智的演说者在大约二十年前于水晶宫举办的一次体育竞赛上发表的言论呢？"[12]有趣的是，顾拜旦没有直接提到在伦敦举办的运动会具有奥运会的特征。在他后来与布鲁克斯的通信中，他较深入地与之探讨了将体育纳入全国课程的优点和前景，并同意参加1890年10月举办的马奇文洛克运动会，但是他始终没有提到古代奥运会的议题。在顾拜旦抵达前夕，布鲁克斯以为举办此次运动会的目的只不过是"启发希望在自己的同胞中更广泛地引入体育运动的皮埃尔·德·顾拜旦男爵"。这个小镇正如以往那样，已经在那年的5月举办过运动会，这次是一次特殊的表演。这场运动会本身真的没有什么值得详细描述的，但是布鲁克斯把庆典弄得声势浩大。竞赛者穿着华丽的服装抵达游行现场，穿过一道用道具搭建的凯旋门，上面写着："欢迎皮埃尔·德·顾拜旦男爵的光临，祝法国繁荣昌盛。"男爵受到邀请，种下一棵橡树，他们把香槟酒洒在树苗上。比赛场地飘扬着横幅，上面有古希腊语书写的古典文献语录。运动会本身持续的时间很短：五项田径全能比赛之后就是马上长矛比赛，以及精心安排的仿照中世纪的颁奖仪式，最后就是举办一场盛宴。布鲁克斯宣布顾拜旦成为马奇文洛克奥林匹克协会的荣誉会员，顾拜旦宣布他的东道主为法国体育协会联盟的名誉会员。他们还单独交流了一段时间，博士给男爵看了他自己的剪贴簿，他复兴奥运会的档案以及相关信件，还有他的个人图书馆——并且在这个过程中，他向顾拜旦介绍了自己如何组建全国奥林匹克协会，扎帕斯在希腊力图复兴奥运会的种种事迹，以及他本人后来与希腊人的交流。

顾拜旦一定感触良多。他回到法国后，书写了一篇题为《马奇文洛克的奥运会——雅典历史新的一页》的文章。"这场奥运会体现了浓厚的诗情画意，散发出古典的气息。布鲁克斯博士比任何人都更为敏锐地意识到，古希腊文明在经过时间的洗礼后，仍然对我们今天的人类产生着神秘的影响。"[13] 顾拜旦以前所未有的明确言辞写道："如果奥运会在现代希腊无法复兴，却以一种新的形式出现在英国，那么我们应该感谢的不是希腊人而是布鲁克斯博士。"

第五节

  毫无疑问,顾拜旦在造访马奇文洛克之后的数月才成为一个奥运会的复兴主义者。在这个过程中,他广泛借鉴前人的看法和经验,尽管他很少承认,但是他绝不仅仅是拾人牙慧。他在发表关于马奇文洛克运动会的文章,1892年于索邦发表演说,以及提议复兴奥运会的十八个月之间,形成了对现代运动会的独特看法。而且,不同于前人的是,他将能够创建一个国际社会和政治联盟来复兴奥运会。也许顾拜旦最大的优点在于他的国际视野。18世纪90年代,法国革命家呼吁这个新成立的欧洲共和国加入他们的奥运会。19世纪60年代,全国奥林匹克协会曾经邀请外国运动员参与他们的运动会,但是无人回应。马奇文洛克运动会完全是地方性的,规模小得可怜,扎帕斯运动会仅仅面向希腊观众,与希腊民族主义事业密切相关,尽管两者都能够利用当时新兴的体育文化和俱乐部,但是他们无法利用欧洲贵族阶层才具有的体育声望、文化资本和政治影响。

  相比之下,顾拜旦把自己复兴奥运会的想法与在最广泛的国际范围内复兴奥运会的呼吁结合起来,设想奥运会是一场宏伟的且有组织的国际性都市盛会,而不是一种娱乐活动或者乡村集会。他与欧洲贵族的私交以及他们共同的意识形态,让他可以在工业化世界的绅士运动员中广泛传播他的复兴奥运会的想法。

  尽管他曾经拒绝担任外交官(一个他可以利用的传播途径之一),但是以顾拜旦的社会地位和人脉,他仍可以自然而然地参与国际事务。自从拿破仑战争结束之后成立欧洲同盟以来,欧洲各国君主日益习惯于在王室贵族之间召开会议，面对面地交流。[1] 它只是一个半制度化的国际外交体系，因而欧洲的王室贵族从来都不是很清楚谁才有资格召开会议，或者就什么议题召开会议。在整个19世纪，召开会议者中既有深居简出的君主也有年轻一代的欧洲贵族，讨论的议题包罗万象，既有关于保护知识产权的议题，又涉及战争规则和修建苏伊士运河这样的议题。顾拜旦不仅能够接触到各式各样的贵族圈子，他还通过旅行以及与越来越多的人通信，与欧洲和北美的一些重要体育协会、大学和精英运动员建立起联系。

正如我们将要看到的，调动这些力量的最有效的方式是解决体育中的业余主义问题，然后国际大会的共同任务是讨论、提议并试图确立专业领域的国际标准。然而，从男爵在1892年以后写的书中使用的新的语言风格和论述中，我们可以清楚地看到，业余主义对于他来说并不是复兴奥运会的力量，仅仅是达到这个目的的手段。更为重要的是国际主义事业、和平主义以及国家之间的和平，他最初在自由学院接触到这些思想——当时是巴黎社会热衷的各式各样思想的一部分。值得注意的是，支持顾拜旦在1894年召开并在其后继续召开的复兴奥运会的大会的头面人物中，除了各国王室成员之外，还包括以巴黎为中心的新兴国际和平运动的主要人物。[2] 在这个美好时代，国际协会和大会的世界与文化交流的全球网络的关键节点交织起来——1851年在伦敦举办了第一届世博会，1889年在巴黎举行的世博会，无论在规模上还是在影响力上都无与伦比，顾拜旦在1889年的世博会上发表演说。这些演说和顾拜旦协助安排的在世博会上小规模上演的瑞典林氏体操，把国际体育纳入了这些新兴国际展览会以及其对现代性的宏大的诠释范围。

第一章 任重道远：
奥运会的复兴

1891年，约翰·阿斯特利·库珀（John Astley Cooper）迈出了下一步，他在《大不列颠：帝国与亚洲季刊》(*Great Britain: The Imperial and Asiatic Quarterly*)上撰文，提议举行单独的国际体育盛会："每四年举办一届泛不列颠泛英吉利的竞赛和庆典，以增强大英帝国的声誉和别人对大英帝国的了解"，团结宗主国和殖民地。顾拜旦遵循同样的思路，但是目标更加国际化。[3]

顾拜旦关于复兴奥运会的多元思想中还需要最后一个成分。当然，顾拜旦为开展体育运动和将其引入学校做出了务实的论述——比如培养业余运动员和健康人口对国家的益处，以及在国际范围内举办奥运会的道德利益和政治利益——但是这些观点只适用于举办世俗的国际体育盛会，比如泛不列颠运动会。复兴古代奥运会，即使是在现代条件下，也意味着要进入神圣的领域。顾拜旦热衷于引用品达的话，认为"众神是奥运会之友"，顾拜旦意识到这一点，并被古代奥运会不可磨灭的宗教性深深吸引。事实上，他以为，如果古人前来观看现代体育，"会对它们没有表达或者暗示净化和神圣化行为的宗教思想而感到诧异"。[4]然而，事实上，"就像古代体育运动一样，现代体育运动是一种宗教、一种崇拜、一种足以从体育激情澎湃地冲刺到英雄主义的升华"。[5]这个深陷在日益大众化和世俗化世界的天主教贵族，努力探寻荣耀和英雄，终于找到了他的使命、他的众神以及崇拜众神的舞台。

第六节

1892年11月，在造访马奇文洛克不到两年之后，顾拜旦在索邦为庆祝法国体育协会联盟成立五周年的大会上安排了三个人发表演说。乔治斯·布尔登（Georges Bourdon），戏剧评论家和法国首都最重要的体育俱乐部、赛车俱乐部的创始人之一，发表了关于古代体育的演说。外交家及作家朱尔·朱塞朗（Jules Jusserand）谈到了骑士精神和中世纪体育。接下来轮到顾拜旦发表关于现代体育的演说。"国际竞争"是他演说的主题：

很显然，电报、铁路、电话、热情洋溢的科学研究、大会以及展览为和平做出的贡献远胜于任何条约或者外交会议。那么，我希望体育运动能为和平做出更大的贡献……让我们输出赛艇运动员、赛跑运动员和击剑运动员：这是未来的自由贸易，当他被引入欧洲旧世界城墙的那一天，和平事业将得到新的强有力的保障。这足以鼓励你的仆人去梦想……在适应现代生活条件的基础上去继续并完成这项宏伟而有益的任务，即复兴奥运会。

最初大众的反应不好。顾拜旦回忆道："我自然预想过可能会出现的任何结果，但是我没有想过实际上会是这样的结果。对立？反对？讽刺？或甚至是漠不关心。完全没有想到。大家都鼓掌……但是没有人真正听懂。"[1] 有些观众以为这整件事情只不过是一场精心策划的盛会，甚至还开玩笑说那些运动员会不会裸体上阵。

第一章 任重道远：
奥运会的复兴

顾拜旦并没有气馁，他寻找其他可以实现梦想的机会。1893年，一名业余竞走冠军同时也是赛车俱乐部的财务主管阿道夫·德·帕利萨为他提供了机会。帕利萨建议法国体育协会联盟举办一次国际性会议，讨论体育世界中业余主义的原则和问题——这是一个困扰整个工业化世界的精英和贵族运动员的问题，因为他们试图把新的工人阶级排除在他们的运动会和俱乐部之外，同时保持他们业余运动的社会独占性和道德纯洁性。

顾拜旦抓住这次机会，积极支持这个提议，并建议把他关于奥运会的理念作为讨论的一小部分内容。在一封于1894年1月份发出的信件中，顾拜旦邀请体育世界参加国际业余体育运动大会。拟议议程上的前七个项目涉及业余体育运动的定义、参加国际比赛的补贴问题、支付门票以及取消资格的方法等。第八项议程是关于"重建奥运会的可能性。在何种条件下是可行的？"顾拜旦在信中做了进一步详细的阐释，他表示："在符合现代生活的基础上和条件下举办奥运会，将可以每四年把世界各国的代表召集起来，进行面对面的交流，我们有理由认为这些和平的、谦恭的竞赛将成为体现国际主义的最佳形式。"

最初民众对此提议兴致索然。顾拜旦于1893年末连续造访美国和英国，但都无法激起民众的任何支持或兴趣。但是，从1894年春开始，男爵召集大会的其他重要成员。法国参议员以及前驻柏林大使德·顾赛尔男爵在顾拜旦的劝说之下，同意担任名誉主席。赛车俱乐部同意为来宾举办一场盛大宴会和体育盛会。顾拜旦以大会名义向一大批地位显赫的人物发出邀请：比利时国王、威尔士王子、希腊和瑞典的王储、俄罗斯大公弗拉基米尔。顾拜旦还知道如何顾全大局,邀请英国帝国主义评论家约翰·阿斯特利·库珀成为大会的名誉会员。

在1894年5月匆匆发出的最后一批邀请函中,国际业余体育大会更名为国际体育大会,复兴奥运会的议题也被逐渐提上议程。它此时在十个议题中占据三个。顾拜旦还与希腊方面进行秘密联系,并在巴黎举行大会的前几个月赢得了两个关键盟友的支持。首先,通过考古学家以及雅典美国学院院长查尔斯·瓦尔德施泰因从中斡旋,希腊王储康斯坦丁同意成为荣誉会员。他们谈话的细节至今不得而知,但是鉴于康斯坦丁以及整个希腊王室对扎帕斯奥运会的热情,以及他们自己在1892年试图举办奥运会却以失败而告终的情况。那么,很有可能他们对于举办国际性奥运会也同样充满热情。其次,顾拜旦成功邀请到一名希腊代表参加大会,他将能够为顾拜旦提出雅典应该复兴奥运会的理由:年长的希腊作家迪米特里奥斯·维凯拉斯,他的爱国冒险故事《劳基斯·劳拉》(Loukis Lara)以希腊独立战争为背景,在国内成为畅销书,并且在整个欧洲地区受到欢迎。顾拜旦邀请他担任探讨复兴奥运会的委员会主席。

顾拜旦的代表大会,现在第三次重新命名,在官方的海报上自称为重建奥运会巴黎国际代表大会。它吸引了来自体育俱乐部和其他组织机构的七十八名代表参加,这些代表主要来自法国和其他的欧洲国家(包括奥地利、比利时、英国、波希米亚、希腊、意大利、沙俄、西班牙和瑞典),还有一名来自德国的非正式代表(仍然遭到许多法国爱国者的反对),几名来自美国的代表以及一名来自新西兰的代表。大会在索邦的巨大圆形剧场开幕,2000名观众聆听了新近出土并翻译成现代语言的《阿波罗颂》(Hymn to Apollo),作曲家加布里埃尔·福莱为这首古典颂歌作曲。顾拜旦认为,他们"带着宗教的静默来聆听这首神圣的旋律,它再次散发出生命力,跨越时空,向复兴奥运会的事业致敬""希腊主义在整个大厅弥漫"。[2] 对于大多数与会者来说,这一周他们参加了一连串的社交活动和庆祝活动:自行车赛和网球竞赛,与巴黎政要举行的盛大晚宴接待会,以及在巴黎赛车俱乐部场地举行的一场晚会,其中包括体育比赛、一场上流人士集会以及盛大的庆祝烟火活动。

回到索邦之后,这两个委员会开始工作。在奥委会的开幕会议上,与会成员强烈支持伦敦而不是雅典作为举办首届国际奥运会的东道主,但是顾拜旦凭借他高超的协调技巧在委员会内协调,说服与会成员,把这个问题留待周末再做决定,到那时对在伦敦举办奥运会的支持会逐渐减少,再加上受到希腊国王发来贺电的鼓励,顾拜旦动员了他所有的支持者。在最后一次全体会议讨论的决定性时刻,维凯拉斯向大会发表讲话,倡导在雅典召开奥运会:"如果我们要复兴一个希腊庆典,那么希腊城市才是合适的主办城市。"出乎他意料的是,维凯拉斯的提议受到热烈欢迎并被欣然接受。

代表大会进一步确定第一届奥运会将于 1896 年在雅典举办,下一届将于 1900 年在巴黎举办。根据代表大会其他委员会制定的严格条款,奥运会将仅对业余选手开放,击剑大师除外。最初提议的运动项目名单很长,包括田径、水上运动、体操、自行车、摔跤、马术、拳击、马球以及射击。顾拜旦在一次不同寻常的精彩发言中坚持为上届奥运会取得的最为有趣的登山成就的运动员颁发一个特别奖。

代表大会还成立了一个常设委员会，维凯拉斯担任名誉主席，顾拜旦担任秘书长。其余成员都是顾拜旦精挑细选的，包括中产阶级教育改革家——如匈牙利的费伦茨·科米尼、捷克的季利·古斯-雅可夫斯基以及阿根廷的何塞·祖比亚乌，还有高级军官——如瑞典的维克托·巴尔克少校，以及沙俄的鲍托夫斯基将军，他们不仅是运动员，而且积极把体育训练融入自己的部队训练中。英国和美国的代表包括顾拜旦长期的密友威廉·斯隆，他是普林斯顿大学的历史教授和大学体育运动的赞助者；后来成为印度总督的安普希尔男爵，他是英国亨利皇家赛船比赛与牛津大学和剑桥大学划船比赛的佼佼者；查尔斯·赫伯特，英国业余体育协会的名誉秘书长；伦纳德·卡夫，新西兰国家板球队队长。

顾拜旦后来写道，他是沿着英国亨利皇家赛船比赛的路线来组建国际奥委会的，它"由三个同心圆组成：最里面是一个小核心圆，包括认真且努力工作的成员；第二层是培养愿意接受复兴奥运会理念教育的成员；最外面是多少具有利用价值的人，他们的存在既满足了民族虚荣，又为整个委员会带来威信"；因此第一届国际奥林匹克委员会最后邀请几个意大利和比利时的贵族加入，就是为了让委员会看上去更有名望。[3]

代表大会高调结束，但是关于奥运会奖励的问题希腊政府无法接受。维凯拉斯回到雅典后会见了总理特里库皮斯，据他说："宁愿奥运会这个问题从来没有被提起过。"维凯拉斯与德拉古弥斯和扎帕斯基金会的会面几乎是灾难性的，他们都决定不参与奥运会。男爵于11月抵达雅典，收到一封来自德拉古弥斯的信。他在信中称，由于希腊的经济局势不好，它将无法主办奥运会。不管怎样，目前希

第一章 任重道远：
奥运会的复兴

腊的体育运动还不够发达，他应该把奥运会顺延到1900年在巴黎举办。希腊总理特里库皮斯到顾拜旦的酒店房间拜访了他，提出同样的观点。顾拜旦反驳道，一笔很小的经费预算就足以举办奥运会，也许只要250000德拉克马①。然后，他开始努力争取康斯坦丁王储的全力支持，并马不停蹄地散发名片，与雅典上流社会的人交谈与会面。他受到奥运会支持者的邀请到帕纳索斯文学协会发表演说，他呼吁听众发扬爱国主义精神："先生们，难道你们的父辈在奋起反抗土耳其人之前有仔细权衡过胜利的机会吗？如果有，那么你们此刻不会以自由人的身份出现在这里。"考虑到现代体育在希腊的发展有限，并敏锐察觉到听众会有些担忧，他恳求道："当我们开始与英国人进行足球比赛时，我们是抱着必输的心理去的。但是当我们第七次与他们比赛时，我们打败了他们……耻辱并不是因为会被打败，而是因为不参与竞争。"[4]

尽管遭到官方反对，顾拜旦还是成功地在扎皮翁宫举行一场会议来讨论举办奥运会的计划。德拉古弥斯宣布会议开始后旋即离开，拒绝参与接下来的讨论。来到现场的希腊绅士中，有几个是顾拜旦的盟友，但是大多数人是总理特里库皮斯的坚定支持者。顾拜旦宣布，康斯坦丁王储已经同意担任名誉主席，而且举办奥运会需要的经费远没有他们想象的那么多，选举了四名副主席，宣布他们为1896年雅典奥运会的组委会委员。然后，他经由奥林匹亚返回巴黎，"我们抵达那里时天色已晚。我不得不等到黎明到来，才能看到

---

① 德拉克马（drachma）：古希腊的银币，也是世界上最早的货币之一。于1832年成为现代希腊的法定货币，直到2002年被政府引入的欧元取代。——编者注

让我魂牵梦萦如此之久的神圣之地的轮廓。我在它的废墟中徜徉了整个上午。"[5] 这个毕生热爱古希腊文化的人在回家之前只在奥林匹亚停留了一个上午。他一生当中仅两次造访奥林匹亚遗址,这是第一次;他后来在 20 世纪 20 年代再次造访,以后就没有打算再去。他的短暂停留和相当模糊的回忆表明,顾拜旦已经从古代奥运会汲取了他所需要和想要得到的东西,考古科学的发现或者对古代文献的仔细阅读都没有使他偏离他已经获得的灵感或者已经确立的愿景。

第七节

　　人们想知道顾拜旦关于奥运会的梦想持续了多久。他回到法国之后不久，就收到邮件告知雅典奥委会的混乱局面。自从他离开后，委员会中的一些成员不仅对举办奥运会的意义表示怀疑，而且反对者召开会议审议之前提出的经费预算，在永远无法成功举办奥运会的绝望中集体辞职。在希腊议会，反对解散奥委会者提出奥运会的议题，提议总理特里库皮斯为了国家的荣誉举办奥运会，但是收效甚微。正如一名议员所说："今天全世界都认为奥运会将在希腊举办；当整个文明世界带着好奇和兴趣把目光投向我们——我们这些首届奥运会创始人的后代——这个地方的政府却反对它，奥委会失去了所有的勇气，组委会准备自行解散。"[1]

　　在这个组委会出现空缺的时刻，希腊王室尤其是康斯坦丁王储积极介入。他组建并执掌新的组委会，动员自己的大量支持者，相互释放善意，开始准备工作。组委会接到公众的大量捐助之后，又收到乔治·阿弗洛夫的一笔巨额捐赠。阿弗洛夫是生活在亚历山大的一名希腊富商，他在此之前已经资助修建雅典的一大批公共项目和国家纪念碑。他出资近一百万德拉克马来完全修复帕那辛纳克体育场并重新铺设大理石，这座体育馆早些年在举办扎帕斯运动会时进行过部分翻新。人们在体育场外为阿弗洛夫竖立一座雕像以示对其捐赠的感谢。特里库皮斯政府于1895年下台，新政府对奥委会较为友好，向委员会提供大量贷款，这笔巨额贷款足以资助修建新的倾斜赛车场和射击场，奥委会通过门票和发行特别纪念邮票所得收入来偿还贷款。

　　准备工作的最后出现了许多一个世纪后仍然构成奥运会报道的标题。关于体育场以及其他设施无法在奥运会举办之前顺利完工的谣言持续存在，导致各方在《泰晤士报》上发表了言辞激烈的文章。外国记者如这位《纽约时报》记者不停地报道负面新闻："曾经银色的尤利西斯闪耀出海的地方散落着大量旧锡罐和垃圾，唯有学园的小树林是这个破败小镇的一抹亮丽风景。"[2] 奥运会的热衷者和支持者则赞扬组委会的准备工作，就像顾拜旦在奥运会举办前夕发表的轻松的《雅典来信》(*Letters from Athens*) 中写的那样："在每个地方，人们都在擦亮大理石、刷上新石灰和油漆；他们在铺路、打扫、装饰……每个傍晚五点左右，市民来到这里欣赏体育场的修复工作。"现场的报道表明雅典正在有条不紊地完成准备工作。奥运会定在希腊独立日开幕，正如半个多世纪以前帕那吉奥提斯·苏索斯所提议的那样。这座城市挤满了八方来客，他们"说着多种不同的语言，其嘈杂和混乱程度赶得上巴别塔"，同时民众争相购买开幕式的门票，估计有50000到70000名观众出席了奥运会。作家安尼诺斯回忆起当时的情景："女士们穿得花枝招展，梳着各种发型，她们在几千名黑压压的观众中晃动手里的扇子，军官们穿着精致的制服、佩戴勋章，彩旗飘扬，还有没有买票的观众围成半圈，坐在体育场四周的山顶上，形成一道奇特、生动而壮观的风景。"[3]

　　王室随行人员的到来标志着奥运会正式开始。王储欢迎国王的到来。国王宣布奥运会开幕，乐队奏响奥林匹克圣歌。"人们聆听了令人印象深刻的乐队表演之后，怀着强烈的期冀在沉默中等待奥运会的开始；奥运会在沉寂了数百年之后即将重新开始。突然传来清晰而令人震惊的军号声，从古代的地下通道……走出了第一场比赛的选手。"[4]

在接下来的两周里，241名运动员参加了9种不同运动的43个项目：这是工业化世界城市精英及其体育文化的浓缩与精华。不用说，除了那些干净利落的美国大学男生，几乎所有男人都留着时髦的资产阶级和贵族子弟标志性的蜡染络腮胡，而那些想挤入上流社会的中产阶级纷纷效仿。他们也都是欧洲白人或者是具有欧洲白人血统的美国人。智利全国奥委会坚持认为，当时还在法国上学、后来成为驻梵蒂冈大使以及驻多国大使的路易斯·苏贝卡西奥·伊拉苏参加了100米、800米、1500米赛跑的预赛，但是其他人——包括国际奥委会在内，不同意这个说法。希腊队根据族裔而不是国籍从海外移民中选拔，运动员来自埃及、奥斯曼安纳托利亚以及塞浦路斯——当时隶属大英帝国。保加利亚人声称，射击运动员查尔斯·尚博是他们的队员，但是他无疑是一名瑞士教师。尽管有几名运动员来自较普通的希腊家庭，大多数运动员都不是。射击奖牌获得者包括潘泰利斯·卡拉赛弗达斯与伊万尼斯·法兰古狄斯，他们当时是希腊部队的低级军官，后来都晋升到非常高的军阶。参加马拉松比赛的哈里劳斯·瓦西拉科斯当时还是一名在读的法学学生，后来晋升为希腊最高文职官员，而参加击剑比赛的伊万尼斯·乔治亚迪斯和佩里克利斯·派瑞拉克斯-马夫罗米卡利斯后来分别成为希腊最著名的毒理学教授和内政部部长。参加雅典奥运会的美国运动员都来自名门世家，大多数都来自哈佛大学、普林斯顿大学或者波士顿高级体育俱乐部。来自匈牙利、奥地利和德国的运动员绝大多数属于中上阶层,具有强烈的专业背景和犹太血统,如匈牙利游泳冠军和建筑家阿尔弗雷德·哈约什、奥地利游泳运动员及律师奥托·赫希曼、医生保罗·纽曼。德国选手,尤其是体操运动员,不惜违抗极端民族主义的德国体操联合会的规定参加奥运会,德国体操联合会是德国现代体育的维护机构,联合会认为倡导世界主义的奥运会与德国的民族主义背道而驰,为了防范风险,他们禁止其成员参加奥运会,否则将遭到驱逐。

英国代表团的规模很小——只有六个人——这是由于英国体育俱乐部对于顾拜旦复兴奥运会的努力的藐视以及对于组织者将"更多将注意力投向大陆运动员"的不满,刚刚从牛津毕业的古典主义者和掷链球运动员罗伯森愤怒地表示,这样做是"自取灭亡"。[5]在英国精英体育文化的核心人物——牛津大学和剑桥大学的贵族学生、军人以及伦敦的体育俱乐部会员缺席的情况下,前来参加奥运会的运动员来自殖民地或者具有殖民地背景,给人留下一种更具帝国主义大国风范的印象。来自牛津大学的短跑运动员查尔斯·格梅林出生于孟加拉国的一个基督教传教士家庭。他的大学同时代人约翰·博兰出生于一个爱尔兰商人家庭,后来成为威斯敏斯特宫英国议会的爱尔兰民族主义议员,他参加了网球比赛并获得冠军。参加了举重比赛和摔跤比赛的朗塞斯顿·埃利奥特出生于印度,来自一个曾担任过很多皇家职务的苏格兰贵族家庭。社会地位较低的埃德温·弗莱克参加了中长跑比赛,他就职于父亲在澳大利亚开设的会计师事务所。来自社会最底层的英国自行车选手爱德华·巴特尔和弗里德里克·基平分别来自爱尔兰和英格兰,他们都是英国驻雅典领事馆的内勤人员,这个职业被认为非常接近专业职业,组委会曾经一度考虑拒绝他们参赛。

实际上，意大利的卡罗·埃尔罗迪就没有取得参赛资格。他作为一名取得过卓越成就的著名长跑运动员在意大利和法国颇负盛名，他曾经在1895年从米兰至巴塞罗那的著名超长距离比赛中获得冠军。由于家境贫困，埃尔罗迪计划在意大利体育报《自行车竞赛报》（*La Bicicletta*）的资助下，一路慢跑去参加奥运会。埃尔罗迪跑到杜布罗夫尼克后，搭船前往帕特雷，再沿着铁路线艰难地走了一个星期之后抵达雅典。他打算报名参加马拉松比赛，但是由于他步行到雅典的过程中受到资助并且他在此前一年的比赛中赢得过奖金，他被认为是职业运动员，因此不符合报名资格。这样就只剩下当时居住在萨摩斯岛的一名工程师和步枪手朱塞佩·里拉维拉作为该国的代表参加奥运会。

在这个绅士业余体育运动员的世界里，没有合理化和商业化体育所具有的高压力专业化现象，许多运动员不仅可以参加多个赛事，而且可以参加多个运动项目。奥地利击剑运动员阿道夫·施马尔同时赢得了十二小时自行车赛的冠军；德国选手卡尔·舒曼赢得体操和摔跤两项冠军。丹麦选手维戈·詹森同时擅长举重、射击、体操和推铅球。对于那些碰巧来到这个小镇的绅士来说，他们都有机会参加奥运会，不管他们以前是否有过参与比赛的经历。网球运动员约翰·博兰接受同在牛津工作的一名希腊同事的邀请来到雅典，他在抵达之后才决定参加比赛。射击比赛允许完全没有射击经验的希腊大学生参加，而且不可思议的是，顾拜旦的美国学术界密友查尔斯·瓦尔德施泰因，以及曾经负责监督帕那辛纳克体育场重建工作的希腊建筑家阿纳斯塔西奥斯·梅塔萨斯也获得了参赛资格。

奥运会无法接纳的是极度受到民众欢迎但是在工业化世界中日益职业化和商业化的体育项目：足球和板球、拳击和赛马以及美国棒球——都没有出现在奥运会。在法国和低地国家①非常流行的自行车比赛以两种形式出现在奥运会上：在新的倾斜赛车场举行的场地赛以及长距离公路比赛。但是奥林匹克自行车锦标赛与职业比赛相比差很多。没有一名主要自行车运动员参加雅典奥运会，他们都在当年晚些时候参加了第一届经典职业公路赛——巴黎-鲁贝（Pairs Roubaix）。

更能体现雅典奥运会绅士特征的比赛是击剑和射击，这两项竞赛令上流人士大为宽怀，因为它们最能体现精英的风范。射击比赛在绅士阶层聚集的卡利西亚郊区新建成的靶场举行，比赛由凯法利尼亚主教隆重宣布开幕并受到其祝福，之后奥尔加王后用一把由鲜花装饰的步枪射击。击剑比赛在扎皮翁宫举行——这是扎帕斯出资修建的宏伟建筑物首次真正举办体育赛事，希腊王室成员以及其他王室贵宾竞相参加。这项比赛与众不同的地方还在于它是唯一允许职业运动员参加的比赛——因为击剑大师被视为绅士，如果没有他们，欧洲的贵族和军事人员就无法学会这项技击艺术。

参加1896年奥运会的选手几乎都来自不同国家的资产阶级，但是正如所举办的许多赛事表明的那样，在不同国家及其体育文化之间，对于不同体育运动应该遵循何种规则和程序以及如何对其进行评判，极少形成固定的国际标准，存在相当大的分歧。例如，在田

---

① 低地国家（Low Countries）：也被叫做比荷卢经济联盟（Benelux），指荷兰、比利时、卢森堡三个国家。——编者注

径比赛上，跑道的长度是非常不标准的330码，而且两端特别窄，这与其他地方的跑道极为不同。大多数田径运动会都是逆时针进行比赛，1896年奥运会却是顺时针进行比赛。至于技巧问题，美国跨栏运动员与希腊的运动员新手之间存在巨大差距，前者可以跨栏后不中断继续往前跑，而后者必须在跨栏后停下来，然后再往前跑；同样的，美国的短跑运动员以蹲伏的姿势开始比赛，而其余运动员则站在那里，相比之下效率低很多。游泳比赛尤其混乱。由于雅典当时没有室内游泳池，比赛在比雷埃夫斯湾的两个浮标之间进行，与码头和聚集在那里观看比赛的一小群观众的距离相当远。而且，当时水冷得刺骨，运动员的表现算得上十分英勇，但是从比赛时间上看结果十分糟糕。获胜者——匈牙利人阿尔弗雷德·哈约什——快要被冻僵了，"我想活下去的欲望远胜于赢得比赛"。摔跤在仓促制定的规则下进行，这些规则试图弥合不同国家摔跤风格的差异，导致比赛回合拉得过长，最后由于天色渐晚，不得不停下来，留待第二日再决胜负。举重比赛产生了争议，英国人朗塞斯顿·埃利奥特和丹麦人詹森·维戈在单臂举重项目上难分高下，最后必须由担任裁判主席的乔治王子根据比赛"风格"来决定胜负。轮到体操比赛时，风格完全由裁判主观判定。这届奥运会举行了一场具有明显德国风格的体操比赛，但是在英国人罗伯森秘书长看来，体操根本就算不上是一项运动，至少其获胜者不应该受到与盎格鲁-撒克逊国家的体育运动获胜者同等的荣誉。"奥运桂冠弥足珍贵，不能浪费在以跳马或甩绳而取胜的人身上。"[6]

雅典奥运会进行创新的一个领域是马拉松。这项比赛是米歇尔·布雷尔（Michel Bréal）的发明，他是一名法国语文学家，是顾拜旦的助手。他借鉴了希罗多德对大约发生在公元前490年马拉松战役的描述。在他的叙事中，雅典军队击败了波斯入侵者并迫使他们回到自己的船上后，当统治者意识到敌人可能会从海上袭击无人防守的雅典，就要求他们火速赶回家园。布雷尔提议比赛从战场开始，沿着海边路线跑到雅典，最后在帕那辛纳克体育场结束——总距离大约为25英里。

它被证明是这届奥运会最重要的比赛项目，产生了现代神话英雄和大量观众聚集体育场观看比赛的盛况，这提升了1896年奥运会的形象，远超周末在乡村举办的运动会或具有历史意义的庆典。至少有80000名观众在体育场度过了一个漫长的下午，随着骑自行车或骑马的通讯员定期前来报告比赛的最新进展，观众日益紧张地等待比赛选手的到来。首先，跑在最前面的法国选手莱米西奥中暑倒地，迫使他乘坐马车返回雅典。后来澳大利亚人弗莱克冲到了最前面，但是在连续几个跑在前面的选手倒下之后，第一个跑入体育场的是希腊人史比利廷·路易。观众的情绪沸腾了。国王和王储走下看台来到跑道上，与他一起跑，当他跑完比赛后，王室随行人员和组委会拥抱他并且亲吻他。顾拜旦无比惊喜地写道："天哪！当时的兴奋和热情简直难以形容。这是我记忆中最为不同寻常的景象之一。"[7] 路易立刻被媒体夸赞为民族英雄，他广为人知的卑微的过去被重新改写，人们把他想象成一个土生土长、地地道道的农民，是这个国家的基石。关于有人愿意把女儿嫁给他，赠予他土地和授予他荣誉的故事不胜枚举。甚至连极少赞扬别人的希腊讽刺作家乔治斯·索利斯对于他都只有充满民族主义的赞扬："愿路易听到今天的品达颂歌。愿马拉松比赛、希腊人和桂冠常在。"[8]

第一章 任重道远：奥运会的复兴

由于恶劣的天气闭幕式推迟了一天举行，主办方试图在闭幕式上把类似于学校庆典的恣肆放纵的氛围与对于古代传统的真正尊崇结合起来，尽管这种古代传统是新近创造出来的。罗伯森凭借身为权力顶峰的英国统治阶级成员的惊人的胆大妄为和自以为是挤进了闭幕式的发言人名单，并朗诵了他自己在希腊创作的歌颂奥运会成就的品达体颂歌。传令官依次宣布获奖运动员前来领奖，国王颁发奖品：授予竞赛的冠军银牌和从奥林匹亚的神圣树林里砍下的橄榄枝桂冠；授予亚军铜牌和月桂桂冠。为史比利廷·路易准备的奖品是由布雷尔捐赠的独一无二的马拉松奖杯，以及一个彩绘的古希腊花瓶，接下来为其他运动员颁发奖状。闭幕式的着装要求十分严格，男子必须佩戴黑色领带和大礼帽，唯有路易例外，他穿了一套哑剧的演出服，是希腊农民的民族服装——硬褶白短裙。据一名观众称，当他出现时，"四周响起雷鸣般的掌声"。冠军们绕场一周，赢得观众热烈的掌声，然后国王宣布"第一届国际奥运会"圆满结束。

这届奥运会是国际性运动会，但是它们为希腊带来本民族特有的胜利。美国观察家鲁弗斯·理查森倨傲却大方地评论道："这个王国又小又穷，却像古希腊那样具有崇高的心灵。"希腊民族主义历史家史比利廷·兰布罗斯将举办奥运会时期的国家状态与当时王室初建时的政治动荡和社会落后相比后指出："1896 年的希腊远超 1862 年的希腊。"事实上，奥运会的成功令希腊国王备受鼓舞，他于奥运会期间在雅典为全体运动员和各国政要举办的盛大宴会上，曾经试探地问过他们是否会"在我们的国家召开各国的和平会议，是否会把雅典继续作为奥运会的永久举办地"。顾拜旦在回忆录中用酸溜溜的语气写道："我决定装傻，什么都不知道。我决定装作没有听到国王的讲话。"[9] 同样令他感到愤怒的是，不管是王室还是从体育场离开的观众都没有承认，是他提议和复兴了奥运会。他写道："我不在乎希腊报纸如何报道我。说到忘恩负义，希腊轻而易举就能拿到冠军……你们所有人——甚至连罗伯森先生——都在一个观众满堂的体育场从国王手里获得桂冠。我是唯一没有获奖的，我的名字即使被人提到也不是在公开的场合。"[10]

  这届奥运会给各国观众留下了深刻印象。大多数人认为这届奥运会充分体现了他们所认为的古代文明的辉煌。罗伯森认为奥运会的成功在于"极大调动了人们的情感、引发了人们的联想、取得卓越成就和独一无二的辉煌"。鲁弗斯·理查森"几乎相信旧的时光似乎已经流转回来，那时人们最喜欢比的是，谁跑得更快、跳得更高、摔得更好"。1896年奥运会跳高冠军埃勒里·克拉克在对比雅典奥运会与他后来参加的其他运动会时，写道："没有哪届奥运会能跟首届复兴的奥运会相提并论。雅典泥土的气息、了解与过去相连的自我的那种无以名状的迷人的诗意、继承古代英雄人物的伟大事业——整届奥运会体现的无与伦比的体育精神。"长期支持这项事业的查尔斯·瓦尔德施泰因不出所料地高度评价奥运会取得了"巨大成就"。但是对于这届奥运会造成的深刻影响——至少对那些参与奥运会的人来说——做出更为准确的评价的是此前持怀疑态度的罗伯森，他写道："对于那些密切关注复兴奥运会的前期准备工作的人来说，似乎可以肯定的是，这届奥运会注定会以惨败而告终。但是，事实并非如此，尽管已经取得的成就很难符合推动奥运会复兴者的预期。"[11] 正如几乎所有的事业那样，无论它的开端取得多么神奇的胜利，真正的挑战在于再次取得这样的胜利。

第二章

纵享世博会：美好时代尽头的奥运会

巴黎 1900·圣路易斯 1904·雅典 1906·伦敦 1908
斯德哥尔摩 1912·柏林 1916

> 世界博览会特别吸引人的一个地方：它们暂时成为世界文明的中心，似乎把整个世界的产品……汇聚在了同一个画框内。
>
> ——乔治·齐美尔

> 我们应该警惕，永远不能让奥运会成为大型博览会的附庸或者臣民。否则，它们的哲学价值会消失殆尽，它们的教育价值会化为乌有……直到1912年，这种决裂才最终在瑞典举办的奥运会上完成……奥运会不再沦为受尽屈辱的附庸。
>
> ——顾拜旦男爵

第一节

从两次世界大战期间受到重创的欧洲的角度，法国回顾第一次世界大战之前的三四十年时，将其宣布为"美好时代"。在美国人的记忆中，它是"镀金时代"（Gilded Era）；而对于英国人来说，它是维多利亚统治和帝国权力的鼎盛时期。欧洲和美国经历了将近四十年的飞速的工业增长和深刻的社会变迁时期，同时出现了从电的发现到动力飞行再到汽车的划时代技术创新。在一个比以往任何时候都更加紧密联系的世界，有的帝国扩张到了海外，各个大国之间保持着和平的关系。最能够庆祝和体现这些非凡变化的是世界博览会。德国社会学家乔治·齐美尔认为，它们是"世界文明的临时中心"，因为它们无疑构成那个时代最为集中的文化交流和互动。[1] 接近英国人口四分之一的600万人在1851年参观了水晶宫；人口总数达到2800万的美国人中，同样有四分之一购买了1893年的芝加哥哥伦比亚博览会的门票。5000万名观众参观了1867年在巴黎举行的博览会，2300万人参观了1889年博览会，5000万人参观了1900年博览会，超过了法国人口的总数。[2] 当然，这些观众绝大多数都是本国的，但是博览会也吸引了相当多的外国游客；几十个外国政府和公司赞助展馆，越来越多大型全球报社联合报道组对博览会进行了报道。然而，它们试图把整个世界囊括进一个叙事主题或者展馆场地的努力总是被19世纪末全球化的分裂性质削弱。如果当时存在一个世界文明，那么它是极度不平衡的，被全球帝国竞争撕裂，深深困扰于虚张声势的军事较量和各种甚嚣尘上的民族主义。

顾拜旦从来都无法洞悉事实的复杂性,把早期奥运会与世界博览会的关系描述成"屈辱的附庸"。在这种关系中,他当然在很大程度上无法控制奥运会的举办地,而且这样举办的奥运会总是无法符合顾拜旦的新希腊体育崇拜精神以及其中混合的体育强身的看法与国际主义精神。除去顾拜旦个人感觉到的愤怒不说,他认为美好时代的奥运会作为世博会的一部分,其光芒在公众意识和新闻报道中被更大范围的庆典掩盖;但是对于那时的大多数精英来说,男子体育与技术奇迹、丰富的消费品以及具有东方异国情调的主题公园相比是一种微不足道的兴趣。而且,在缺乏其他赞助商的情况下,博览会也为举办运动会提供了物质基础和财政支持,在这种环境下体育的全球地位,特别是奥运会的全球地位,得到了巩固。现代奥运会继承了世界博览会的宏大的世界性,以及它与贸易和商业的复杂关系。除了这种影响之外,我们还可以说,运动会对于其主办城市的结构和它们处理较小范围以及更具地方性的议程的能力产生深远影响。

观众来博览会看什么呢?正如第一届世界博览会的全称——"万国工业博览会"——所示,他们来看构建了新的全球工业经济的机器和产品的实物形式:资本商品、能源和电子通信以及机械化运输的新动脉,这些从19世纪中叶到第一次世界大战开始,创造了历史上前所未有的规模的国际贸易、投资和文化交流。1876年在费城举办的博览会上,群众蜂拥而至,观看展出的电话机;后来的博览会上首次展出或者普及的产品包括打字机、电灯、自动扶梯、录音机、电影和X光机。正是在这个时代涌现了许多现在全球随处可见的产品——棉花糖、热狗、拉链和品牌——亨氏番茄酱和胡椒博士,开始流行起来。

然而,尽管世界博览会毫不掩饰其商业行为,但是它们总是希望自己达到的目的不仅仅限于产品开发和营销。除了工业,它们还展示在农业、城市管理、军事技术、医药和卫生、美术以及音乐方面最前沿的思想和发明。它们的布局和目录显示了人类对这个日益复杂的世界进行分类和研究的各种体系,结合了博物馆和古物研究、百科全书和图书馆目录的分类逻辑。它们吸引了来自全世界的关注和游客,为举办各种类型的国际文化大会提供完美的环境。1893年芝加哥博览会为世界宗教议会、世界妇女代表大会和国际数学家大会提供会址。1904年,圣路易斯国际艺术和科学代表大会聚集了来自西方世界的数千名学者,为大会自身制定了综述几百个学术和知识分支学科的研究现状和进展的任务,不切实际地问它是否能被视为普遍理性的一个伟大而统一的体系,这项百科全书式编辑任务注定以失败告终。

世界博览会的形式十分灵活,足以适应任何帝国或民族文化项目。在英国举行的万国工业博览会当然体现了英国的经济现代性和主导地位,因为当时这个世界工厂生产了50%的产品,同时也显示了大英帝国日益增强的全球影响力和重要性。包括西班牙和德国在内的其他欧洲大国纷纷用本国的卓越成就来与之抗衡。无法作为工业中心进行竞争的奥匈帝国把1873年在维也纳举行的世博会办成了一场教育和文化的盛宴。比利时人选择把汽车和他们新成立的"刚果帝国"作为博览会最亮眼的部分。最盛大的博览会出现在美国和法国。1876年费城百年纪念博览会，透过美国独立一百年的视角来看待现代世界。1893年，在芝加哥举办的博览会把现代性的开始定在了哥伦布四百年前"发现"新大陆的第二年。法国第三共和国，把1900年的世界博览会与即将到来的新世纪联系起来。

正如现代奥运会，世界博览会既是都市的，也是全国性的或者全球性的事件，以它们的主办城市而不是举办国度而闻名。尽管展览会的很多基础设施都是临时的、非正式的建筑物，它们在主办城市的面貌与建筑结构和城市创造力方面都留下了深刻印记。为1889年世界博览会建造的埃菲尔铁塔最初没有被构想成永久性结构，它也许是从美好时代的世界博览会中产生的最著名、最经久的标志性建筑物。但当时全球公众怀着非常激动的心情前往约瑟夫·帕克斯顿的非凡卓越的水晶宫——工业时代用钢铁铸就的上流社会的花园——维也纳的圆形大厅和芝加哥的白色城市（White City）。随着如此多的人参观世界博览会，更有商业性和投机取巧的盛大演出不可避免地作为非正式的边缘项目随着世博会一起发展。比如，1889年在巴黎举行的野牛比尔（Buffalo Bill）极受欢迎的西大荒表演。

那么，在这些陈列着标新立异的商品的大规模展览会上到哪里可以找到体育呢？最初，它只占据一个小角落，准确地说，万国工业博览会北跨廊，作为"各种制成品和小商品"展览的一部分，在那里维多利亚时代的体育爱好者可以挑选真正的网球拍、产自苏格兰的高尔夫球、钓鱼竿、台球桌以及带有比赛规则的首套槌球纪录集。还有很多板球装备、实验性板球拍以及"在缺少一流投球手"的情况下可以用的皮革投球器。吉尔伯特品牌提供"专门为此次博览会制作的皮革制的足球"，射手可以挑选"用珍贵木材制作的适合女士们和先生们使用的英国长弓"。[3]1867 年，在法兰西第二帝国时期举办的世界博览会上，在主要场地中留了一小块给体育和运动，包括一个"撒克逊"体育馆的模型和新自行车展览。

体育在这些世博会中的地位如此微不足道，令人惊讶的是这些展览本身却被拿来与古代奥运会相提并论，认为古希腊城邦之间的泛希腊世界体育竞技被现代各国在全球范围内的经济竞争取代。《观察者》把万国工业博览会描述成"工业奥运会，商业比赛"。1876 年在费城，美国人同样把世博会与奥运会进行比较："奥运会对于希腊所有部落的意义，相当于具有现代精神的世界博览会对于所有部落、文明世界的所有国家的意义。"

尽管这样的对比十分恰当，体育仍然是包罗万象的世博会的次要成分，这种情况维持到 19 世纪末，反映出即使在西欧和美国最发达的城市文化中，人们参与有组织的体育活动的程度仍然有限。那么，衡量体育日益受欢迎的程度和地位的标志就是其在 1889 年于巴黎举办的世界博览会上的地位得到提升。在这届世博会上，顾拜旦和法国体育协会联盟协助组织了一次体育锻炼大会，并举办了学校比赛、田径、划船和游泳竞赛、瑞典林氏体操表演以及极受欢迎的苏格兰高地运动。在芝加哥世界博览会上，人类学家斯图亚特·卡林组织了一场精彩的"世界运动会"展览，展示了来自多种文化的纸牌、棋类和掷骰游戏，同时为蓬勃发展的体育用品产业的产品分配了充足的展示空间。常用展馆（Stock Pavilion）是一个设有 15000 个座位的场地，这里轮番进行牲畜展览会和体育娱乐活动，包括德裔美国人的德国式体操和捷克裔美国人的索科尔体操（Sokol gymnastics）的大型表演，两个美国本土人队伍之间进行的长曲棍球比赛，盖尔人和协会之间的足球比赛，以及五场美式足球比赛，其中一场是在灯光下举行的早期实验性夜间比赛。世博会开幕三个月后，组织者担忧资金不足，开始举行更多有噱头的比赛。尤其是，举办祖鲁人、南美人、美国本土人、达荷美人以及土耳其人的比赛队伍之间的游泳比赛和划船比赛，模仿"大道乐园"（Midway Plaisance）的租界场地方式及各种娱乐元素。《芝加哥论坛报》报道："这些比赛的显著特点是比赛选手缺乏正式服装，以及他们为了赢得价值五美元的金牌时表现出那股认真劲儿。"[4]

　　因此，在世纪之交，体育以对身心有益的教育和教学的形式，作为一种商业活动、古董或者有噱头的表演形式，成为世界博览会活动名单上更为常规的项目。所有这三种因素都体现在1900年、1904年以及1908年举行的奥运会上，这些奥运会分别是在巴黎举行的世界博览会、在圣路易斯举行的路易斯安那购买案百年纪念博览会（Louisiana Purchase Centennial Exposition）以及在伦敦举行的法英帝国展览会（Franco-British Imperial Exhibition）的一部分。

　　顾拜旦从一开始就知道他于1900年在巴黎举办奥运会的计划会与自1892年起就开始筹备的世界博览会同时发生。他以为组织者会乐意将奥运会作为其体育和田径比赛的重中之重，因此他建立了一个委员会，并为负责整个世博会的高级官员阿尔弗雷德·皮卡尔制定了一份雄心勃勃的计划。他的建议根本没有被这个苛刻的官员采纳。皮卡尔认为，整个计划荒诞至极，而且组织者早就打算举办一场盛大的体育活动——国际体育锻炼和体育比赛——由法国射击协会会长丹尼尔·梅里隆负责。人们有时认为国际奥委会拱手让出了对1900年运动会的控制，但实际上只不过是世博会的组织者允许

第二章 纵享世博会：
美好时代尽头的奥运会

世博会上的有些项目被冠以奥运会的名称。顾拜旦只能在场地边缘大发牢骚，实际上，他对于运动会任何方面都几乎没有产生过任何影响。

1904年奥运会的情况几乎没有得到任何改善。顾拜旦在美国的游历以及美国业余体育文化和大学体育文化的明显优势，都使得这个国家自然而然成为第三届奥运会的举办地。他私下鼓励他在芝加哥的联络人努力争取举办奥运会。1900年夏，芝加哥大学校长威廉·哈珀以及芝加哥的一名大律师亨利·弗伯一起组建了一个委员会，吸引了芝加哥高端体育俱乐部和投资商的鼎力支持。尽管后来圣路易斯也申请主办奥运会，但是最终主办权于1901年被授予芝加哥；成千上万名芝加哥大学的学生在马歇尔菲尔德广场燃起一堆熊熊篝火以示庆祝。1901年初，发行股票筹集资金，建造一个带有可伸缩屋顶的湖边新体育馆的早期计划公之于众，而且体育设备巨头阿尔弗雷德·斯佩丁加入委员会后，提出了举办一场盛大的奥运会体育用品博览会的想法。然而，在1902年5月，原本计划于1903年在圣路易斯举行的世界博览会路易斯安那购买案百年纪念展览会推迟到1904年。这不可避免地与芝加哥奥运会在时间上产生冲突，展览会的组织者已经投入了数百万美元建设场地，如今场地尚未完工。因此，他们立即宣布他们也将举行不同的体育娱乐活动。圣路易斯加大游说力度，寻求美国体育联盟的支持，并两次造访芝加哥。芝加哥奥运会的股东阿尔弗雷德·伯纳姆写道："圣路易斯人现在正积极向美国体育联盟'示好'。"他们正"施展所有伎俩"让芝加哥放弃举办奥运会。[5]由于圣路易斯要举办一场与芝加哥奥运会针锋相对的运动会的威胁，加上规划条例造成体育场建设计划泡汤，亨利·弗伯对《芝加哥论坛报》说："我们已经放弃了。"他给顾拜旦发去一封电报，告知他计划将有变化。顾拜旦表示接受这个结果，但他没有参加在圣路易斯举办的奥运会。

有理由怀疑，顾拜旦可能根本就不希望1906年召开雅典奥运会。他在回忆录中对于这届奥运会直言不讳地写道："完全缺乏吸引力。"同样，他这次的评价更多的是针对当时的政治局势而不是仪式和体育盛会的质量。自从乔治国王在1896年奥运会的中途呼吁把希腊作为现代奥运会的永久主办国之后，希腊王室及其支持者就一直忙于落实这个提议。希腊议会起草并通过了一项维护希腊举办权以及自1898年起每四年举办一次希腊奥运会的法案。然而，1897年在奥斯曼帝国统治的克里特岛上，希腊人的起义引发了一场短暂的希土战争，使国际奥委会在1898年无法明确决定奥运会的举办地。与此同时，国际奥委会中支持希腊的委员也没有放弃自己的努力。顾拜旦继续驳回希腊人的提议，允许他们召开的至多不过是泛希腊运动会而不是正式的奥运会；但是，1901年国际奥委会的德国委员们将希腊人的提议——他们应该自1906年起在国际奥委会的四年周期中间举办自己的奥运会——进行投票，希腊人的提议被通过。尽管顾拜旦本人对于奥运会的兴趣日渐减少，国际奥委会的许多成员仍积极支持1906年的希腊奥运会，并且相当多的委员参加了这次奥运会。顾拜旦男爵在自己于巴黎召开的一场关于艺术和体育的大会上闷闷不乐。他由于自己的计划被人横加阻拦十分不满，但是奥斯曼帝国末期的政治动荡为他扭转了局面。希腊政府成立委员会来筹备计划于1910年和1914年继续举办的奥运会，但是这两次奥运会都受到阻碍并遭到冷落，因为希腊于1907年和1908年在马其顿与土耳其人打得不可开交,1912年和1913年又参加了巴尔干战争。

顾拜旦长期以来倾向于把罗马作为1908年奥运会的举办地,他用十分华丽的语言为自己的选择辩护,因为"自从奥运会到盛行功利主义的美国短暂逗留之后,唯有那里才能让奥林匹斯山穿上用娴熟的技巧精心织就的华丽外衣,这是我从一开始就想为它穿上的"。[6] 罗马奥运会组委会成立,但是一直都没有能够就制定预算、筹集资金或者与意大利北部的体育和金融利益团体达成和解。在将奥运会的举办权交回国际奥委会的前夕,维苏威火山的爆发为意大利人提供了一条体面的退路。意大利人提出他们要把稀缺的资金用于救灾,无法举办奥运会,为伦敦以及英国贵族体育协会最终拿起举办奥运会的接力棒扫清了道路。1908年伦敦奥运会是由顾拜旦推崇的贵族运动员组织的,比如英国奥林匹克协会主席德斯博罗勋爵,他是爱德华时代的政治家和体育通才,是大型猎物猎人和登山爱好者,擅长击剑、板球和划船。即使在那时,整个奥运会都有赖于匈牙利犹太戏剧经理人伊姆雷·基拉尔非的支持,他举办的法英帝国展览会为奥运会提供了场地与环境。

最后在1912年,顾拜旦终于如愿以偿。他重新把控了国际奥委会,清除或者压制了许多对手,并招募了新的成员来确保他的影响得以延续,比如日本教育改革家和柔道术发明者嘉纳治五郎,他是国际奥委会的首位亚洲成员,以及比利时人亨利·德·巴耶-拉图尔伯爵,他后来成为顾拜旦的继任者。顾拜旦和国际奥委会拒绝了柏林举办1912年奥运会的申请,但承诺把1916年奥运会举办权授予德国,将1912年的奥运会举办权交给了可靠的斯德哥尔摩人以及瑞典王室、军队及出色的贵族体育机构,要求他们"必须确保奥运会更加纯粹的体育性；它们必须更加崇高、更加谨慎、更加符合古典的和艺术的要求、更加联系紧密"。[7]最重要的是，这是自1896年以来首届在国际奥委会指导下举办的奥运会，完全与世界博览会和巡回展览脱离关系，现在因具备与顾拜旦所认为的奥运会庄严一致的仪式与风范而显得崇高。尽管四处都存在与这种风范不一致的地方，同时它与世界博览会的商业性和大众性产生严重冲突，但是在这美好时代的最后时刻，在国际奥委会指导下的奥运会依旧是一个欧洲贵族业余体育的镀金世界。为数不多的几个来自工人阶级的职业运动员悄悄从后门溜进了比赛，但他们很快就被请了出去。女子游泳运动员、射箭运动员、网球运动员和高尔夫运动员至少结束了1896年只有男子参加奥运会的局面，但是许多奥运会以及奥运项目还完全是男子专有的领域。就其本身而言，1912年的斯德哥尔摩奥运会在国内和国际上都取得巨大成功，巩固了奥运会在国际文化和国际体育中的地位。这种联系足够牢固，使国际奥委会及其短暂的和平主义得以治愈不到两年之后爆发的第一次世界大战的创伤。但是，几十个奥运会运动员参加了第一次世界大战并在战场上失去了生命。

第二节

自1892年开始筹划并受到法国历届政府的慷慨资助的1900年的巴黎世界博览会，在阿尔弗雷德·皮卡尔的主持下，成为美好时代所有世界博览会中规模最大并且参观人数最多的博览会。它在思想意识上雄心勃勃但充满矛盾。一方面，它将"总结19世纪哲学"；另一方面，它将面向未来，呈现新世纪可能的形态。体育将成为世博会的一部分，但是到底以什么样的形式出现还不够明确。博览会组织者将体育纳入其百科全书式分类体系的努力有时显得匪夷所思。在官方目录中，滑冰和击剑被认为是刀具行业的分支，划船被列在了救生类，而田径俱乐部被列在了天意协会名下。

然而，人们对于体育重要性的把握是毋庸置疑的。当顾拜旦及其委员会提交他们为1900年奥运会制定的计划时，结果与1896年雅典奥运会相似，皮卡尔对奥运会不屑一顾，认为它们"毫无价值，不适合代表这个国家"，对于法兰西第三共和国来说，既不宏伟又不受欢迎，也不民主。[1] 他也毫不认同顾拜旦的新希腊主义及其"怪诞的"奥林匹克精神，他认为这"与时代格格不入"。

因此，1900年的奥运会大约从5月中旬一直进行到10月下旬，但是没有开幕式和闭幕式，没有为获胜选手颁发奖牌或授予桂冠，没有赞美诗或者合唱团，并且在官方或其宣传材料上没有一点奥运会的标志性图案。这届奥运会的正式名称是国际体育锻炼和体育比赛，但是媒体不清楚如何称呼其中的赛事，因此它们几乎是随意地将其称为"节日运动会""奥林匹亚节"或者"国际运动会"。直至今日,人们都无法确定到底哪些项目是奥运会项目,哪些不是,只有当国际奥委会回顾过去的奥运会时才能确定下来。当时,没有人——群众、参赛选手或者媒体认为正在举行的是奥运会。

除了拳击、举重和摔跤之外,巴黎奥运会举行了1896年奥运会的所有运动项目。此外,巴黎奥运会还举行了许多雅典奥运会上没有的团体项目,如足球、橄榄球和板球,还有回力球、室内网球、高尔夫、保龄球和槌球。距离奥运会常规项目名单更远的是,巴黎奥运会包括一场大型摩托车竞赛、热气球竞赛和摩托艇竞赛,有最大众化的娱乐活动项目,如钓鱼和赛鸽,也有上流人士聚集的高尔夫球比赛和马球比赛,还有参赛选手多达8000人的大型体操比赛和多达5000人参加的大型射箭比赛,这两场比赛使得同时进行的规模较小的国际比赛相形见绌。奥运会还举办了全国性的军事准备和救生比赛、全国性学校比赛以及关于卫生和生理学的颇负盛名的学术大会。尽管运动员主要是业余选手,但是也没有禁止职业选手参赛,他们可以参加草地网球、回力球、射击和自行车的专门比赛。

澳大利亚短跑运动员斯坦利·罗利对此次奥运会不以为然,"如果把这些赛事当作是世界锦标赛真是侮辱了那些真正的世界性的重要赛事。在大多数选手看来,它们就是一个巨大的笑话。"[2] 板球最后只在英国人之间进行,参与这场比赛的分别是由英国的德文郡流浪者与当时在巴黎生活的侨民临时组成的两支队伍。足球比赛在三个队伍之间进行,分别是英国的业余厄普顿公园队、由法国体育协会联盟临时拼凑的法国十一队以及由一群比利时大学生组成的队伍。在规模小得可怜的橄榄球比赛中,参赛队伍英国莫斯利流浪者队在同一天抵达、参赛和离开,队员们完全不知道自己参加的是奥运会。游泳比赛在塞纳河肮脏的水里进行,障碍赛的形式令人捧腹,选手必须爬到一根桅杆上,然后溜到一艘船的船体下面,然后再爬上第二根桅杆。在槌球比赛中,根据官方的报道,"职业土木工程师和槌球的规则制定者安德烈·德斯普雷斯对于这项比赛倾注了大量最具启发性、最投入的关注。戈古德男爵在布洛涅森林里一处风景优美的角落,为他参加这次奥运会举行的槌球比赛建造了昂贵的沙地场地"。这样的做法一点都不值得。"前来观看比赛的观众人数很少。尽管我必须提及,有一个热爱槌球的英国人从尼斯专门赶到巴黎来观看这场比赛……如果我没弄错的话,这位绅士是唯一付费的观众。"[3]

然而,并不是每个人都像顾拜旦那样感到失望。颇为流行的体育报《汽车-自行车报》甚至认为:"自从每四年一届的奥运会在希腊举行后,人们对整个古代世界投入了强烈感情以来,体育从来没有像今年的奥运会那样受到推崇,从来没有吸引过如此多的观众……体育显然已经成为一种新的宗教。"[4]

四年以后世博会向西发展,规模更加宏大:1904年举办的路易斯安那购买案百年纪念博览会规模巨大。其场地的建筑风格与1893年芝加哥世界博览会的布杂艺术(Beaux Arts)风格相同,但面积是后者的两倍,拥有1500栋建筑物,50英里人行道,有来自62个国家和当时美国45个州中的43个州的展馆。在其宣传材料中,它不仅承诺会为提供了近2000万美元的投资者带来收益,而且还承诺举办迄今为止势不可当的"人类进步……最新的和最崇高的成就,其技术和科学的进步,其最受认可的社会问题解决方案的展览会"。[5]

体育节目从5月到11月持续举办了六个月。它由詹姆斯·沙利文负责，他也是博览会体育文化部的负责人和美国体育联合会主席，它反映了美国人把体育视为不仅适合绅士追求的项目，而且是西奥多·罗斯福总统所谓的"艰苦生活"的一部分。随着美国边界的关闭，下一代人将从何处学到男子气概，获得建构民族的体力？体育、热爱户外运动、童子军活动以及体育娱乐活动，不仅仅是精英阶层的运动，而是整个民族所必需的。随着新的科学知识和医学知识的应用以及理性的训练和现代化的管理，美国可以构建一个由身体健康的运动人士组成的民族。

让顾拜旦懊恼的是，沙利文的体育节目体现了所有这些不同的因素。它包括为密苏里州男学生举办的州级体育比赛，校际篮球和棒球锦标赛，还有基督教青年会全国体育比赛，还花了数日来举行盖尔人体育比赛以及德国体操表演和索科尔体操表演，以及高尔夫球、射箭、槌球、游泳、长曲棍球以及击剑的比赛。

它真正举办的国际奥委会所理解的奥运会项目，大多发生在8月下旬和9月上旬，尽管除了组织者之外很少有人真正理解这些运动项目之间的区别。几乎所有奥运会赛事都在狭小而简陋的弗朗西斯菲尔德体育场和体育馆举办，这里是华盛顿大学校园的一部分，缩在极受欢迎的航空大厅后面场地的一个小角落里。水上项目不得不在农业宫所建的人工湖里进行。

整个博览会始于5月举办的奥林匹克校际运动会上再简单不过的开幕式。博览会组织委员会主席大卫·弗朗西斯以及美国国务卿约翰·米尔顿·海伊从赛场走到他们在正面看台上的包厢，《星条旗》奏起，然后比赛就开始了。8月奥运会项目的开始也没有比这更盛大。这一次，弗朗西斯和詹姆斯·沙利文在两排运动员前面匆匆走了一圈之后，乐队开始奏响音乐，表明大家可以解散了，为比赛做好热身准备。

只有687名运动员参加在圣路易斯举办的奥运会，其中有526名是美国人，56名加拿大人。在从北美以外的地区来参赛的大约100名运动员中，有来自大英帝国、古巴、德国、奥地利、希腊、匈牙利和瑞士的小规模代表团，但是没有来自法国、意大利和斯堪的纳维亚的运动员参加，更没有来自亚洲或者非洲的运动员。毫不奇怪，这届奥运会以美国人取得压倒性胜利而告终，他们赢得了94枚金牌中的70枚。在田径项目上，他们在22项比赛中赢得了21项冠军，并获得了44枚亚军奖牌和季军奖牌中的42枚。[6]拳击、拔河、自行车、网球和短柄槌球（在美国都市短时间兴起的在水泥地面上玩槌球的游戏），这些项目的参赛者全部都是美国人。足球比赛和长曲棍球比赛是只有北美球队参加的世界锦标赛，比赛在当地体育俱乐部组成的队伍和加拿大队之间进行。美国人和德国人之间产生了激烈的冲突。在水球项目上，美国人认为一个部分充气的排球适合在比赛中使用，得分是通过在网里举起球而不是把球丢进网里。德国人把这戏称为"软水球"，并拒绝参加比赛。在跳水项目上，德国人带来了自己的跳板还有特制的椰子垫，并坚称打分应该仅根据运动员在空中完成的动作姿势，而不能包括运动员入水的质量。美国人不同意这样的评分标准，因此，激烈抗议的阿尔弗雷德·布劳施魏格拒绝与一名美国运动员进行争夺铜牌的加时比赛，因为他觉得自己已经赢得了比赛。圣路易斯世界博览会的德国专员西奥多·勒瓦尔德博士（后来成为国际奥委会委员）为获胜的跳水运动员捐赠了一尊铜像,但是他对比赛结果十分恼火,拒绝授予铜像。美国报界除了报道这些争执之外,剩下的就是把这场运动会重新界定成旧的东海岸体制和新的太平洋西部大学和运动员之间的国内决斗。

几乎所有项目的观众人数都很少,国内媒体报道很少,国际媒体几乎没有对这届奥运会进行报道。当时比国际奥委会认可的官方奥运会吸引更多关注的是人类学系的模范——印第安学校举办的体育赛事,该赛事旨在展示美化版的传统生活方式以及证明教育作为同化和控制人类的工具的力量。[7] 在这所印第安学校,学生们参加拳击比赛、足球比赛以及田径比赛,并且作为更大范围的体育活动的一部分,举办了首届全印第安大学足球比赛。比赛在两所印第安学校卡莱尔和哈斯基尔之间进行,比赛现场拥挤不堪,足足有12000多人观看了这场比赛——超过1904年奥运会任何项目的观众人数。而最值得注意的是,1904年奥运会中影响最为深远的事件就是人类学日举办的体育比赛。[8]

尽管在21世纪看起来有点奇怪,人类学系和部落村庄模型以及殖民展览的出现在那时并不出人意料。19世纪末,随着帝国的触角进一步伸向全球,出现在世界博览会上的土著人民和殖民地人民的人数激增。19世纪80年代,法兰西帝国扩张,在突尼斯、中南半岛和马达加斯加获得新的殖民地,并在太平洋和中非增强其影响力。到1900年,法兰西帝国变得如此重要,以至于那一年在巴黎举办的世界博览会上,有一个非常大的区域专门用于展览法兰西帝国的殖民"成果",陈设了来自包括法属印度和加勒比海地区以及太平洋和北非的十个不同的村庄模型,另外留出一个区域用于其他帝国的殖民展览。在路易斯安那购买案百年纪念博览会的主要展区内,除了

第二章 纵享世博会：
美好时代尽头的奥运会

广阔的印第安村落和日本阿伊努人和南美巴塔哥尼亚人的存在之外，新兴美利坚的战利品在巨大的菲律宾村落展出。在美国战争部[①]的主持下，1200名菲律宾人聚集在一个巨大的"保留地"表演。

体育和人类学、科学和展览在人类学日上融合在一起，被当地媒体戏称为"部落运动会"。它们是人类学系展览的负责人詹姆斯·沙利文和威廉·麦吉的杰作。麦吉有时被人称为"野蛮人的最高统治者"，持有一种不同的科学种族主义，这种主义将所有人类置于由生物特征决定的种族等级体系中，从落后的黑人原始主义进化到进步的白人文明。正如我们可以在他的其他著述中看出，他是一个十分传统的欧洲至上主义者，但是他利用这次博览会的机会来抨击沙利文以及体育文化部的科学理性主义者，提倡浪漫的体育原始主义。媒体报道中充斥着他的关于这些虽落后却更接近自然的民族将被证明是更优秀的运动员的论调。在官方展区和派克县的劳动力之间，麦吉认为圣路易斯"聚集的世界民族比以往任何时候都要多"。[9] 因此，这是一个检验人类学假设的绝佳机会。

为了检验这些理论，举办了为期两天的比赛，包括多种不同的"土著的"和"文明的"体育项目，将比较白种人运动员和其他奥运会运动员的比赛成绩后得出结论。这两天的运动会当然是一场闹剧。大部分参加者根本就不知道他们被要求参加的是什么比赛，完全不了解奥运会体育项目的规则和技术。直到运动会举办的前几天，麦吉还在为那些不会游泳的人计划游泳项目和水球项目。面对举重比

[①] 美国战争部：现已废除的美国内阁级单位，于1789年建立，1947年被废除。
——编者注

赛,他们许多人直接拒绝去做这么愚蠢的事情。第一天,他们被临时组织成"种族队伍"——菲律宾人、巴塔哥尼亚人、美洲印第安人、叙利亚人和非洲人——并参加了短跑接力、跳高、拔河、推铅球、标枪和投掷棒球等比赛。在第二天快要结束时,许多参加者组织了他们自己的娱乐活动,包括爬杆、泥巴大战和射箭。运动会的官方报告总结道:"野蛮人和未开化部落的代表证明了自己是劣等运动员,他们的能力被大大高估了。"[10] 一个非洲人在百码短跑中所需的时间"可以被任何十二岁的美国男孩打败"。它带着点自我满足的意味总结道:"野蛮人并不是我们曾经以为的天然的运动员。"体育中的浪漫运动主义可能就此消亡,但是支撑体育和智力种族等级体系的伪科学依然盛行。

如果说圣路易斯奥运会及其运动员真的是文明的巅峰,那么马拉松比赛就会令人想起甘地的妙语。当他被问及对于西方文明的看法时,他说:"我认为这是个好主意。"32名运动员参加了赛跑,但是只有14名完成了比赛。当日的温度超过华氏90度(35多摄氏度),天气闷热潮湿,并且所有的运动员必须与密苏里州那令人绝望的、崎岖不平的道路上扬起的大量尘土抗争。赛跑运动员直到跑了12英里之后才喝到淡水,这时美国选手威廉·格雷斯一次性喝了过多的水,导致他再继续跑了4英里之后出现了近乎致命的胃出血。其余的选手错误地认为在比赛中摄入液体会对身体造成伤害,靠湿海绵和浸透白兰地的法兰绒补充水分。设法从古巴来参加本次奥运会的邮递员费利克斯·卡拉瓦尔在新奥尔良的一次骰子游戏中输掉了旅费,身无分文地来到圣路易斯,然后穿着笨重的鞋子和剪短的裤子参加赛跑。尽管他不得不停下来找东西吃,并和观众聊起了天,他最后还是获得了第四名。两名当时在布尔战争特许区工作的非洲人伦陶和扬·马锡亚尼，是为数不多完成比赛的选手——对于新手来说，他们分别取得了非常令人称赞的第九名和第十二名，尤其是在伦陶为了摆脱一只恶犬的追赶而多跑了1英里的情况下。

美国人弗雷德·洛尔茨是第一个抵达体育场的人，"一片混乱之后"，人们方才明白过来，他的部分赛程是搭乘卡车完成的，因此被取消了资格。托马斯·西克斯是第二个进入体育场的，他的速度慢下来，挣扎地走过终点线。据透露，他的教练查尔斯·卢卡斯拒绝在比赛过程中给他喝水，而是调制了一种混杂士的宁、酒精和蛋白的饮料给他喝，这在当时完全合法。他非常幸运。获胜的两名美国水球队员在比赛结束后的六个月死亡，几乎可以肯定他们感染了来自展览会的污水塘里的伤寒病菌，这个污水塘汇集了来自其他展览会的动物废物和植物废物，8月的炎热天气已经把它变成一个充满细菌和疾病的腐烂池。

第三节

就对顾拜旦自身的直接影响而言，1906年的雅典奥运会是他人生的低谷。迫于国际奥委会其他成员的表现和地位，顾拜旦让步了，并尽了最大努力无视他们。他在自己主办的《奥林匹克评论》上刊发了奥运会的项目，但是没有提及具体的举办日期。在后来的一期中，他预告了雅典奥运会，并且花了十四页的篇幅邀请读者探寻古希腊艺术和历史的意义，但是对于奥运会本身，他只提及了一次；令人惊讶的是，他向读者推荐雅典的旅游胜地时没有把奥运会体育场包括进去。[1] 尽管国际奥委会的许多委员参加了这届奥运会，但顾拜旦仍留在巴黎，参加了在法国国家大剧院举办的"艺术、文学和体育"大会。他很幸运，因为在他缺席雅典奥运会的时候，那里酝酿了一场"政变"。本来"政变"的目的是让希腊王储成为国际奥委会的新一任主席，但是"政变"失败了。一代人之后，由对顾拜旦倍加推崇的美国追随者艾弗里·布伦戴奇为首的一个国际奥委会委员会拒绝承认1906年在雅典举办的是奥运会。

然而，矛盾的是，这是最接近顾拜旦愿景的奥运会。它由合适的阶层的人良好地组织起来，在一个短暂和紧凑的时间表中提供了精简但多样的体育节目单，主要赛事在一个独特而宏伟的古代体育场举行，并且完全摆脱了世界博览会中混杂的意识形态和庸俗、商业的喧嚣。它吸引了比1896年雅典奥运会和1904年圣路易斯奥运会加起来还要多的运动员参加，而且他们大多是无可挑剔的绅士家庭出身。不仅如此，开幕式赋予这个场合的庄重和仪式感是顾拜旦在前两届奥运会中没有看到的。希腊王室和英国王室都出席了开幕式，此次开幕式上第一次举行了国家游行，900名参与者跟在名牌和旗帜后面走进体育场并绕场一周。

如果说希腊参与国际事务的进程消除了对顾拜旦奥运会的威胁，那么如前两届那样与一场盛大博览会捆绑在一起的1908年伦敦奥运会，能否使尝试独立运作的奥运会免于和巴黎奥运会和圣路易斯奥运会那样边缘化的和无足轻重的命运，还有待观察。它的确做到了，由于四个相互关联的原因。首先，1908年的法英帝国博览会与世界博览会和路易斯安那购买案百年纪念博览会相比，明显没有那么拘泥于固定的观念形式和压人的气势，那两届博览会都深受进步主义和科学发展的鼓舞，并举办了无数高端大气的学术会议。1908年在伦敦举办的博览会既没有召开那些盛大的聚集知识分子的会议，也没有那么宏伟的、普遍主义的雄心抱负；总的来说，它是为实际上已经取得的成就举办的一种更舒适而甜蜜的庆祝。因此，法英博览会不管在文化上还是空间上都给予奥运会更多的余地。第二，除了种族人类学的问题之外，1900年和1904年举办的奥运会都没有与各自时代中更大范围的政治和文化事务，或者同时期举办的世界博览会建立起紧密的关联。相比之下，1908年奥运会暴露了大英帝国的焦虑，这种焦虑最显著地体现在英国和美国的运动队伍之间的冲突上——体现了老牌帝国与新兴大国之间更广泛的经济冲突和政治冲突。第三，伦敦奥运会——不管开幕式的各国代表团游行还是其后举办的赛事中——巩固了这些名义上国际性的运动会的民族性特征；尽管，什么是一个民族，以及由哪些人构成那个民族，这些问题尚无定论。最后，正如在1896年的奥运会上，马拉松将会呈现一场具有足够叙事动力的体育盛宴,以至于奥运会这个名称将在更广泛的大众意识中固定下来。

促成1908年伦敦奥运会召开的最重要的人不是顾拜旦,也不是组委会主席德斯博罗勋爵,而是伊姆雷·基拉尔非。他于1845年出生在布达-佩斯,原名伊姆雷·柯尼斯鲍姆,他和他的兄弟通过一场广受欢迎的马札尔(Magyar)民间舞蹈走上了从艺之路;他们毕业之后在布鲁塞尔举办庆祝会和展览会,然后前往美国表演轻松歌舞剧,他们的表演以华丽和排成长排的合唱队歌女而闻名。1887年,基拉尔非与马戏团经理人菲尼亚斯·巴纳姆合作,把他铺张华丽的节目《八十天环游地球》《巴比伦的陷落》《尼禄:罗马的燃烧》推向了舞台表演的新高度。然后,他转战伦敦,在那里他负责位于伦敦西部的伯爵府展览场地,这块场地的规模虽然大,但是没有足够的空间来施展基拉尔非的抱负。他在1904年获得实现抱负的机会,当时法国政府和英国政府就殖民势力范围达成了一系列复杂的协议,通常称之为《友好协约》(Entente Cordiale),开启了一个外交合作和军事合作的新时代。在这种情况下,法国商会及其他组织对于举办某种联合展览会表现出极大的热情,而基拉尔非就是把这一切结合起来的人。

他获得英国王室和政府的支持,在伦敦西部靠近谢泼兹布什地区租赁了一块已经变成灌木丛林地的旧工业区,从罗斯柴尔德家族引来大量投资,于1907年初开始在该地建造场馆,修建新的铁路线和火车站。德斯博罗勋爵和英国奥林匹克协会在还不知道他们将在哪里举办奥运会的情况下就接过了举办的接力棒,他们与基拉尔非接洽,他向他们提出了一项交易:博览会将为他们建造一座适合举办奥运会的体育场,但是要收取四分之三的门票收入和项目经费。他甚至投入了一笔预付款,这解决了这个捉襟见肘的贵族委员会的燃眉之急。他们当然同意这样的方案。

在法英帝国展览会开放的近六个月时间里,840 万人前来参观,但是大家都把它称为白色城市。它受到 1893 年芝加哥世界博览会同名建筑物的启发,比起那个同名的建筑物来说,它在建筑风格上更加兼收并蓄和安闲舒适。它精妙复杂且富丽堂皇,有高耸的圆顶和尖柱、圆形大厅和塔楼、尖峰和钟塔,在娱乐园和工业展览的两种风格之间显然更偏向前者。在一栋建筑物中,游客就可以发现有阿拉伯式、哥特式和远东式建筑物的风格。与阿拉伯尖塔类似的多利安式(Doric)圆柱、高悬在浅池上的暹罗式(Siamese)阳台、迂回曲折的阴凉拱廊和雕梁画栋的幽径,让游客可以闲庭信步地穿过牛津大学和剑桥大学以及豪斯曼的巴黎展厅,经过泰姬陵和巴黎北站。但是白色城市最重要的部分是其大众娱乐项目:在一千个电灯泡的柔和灯光照耀下的夜间步行大道;在天鹅船轻轻掠过荣誉法庭的水道;人们排着蜿蜒的长队去乘坐旋转游乐椅,它是一种露天游乐设施,其钢格构架的巨大悬臂将寻求刺激的游人带到展览会的高空,在那里他们可以一览大英帝国宏伟的首都伦敦。这场演出的显著主题展览是大英帝国和法兰西帝国,被安排在白色城市的北部边缘,在那里,游客可以观看这两个国家殖民地的宫殿群:法属突尼斯和阿尔及利亚、印度、锡兰、澳大利亚和加拿大,最大的是一个爱尔兰大村庄巴利马克林顿的模型,在这个没有冲突和共和主义的爱尔兰,一群面容姣好的爱尔兰少女在那里搅拌黄油、纺织羊毛。

然而,最大的建筑物是体育场。它原本打算和白色城市的其他部分一样,用极其奢华繁复的风格来建造,但从未完工,大部分由暴露在外的脚手架、临时围栏和没有装饰的长凳组成。它装饰简单,规模宏大。组委会可能不知道奥运会的起源,展览会的广告声称,体育场"和古罗马的大竞技场一样宽,比罗马斗兽场还要长"。它最长的地方达到1000英尺①,它的运动场和跑道就足以容纳举办1896年奥运会的整个泛雅典体育场。从设施和装修方面而言,更令人印象深刻的是帝国体育俱乐部。该俱乐部被展览会主办方建立在体育场的南端,在奥运会期间作为组委会的基地和伦敦上流社会的天然家园;从威斯敏斯特公爵到俄国大使,在报名参加奥运会的1900名贵族和外交官中,此前从来没有人听说过谢泼兹布什。另外一座顶部是穹顶的白色宫殿,是爱德华时代绅士的临时俱乐部,配有木质镶板的餐厅和吸烟室。它为新近学会开车出行的会员提供停车场、体育场的私人入口和房子里最好的座位。

在英国媒体对奥运会的意义和目的做出的大量评论中,可以听到三种不同的声音。首先,人们可以听到一个直截了当、乐观的国际奥林匹克主义的声音,尽管它非常不易察觉。德斯博罗勋爵在奥运会前夕接受《每日新闻》采访时说:"根本的希望是,通过在友好竞争中的相遇,代表不同国家的青年,尤其是体育青年,将会更好地相互了解、相互欣赏。或许,通过这些奥运会,国与国之间的良好感觉——这种有助于防止战争爆发的良好感觉——至少可以被真正提升,就像坐在会议桌前的外交官一样。"[2]

然而,《标准晚报》认为,奥运会的地缘政治潜力不可能促进和

---

① 英尺(foot):英制长度单位,1英尺=30.48厘米。——编者注

平，而是象征性地确立英国作为全球霸主的合法地位，建立包括体育规则在内的普遍规则，这些规则自然被世界其他地方接受。该报还认为，参与奥运会表明的不是帝国能获得多少奖牌，而是博览会的规模以及追求领导力的热忱：

英格兰在男子运动中处于领先地位。帝国男子第一次开展或者制定规则和条例的运动项目，已经被许多国家采纳。它制定的规则，即使没有无畏级战舰和马克沁机枪（Maxims）的帮助，也能保证它会被完全遵守。就它在体育界的地位而言，如果1908年的奥运会在程度和人们对其的兴趣上与之前的奥运会相同，它将会蒙受永久的耻辱，但是它在极大程度上超越了此前的奥运会，大大提升了人们对这些国际赛事的热忱。[3]

《旁观者》以挪揄的口气挖苦了针对奥运会的第三种态度：担心大英帝国的统治不再稳固，担心国家的体育和运动行为是这种衰落的原因和后果。就在几年前，英国军队在英国与南非战争最激烈的时候发现，绝大多数工人阶级新兵的健康状况非常糟糕，以至于不能被招收为现役军人。这不仅仅是一个参与并为胜利者鼓掌的问题，而是成为胜利者的问题。

噢，大英帝国，伟大而自由。
参加！当下的心理：
罗马灭亡了，似乎我们也要衰落了，
除非我们赢了高踢腿。
我们的名声，曾经伟大，瞬间就会完全消失。

装进罐子里,一个想法凝结了,
如果在短跑中我们没有出色表现,
没有跨过障碍。[4]

然而,回顾过去,这是欧洲帝国的黄昏。十年后,在第一次世界大战结束时,德意志帝国、俄罗斯帝国、奥匈帝国和奥斯曼帝国将成为废墟。再过四分之一世纪和第二次世界大战,大英帝国、法兰西帝国、荷兰王国和比利时王国将被瓦解。未来将由国家和民族国家创造。以1906年雅典奥运会为榜样,1908年奥运会的开幕式以一大群国家代表队在爱德华七世国王和一群欧洲君主和王储面前经过的方式向其致敬。在奥运会期间,媒体报道说:"跃入他们同胞的眼帘时不是运动员个人的名字,而是他们国家的名字,就像斯巴达和雅典的名字曾经在奥林匹亚平原回荡一样。"[5]

美国人尤其担心如何在参加奥运会的国家队之间分配总奖牌,以及每个国家应该从第一名、第二名或第三名中获得多少积分。詹姆斯·沙利文是美国队驻伦敦奥运会的负责人,他设计了自己的计分体系。《旧金山纪事报》甚至声称:英国人正在想出一些卑鄙的计分方案,使他们的运动员享有特权并确保能获得冠军。事实上,没有这样的体系,当然也没有一个得到官方认可的体系;整个别出心裁的想法是媒体的杰作,并且得到了体育机构的积极支持。

然而,正如西奥多·库克在1908年的官方报告中揣摩的那样,英国人对一个"困难不小"的问题感到更加困惑:先不管一个国家积累了多少分,到底什么是"国家"?组委会成员借鉴国际奥委会于1906年首次制定的定义,该定义将一个国家或民族定义为"在国际奥委会中有独立代表的任何领土;或者在没有这种代表的情况下,在一个主权管辖下的任何领土"。[6] 该规则的后半部分对明确独立的民族国家来说效果不错，而那些尚未独立的领土、民族和身份，这条定义的前半部分为其留下了回旋余地，当然，最重要的是，他们要有朋友在国际奥委会。

因此，在 1906 年和 1908 年，一个波希米亚团队作为国家队参加大游行，尽管波希米亚仅仅是奥匈帝国中主要说捷克语的一个省，尽管这个省拥有早已不再起作用的君主制和半自治的议会。然而，在国际奥委会的世界里，季利·古斯 – 雅可夫斯基的出现使其成为一片可接受的独立的领土。与此同时，按照国际奥委会对于国家的界定，奥匈帝国代表队被分成奥地利和匈牙利两个团队，这反映了1867 年奥地利 – 匈牙利折衷方案的本质并不稳定，在这一折衷方案中，两个国家的王权在一个单一的中央集权的帝国国家中享有平等的地位。

1908 年，谁代表大英帝国同样是一个复杂的问题，南非、加拿大、澳大利亚和英国有不同的队伍和旗帜。然而，当时的南非只是一个政治上包含四个独立殖民地的地理名称，只好给它分配一面临时的、匆匆设计的旗帜——一面带有跳羚的红色旗帜。加拿大是一个殖民地同盟，在国内看起来像一个民族国家，但在国外它只是一个自治领①，其外交政策和军事管理由伦敦控制。澳大拉西亚（Australasia）是澳大利亚加新西兰，前者在 1901 年才作为前独立殖民地的同盟成立，后者在 1907 年获得自治领地位。大不列颠本

---

① 自治领（dominion）：在大英帝国的殖民地制度下的一个特殊的国家体制，是那些殖民地走向独立的最后一步。——编者注

身可能被认为是一个国家,但作为大不列颠及爱尔兰联合王国,它的内部有相当多的人口极不情愿在它的旗帜下游行。1904年,汤姆·基利获得十项全能运动冠军,他在官方名单上被列为英国队的一员。但作为一名坚定的爱尔兰民族主义者,他蔑视这一做法,认为自己是独立的或爱尔兰的竞赛选手。在1906年雅典奥运会上,彼得·奥康纳获得了三级跳金牌以及跳远银牌。他是在盖尔人运动协会的支持下参赛的,但组委会拒绝承认该协会是一个国家的奥林匹克委员会。他和另外两名爱尔兰运动员的名字被移到了英国队。为了抗议,奥康纳在他的同事措恩·莱希的保护下,在体育场竖起旗杆,升起一面爱尔兰三色旗,庆祝自己的胜利。

国旗在1908年奥运会上同样成为问题。开幕式上,体育场上挂满了所有参赛国的国旗,但是组织者没有挂上美国国旗和瑞典国旗;更糟糕的是,他们设法升起了一面中国国旗和一面日本国旗,但两国都没有参加这届奥运会。在政治上产生更多争议的是芬兰国旗的地位。直到1809年,它一直是瑞典的一部分,后来作为半自治的芬兰公国并入俄罗斯帝国,这一地位令芬兰人民越来越感到厌烦,他们最终在1917年宣布独立。由于客轮锅炉故障,该队抵达伦敦晚了,但无论如何,他们带着国旗赶上了开幕式,询问组委会能否举起国旗参加队伍游行。俄国队实际上只有6名运动员,没有参加开幕式,他们断然拒绝这一提议,但接受了芬兰队有名牌没有国旗,并且不按照国家首字母顺序参加游行的妥协方案。1912年,在斯德哥尔摩奥运会上也采用了同样的外交解决方案,当时芬兰人再次带着名牌但没有国旗游行。瑞典观众对芬兰人争取独立的斗争更加了解和同情,他们为其热烈鼓掌,乐队演奏了《芬兰骑兵进行曲》,这是一首古老且颇受欢迎的瑞典军事进行曲,纪念芬兰人在三十年战争中发挥的作用,1872年芬兰作曲家萨查尔·托佩利乌斯的歌词赋予了它民族主义的意味。

几乎世界各地的国家都是以男性为尊,公民身份、选举权和兵役都是男性专属的。参加奥运会的国家几乎没有什么不同:1896年奥运会完全是男子选手的运动会;1900年奥运会,至少根据重建的记录,有22名女子选手参加了网球、高尔夫球和槌球的比赛。圣路易斯奥运会和1906年的雅典奥运会各只有6名女性选手:美国的弓箭手和希腊的网球运动员。伦敦奥运会总共有37名女性选手,但这届奥运会总共有2008名运动员参加,而且女性选手仅限于花样滑冰和射箭两项运动,尽管一群丹麦女子体操运动员在奥运会上进行非竞争性的表演,以"优美的下半身比例"吸引了很多关注。

男性的目光在1912年奥运会上一如既往地活跃,当时有47名女性选手参加了在斯德哥尔摩举行的比赛。当地媒体在评论国家队大游行时指出,"每当女子运动员出现时,都会有热烈的掌声,为奥地利体操运动员、穿着与浴袍有点相似的绿色长外套的澳大利亚游泳运动员以及丹麦女子体操运动员鼓掌。"无论男女,实际上他们都来自白人国家。

在1908年奥运会上,只有两名有色人种运动员参赛:作为接力队成员赢得金牌的非裔美国赛跑运动员约翰·泰勒,以及代表加拿大跑马拉松的奥内达加族印第安人汤姆·朗伯特。在他们之前几乎没有有色人种运动员。在1900年奥运会上,巴黎大学的海地裔黑人医科学生康斯坦丁·恩里克斯是获胜的法国橄榄球队和拔河队的成员。在1904年奥运会上,除了第一次参加马拉松的两个南非人之外，还有乔治·波格，这位非裔美国跨栏运动员获得了两枚铜牌。

1908年奥运会上的国家队大游行非常精彩，奥运会本身吸引了迄今为止人数最多的运动员参加，但是观众人数令人非常失望。可能只有30000人在场，他们三三两两地坐在巨大的碗状白色城市体育场中，使这个至少可以容纳80000人的体育场显得有些冷清。即使在开幕式之前，缺乏足够的观众出席奥运会也是一个紧迫的问题。初夏，伦敦举办了一系列奥运会项目——射击、庭院网球和草地网球、室内网球、壁球和马球——但是，尽管这些运动有无可挑剔的精英阶层和贵族血统的参加，它们却未能打乱伦敦夏季的标准节奏。

如果奥运会票价的设定可以面向更广泛的观众，这也许就不那么令人担心了，但便宜的座位数量很少。即使把票价定在两先令①，对许多人来说也是一笔大数目，而且体育场没有屋顶，无法抵挡可怕的阵雨，并且距离比赛场地相当远。正如《闲谈者》尖锐地指出："公众反对在自己谨慎地花了一先令或两先令买票之后，却被安排在高度和游乐场的旋转游乐设施一样的位置上观看比赛，他们拒绝接受世界上最伟大的运动会正在远处某个地方举行的消息，我觉得他们的反对十分合理，因为他们的贡献正是这些赛事收入的主要来源。"[7] 开幕周的观众人数更少，天气更加阴沉，以至于《每日邮报》宣布这是一件事关国家的大事，因为外国媒体会"带着英国人正在显示出衰败迹象的消息回家，我们在运动本能和天赋方面都一样没落"。[8] 第二周，第二波广告、天气转好以及票价的大幅下调带来了

---

① 先令（shilling）：1971年以前，英国的货币单位。20先令为1镑，12便士为1先令。——编者注

更多的观众,这让英国挽回了颜面,但远没有让体育场座无虚席。

对于那些前来观看比赛的人来说,最引人注目的是英美之间的竞争和冲突。1908 年奥运会上的体育冲突,只是 17 世纪和 18 世纪英美紧密的语言关系、种族关系和帝国关系——这种更大范围、更复杂关系中的一小部分,尽管发生了独立战争,英美关系正被带有新的、反英不满情绪的新美国人改变。德裔美国人和荷兰裔美国人一直是英国与南非战争最大的批评者之一。为爱尔兰自治和爱尔兰独立而进行的长期和日益激烈的斗争在海外移民群体中引起了共鸣,但最重要的支持者是热情而成绩显赫的爱尔兰裔美国运动员。美国的主流媒体和爱尔兰共和党媒体都利用他们在奥运会的报道中的每一个机会来故意煽动这种不满情绪。

甚至在奥运会开始之前,《世界报》就报道说:"在伦敦为美国奥林匹克队做出的安排令人不满意。"[9] 性格粗暴的詹姆斯·沙利文被伦敦糟糕的住宿条件吓坏了,他把整个团队搬到了布莱顿。开幕式前几天,美国人与组织者就撑竿跳高的规则和 1500 米赛跑预赛的抽签结果发生了冲突。美国人允许撑竿跳运动员在跳跃前挖掘一个小洞来插竿,并允许他们落在沙床上。这两种做法英国人都不允许。秘密进行的 1500 米赛跑的抽签,让四个最有希望的美国选手相互竞争,只有一个人有机会晋级。詹姆斯·沙利文在美国媒体上发表的评论,代表了众多日益高涨的表达猜疑、夸大其词和民族主义怨恨的声音中的一种。他说:"要么是运气不佳,要么是抽签方式给美国人带来了如此不利的局面。"[10]

媒体在报道开幕式时,把两国之间的冲突推到了一个更高的高度。有报道称,当游行队伍经过爱德华国王面前时,唯有美国队没有降下国旗。据报道，旗手拉尔夫·罗斯说："这面旗帜不向任何地上的王放下。"不管他有没有这样说过，这就是美国这个体育大国如何看待并仍然牢记这一后殖民时期新兴共和国反抗前宗主国的行为。

关于英国弄虚作假的证据来自拔河比赛和400米赛跑。由田径运动员和摔跤运动员临时组成的美国队，被抽到与由利物浦警察组成的英国队比赛。美国人遵循他们认为的规则，穿着跑鞋参加比赛。英国警察穿着他们带有钢质边缘的鞋跟的标准版靴子参加比赛，并重创了美国人，后者立即声称英国人的鞋不符合规则。英国人在否认违反规则的同时，指出技术和团队合作的重要性，但还是提出可以不穿靴子举行第二轮比赛。但是，愤怒的美国人拒绝了，他们走出比赛场地，他们的管理人员拒绝参加那天晚上由德斯博罗勋爵举办的盛大晚宴以示抗议。在重新讲述这个故事时，英国队的鞋被夸大了。《纽约晚报》称，"他们的鞋底有一英寸厚，比英国海军穿的还要重，而且队长的鞋子上还钉着钉子。"《纽约世界晚报》认为它们"和北河渡船一样大"。[11]

在400米赛跑的决赛中，美国最受欢迎的选手约翰·卡彭特与英国陆军中尉温德姆·霍斯韦尔对决。在卡彭特领先的情况下，霍斯韦尔试图在最后100米从外围超过他。但是，按照监督这次比赛的众多裁判之一罗斯科·巴杰博士的说法，"他们跑得越远，卡彭特就越向外围跑，他的右肩挡在霍斯韦尔前面以防被其超过"。卡彭特立即被取消资格。但是，在美国人和组织者怒不可遏地几番交涉后，他们被告知可以在用绳子隔开的赛道上重新比赛。卡彭特拒绝重新比赛，参加比赛的其他美国人紧随其后。霍斯韦尔一个人跑了第二场决赛。美国教练迈克·墨菲评论说："拦路抢劫是一种非常强硬的措辞,但没有其他词可以形容它。"爱尔兰共和党媒体开始呼吁断绝外交关系,美国主流媒体也紧随其后。

然而,尽管如此,美国人还是在田径运动上取得了毫无争议的胜利。英国可能在1908年奥运会中获得的奖牌数最多,但是在田径这个逆流涌动的主要舞台上,美国人获得了十三枚金牌,而英国只获得了微不足道的五枚。这支队伍回到纽约后举行了彩带飘扬的游行并受到西奥多·罗斯福总统的接见,他是"奋发的人生"的倡导者,也是日益进步的美国的总舵手。正如伦敦杂志《名利场》所说:"美国人已经决定性地打败了我们。问伊顿公学或哈罗公学的任何一个男孩,他想赢得什么项目运动,他都会告诉你……赛跑、跳高或者跳远。"人们不得不承认,美国的方式不仅有效,而且是未来的典范。《名利场》接着说:"当然,对于英国人轻松处理事情的方式,还有很多要说的,但你们做得很好,谢谢你们。"但是单靠个人勇气是不够的。像英国社会一样,英国体育需要现代化。"个人看不到他身上的小缺点:也许事实上他珍惜它,但教练不会允许它存在;纠正错误,那么这个男子的比赛时间就会缩短。如果我们的队伍想赢得下一届奥运会,他们必须听从教练的指挥。"[12]

尽管所有这些赛事都引发了媒体大量的流言蜚语,媒体借此卖出了大量的报纸,但这些不是真正受欢迎或引人注目的体育比赛;就像1900年雅典奥运会和1904年圣路易斯奥运会一样,马拉松是1908年奥运会最重要的赛事。事实上,《纽约时报》以夸张的方式报道说:"这是一个没有人看见过的奇观,而看见过它的人不会期望它的重演。"[13]比赛从温莎的皇家城堡出发,火车站临时作为运动员的更衣室。路线穿过伦敦西北部的大都市郊区和不断发展的郊区村庄阿克斯布里奇、易根汉和莱斯里普，然后向南穿过哈罗和威尔斯登。尽管提供了冷热牛肉汤粒、大米布丁和葡萄干、古龙水、白兰地和士的宁，到了 20 英里的时候，55 名赛跑者已经减少到只有 29 名，跑在最前面的三名选手是南非人查尔斯·赫夫伦；来自意大利卡普里的糖果商道兰多·佩特里；爱尔兰裔美国人约翰尼·海耶斯。还有不到 2 英里时，赫夫伦领先了，当路边一位仰慕者递给他一杯香槟时，他大声欢呼着把它喝了下去。半英里后，在老橡树巷，他因酒精诱发痉挛，瘫倒在地；目瞪口呆的佩特里超过了他。《纽约晚报》描述了体育场的场景："外面的人群紧紧围着大门，而警察把他们推回去，一次又一次地喊着已经没有票了。"亚瑟·柯南·道尔翘首以待："我们八万人都在等着那个人出现，焦急、急切地等待着，伴随着身体长时间的、躁动不安的摇摆和沉重气息，这标志着众人都等得不耐烦了。"[14]

当佩特里进入体育场时，乐队开始演奏《英雄今日得胜归》。但这位"征服的英雄"显然筋疲力尽，迷失了方向，转向错误的一边，开始向背离终点线的方向跑，直到被人指引着回到正确的方向。"他像梦中人一样摇摇晃晃地跑在铺着煤渣的小路上，他的步态看上去既不像走路也不像跑步，而是像一条比目鱼那样，手臂颤抖，双腿蹒跚。"一群感到奇怪的官员不顾规则聚集在这个卓别林式的人物周围，他步态古怪，留着小胡子，头上缠着一块手帕，他们不顾一切地想帮忙，但尽力忍住了。据《纽约晚报》报道，观众在那里大喊："别动他！别把他弄死了！那不是运动！"他摔倒了三次，被人扶起三次；在最后一个弯道，他被人抬起来，又揉又捏。

第二章 纵享世博会：美好时代尽头的奥运会

这时，美国人约翰尼·海耶斯迈着稳健的步伐跑进体育场，此时倒在地上的佩特里与终点线的距离只有几码。《每日邮报》报道说："当时有两名官员被兴奋冲昏了头脑，他们把佩特里扶起来，陪着虚弱的他走完了最后十码。"一些英国官员想否认这一点，但在美国人激烈抗议后，来自帝国体育俱乐部的消息是佩特里被取消资格，海耶斯获胜。

在几小时后举行的宴会上，德斯博罗勋爵报告说："王后陛下（亚历山德拉王后）如此强烈地感受到意大利人应该为他们的冠军授予一些荣誉，以至于她决定自费向道兰多·佩特里授予一个特殊的奖杯。"[15] 在闭幕式上，她向佩特里和海耶斯授予了奖杯。意大利媒体充分渲染了两人上场时观众不同的反应，声称当佩特里荣誉绕场一周时，观众欢呼："意大利万岁！"而海耶斯被他的队友放在一张餐桌上抬起来时，《意大利插图报》说："掌声缺乏刚才称赞意大利冠军时的热情和自发性。人群中到处都是嘘声。"[16] 接下来的几周，人们会为这个意大利人举办群星璀璨的音乐会，公众为其捐款，赠送他丰厚的礼物。英国在其权力的顶峰，得意于光荣的失败，而不是仅仅用美国稳步成功的标准来衡量自己。

第四节

  与此前的奥运会不同，1912 年在斯德哥尔摩举行的奥运会没有遭遇任何危机。没有资金缺口，也没有在最后一刻改变计划或地点。顾拜旦比以往任何时候都更坚定地掌管着国际奥委会，国际奥委会也比以往任何时候都更坚定地掌管着自己的奥运会。他们坚持要求瑞典人从根本上扩大他们最初提出的相当简约的奥运会计划，并引入顾拜旦自己喜爱的体育项目——一种面向军官的现代五项运动。

  就瑞典奥运会的组委会而言，他们由强大的保守社会力量组成：王室、贵族、军队和工业资本的代表。他们带来了十多年来组织自己国家的冬季运动北欧运动会的经验，与一个中央体育联合会结盟，该联合会动员了该国体育文化的所有不同力量，并得到了国家政府的支持，国家政府通过公共彩票默默为他们提供资金，而不必面对瑞典议会的任何审查或辩论。

  国际奥委会还是无法完全按照自己的方式行事。瑞典人坚持说他们不能接受在奥运会中有拳击项目，而且拒绝了顾拜旦提出的，他们在举办体育比赛的同时举办艺术奥林匹克比赛的要求；组委会与瑞典艺术界的磋商导致了人们对于这一想法的广泛嘲笑。他们举办的正是顾拜旦一直想要的那种庄重的、绅士的体育节目，没有世界博览会的混乱的意识形态和庸俗的商业氛围，但同时也体现了现代性的苗头——全球化规模、理性的组织和娴熟的技术。

  来自 28 个国家的 2400 多名运动员参加了比赛。其中，来的包括首次来自埃及、塞尔维亚、奥斯曼土耳其（由亚美尼亚人组成的

第二章　纵享世博会：
美好时代尽头的奥运会

代表队）、日本和智利的队伍，所有这些都使斯德哥尔摩的奥运会成为第一届有来自各大洲竞赛者参加的奥运会。这也是运动员最后一次可以以个人身份报名参赛的奥运会，就像英国军官阿诺德·杰克逊一样，他虽然被国家队拒绝，但还是赢得了 1500 米长跑的金牌。而其他人，都是通过各自国家奥委会的邀请来参赛的。瑞典人还将奥运会时间表合理化，制定了一个紧凑的时间表，其中几乎所有的赛事都在 7 月中旬延长的奥林匹克周内举行。

　　体育项目也被删减了。摩托车运动和热气球飞行的实验已经结束。很明显，像室内网球、壁球和回力球之类的小众娱乐项目被放弃了。已经被 1908 年奥运会的组织者认为不够全球化的板球比赛再次被删减。这届奥运会允许举办的不同寻常的比赛是冰岛摔跤表演，但未被列入主要项目中。不幸的是，1900 年巴黎的活鸽子射击或在伦敦举行的壮观的自行车马球锦标赛不会重演，在那场比赛中，由 7 名骑着公路自行车的选手组成的两队挥舞着马球槌在足球场上来回穿梭。发令枪一响就开始电子计时的装置被引入来补充手持式秒表，并且还引入了照相机，这是奥运会首次以照相判定胜负。考虑到 1908 年奥运会裁判中立性的问题，瑞典人努力提高裁判的技术水平，建立国际规则和标准。外国记者和潜在游客比以往受到了更大的追捧，一部奥运会官方电影也获得了授权。

　　观众的需求得到了更好的满足，组委会制作了专门的布告板来展示比赛结果，并启用带有扩音器的号手和传令员，用瑞典语和英语来宣布比赛。观看水上比赛的观众会发现参赛选手的泳帽是按国籍着色的，而且也有个人编号。在仪式方面，瑞典人一切从简：开幕式上先是各个国家队秩序井然的游行，之后是赞美诗、瑞典语的祈祷、传令官传令和国王的简短讲话。即便如此,一名美国记者认为:"这是迄今为止最难忘的国际事件。"[1]

开幕式的简朴可能给《纽约时报》的记者留下深刻印象,但在瑞典大众的记忆中,奥运会要丰富得多——阳光灿烂的奥运会。1896年雅典奥运会遭遇了不合时令的寒冷雨水,以至于推迟了闭幕式。历时六个月的巴黎奥运会经历了各种各样的天气,但几乎没有几天好天气。1908年伦敦奥运会惨遭阴晴不定的伦敦夏季天气的困扰,毛毛雨、阵雨和大雾轮番折磨。但是,在1912年,奥运会终于碰到了连续温暖的晴天:"7月的太阳散发出灿烂的光芒,照耀着奥林匹克体育场,而露天看台上的观众就像在蒸桑拿。女士们穿着最轻薄、最透明的上衣,不停摇动扇子,而男士们无视瑞典习俗,脱下夹克,有时连马甲也脱下,稍微解开笔挺的衣领。"[2]

斯德哥尔摩在炎热中放松下来,一度对奥运会持僵硬和冷漠怀疑态度的人开始软化,甚至被这场体育盛会迷住了,而且——根据劳工运动的报纸《瑞典晚报》的报道——产生了一种不健康的民族主义胜利欲望:"到目前为止,这座城市有多少人对推铅球感兴趣?或者对摔跤感兴趣?在普通人眼里,它们的地位一直大致相当于跳蚤杂技表演,粗俗不堪……但此时此刻,总干事和助理秘书们跪下祈祷,请求上帝赐予他们更强的力量来赢得摔跤比赛,以提高我们的分数。"[3]

巴黎奥运会的比赛分散在城市各处,被世界博览会光芒掩盖,没有留下任何深刻影响。在圣路易斯,奥运会被封闭在一个巨大的展览公园里,这个公园离城市的其他地方有一段距离,并且在奥运会结束后很快就被完全拆除。在伦敦,主体育场的巨大规模,以及英国东道主给予奥运会更高的地位,使得奥运会在梦幻般的法英博

第二章 纵享世博会：
美好时代尽头的奥运会

览会的白色城市中非常引人注目，但在更广阔的城市环境中，它的影响仅短暂停留在马拉松路线和精英体育俱乐部中，许多较小规模的赛事，如庭院网球和马球，都在那里举行。雅典在1896年和1906年是一个足够小的小城市，能让奥运会产生真正的影响，但即使在那时，只有开幕式和闭幕式以及马拉松吸引了大量的人群。

绝好的天气和奥运热的结合把斯德哥尔摩的奥运会从体育场内带到了街上，在主办城市和奥运会之间建立了一种迄今为止还从未建立过的关系。新建的主体育场是一座由圆形小塔和塔楼组成的浪漫砖砌城堡，就在市中心。除了划船之外，几乎所有的活动都很受欢迎。票价在很大程度上贵到足以把穷人拒之门外，但主体育场站立空间的存在确保了社会阶层的融合。最重要的是，在体育场附近的一片军队拥有的草地上，建起了一个临时游乐场——奥林匹亚，吸引了比奥林匹克运动的观众人数加起来还要多的人付费入内。

斯德哥尔摩奥运会也是第一次出现真正欣喜若狂、滔滔不绝的观众。在瑞典，网球是最优雅的运动。关于网球锦标赛的一份报告声称："雷鸣般的掌声一遍又一遍地回荡在场馆里，观众们已经为比赛大声喝彩了一百遍。"这是一群全神贯注于比赛细节和惊心动魄的比分的人，"球场上的比赛引起了人们极大的兴趣，当一个很刁钻的球被接住时，人们跺着脚，用手杖、脚和雨伞敲打地板，当一个球没被接住或出界时，他们比球员还要惋惜。"[4]正如奥运会的照片所显示的，观众中有相当多的女性，尤其在精英赛事中，比如网球、击剑和马术比赛，斯德哥尔摩的上流社会在观看这些赛事时会戴上最好、最大的帽子，并为此场合盛装打扮。

这种场面不是每个人都喜欢的。专栏作家埃尔斯·克伦写道：

"下午两点在体育比赛中看到身穿珠光丝绸的女性令人震惊！"玛丽亚·里克－米勒在《伊敦》杂志上撰文，对于女性观看奥运会比赛感到更加惊讶："谁能想到成千上万彬彬有礼的瑞典女性会全身心地参与到喝彩中来，迄今为止，这种情况我们只能通过关于异国情调的运动盛会的描述才能知道。"[5]

观众还唱起了歌，因为斯德哥尔摩奥运会是所有奥运会中最具音乐性的。雅典奥运会和伦敦奥运会在它们的仪式中唱响了奥林匹克圣歌和国歌，动员了军乐队和大型签约合唱团，斯德哥尔摩不仅做到了这些，并且几乎在奥运会的每一个场馆都配有至少一个乐队。他们不仅在比赛的间隙表演，有时还评论比赛情况。在各个国家的代表队游行过程中，芬兰队的到来受到了即兴表演的《芬兰骑兵进行曲》的欢迎。在400米蛙泳决赛中，德国人沃尔特·巴斯领先于瑞典人和英国人获胜，随后乐队相继奏起了德国、瑞典和英国国歌。

在举办奥运会的同时，斯德哥尔摩还举办了一场全国性的歌会，吸引了4000名歌手来到首都。为音乐活动搭建了一个有8000个座位的临时礼堂，最终有6000人在奥林匹克体育场表演。在这种情况下，与以往任何时候相比，有更多数量的观众以更高的音量，唱起老歌《你古老，你自由》(*Du gamla, Du fria*)，这首歌在没有得到任何官方认可的情况下正在成为国歌。当瑞典国王到达赛场，观看瑞典队与英格兰队的足球比赛时，观众中的英格兰人欢唱起《他是一个快乐的好小伙》，引得国王向他们挥手致意。在一个不同寻常的场合，观众大喊来点音乐。在等待马拉松的消息时，"巨大的奥林匹克体育场似乎睡着了。然后从北边看台传来一些奇怪的有节奏的叫喊声……有观众觉得这种等待太无聊了，于是大声喊着来点音乐……

就在马拉松比赛的消息传来之前,一首欢快的华尔兹被演奏出来,北边看台上的观众又恢复了平静。"[6]

正如丹麦的一篇关于瑞典队与荷兰队比赛的报道所言,观众在足球比赛中一如既往地非常喧闹:"奥林匹克体育场尽头的大看台上群情沸腾,人们挥舞着帽子和旗帜,挥舞着手杖,大喊大叫,喊声变成了地动山摇的可怕咆哮。"[7]瑞典人自己也对民族主义热情能如此支配自己的同胞感到有点不安:"热情如火,愤恨如焚,成千上万紧握的拳头高高举起,为战败者敲响了丧钟,向最受欢迎的人致敬。"在瑞典队或运动员缺席的情况下,观众的忠诚可以转移,就像丹麦队对阵英格兰队的足球比赛一样。"当丹麦人得分时,观众沸腾了,人们鼓掌、欢呼、跺脚、呼喊、起立、摘下帽子、挥舞丹麦小旗——想象一个害羞的斯德哥尔摩人……挥舞着一根丹麦小旗杆。"[8]值得注意的是,斯德哥尔摩奥运会是瑞典人第一次将瑞典国旗(许多瑞典人仍将其视为贵族的古董)作为整个国家的象征在大型公开活动上挥舞。

这种情绪有时会失去控制:一名瑞典人被瑞典和英国水球比赛中裁判明显偏袒的做法激怒,站起来带领数百名愤怒的观众离开看台以示抗议;在丹麦对阵英国的比赛结束时,有一段从正面看台向球场投掷坐垫的"可耻的插曲"。撇开他们自己的观众不谈,瑞典媒体被美国大学的拉拉队加油传统吸引,它有重复、押韵和个性化的歌唱,"200米赛跑上响彻美国拉拉队的加油声。他们震耳欲聋地反复呼喊克雷格这个名字。"[9]美国人肯定比他们在伦敦感觉更自在,"在那里,欢呼和挥舞国旗被认为是糟糕的表现,美国观众因爆发出阵阵热情的喝彩声和像大学生一样的欢呼声而受到批评。这里的旗帜和徽章比树上的树叶还厚。今天的比赛像大学足球赛一样喧闹。"[10]

最激动的观众是顾拜旦男爵本人。正如他在《奥林匹克月刊》中高兴地宣布："运动的圣灵照亮了我的同事，他们接受了一项我非常重视的比赛项目。"现在，在斯德哥尔摩，现代五项全能运动将首次亮相奥运会。[11]奥林匹克传统五项比赛应该在当代有一个对应项目的想法，已经在精英体育界存在一段时间了，特别是这样一项赛事，甚至只是在招募阶段，对全能式全面运动员来说，都可能是一个考验。对于像瑞典人维克多·巴尔克这样的军事爱好者来说，军事训练（击剑和骑马）与耐力赛的结合是对军官能力的完美考验。对于顾拜旦这种与日益专业化和职业化的时代抗争的贵族通才来说，体育和知识渊博的人比狭隘的技术官僚和偏执狂运动员更受青睐。这是一股如此强烈的思潮，以至于法国报纸《晨报》都会报道它的浪漫魅力："你想和谁结婚？年轻的现代女孩回答道：一个全能的运动员！全能的运动员是最时尚的。"现代五项全能运动项目的产生是大量辩论和委员会工作的结果，在某种程度上，是由项目的实用性和设施问题决定的，但是，在奥运会的官方报道中，顾拜旦赋予了它一些传奇般的华丽辞藻："构成现代五项全能运动的五个不同的和不相关的运动的选择，产生于一个联络官的浪漫而艰难的冒险，他的马在敌人的领土上被击垮；他用手枪和剑自卫后，游过汹涌的河流，步行传递信息。"在讨论的早期阶段，顾拜旦有点不切实际地设想了一个向所有人开放的现代五项全能运动，组织者会向运动员提供马匹来确保这一点。更令人惊讶的是，一名来自英国的15岁年轻女子海伦·普里斯试图报名参赛，却被瑞典奥运会组织者拒绝了。结果,除了三名选手外,其他选手都获得了一个奖项。年轻的乔治·巴顿少校为美国获得了第六名。三名奖牌的获得者都是瑞典陆军中尉。

人们可能会想象,巴黎美女会竞相追求现代五项全能比赛中获得金牌的哥斯塔·奥斯布林克,但是在斯德哥尔摩没有人追捧他。有人杜撰说,瑞典国王向五项全能和十项全能金牌得主吉姆·索普欢呼:"先生,你是世界上最伟大的运动员。"据说,索普回答是:"谢谢你,国王。"这句话仅在此届奥运会后三十年的一次杂志采访中出现过,但这句话里暗含的羞怯和自信听起来是真的。吉姆·索普出生于俄克拉何马州的印第安人领地,父母是本土裔美国人和欧洲人的混血后裔。作为孤儿,他的青年时代——除了时不时逃学、到边远地区打猎和干农活——是在宾夕法尼亚州的联邦政府卡莱尔印第安人工业寄宿学校度过的。在这里,他擅长他涉足的每一项运动、田径、足球、棒球、曲棍球,并在1912年赢得了校际交际舞锦标赛冠军。索普在那年春天才开始十项全能训练,他对标枪的规则非常不熟悉,以至于在美国奥运会选拔赛中,他不知道可以助跑,站着就把标枪投出去了。他仍然名列第二。尽管比较不同年代的运动员是件非常复杂的事情,但他在斯德哥尔摩的表现仍然是奥运会成就的巅峰。他不仅赢得了五项全能和十项全能比赛,而且个人项目中,他在时间和距离上遥遥领先,这又为他带来了一大把金牌,他还创造了十项全能比赛的纪录。在有些项目中,这些纪录保持了六十年。在比赛的第二天,他丢了鞋子,只好穿着别人为他找到的一双奇怪的鞋子和配套的厚袜子参加比赛,仍旧取得如此骄人的成绩。

一年后,报纸上开始流传索普曾在1909年和1910年在北卡罗来纳州的落基山打棒球时获得过报酬。尽管他得到的报酬微薄，尽管投诉发生在奥林匹克规则手册规定的三十天时效之后，国际奥委会仍剥夺了他的奖牌，并将他的获奖情况从记录中删除。1982年，国际奥委会给他的家人颁发了纪念奖牌，但没有改变他们的记录，这一行为卑鄙得令人震惊。

这里真的是充斥着匪夷所思行为的陈列室：颂扬人类的运动能力，却排除了那个时代最伟大的全能者；是用来庆祝和平与和平主义的节日，却迎合战士崇拜；美好时代的国际主义顶峰，却与民族主义情绪、展览和权力更加紧密地结合在一起。在斯德哥尔摩，阳光照耀着参加奥运会的所有国家队和观众，但即使在那时，在最明显温和的爱国主义中，也有阴影。瑞典人一度担心即将到来的欧洲大战会在他们举办奥运会时发生。事实并非如此，但对于一位罕见的有先见之明的德国观察家来说，这显然只是一个前奏。

"奥运会是一场战争，一场真正的战争。你可以肯定，许多参与者都愿意毫不犹豫地为祖国的胜利奉献几年的生命……现代奥运会的观念给了我们一个世界大战的象征，它并没有非常公开地展示其军事特征。但是，对于那些能够解读体育统计数据的人来说，它让我们对世界排名有了足够的洞察力。"[12] 1914年8月，它们得到了验证。

第三章

针锋相对：20 世纪 20 年代的奥运会及其挑战者

安特卫普 1920・巴黎 1924・阿姆斯特丹 1928
夏蒙尼 1924・圣莫里茨 1928

你们现在以谁的名义聚集？
你们在你们的节日里举行
纪念安喀塞斯之死或帕特罗克勒斯之死的葬礼竞技会？
问完这句话，她停了下来，
因为在夜晚，远处有低声悄悄响起，
像山丘中的激流一样回响，
千名行进者的踏步声。

他们越来越近，直到这群人似乎路过竞技场；
有一个停下来，站在逐渐缩小的月光弧线内的人，靠近我们。
他戴着头盔来了，但没有拿武器。
"我们就是！"他喊道："你们纪念的死者。"
从那些我们英勇作战的山丘上，战斗流的血染红了溪流，
从被毁的城镇和被摧毁的牧场，
从荒凉战壕里，可怕的冰雹，砸在坑坑洼洼的血地上……

西奥多・库克爵士
品达体颂歌，提交给 1920 年安特卫普奥运会艺术比赛

第一节

当奥运会于 1920 年在安特卫普再次召开时,空气中弥漫着死亡的恶臭。作为牛津大学和剑桥大学古典主义者、奥林匹克击剑运动员和《领域》杂志编辑的西奥多·库克爵士,在他的品达体奥运会颂歌中,说出了他所属阶级的许多人的心声。亚特兰大女神问道:"你们现在以谁的名义聚集?你们在你们的节日里举行纪念安喀塞斯之死或帕特罗克勒斯之死的葬礼竞技会?"伊普尔战壕里的死者回答说:"我们就是!你们纪念的死者……从被毁的城镇和被摧毁的牧场,从荒凉战壕里,可怕的冰雹,砸在坑坑洼洼的血地上。"[1]在仓促重建的奥林匹克体育场的正式入口的凯旋门上,人们本来以为那里会立着一尊古典风格的掷铁饼者,实际上是一个投掷手榴弹的比利时士兵的雕塑。年轻的美国跳水运动员、奥运会金牌得主艾琳·里金请一天假,去比利时最近撤离的战场参观。战争留下的场面令她触目惊心:"战场上散落着德国士兵的头盔,我们带了一些回家。我捡起一只靴子,当我看到里面还有一只残缺不全的脚时,我急忙把它丢下。"[2]就连过分乐观的顾拜旦在回顾奥运会开幕式时也说:"到处都可以看到这样的人,他的步态没有平时那么灵活,他的脸看起来沧桑,但是仍然尽力承受着战争带来的创伤。"[3]

奥运会在巴黎圣母院开幕,比利时的高级教士,梅西耶枢机主教在那里向运动员、国际奥委会和国际军事代表发表讲话,他谈到体育运动时说:"在 1914 年之前,体育运动被用作备战……今天,它们是和平的准备……以及尚未消失在地平线上的可怕的不测事件。"他毫不掩饰地提到德国人："运动员不仅仅是对尼采人生观的暴力的和傲慢的诠释……感谢上帝,我们不是野蛮人,我们为能教化那些仍然野蛮的人而自豪。"[4]

考虑到人们带着体育精神在1914年8月轻松、热情地走上战场,欧洲及其高级体育论坛——奥运会将很快教化任何人的想法听起来有点荒谬。约克郡板球队长怀特在与兰开夏郡的一场比赛中离开了赛场,加入了他的军团。德国、法国和中欧的民族主义体操运动员也做了同样的事情。英国橄榄球队员停止比赛,应征入伍,英国的足球场成为国家军队最重要的征兵场地。环法自行车赛的创始人亨利·德格朗日在他的体育报纸《机动车报》上愤怒地写道:"普鲁士人是一群混蛋……肮脏的笨蛋……这次你必须打败他们……这是一场你必须参加的重要比赛,你必须运用你在体育运动中学到的每一个技巧。"[5] 就连顾拜旦男爵也听到了这个号召,重新加入了法国军队。战争期间,他辞去了国际奥委会主席一职,辩称:"我认为我们的委员会由一名士兵领导是不对的。"

顾拜旦已经61岁了,从来没能真正上过前线,但是在参战的数百万官兵中,不可避免地存在年轻的奥林匹克运动员。因此,体育作为国际和平缔造者的概念是在战争最早的阵亡者之间流传的。还会有更多的阵亡者。来自环法自行车赛的20多名自行车手和100多名奥林匹克运动员丧生。仅在英国,就有34名一流板球运动员、27名英格兰橄榄球国际队员、数百名职业足球运动员和40多名奥林匹克运动员成为这场冲突的受害者。这只是血海中的一滴,是近89万英国的战争死难者、130万法国的战争死难者、170万德国的战争死难者或 1500 万全球的战争死难者中的一小部分，但这些数字足以说明战争的残酷。

因此，1919 年初，当国际奥委会战后第一次重新召开会议时，它的核心国际主义政治主张显得陈腐不堪。它的核心体育支持者——欧洲和北美享有特权的体育青年，已经大量丧生在战场上。英国军队失去了 13% 的新兵和 20% 的军官，其中有 28% 的死者是从牛津大学和剑桥大学于 1910 年到 1914 年的毕业生，他们本将是英国奥林匹克主义的脊梁。国际奥委会与顾拜旦有些战战兢兢地宣布，奥运会将于 1920 年在安特卫普重新举办。但很明显，由国际奥委会运作的世界已经永远改变了，它曾经在国际体育盛会上的垄断地位将被打破。在接下来的十年里，奥林匹克运动将在意识形态和制度上受到攻击。

一方面，战争本身严重削弱了奥林匹克运动，另一方面，冲突导致的政治后果和文化后果产生了新的和更强大的替代者和反对者。首先，工业化世界的政治和文化格局因俄国革命和民众艰难争取到的普选权而改变。在世界各地，传统的政治和社会等级制度都在瓦解。工党挑战资本规则，女人挑战男人的统治。大众文化和新的通信技术威胁着高雅艺术。每个变化都涉及体育。在欧洲，工人体育运动的规模和雄心迅速增长，在 20 世纪 20 年代，它能够以超过国际奥委会组织的任何奥运会的规模主办自己的工人奥运会。长期以来，妇女和聋人因医疗和意识形态原因被排斥在主流体育组织之外，他们开始组织自己的国际联合会和竞赛。妇女体育从原本顽固保守的国际奥委会那里获得了一些让步。然而，进步政治和被排斥的少数群体并不是造成体育政治化的唯一原因。20 世纪 20 年代，天主教和新教的宗教体育组织稳步发展,战前超级民族主义运动以法西斯主义的面目,先出现在意大利,然后出现在德国。

如果这些社会运动在自己的领域内向国际奥委会发起挑战,模仿它的仪式,同样对商业主义表示怀疑,那么那个时代蓬勃发展的职业体育就基于完全不同的基础挑战奥运会。在两次世界大战之间,美国棒球和英国足球率先创造了受到大众欢迎的商业体育盛会。个别明星和他们的经纪人找到了各种各样的新方法——展览、代言、传记,将他们的运动技能转化为谋生手段。国际奥委会继续抵制专业人士的参与,并在必要时将领先的运动员排除在奥运会之外。最后,国际奥委会以欧洲为中心的世界及白人运动精英支持的所有潜在的种族优越帝国理论,开始受到来自边缘化的和殖民地的新一代运动员的挑战。20世纪20年代,中国、菲律宾和日本各自将派出第一批奥运会选手参加奥运会。日本将赢得第一枚奖牌。最终摆脱了直接殖民控制的埃及将首次在奥运会上亮相。民族主义力量和要求自治的呼声正在兴起的印度,将被允许单独参加奥运会,并以曲棍球队的形式,与其宗主国进行针锋相对的抗衡。拉丁美洲足球将在奥运会上大放异彩,而最重要的是,乌拉圭人体现出的运动精神和男子气概的榜样,与英国公学或欧洲军官食堂刻板的礼仪和压抑的性征大相径庭。

尽管面临意识形态和政治上的双重挑战,奥运会仍然是全球最引人注目的体育盛会。鉴于奥林匹克动向永远无法企及大众的非凡能量或职业体育新秀的全面报道,无法令其光芒四射,它转而致力于创设新的礼仪和象征、传统、仪式和建筑,赋予奥运会庄严感。

国际奥委会也证明了它令人惊讶的变通能力，它的奥林匹克主义哲学足够灵活，以适应不断变化的时代：冬季运动种类和女子田径比赛按照国际奥委会的条款被纳入奥运会。尽管仍是一个微小的网络系统，但它有制度上的稳定性来确保顾拜旦的领导权交接。顾拜旦于1924年下台，由比利时人亨利·德·巴耶-拉图尔伯爵接任。国际奥委会也能够维持其对迅速发展的国际体育联合会的主导地位，并通过将1932年奥运会和1936年奥运会的主办权授予洛杉矶和柏林来确保自己的未来。但是，在进入未来之前，奥运会需要着眼于眼前。

第二节

对奥林匹克运动来说，似乎它遭遇的第一次挑战发生在1919年6月。当时，协约国运动会在巴黎举行。那是驻扎在欧洲的美国远征军的首席体育官埃尔伍德·斯坦利·布朗的杰作。布朗在基督教青年会初涉体育运动，先在美国当篮球教练，然后在菲律宾成了一名运动员和新教福音派传教士。一到菲律宾，他就把篮球引入了美国的新殖民地。在那里，篮球成了该国最受欢迎的运动。[1]基督教青年会在东亚迅速发展的网络与布朗联系在一起，他在1913年远东运动会举办中发挥了重要作用，这是该地区第一次国际化多项运动竞赛。随后，他被美国陆军招募，并与基督教青年会一起，通过在后方建立大量名为"士兵休息室"的体育俱乐部——停战时有1500多个，为盟军士兵提供大量的体育设施和娱乐机会。[2]

但就在布朗利用体育来帮助持续战争的时候，他已经开始思考体育如何有助于确保和平。他在1917年写道："现在有200万人参与打败德国兵的艰苦战争。当这种情况突然消失时，任何精神、道德或社会计划，无论多么广泛，都无法满足人们的需求。身体动作将是关键——运动会和非正式的竞争性比赛将是答案。"[3]除了娱乐性运动会和军团之间的比赛，布朗还呼吁"协约国间的体育比赛——只对协约国军队的士兵开放，这是一场伟大的军事奥运会"。他的想法受到了欧洲军队总司令潘兴将军的热情欢迎。比赛的日期定在1919年的年中。作为一种帝国的慷慨之举，美国人在巴黎东部郊区建造一个新体育场来举办这次运动会，基督教青年会支付费用，

第三章 针锋相对：
20世纪20年代的奥运会及其挑战者

然后他们把它移交给法国东道主。

英国拒绝了邀请，但有16支军队的队伍和1400多名运动员出席了运动会。顾拜旦对奥林匹克品牌的价值保持警觉，他对报纸把这次运动会描述成"美国奥运会"或"协约国奥运会"感到震惊。在组织者同意不使用该术语后，他认为，总的来说，这次运动会将有助于重振体育界，表明"男子气概的价值和体育运动的价值没有下降"。[4] 顾拜旦没有出席，但巴黎人民渴望这种和平壮观的景象，热情参与了这次运动会。官方报告中看似夸张的内容被照片证实是真实的，"运动会在十分庞大的人群面前进行，相机不能拍摄到这么多的观众，除非使用飞机或观察气球。"[5] 如果顾拜旦男爵出席了，他的判断可能会不那么乐观，因为1919年6月22日至7月6日举行的运动会充满了不和与激烈的争论。

首先，奥运会带有不折不扣的美国倾向。由基督教青年会在19世纪90年代发明并被视为新美国体育帝国前沿的篮球和排球，在这次运动会中占据重要地位，并将在接下来的二十年里传遍欧洲。棒球在闭幕式上占据最突出的位置。美国的拳击规则比更传统的英国规则更受欢迎，而欧洲体操及其严格刻板的极端民族主义被明确排除在赛程之外。其次，当美国人与法国人竞赛时，气氛变幻莫测，有时热闹非凡——尤其是在拳击和水球比赛中。就连官方报告也承认："法国对抗美国的一场'大战'结束后，另一场'大战'马上开始。"[6]

这种情况与凡尔赛宫的谈判室没有什么不同。在那里，法国和美国代表在新欧洲的格局、即将签署的新和平条约的形式，以及德国将受到何种程度的惩罚等问题上存在严重分歧。法国人在谈判桌上占了上风，但美国人在运动会上赢得了比赛。比起筋疲力尽的欧洲人，美国人有更好的食物、组织方式、准备和资金，几乎赢得了所有比赛；《纽约时报》欣喜地注意到美国的表现会如何打破法国的体育纪录。当地媒体认为这次运动会是"美国令人钦佩的宣传手段"。基督教青年会的言辞更狂热："美国军队向世界证明，'只工作不玩耍'不符合士兵的整体利益。美国的运动体系已经在全世界留下了印记。"[7]

从某种程度上说，由于国际奥委会与世界上许多军队的密切关系，这些运动会是一种补充力量，而不是挑战。即便如此，他们认为奥运会将不得不适应美国的体育帝国主义，更确切地说，适应体育竞赛中日益高涨的民族主义浪潮。

事实上，1919年运动会上的粗暴对立和冲突在媒体对奥运会的报道和观众的许多行为中多次出现，这些对立和冲突不断挑战和削弱奥运会的国际主义和缔造和平的主张。1920年安特卫普奥运会期间爆发的比利时民族主义冲突算不上是最狂暴或最激烈的，当时人们认为裁判的不公让东道主输掉了一场水球比赛，并引发了一场近乎暴乱的骚乱。《泰晤士报》对1924年巴黎奥运会上展现的充满敌意的民族主义感到震惊，它写道："混杂的动荡、可耻的骚乱、泛滥的民族主义、混战以及大声喝倒彩以淹没友好国家的国歌，这无助于奥林匹克追求和平的气氛。"[8] 尽管国际奥委会一再试图禁止奖牌计分，拒绝任何人都可以"赢得奥运会"的想法，但美国媒体在奖牌数制成表格时表现得坚持不懈且富有创造性。无论它们运动员出现在奖牌榜的什么位置，欧洲新国家——如芬兰、爱尔兰、波罗的海国家和波兰——的媒体和公众都认为他们的奥运会首次亮相是维护和定义这个国家的重要组成部分。法国外交部一度对奥运会漠不关心，但现在认为它们是"国家事务"，并且在1920年安特卫普奥运会之前，认为"绝对重要的是，法国不能在体育界的眼中输掉比赛。而体育在美国、英国和斯堪的纳维亚岛上的国家等许多国家都占据着主导地位，这种威望是由至高无上的体育——战争——所赋予的"。[9] 历史上最大的军事灾难——一场由最恶性的民族主义维持的灾难结束仅仅两年后，国际奥委会的一名美国成员贾斯蒂斯·威克斯承诺，他将代表奥林匹克运动而不是他的祖国参加奥运会。他们带着"我们优秀的年轻男女将在和平的战场上高举我们胜利的旗帜，就像他们在战争的战场上高举我们的旗帜获得胜利一样"的思想，选拔安特卫普奥运会的参赛队伍。[10]

第三节

安特卫普奥运会当然没有打算办成葬礼竞技赛,但后来真的成为一场葬礼竞技赛。举办1920年奥运会的决定因为战争爆发而被搁置,1919年4月重新得到批准,但国际奥委会和比利时奥组委都知道这是一项艰难的任务,无论是后勤上还是政治上。顾拜旦祈求"幸运降临勇敢而豪迈的比利时",而且,对于谁会被邀请和谁不会被邀请参加奥运会这个棘手的问题已经从国际奥委会转移到了当地的奥组委身上,这一定让他松了一口气。被打败的主要帝国,现在已经沦为纯粹的民族国家——德国、土耳其、匈牙利和奥地利——没有受到邀请,同样没有受到邀请的是苏俄。事实上,反对德国人的感情如此强烈,以至于在花样滑冰比赛中,瑞典人玛格达·尤林被禁止在表演中播放小约翰·施特劳斯的《蓝色多瑙河》,理由是它太日耳曼化。[1]

1913年,当奥运会主办权被授予安特卫普时,世界完全是另一番模样。[2]在国际奥委会巴黎代表大会上,这座城市挫败罗马、布达佩斯和阿姆斯特丹,获得了主办奥运会的资格,这次申办得到了安特卫普资产阶级运动员和他们所跻身的金融界和政界的共同支持,他们有信心办好这届奥运会。为这座城市花费大量资金准备的有着华丽插图的指南作为申奥的主要广告形式,把奥运会想象成对艺术、体育和商业的庆祝。安特卫普的精英们也认为这将是为这个港口城市和全球钻石贸易中心招揽生意的有利时机。体育比赛是安特卫普资产阶级社会生活的中心,其中大部分在基尔富裕郊区的比尔肖特俱乐部举行——未来奥林匹克体育场的拟建场地。俱乐部本身是由安特卫普美好时代典型的体育达人阿尔弗雷德·格里萨尔创立的。他出生在一个富裕的商人家庭，是一名出色的足球运动员、田径运动员和马球运动员，并以要求比尔肖特的足球运动员踢高球来练习飞碟射击而闻名，他把这些球都击破了。当俱乐部管事抱怨说他正在把这个地方的最后一个球都射掉时，他回答说："别担心，全部记在我的账上。"

考虑到组织者只有一年多的时间来准备奥运会，并且在经历了四年艰苦的战争和领土被占领之后，财政捉襟见肘，安特卫普奥运会有点杂乱无章和临时仓促。为2600名参赛者和他们的教练提供住房，对于负责奥运会后勤的工作人员来说简直是一场噩梦。本应提供家具、床和其他设备的红十字会和比利时军队正忙于应对欧洲大陆巨大的难民危机，迫使奥委会自己购买需要的东西。荷兰队最后在港口的一艘狭窄的船上找到了落脚的地方，大部分射手被安置在军营里，廉价旅馆被征用给运动员，而国家奥委会的显贵们得到了最好的住宿设施。奥运会的最终规则和时间表迟迟才确定，体育场在开幕式前几天才完工。然而，1920年8月14日，随着200支军号响起，比利时国王阿尔贝在现在已被重新命名为奥林匹克体育场的比尔肖特俱乐部与顾拜旦男爵会合。伴随着和往常一样的国歌、礼炮和合唱，奥林匹克旗帜及其五个环环相扣的圆环首次公开亮相。奥林匹克誓言第一次宣誓——在这一次，由战无不胜的、卓尔出群的比利时击剑运动员维克多·博因宣誓。

《德斯坦达德报》报道开幕式时写道："正面看台坐满了，但露天阶梯看台上基本是空的。"《体育报》提出了同样的观点："这一切都很好……但它确实缺少观众。"几个月前,在比利时奥林匹克选拔赛中,同样的问题也很明显:"那个体育场几乎是空的。田径运动因此错过了一个在'普通人'中获得更多尊重的独特机会。"[3] 在某种程度上,这是无望广告的结果。一份关于冰球比赛开幕之夜的报道开头这样写道:"周五晚上九点,奥运会应该开始了。有多少安特卫普市民意识到了这一点?由于纸张短缺,我们的墙上只张贴了少量的广告。"票价也超出了安特卫普许多贫困公民的承受能力,5000法郎是卖花样滑冰门票的人的要价。工人们真正喜欢的场地自行车运动无人关注。"当自行车比赛进行时,对于工人阶级来说,体育场的门票太高了……一个进场的观众都没有……一个小时前,稀稀拉拉几个观众鱼贯而出,奥运会场地自行车比赛结束了。"[4] 观看公路赛的人数同样很少,这一事实与安特卫普奥运会结束后仅几周,比利时当年环法自行车赛冠军菲利普·蒂斯在安德莱赫特举行的盛大欢迎庆典形成鲜明对比。即使在奥运会进行了一周之后,组织者免费向战争致残者和在校儿童发放门票,然后向其他所有人免费发放门票,仍然没有人来观看比赛。

天气也不是很好。事实上,在这届奥运会的大多数时间,天气都非常糟糕。官方报告称"尽管天气极其潮湿,赛道仍保持着良好的状态",但英国奥运会选手菲利普·诺埃尔-贝克认为它处于"不稳定的状态",并且"设施的质量非常平庸"。《德斯坦达德报》阴郁地写道:"无情的雨已经破坏了安特卫普四天的所有庆祝活动,并开始严重妨碍我们的奥运会。"

事实上,当时举办了两场不同的安特卫普奥运会:以比尔肖特体育场为中心的法语资产阶级奥运会;还有另一场在其他地方举

第三章 针锋相对：
20世纪20年代的奥运会及其挑战者

行的以拳击和足球为主的奥运会，它处于边缘地位却受到民众的欢迎。比利时是一个被不同阶级、宗教和语言深深分裂的国家。体育和政治都是如此。体操是该国最古老的有组织运动，有三个独立的联合会：法语资产阶级组织、工人联合会和天主教联合会。他们设法同时在奥林匹克体育场的展览活动中表演，这在政治上被认为是非同寻常的事件。右翼的弗拉芒民族主义者通过建立自己的体育俱乐部，有组织地反对讲法语的瓦隆人（Walloons）在经济、语言和政治上的优势。这不仅仅是奥运会的潜流。就在奥运会开幕前一个月，安特卫普警方在该市弗拉芒民族主义者的游行中枪杀了赫尔曼·范·德·里克。数周的抗议和示威接踵而至。

那些去过奥林匹克体育场的人看到了美国人在田径运动和水上运动上取得的领先地位。顾拜旦认为新建的水上运动体育场是"迄今为止所有的奥运会中最好的"，《体育评论》将其描述为"世界上真正最美丽的露天游泳池"，但美国人感到震惊——他们一贯对20世纪20年代在欧洲举行的奥运会的设施和食物不满，称其为"一条带有堤坝的沟渠，灌满了冰冷的黑水"。他们靠毛衣和长围巾、热水瓶和按摩来保暖。在长跑比赛中，芬兰的表现是真正的体育强国。汉斯·科勒迈宁赢得了马拉松比赛金牌，而目光坚毅的23岁的帕沃·努尔米赢得了10000米金牌和8000米越野赛金牌，一枚越野团体金牌，一枚5000米赛跑银牌。网球在比尔肖特网球俱乐部进行，这是一个当地中产阶级趋之若鹜的仅限富贵人士出入的社会环境和体育环境。击剑在比利时几乎完全是贵族运动，最初计划在布鲁塞尔的宏伟的埃格蒙特宫的花园里举行，但后来被移到安特卫普米德海姆公园的一个殖民展厅里。不管在哪里举办，这些地点都有它自己的意义。比赛的亮点是无与伦比的意大利人内多·纳迪,他获得了五枚奖牌。奥斯坦德主办了马球锦标赛,参赛的美国队和英国队完全由军官组成;西班牙队的队员无一例外都是有头衔的贵族;比利时队是从他们的上层资产阶级中选拔出来的。马术项目、现代五项和射击项目的参赛队伍来自相似的社会阶层。

就阶级而言,1920年奥运会的划船比赛是一个阈限区。在这项运动上,精英大学和私人赛艇俱乐部的业余绅士们以及具有工人阶级传统的赛艇运动员和摆渡人平分秋色,河边壮观的人群为属于他们自己阶级的运动员加油助威,并对比赛结果进行疯狂竞猜,最终两个队伍瓜分了巨额奖金。单人双桨比赛突显了这一阶级对立。比赛在美国砌砖工人约翰·凯利与英国工厂主的儿子和现役军官杰克·贝雷斯福德之间进行。该赛季早些时候,因为英国业余划船协会的规则禁止体力劳动者参赛,凯利被排除在享有盛誉的亨利皇家赛船比赛之外,而贝雷斯福德则不受这条规则的限制,这时两个主要金牌争夺者之间的社会差距就变得明显了。这一次,他们之间的竞争场地不是河岸两旁绿树成荫和修剪过草坪的泰晤士河上,而是布鲁塞尔附近的维莱布鲁克海上运河。这是一片阴冷潮湿的工业水域,可以看到水库、储油罐和肮脏的工厂墙壁。顾拜旦认为这是一个"丑陋的地方,并且没有人试图掩盖它的丑陋"。凯利赢得了金牌后,又在双人双桨比赛中赢了一枚金牌。美国还在舵手八人赛艇中获胜——这是最负盛名的赛事,通常只限于牛津大学、剑桥大学和常春藤联盟的队伍——由训练有素的海军陆战队队员和后备划手、医生、厨师和按摩师组成的后备队。贝雷斯福德认为他们的方法"令人大开眼界……他们是了不起的人"。[5] 业余绅士体育的时代受到了下层社会和国家官僚体制的彻底的理性主义的双重攻击。

官方关于奥运会的报道丝毫不带有反讽意味地称:"大型动物馆特别适合拳击和摔跤。"它们无疑是最有可能吸引当地粗鲁人群的运动。一度,观众对门票的需求如此之大,以至于动物园不得不安排其管理人员和大量动物饲养员来挡住涌入的人群。作为一个港口城市,安特卫普有着自己简陋的街区,这两项运动都有粗野的选手和来自地方的能手参与的悠久传统,但由于职业巡回赛选拔了最优秀的运动员,剩下的当地人表现极差。《体育评论》写道:"我们最近才重新获得白面包和煤,以及其他增强体质所需的东西。"芬兰代表团的一名成员非常直言不讳地说:"他们这个被战争和酒精弄得面目全非的民族跟我们比差远了。他们缺乏耐力,即使生活在一个适度温暖的国家,他们也把自己裹得严严实实的。"[6]

然而,比利时人在另外两项受欢迎的运动——射箭和举重中也取得了一些成功,特别是对安特卫普的弗拉芒人来说。休伯特·范·因尼斯在射箭比赛中获得了4枚金牌和2枚银牌,其中包括当地奇怪的射箭项目——鹦鹉靶射箭①。弓箭手不是设法击中远处的目标,而是向上射击放在高塔上镶有羽毛的木制鹦鹉靶。在举重比赛中,弗兰斯·德·哈斯赢得了轻量级比赛的金牌,被宣布为

---

① 鹦鹉靶射箭(popinjay shooting):一种用步枪或射箭器材进行射击的运动。其目标是射击在高处的人造鸟。——编者注

"安特卫普真正的儿子，不折不扣的王者"。德·哈斯是右翼民族主义阵线党的成员，他的胜利成为弗拉芒分离主义文化的公开的和政治性的庆祝会。[7]

然而，这些运动都无法与足球的受欢迎程度相提并论。虽然足球最初是比利时精英从他们在英国的同龄人或来访的学生那里学来的运动项目，但它很快就传播到了城市工人阶级当中。足球比赛在安特卫普、根特和布鲁塞尔举行，吸引的观众人数比其他所有赛事加起来的还要多。在比利时队和捷克斯洛伐克队之间举行决赛的那天，奥林匹克体育场已经座无虚席，当地的年轻人挖了一条隧道——俗称"奥林匹克战壕"——进入看台。比利时裁判约翰·兰格努斯回忆道："奥林匹克战壕逐渐变成一扇巨大的门，成千上万的人通过它涌入。体育场四周，球迷们像一串串葡萄一样悬挂在柱廊和树上观看比赛。"[8] 比利时队上半场以两个球领先，而捷克斯洛伐克队则采取了野蛮战术。就在中场休息前，裁判罚下猛烈铲球的捷克斯洛伐克队后卫卡雷尔·施泰纳，结果整个队都加入他的行列，走下球场，放弃比赛。比利时队获得冠军，观众闯入球场，扯下捷克斯洛伐克国旗，把球员扛在肩上。

组委会的官方报告对自己的表现充满溢美之词："尽管政治条件、经济条件甚至气象条件不好……第七届奥运会是在有序、完美和有尊严的情况下举行的。"几乎所有人都不这么认为。当地媒体不同寻常地跨越语言鸿沟，团结一致地得出结论说，奥运会是在他们自己的资产阶级世界中举行的："平民百姓几乎没有表现出任何兴趣……此外，整个奥运会似乎与当地生活没有任何联系。"《我们的人民》语气更加尖刻地写道："安特卫普奥运会似乎在参赛者的参与方面取得了成功。他们在公共利益方面失败了。"[9] 他们当然是致力于某些私人利益。比尔肖特俱乐部得以新建体育场；比尔肖特体育场周围属于格里萨尔家的大片土地的财产价值已经攀升；最后，当奥运会出现巨额赤字时，账单落到了陷入困境的比利时奥委会手中，然后被政府和比利时纳税人默默地承担了。安特卫普可能看起来已经非常陈旧，一只脚还跨在美丽时代里，但至少在这方面，它预示着奥运会的未来。

第四节

　　19世纪末，欧洲和北美妇女参与体育运动的人数一直在增加，尽管总是在家长式管理的体育教育范围内而不是体育竞赛中。第一次世界大战的到来改变了这一点，英国、美国和法国处于这一转变的前沿。大规模招募青年男子，意味着需要大量女性来填补他们在工业劳动力市场中的位置。运输、军需品、工厂，这些方面的工作在战前是禁止女性从事的，通常认为它们对柔弱的女性来说过于体力化，而现在却雇用了成千上万的女性。这一代女性获得了权利和勇气，也进入了此前受到限制的男性休闲娱乐世界，比如有的工作领域、商业体育俱乐部和政府运动场。在英国，女性奋力跻身田径运动、游泳和体操领域，但真正在女性中兴起的运动是足球。在第一次世界大战的最后几年，英格兰北部的所有工厂都成立了足球队，其中最著名的是位于普雷斯顿一家军火工厂的迪克和凯尔女子足球队。女子足球既有按时举行的竞争性比赛，也有为慈善和筹款目的而特别举行的大型比赛，结果证明比赛非常受欢迎，观众多达50000人。足球协会在1921年可耻地决定将女性排除在所有足球协会附属俱乐部和球场之外，这一决定被其他欧洲足球协会纷纷效仿，结束了女子足球狂热的时代。在法国，同样的，是时代给予的力量，让人们见证了女性也可以热情地参与自行车、足球、橄榄球和田径运动；在第一次世界大战后，法国还成立了第一个女性专属的体育俱乐部。

第三章 针锋相对：
20 世纪 20 年代的奥运会及其挑战者

奥运会对这些变化反应缓慢，甚至抵制这些变化。顾拜旦本人认为女子运动是"人类的双眼能看到的最不美观的景象"，并在 1912 年主张，"奥运会必须专属于男子……我们必须继续努力实现以下定义：以国际主义为基础，以忠诚为手段，以艺术为背景，以女性掌声为奖励，庄严而定期地颂扬男子运动精神。"[1] 因此，参加 1920 年安特卫普奥运会的 2561 名参赛运动员中只有 65 名女性。这略高于参加 1912 年斯德哥尔摩奥运会的 48 个，但增长率微乎其微。马术和帆船运动对男女都开放，尽管绝大多数运动员都是男性。国际奥委会已经决定在 1924 年奥运会比赛项目中只增加女子击剑，而田径和体操则被认为超出了女性的参赛范围。女子比赛仅限于网球、游泳和跳水。获得参赛机会后，这是第一代伟大的女子奥运会选手取得成功的地方。

首次出现在 1912 年奥运会上的女子游泳比赛在北美和欧洲已经成为一种重要的亚文化。游泳成为现代和自力更生的标志，一种新的城市女性气质，尤其是在美国和中欧的犹太妇女中。这是一个罕见的鼓励女子竞技运动的领域，参与者可以穿着相对暴露的比赛服装——这一点确保了这项运动在报纸上得到比那个时代的任何其他女子运动更多的图片报道，而且游泳运动员经常被描述成水精、仙女或美人鱼。各地的游泳协会都操心什么服装是允许的，运动员不在游泳池时是否应该披上长袍，并发布了极其详细的着装规定。到 20 世纪 20 年代，两位美国女性成为这项运动的第一批明星。格特鲁德·埃德勒是一名纽约屠夫的女儿，她在巴黎奥运会上获得了两枚铜牌，在自由泳接力赛中获得了一枚金牌。对于奥运会举行之前就成为热门夺金选手的埃德勒来说，这是一个令人失望的成绩，但足以让她在队伍返回纽约时举行的欢迎仪式中赢得一席之地。然而，她的运动生涯的巅峰出现在 1926 年，也就是她成为职业运动员的一年后，在第二次尝试中，她成为第一位横渡英吉利海峡的女性，而且速度比之前任何一位男性都要快。美国媒体认为它的社会意义和政治意义是显而易见的："一场争取女权主义的战斗赢了。"她回到纽约后，参加了百老汇为她举办的盛大欢迎仪式。几年后，她的事迹被搬上舞台和大银幕。柯立芝总统主动跟她打招呼，好莱坞邀请埃德勒在《游泳女孩，游泳》中饰演本人，但后来伤病让她再次默默无闻。芝加哥的西比尔·鲍尔在巴黎奥运会前打破了男子 440 码① 仰泳的世界纪录，全美各地都有人呼吁她在奥运会上挑战男子游泳项目。这并没有发生，但她获得了金牌，并打破了奥运会短跑纪录。然而，尽管有如此惊人的运动壮举，媒体报道几乎不顾一切地指出她对男教练的依赖，并突出她的女性特质，"鲍尔小姐留着短发，就像许多女性游泳运动员一样，既为了舒适又为了好看。她没有被成功毁掉自己的生活，而是非常享受目前的状态。"[2]

尽管游泳可以偶尔成为头条新闻，重塑人们对女性和体育的看法，但上流社会女性最喜欢的运动——网球和 20 世纪 20 年代的两位网球巨星则有更深远的影响。在安特卫普赢得单打金牌和混双金牌的法国女运动员苏珊·朗格伦和 1924 年在巴黎奥运会上同样获得两枚金牌的美国女运动员海伦·威尔斯是第一批获得持久国际声誉的女运动员。朗格伦在全球都拥有追随者，并在 1919 年至 1925

---

① 码（yard）：英制长度单位。1 码 =0.9144 米。——编者注

年间四次赢得温布尔登网球锦标赛冠军——当时和现在一样,温布尔登是一个比奥运会冠军头衔荣誉更高的体育奖项。威尔斯从 1927 年到 1933 年连续赢得温布尔登网球锦标赛冠军,是第一个两次登上《时代》杂志封面的人。威尔斯在她的职业生涯中一直是个业余爱好者,但朗格伦开创了职业网球生涯,而且不用依赖低薪的教练工作生活。除了举办一轮全球范围内非常受欢迎的表演赛,她还在伦敦塞尔福里奇百货公司举办咨询会及盛大的网球沙龙,为女士们选择球拍和适合球场的服装提供建议。1935 年,她开始了自己的电影生涯,出演了她的第一部轻喜剧电影《欣欣向荣》。1939 年,她英年早逝。人们一直期待威尔斯和朗格伦之间的比赛,但她们只于 1925 年在法国打过一场比赛,朗格伦险胜。两人以不同的方式定义了一种新的运动女性特质,赋予了她们前所未有的性感和庄严。

朗格伦以她的网球运动风格而闻名,她动作敏捷、富有创意和擅长各种打法。她似乎有点离经叛道,在比赛间隙和赛后喜欢啜饮白兰地和抽烟。她的衣着吸引了同样多的评论。她穿着休闲、得体、时尚,大胆地尝试无袖上衣和连衣裙,搭配丝质披肩和色彩鲜艳的头巾,她有时穿着布料轻薄的短裙,轻盈苗条的身材轮廓清晰可见。海伦·威尔斯没有那么魅力十足,但是她在南加州的成长经历和她的长相让美国媒体无休止地报道这个地道美国女孩的成功故事:她是跻身此前专属最高贵的资产阶级的网球世界和乡村俱乐部的中产阶级球员。她的风格比朗格伦的更强硬,媒体注意到,她糅合了"男球员的速度和女球员的优雅"这两种特质。她标志性的服装是齐膝长的褶裥裙和塑料遮阳帽,这表明她在球场上全力以赴——这是许多体育冠军的一种行为特征。但是,以男性为主的媒体很难接受一位女性运动员的身上有这种特征，它们称她拥有"一条死鳕鱼的所有温暖和活力"，或者是"水平较低球员的无情克星"。[3]

这些复杂的体育变化和社会潮流通过爱丽丝·米利亚特的形象以政治的形式表现出来。[4]米利亚特于1884年出生在南特，年轻时是一名划船手，结婚后她继续参加比赛。然而，仅仅四年后，她的丈夫就去世了，没有留下孩子。她开始管理法国新兴的妇女体育运动，先是担任该国第一个妇女体育俱乐部——费米娜（Femina）的主席，后来又成为新成立的法国妇女体育俱乐部联合会的财务主管。1919年，她就任主席，并以此身份在法国和国际上参与组织体育赛事和影响公共政策。1919年末，米利亚特直接写信给国际奥委会，要求对方为1920年安特卫普奥运会设定一个适当的女子体育项目，结果却遭到了"彻头彻尾的拒绝"。作为回应，她和法国妇女体育俱乐部联合会在蒙特卡洛举办了1921年国际女子运动会，来自五个国家的运动员参加了比赛：法国、英国、意大利、挪威和瑞典。伴随着比赛的是巴黎舞蹈指导艾琳·波帕和她的学生们展示的新体操舞蹈方法——试图将运动、体操和舞蹈融为一体，而不是效法丑陋、生硬和刻板的主流男子体操传统。运动会非常成功，以至于那年晚些时候在巴黎召开了一次代表大会。会上，代表除了决定举办法国和英国的女子田径运动会外，欧洲代表还创建了一个全球性的妇女体育组织——国际体育女性联合会，并任命米利亚特为主席。

第二年，她们在巴黎的潘兴体育场再次举办运动会，那里有20000名观众聚集在一起观看第一届女子奥运会——这个术语仍然可以自由使用。因为幸运的是，国际奥委会仍然不了解知识产权法，特别是没有对其名称或标志进行版权或商标保护。一天之内，来自

第三章 针锋相对：
20 世纪 20 年代的奥运会及其挑战者

五个国家的 77 名运动员参加了田径全能运动。尽管这在当时是一个惊人的激进举动，但尚不清楚米利亚特或国际体育女性联合会是否会采取区别对待的战略。在她们自己的宣传工作中，米利亚特经常以温和的态度倡导女性运动，这种温和的态度顺应了战后法国带有强迫性的鼓励生育政策。体育可以锻炼"腹部力量，一种健康的力量，一种强健的抵抗力可以更好地满足发挥女性特质的需求：母性身份"。本着这种精神，国际体育女性联合会继续开展运动，争取妇女体育在奥运会中得到适当的地位，并争取让其自身的工作和地位被纳入新兴的全球体育联合会网络。

最初，国际奥委会及其盟友继续坚守自己的立场，但这一立场并非坚如磐石。这是对国际奥委会新主席亨利·德·巴耶-拉图尔伯爵的第一次政治考验，身为国际奥委会的新主席，他于 1925 年从顾拜旦男爵手中接管了这个职位。作为比利时贵族和临时外交官，他在比利时这个资产阶级体育国家的中心已经服务了二十五年——组织奥林匹克运动队，帮助举办安特卫普奥运会，为政府机构和国际奥委会服务。他给国际奥委会带来了一点制度秩序，规范了它的行政系统，实际上确保了他的决定被贯彻执行，并努力提高奥运会的举办和评判的技术标准。然而，在对待业余爱好者和体育界女性的态度上，他和他的前任一样保守。在意识到国际奥委会品牌的价值后，他对新兴女性运动会使用"奥运会"这个词表示不满。事实上，他丝毫不愿意与她们共用这个名称，他写道："我只能希望一件事——尽快看到女性完全摆脱男性监护的那一天，这样她们就可以组织自己的全球女子运动会，因为这将使我们能够将她们完全排除在奥运会之外。"[5] 但是，女子体育运动拒绝退出，并且国际体育女性联合会于 1926 年在哥德堡举办了第二届女子奥运会，国际奥委会面对的压力就更大了。

新成立的国际业余体育联合会的瑞典主席西格弗里德·埃德斯特隆意识到了这一威胁。在没有与国际体育女性联合会商讨的情况下，他向国际奥委会提出建议，1928 年奥运会应该包括一个有限的女子体育项目，他的新组织应该以某种方式控制这些具有威胁性的独立体育联盟。米利亚特对有限参与奥运会的提议做出了激烈回应："女性参与奥运会只有在完全参与的情况下才有意义，因为女性田径运动已经证明了自己，我们不想成为奥委会的实验品。"但是她没有更好的选择。[6]与此同时，经过多次内部讨论，国际体育女性联合会同意接受国际业余体育联合会的监管，以其独立性换取被纳入管理，并承认自己的纪录为正式的女性世界纪录。她们能换取的并不多，但国际体育女性联合会没有更好的选择。它继续于 1930 年在布拉格和于 1934 年在伦敦举行国际女子运动会，并同意放弃使用"奥运会"一词。但随着法国政府于 1936 年取消补贴，使长期存在的财政问题雪上加霜，米利亚特已经筋疲力尽，加上疾病缠身，她从公共生活中隐退，国际体育女性联合会也跟着她一起逐渐消失在公众眼中。

然而，她还是以技术官员的身份参加了 1928 年的阿姆斯特丹奥运会，来自 25 个国家的 290 名女性参加了比赛，几乎是八年前安特卫普奥运会的四倍。此外，除了传统的"女性"奥林匹克运动之外，妇女还参加了体操和五个田径项目的比赛。其中，影响最大的是 800 米赛跑。德国人琳达·拉德克赢得了这项比赛的金牌，日本运动员人见绢枝赢得了银牌，像所有 800 米短跑运动员一样，两人都筋疲力尽。这对于向来支持男性体育的机构来说太过于无法接受。《大众体育报》写道："这是一个值得怜悯的场面——看到女孩们像死麻雀一样在比赛结束后瘫倒。这么长距离对女性来说太艰苦了。"《每日电讯报》的记者表示同意："女子800米赛跑决赛展示了作为运动员,女孩们为了赢得荣誉要遭受多少苦,这给我留下了深刻的印象。但这让我坚信,如果没有这样做,情况会更好。"[7] 根据这种证据,很明显,直到1968年,奥运会才重新举行超过200米的女子赛跑比赛。

第五节

　　安特卫普申办 1920 年奥运会时有三个竞争对手。巴黎申办 1924 年奥运会时有八个竞争对手，这九个城市，四个来自北美，五个来自欧洲。1924 年奥运会是有史以来申办国家最多的，表明奥运会在全球城市精英中地位上升。如果这是一场比赛，巴黎当然有优势，因为顾拜旦早就计划让奥运会回归法国首都，给予他的祖国改进"灾难性组织的 1900 年奥运会"的机会，并为他作为国际奥委会主席的退休提供一个合适的公开告别的机会。自奥运会淹没在世界博览会的大肆宣传中，被安排在布洛涅森林中的偏僻角落，已经过去了四分之一个世纪。体育在法国高等文化中的地位已经发生了决定性的转变，它不再受到学院派的蔑视，而是越来越被视为需要智力才能参与的活动和公共政策的严肃主题——由法国国防部负责国家体育教育就说明了这一点。[1] 对 1900 年奥运会充满敌意或漠不关心的法国知识分子，跻身 1924 年奥林匹克艺术竞赛的评审团。法国美术学院也参与其中，并招募了欧洲各地的领军人物，包括作曲家伊戈尔·斯特拉文斯基、贝拉·巴托克和莫里斯·拉威尔，以及当时的文学巨匠最初有法西斯倾向的意大利学者加布里埃尔·邓南遮，瑞典和比利时诺贝尔奖获得者塞尔玛·拉格洛夫和莫里斯·梅特林克。评审团的音乐家们非常认真地对待这项活动，以至于他们觉得不能给参赛者仅颁发一枚奖牌。在文学竞赛中，法国诗人乔-查尔斯借他的作品《奥运会》——一部集体育、舞蹈、诗歌和音乐于一体的舞台剧，赢得了金牌。乔-查尔斯这个名字是著名的《蒙帕纳斯评论》(*Montparnasse Review*) 编辑查尔斯·古约特的笔名。诗人叶芝的弟弟杰克·巴特勒·叶芝在绘画比赛中获得了银牌，爱尔兰媒体以其他媒体对待本国运动员的民族主义热情向他致敬。[2]

因此，法国奥运会获得了真正的政治支持。法国外交部在很大程度上直接领导奥组委，获得了 2000 万法郎的预算，并建造了一座新的奥林匹克体育场即科龙布体育场和一个神话般的新艺术运动游泳场馆。随着国际政治和国内经济问题变得越来越普遍，它们似乎在奥运会前夕威胁着东道主。1923 年法国占领鲁尔后的国际危机，以及那年冬天巴黎可怕的洪水，对顾拜旦来说无疑已经够糟糕的了。他不得不谨慎地询问洛杉矶方面，看看如果其他一切努力都失败了，这些未来的东道主是否能够介入。最终的事实表明，没有这个必要，国际奥委会可以整顿自己的秩序。

为了避免困扰安特卫普奥运会的带有偏见的判决和自相矛盾的规则，国际奥委会开始了奥运会组织的合理化进程。从此以后，每项运动的规则和奥运会秩序册将由管理它们的国际联合会而不是国际奥委会来制定。那些没有这样一个联盟管理的运动，比如射箭，将被排除在奥运会之外。国际奥委会还借此机会尝试削减一些非传统的比赛，如拔河、高尔夫和 56 磅重的掷链球比赛，而地理覆盖面最有限的比赛，如马球、网球和英式橄榄球，将在此次奥运会结束后从奥运会运动项目名单上删除。

此次奥运会的开幕式与安特卫普奥运会十分相似，使用了相同的图标和仪式，传令官和喇叭；沿用了运动员游行、幸好还不算长的演讲、奥林匹克旗帜、赞美诗、誓言和和平鸽的基本模式。只是增加了新的奥林匹克格言——更快、更高、更强。乍看之下，贵宾看台观众的构成表明，奥运会仍然是精英赛事。除了法国总统加斯东·杜梅格和国际奥委会的熟悉面孔：瑞典国王和罗马尼亚国王；埃塞俄比亚的摄政王，海尔·塞拉西；英国王位的继承人，威尔士王子；战争期间美国驻法国的总司令潘兴将军。开幕式虽然是在炎热的夏季而不是安特卫普阴沉的细雨中举行的，但似乎没有发生任何变化。然而，仔细观察后还是会发现有三个重要的变化。

第一，国家队游行仍然没有苏联、德国的存在，同时旧的帝国力量现在以萎缩的民族国家的形式重新出现，如奥地利、匈牙利、土耳其和保加利亚。与此同时，许多新的后帝国主义欧洲国家首次亮相，包括爱沙尼亚、立陶宛、爱尔兰、波兰和南斯拉夫。从亚洲来看，中国派出了第一支代表团，尽管只有两名队员，菲律宾也是如此；厄瓜多尔、海地和乌拉圭从西半球派来了他们的代表团。第二，与安特卫普奥运会开幕式形成鲜明对比的是，当天科龙布体育场观众爆满，并且进行比赛的大部分时间都会观众爆满。事实上，整个城市人潮涌动，来自世界各地的观众齐聚在这里，热闹非凡。1924年的巴黎无疑是迄今为止参加人数最多的奥运会举办城市。当然，人群中有精英和中产阶级，但他们比以往明显更具有平民特征。安特卫普在举办奥运会的同时，还在宫殿举办了贸易和艺术展览。而巴黎，则在这个极其雅俗共赏的"魔幻城市"中最受欢迎的游乐园和舞厅举办了国际体育博览会。安特卫普把拳击和无产阶级人群藏在动物园里，而巴黎则在冬季赛车场举行拳击比赛，冬季赛车场是市中心最活跃的运动场所，也是一个主要由工人阶级观众观看大型自行车比赛的场所。第三，新闻界的绅士，他们是绅士，是一支比任何一支国家队都大的队伍；近1000名记者注册报道奥运会。此

第三章 针锋相对：
20 世纪 20 年代的奥运会及其挑战者

外，几乎每场赛事都有新闻摄影记者在场，比赛也首次在电台现场直播——尽管令外国媒体大为恼火的是，所有的图像权利都保留给了法国媒体公司。

因此，在国际奥委会的奥林匹克主义愿景的平静表面下，体育民族主义、平民观众和大众体育媒体的结合意味着奥运会的叙事风格改变了方向。事实上，《泰晤士报》在奥运会结束后立即发文称，奥运会所展示的民族主义构成了某种接近国际危机的格局："世界和平太珍贵了，不值得冒任何风险让其在国际体坛上牺牲——无论这种情况看起来多么疯狂。"[3] 法国媒体和美国媒体对此并不太担心，但在公布国家奖牌榜和试图计算谁可能赢得最多奥运会奖牌方面是最积极的，尽管国际奥委会反对并试图禁止奖牌榜。

尽管 1924 年巴黎奥运会上演了各种各样的民族主义，但没有一种比美国民族主义更响亮、更能引起人们的注意：年轻、自以为是、雄心勃勃。美国此时比以往任何时候都更积极地参与国际政治，对全球影响力的努力追求也更明显，它也拥有世界上最具创造力、最饶舌的体育媒体，以赞扬英雄的语言来报道奥运会。美国短跑运动员横渡大西洋之前，格兰特兰·赖斯认为他们是"自希腊决定……体育运动是民族特性的基础以来，聚集在一面旗帜下的最伟大的短跑队。"有些评论使用了较为平淡无奇的语言，形容他们为"美国的运动员、教练、训练员、按摩师和经理大军"，但是赖斯的话添加了一丝神话色彩："他们是现代伊阿宋（Modern Jasons）……驶向奥林匹克圣火的金羊毛。"法国人同样为这场象征性的战斗做好了准备。国际奥委会委员波利尼亚克侯爵在巴黎说："如果……美国热爱战士，他们只会在奥运会结束后崇拜法国。"[4]

橄榄球比赛在主要比赛前几个月举行，它无疑为接下来的比赛定下了基调。麻烦始于海关，在那里等待法国官员处理团队文件长达六个小时的过程中，美国前锋如并列争球般，冲下了船。当地媒体称他们为"街头打斗者和酒馆斗殴者"。在他们对阵罗马尼亚的第一场比赛中，美国队被法国观众喝倒彩，随后队伍发现自己在街上被愤怒的巴黎人推搡。在50000名观众和一支庞大的警察队伍面前对阵东道主的决赛，情形要糟糕得多。观众从一开始就充满敌意，当一名美国球员约翰·奥尼尔因胃部内伤离开赛场时，他们欢呼雀跃。一份报纸报道说："看台上的女人向留在场上的美国运动员叫嚣，告诉他们，她们要将这些客场作战的美国球员开膛破肚。"但是，尽管法国球员在球场上奋力拼搏和法国观众在场外拼命尖叫，美国队还是以17比3领先。星条旗在"冰冷的寂静以及不时发出的喝倒彩声和嘘声"中升起。一名美国人回忆起颁奖仪式是在一群"想把我们撕成碎片的观众"面前举行的。另一个人回忆说，他们朝我们"扔瓶子和石头，并且把手伸过栅栏来用力抓我们"。

那年夏天，比赛继续在类似的情形下进行。美国人占主导地位的女子跳水比赛引发了法国观众的怨恨。明显带有偏见的针对特定国家运动员的判决激怒了观众，其中一些人威胁要把裁判扔进游泳池，看台上的宪兵队不得不出面干预。美国出类拔萃的男子游泳运动员约翰尼·韦斯穆勒在获得三枚自由泳金牌时，一再遭到嘘声。藐视可能会遭到报复。在网球比赛中，美国队囊括了所有五枚金牌后，打出"美国第一，无人能及"的横幅。媒体充斥着对球场条件、恶劣气氛的抱怨，甚至在毫无证据的前提下控诉当地建筑商故意在女更衣室留下窥视孔。

第三章 针锋相对：
20 世纪 20 年代的奥运会及其挑战者

拳击比赛的观众最喧闹。在次中量级比赛中，意大利人朱塞佩·奥尔达尼因不断抱住加拿大对手而被英国裁判沃克取消比赛资格。奥尔达尼扑到帆布台面上，戏剧性地大哭起来，恳求裁判改变判决。观众站在他那一边，用垃圾、硬币、手杖的圆头和辱骂轰击拳击台上的裁判。一个多小时后，在一群美国、南非和英国拳击手的护送下裁判才得以离开赛场。① 击剑比赛的观众没有那么多，但是同样引发了观众的愤怒以及更加血腥的对峙。很明显，在佩剑比赛的最后一轮，意大利击剑运动员与队里夺冠热门选手奥瑞斯特·普利蒂比赛时故意放水，从而为其轻而易举地进入决赛铺平了道路。法国裁判拉霍斯和匈牙利裁判科瓦奇谴责了这一策略。普利蒂对两名裁判都发出了威胁性言论，因此被取消资格。第二天晚上，普利蒂与科瓦奇在巴黎的夜总会——女神游乐厅相遇。双方的言语变得激烈起来，并提出要决一死战。那年 11 月，两人在南斯拉夫和意大利边境碰头，决斗了一个多小时，比赛结束前两人都受了重伤。[5]

仅从普利蒂事件就可以看出，尽管有拳击比赛，奥运会仍然是由 19 世纪的军国主义和等级荣誉准则构成的欧洲上层男性的专属领地。在这里，1924 年的巴黎又一次让我们瞥见了另一种通过努力拼

---

① 在同一项比赛的决赛中，比利时的让·德拉热以点数战胜了阿根廷人赫克托·门德斯。这引起了观众中阿根廷人的类似反应。观众中的一名比利时人挥舞着比利时国旗冲向他们中间，使情况变得更加糟糕。在中量级比赛中，英国人哈里·马林在点数上被法国人罗杰·布罗斯击败。尽管马林胸口有明显的齿痕，裁判还是拒绝叫停这一回合的比赛。然而，一名在台边区的瑞典官员注意到了这些伤痕，并提出了抗议。经调查，确定马林显然被咬了。布罗斯唯一的辩护是声称他在出拳时下巴会不由自主地突然合上。他被取消资格，这一裁决在第二天晚上的拳击比赛中宣布。当时在赛场的布罗斯听到判决后怒火中烧。他被他的支持者扛在肩膀上，并在竞技场中四处走动，观众向拳击台以及上面的裁判官蜂拥而去，事态紧张，一触即发。不得不出动大批宪兵来维持秩序。——作者注

搏改变命运的运动员。来自伊利诺伊州农村的一个卑微农家的哈罗德·奥斯本凭借获得过的跳高金牌和十项全能多枚金牌，成为奥运会运动员。美国游泳运动员约翰尼·韦斯穆勒出生在罗马尼亚，在东部的煤矿区和芝加哥的贫民窟长大，在参加游泳比赛之前，电影业把他带到了贝弗利山。最不寻常的是，威廉·德哈特·哈伯德获得了跳远金牌，这是由非裔美国人获得的第一枚金牌。可耻的是，它只在本国国内的黑人媒体上报道过。英国赛跑运动员哈罗德·亚伯拉罕斯和伊利克·里达尔分别赢得了100米赛跑冠军和400米赛跑冠军，并在各自的赛事中打破了英国贵族运动的模式。尽管亚伯拉罕斯来自非常有特权的中产阶级，参加过军队和上过名牌大学，但他是犹太人，因此与英国奥林匹亚文化中有压倒性影响力的英国圣公会和秘密的反犹太主义圈子保持一定距离。里达尔拒绝参加自己最喜欢的100米赛跑项目，因为它的预赛在周日举行，而他来自地位较低的牧师群体，新教神职人员必须恪守安息日戒律的刻板教条也让他总是与别人格格不入。

  这些运动员受到祖国的颂扬，但没有一个像芬兰赛跑运动员帕沃·努尔米和乌拉圭足球队队员那样获得了全球赞誉和报道。他们很难相提并论，芬兰人严肃有节制而来自拉丁美洲的足球运动员张扬恣肆。但是，尽管他们有所不同，他们还是第一次给奥运会带来了一种在国际上有吸引力的明星品质和名人效应。努尔米简直是非凡无比。努尔米在炎热的巴黎热浪中，呼吸着被当地工厂有毒气体污染的城市空气，在六天内跑了七场比赛，包括相隔90分钟举行的5000米和1500米赛跑的决赛。他赢得了这些比赛，还有个人越野赛、团体越野赛和3000米赛跑团体赛。如果芬兰队让他参加比赛，他会赢得10000米赛跑。他对此感到愤怒，于是回国后在比赛中打破了10000米赛跑的纪录。《体育镜报》以欣喜若狂的语气写道："帕沃·努尔米超越了人类的极限。"《卫报》令人难忘地准确表达了他在赛场上无人匹敌的霸气：

  他把1924年巴黎奥运会化为一场闹剧，不断上演个人的表演赛。在一场又一场比赛中，努尔米一圈又一圈地跑，从不改变他的速度或步幅，与对手的距离越拉越远。他将对手远远甩在身后，赢得每一场比赛，每当一面蓝白相间的旗帜飘扬在旗杆上，每当乐队演奏芬兰国歌时，每个人都会起身向他致敬。每个人，也就是说，除了努尔米，因为努尔米没有出现在颁奖现场。当他抵达终点后，他没有停下来；他直接跑向他放在草地上的衣服，捡起来，跑进更衣室。这是我们最后一次见到他，直到下一次他霸气碾压对手的比赛再次发生。[6]

  乌拉圭足球队的表现极为不同。在与南斯拉夫的第一场比赛之前，他们几乎完全被人忽视，当他们以7比0的大比分绝杀南斯拉夫后，他们立即赢得了国际媒体和法国公众的大量关注。《米兰体育报》报道了他们的"行云流水的比赛节奏"和"完美风格"。西班牙人恩里克·卡切拉克写道："我从没想到足球能达到如此精湛的水平。他们在用脚下棋。"接着，45000人观看了他们以5比1的比分战胜东道主球队的比赛。决赛门票彻底售罄，留下10000名无票球迷在外面。加布里埃尔·汉诺特赞叹不已，在决赛乌拉圭队以3比0击败瑞士队后，他写道："乌拉圭人灵活运用了体育精神而非方圆规则。他们已经把佯攻、转弯和躲闪的艺术推到了极致，而且他们也知道如何快攻和正面对抗。他们奉献了一场精彩的足球赛……在这些优秀的运动员面前,瑞士人感到惴惴不安。在英国专业人士看来,这些运动员就像是站在农场马匹旁边的阿拉伯纯种马。"[7]

虽然整支球队受到足球评论家的赞美,但吸引公众想象力和报纸头条的却是非裔乌拉圭后卫何塞·安德拉德。据报道,他溜出了球队所住的酒店,在茶室和啤酒店与精英们比肩而坐,随着阿根廷管弦乐队的音乐起舞。在媒体报道中,黑皮肤的安德拉德与约瑟芬·贝克——在20世纪20年代的大部分时间里,都在巴黎夜总会巡回演出的非裔美国明星歌手,具有相同的异国情调的超级性感。他与离经叛道的作家柯莱特的相逢经历在《晨报》发表,体现了这种强烈的看法:"乌拉圭人是文明和野蛮的奇怪结合。他们的'探戈'跳得很棒,超群出众,跳得比最好的舞男更好。但是他们也跳非洲食人族的舞蹈,让你瑟瑟发抖。"[8]

如果说1924年的巴黎奥运会比以往的奥运会有着更贴近大众的氛围,并且让更多女子运动员和有色人种运动员有了崭露头角的机会,那么它的普遍性趋势并没有延伸到残疾人。但是,正如法国的共和传统和体育组织对女子体育运动给予了决定性的推动一样,它们也将有助于培养一种体育愿景,该愿景足以涵盖形式和功能完全不同于常规群体的运动会。因此,第一届国际聋人奥运会在巴黎举行,就在国际奥委会运动会闭幕后几周,比赛在仍然沐浴着奥林匹克荣誉的许多相同的场馆中进行。[9]这一突破发生在法国,一点都不奇怪,因为在这里,一个独特的和政治上有组织的聋人群体的发展领先于在任何其他国家。阿贝·查尔斯-米歇尔·德·里皮在18世纪后期建立了一个聋人教育机构网络,将聋人手语纳入教育过程,并使其成为教育过程的核心,而不是压制手语。受革命和早期共和国狂热的政治文化的影响,以及他们对平等和普遍主义的坚如磐石的坚持,受过教育的聋人群体开始表达一种集体认同,并坚持要求他们可以平等地融入公共领域;早在1834年,一个保护法语手语的委员会就成立了,聋人群体的广泛社交网、政治关系网和奢华宴会的传统也随之建立起来。

19世纪初确立的政治格局和政治思想因1880年举行的米兰会议(臭名昭著的第二届国际聋人教育大会的简称)的决定而重新焕发了活力。精心挑选的反动聋人教育家——164名代表中只有1名代表是真正的聋人,被召集在一起,其明确意图是使口头语言成为聋人教育的唯一媒介,要么禁止手语,要么可耻地将其降低到边缘地位。法国聋人团体是反对这些思想的最活跃和最有组织的团体之一。正是在这种背景下,第一个聋人体育俱乐部应运而生。该群体喜欢上了法国其他群体同样痴迷的骑自行车运动,1899年,在巴黎成立了聋哑人自行车俱乐部。与听力正常群体的俱乐部不同,该俱乐部明确向女性开放。十年后,又有两个俱乐部出现在主要的聋人学校:工人阶级创立的阿斯尼埃俱乐部和资产阶级创立的圣雅克俱乐部。到1921年,俱乐部发展到九个。体育俱乐部的吸引力不仅仅在于运动;事实上,根据这位参与者的说法,语言和社交问题是第一位的,"我们有同样的交流问题,同样面临手语被禁止的问题。当我们相遇时,我们需要聚在一起分享我们的经历。当我完成学业后,我很自然地被吸引到聋人之家和专业体育协会。"[10]

法国聋人体育运动的关键人物是尤金·鲁本斯-阿尔凯斯,他是一名金属工人、痴迷的自行车运动员和聋人政治活动家,于1914年创办并主编了《无声运动员》杂志。它既是体育记录杂志,也是政治行动的工具。在有声世界里，对聋人仍然存在着深深的怀疑和偏见。关于体育运动对聋人来说更冒险或更危险的论点仍然存在，而有声群体无法理解手语，使他们认为聋人是自成一伙的、排外的和不可信任的。在1917年末和1918年初，《无声运动员》记录了一系列与法国足球当局的激烈争论。聋人足球运动员声称，他们被官员有组织地置于不利地位，他们的总分被不公平地扣除分数。《无声运动员》提倡独立："有声群体有自行车、足球、田径等国际联合会。工人阶级有工人运动联合会。那么为什么不能有一个专门的聋哑人联合会呢？"1918年7月，他们成立了世界上第一个聋人体育联合会——法国聋哑人体育联合会。他们还获得了一位强有力的政治支持者——亨利·佩特。他是法国国防部负责体育事务的高级专员，他迫使国家体育联合会接受法国聋哑人体育联合会为其合法伙伴。在这些成功的鼓舞下，《无声运动员》全力推动聋人体育组织国际联合会，也必然为举办聋人奥运会摇旗呐喊。"正是法国重新点燃了真正的奥林匹克精神，三十年后的今天，奥运会在世界多国举办后再次在巴黎举行。正是法国开办了第一所聋哑学校……因此，主办第一届聋人奥运会的特权应该移交给法国。"

聋人奥运会借鉴了奥运会的仪式，在潘兴体育场开幕，有来自九个欧洲国家的140名运动员参加了游行，尽管德国队不被允许参加；队伍身穿本国制服，比利时人穿红色制服，法国人穿蓝色制服；一名国防部代表观看了用国际手语宣誓的奥林匹克誓词。本届聋人奥运会举行了为期一周的田径、游泳、足球、网球、射击和自行车赛，法国人几乎赢得了所有比赛，但没有比赛奖牌数或官方争议的记录。事实上,主要的报道都是关于一场美妙的宴会。250名来宾聚集在一起——外国代表团、巴黎政治家、法国政府代表和所有聋人知识分子,他们互相祝酒、祝贺,并发表演讲。晚会一直持续到早上六点钟,最后在用手语和口语表达的"体育万岁!"和"友谊天长地久!"的欢呼中结束。

第六节

如果说国际奥委会及其举办的奥运会受到边缘化体育运动的挑战而被迫做出了一些让步，那么在20世纪20年代，它就因此而开辟了新的领域：冬季运动会。在1924年之前，花样滑冰出现在伦敦奥运会和安特卫普奥运会上，比利时人也举办了一场小型冰球比赛，但是国际奥委会和北欧体育运动会都反对将最受欢迎、最广泛的运动——滑雪、滑冰、滑雪橇纳入奥运会的范围。斯堪的纳维亚人，尤其是瑞典人维克多·巴尔克上校——国际奥委会成员，也是创建北欧运动会的关键人物，北欧运动会是该地区自己的冬季运动会——渴望保留他们对这些运动的专属文化控制权。[1] 国际奥委会，尤其是顾拜旦，通常对冬季运动漠不关心，有时甚至蔑视。他认为瑞士旅馆老板和英国怪人共同发明的新型阿尔卑斯山滑雪运动尤其令人厌恶："参与人数大大增加了……但是质量下降了……过错在于……旅馆老板仅仅因为金钱利益而竞相出高价举办这样的运动，以及由此产生的新客户……一帮喧闹扰人……游手好闲的人……假运动员……穿着紧身裤和运动衫的上流人士。"[2]

然而，1924年巴黎奥运会的组委会，在他们自己的阿尔卑斯山旅游业和中央及省政府的大力支持下，坚持于1924年在夏蒙尼举办冬季运动会。[3] 作为法国旅游业的广告，它毁誉参半。运动员、教练和观众的涌入导致了住宿危机；私人住宅被动员起来，豪华的舞厅和台球厅被改造成宿舍。尽管如此，来自16个国家的250多名运动员参加了一场运动会，运动会的内容足以让该地区的交通系统挤满了想去观看比赛的人。同时,此次运动会也庄严肃穆,在听到美国前总统伍德罗·威尔逊去世的消息后,加拿大对阵美国的冰球决赛上奏响了一曲特别的《星条旗》,悼念死者,降半旗。在闭幕式上,顾拜旦出人意料地给登山运动颁发了一个特殊的奥林匹克奖,以表彰其所谓纯粹的奥林匹克精神。事实上,顾拜旦和国际奥委会从未错过一个机会,他们看到了冬季奥运会的成功,并回顾性地宣布这次运动会是第一届冬季奥运会。在接下来的两年里,他们逐渐说服斯堪的纳维亚的反对者,他们同意每四年举办一次冬奥会,下一届冬奥会将于1928年在圣莫里茨举行。北欧运动会仍在继续,但规模和反响都在缩小。冬季运动现在被纳入国际奥委会的体育帝国。

与斯堪的纳维亚尤其是挪威的国家身份具有复杂关系的北欧滑雪只是国际奥委会的新增运动项目之一。夏蒙尼运动会还以长距离轮滑、冰壶和冰球为特色,尽管这些运动已经开始具有世界性的吸引力,但它们也分别与荷兰、苏格兰和加拿大新兴的民族身份和文化紧密相连。滑雪橇、有舵雪橇和高山滑雪新兴项目为冬奥会带来了不同的支持者,对下个世纪冬奥会的发展产生重要影响:冬季运动度假村所有者、雄心勃勃的地方政府、古怪的运动先锋和爱冒险的人,第二次世界大战前高山滑降和高山回转滑雪的发明者,到20世纪后期滑板滑雪、雪丘滑雪和自由式滑雪的创造者。

滑雪虽然作为一种交通方式在欧亚大陆广泛传播,但在19世纪下半叶,它以现代体育形式出现在挪威。它在挪威农村作为一种交通方式和娱乐方式保存下来,通过在各省服役的公务员和军官,以及来自全国各地的大学生,回到了首都克里斯蒂安尼亚——后来被叫做奥斯陆。对滑雪的迷恋是挪威民间传说更广泛复兴的一部分，民间传说是新生的挪威民族主义的意识形态成分。在 1814 年之前，挪威曾被丹麦统治，后被割让给瑞典，瑞典以二元君主政体统治该国。从 19 世纪中叶开始，挪威出现了民族主义者和独立运动。1866 年举行第一次有组织的滑雪比赛时，当地媒体报道说，竞技场上"挤满了想观看这场生动、迷人、真正的挪威盛会的女士们和先生们"。[4] 其他报道称："滑雪是真正的民族运动，曾经在全国范围内……风靡……一度被人们遗忘……现在重新成为……最好的锻炼方式之一。"新的滑雪设计和滑雪杖使得长距离越野比赛变得更加容易，新的滑雪板捆绑带和坡道使得跳高滑雪得以发展。

弗里德约夫·南森于 1888 年穿越格陵兰岛的滑雪之旅，使滑雪成了新挪威一项全民酷爱痴迷的运动项目。与其说南森的滑雪之旅是一次体育探险，不如说是一次科学探险，实际上，他并不是现代体育运动和竞技滑雪的爱好者；事实上，他不赞成这些体育运动。然而，尽管他大受欢迎的探险日志具有明显的说教倾向，但挪威、滑雪和体育之间的关系却由于他的名人效应而密不可分。瑞典人在 19 世纪后期开始喜欢滑雪，其体育精英，如巴尔克上校，将这项运动视为定义和展示瑞典和更广泛的北欧价值观和身份的一种方式。1901 年至 1926 年间，除去一年例外，瑞典人每年都在斯德哥尔摩举办为期一周的北欧运动会，将滑冰、滑雪、冰球、草地轮滑球和狗拉雪橇比赛与农民服装和手工艺品的流动表演结合在一起，融合了冬季运动、斯堪的纳维亚浪漫主义、君主主义和民族主义。

一项从中国延伸到芬兰的考古记录证明，用大型哺乳动物的胫骨和肋骨磨制的冰刀滑冰至少已有三千年的历史。然而，现代滑冰始于 15 世纪至 16 世纪的荷兰，人们开始使用金属冰刀和锋利的冰

第三章 针锋相对：
20 世纪 20 年代的奥运会及其挑战者

刃滑冰，这使得滑行的速度和灵活性大大提高。在接下来的几百年里，这项技术传播到了英国和整个北欧。在 18 世纪和 19 世纪，滑冰运动朝两个不同的方向发展。尤其是在贵族和资产阶级圈子里，花样滑冰成了主流。在路易十六时期的法国，它是只限于宫廷的消遣；在德国，许多年来，妇女被排斥在外。在 19 世纪末和 20 世纪初，它在英国成为一项规则明确的竞技运动，但是它僵硬、正式的舞蹈编排受到了欧洲大陆的技术怪咖的挑战，比如瑞典人乌尔里希·萨尔乔，以及美国受芭蕾和舞蹈影响的杰克逊·海因斯。[5]

然而，在荷兰和英格兰东部的沼泽地带，滑冰仍然是一项备受欢迎的跨阶级运动，人们更喜欢竞赛。这两个地方都有纵横交错的沟渠、河流、运河和湖泊。两地的冬天足够冷，可以冻结这些天然的竞赛跑道，但是足够温和，不会经常被雪覆盖，也不会被狂风吹得无法娱乐。在这种情况下，房东和酒馆老板是竞赛的热情推动者，为获胜者提供奖品，并在休息站出售饮料。这些活动的观众人数众多，跨越了阶级、性别和地区。与此同时，一项小型业余滑冰运动出现了，起源于上层阶级，并通过业余规则，坚决排除专业人士和乡下人——这一举动使得荷兰滑冰界流行的民族主义更加强烈。

自从罗马人离开他们建造的城镇后，北欧人中就一直流行在冰上投掷平底物体的游戏。在 16 世纪彼得·勃鲁盖尔的画作中，荷兰人似乎在一个结冰的池塘上朝着一个目标滚动石头。中世纪编年史中巴伐利亚和奥地利出现了类似的运动——冰上滑盘。然而，在 19 世纪和 20 世纪作为国际标准出现的运动是苏格兰的冰上溜石游戏。沃尔特·司各特在小说中大写特写的这种游戏，是来自苏格兰教会最有文化的阶级最喜欢聊的话题，并出现在苏格兰诗歌经典的三个关键成员的作品中：艾伦·拉姆齐、詹姆斯·霍格和罗伯特·彭斯。在《塔姆·萨姆森的挽歌》中，伯恩斯生动地描述了苏格兰冬天里冰壶游戏的情境：

当冬天斗篷裹住他的斗篷时；

像岩石一样捆住沼泽；

当冰壶运动员成群结队，

快乐敏捷地来到湖泊时

到了 19 世纪，这项运动经常被称为"苏格兰自己的运动"。随着时间的推移，为了保持运动的顺畅，苏格兰人引入了抛圆和抛光的石头，石头上有一个铁把手，方便复杂的旋转和控制，他们放弃了长距离的比赛，同时把冰上溜石游戏发展成现代形式的冰壶运动。冰壶运动组织于 18 世纪在爱丁堡成立，而在 19 世纪早期，皇家苏格兰冰壶俱乐部成为这项运动及其规则的管理人。从这里，移居的苏格兰人把这项运动带到了欧洲大陆、加拿大西部和美国北部，在那些地方它非常受欢迎。[6]

加拿大可能拥有世界上最多的冰壶爱好者。但是，冰球毫无疑问地荣获了"国民体育"这个头衔。这项运动是在 19 世纪殖民时期加拿大的冰原和湖泊中，由多种球棍游戏进行的多次实验中产生的。1879 年，英国陆上曲棍球、简式曲棍球和草地轮滑球被结合起来形成一种新的运动，最初由蒙特利尔的麦吉尔大学的精英学生发明，他们第一次进行这种运动时用木制圆盘而不是球。二十年内，加拿大的每个村庄和城镇都有一个俱乐部；蒙特利尔出现一百多个俱乐部；在这一点上，这确实很罕见——这是一种在加拿大法语区和英语区同样流行的文化现象。到 21 世纪初，这项运动蔓延到美国树

第三章 针锋相对：
20世纪20年代的奥运会及其挑战者

木茂盛的中西部和东部沿海地区。这不仅仅是一种狂热的大众文化，它已经在各种新的联赛中成为职业比赛，并从即将退休的加拿大总督那里获得了最大奖——斯坦利杯。当加拿大人于1924年在夏蒙尼和1928年在圣莫里茨赢得金牌时，他们是这项运动无可置疑的主宰者，一球未失地赢得了锦标赛冠军。

加拿大人在圣莫里茨的库尔姆酒店建造的溜冰场上把对手打得毫无还手之力。在夏蒙尼举办冬奥会，与阿尔卑斯山酒店之间的合作，使阿尔卑斯山度假胜地——这个最高端市场迈出了一大步。多年来，这座城镇一直是朝圣地和温泉疗养地，但在19世纪末，它受到了一种由新型健康旅游带来的巨大推动力。从达沃斯开始一直蔓延到瑞士的阿尔卑斯山，肺结核患者来到山上呼吸空气，恢复健康，其中英国人是最热情的。当一些人上床睡觉或只是轻快地走着时，一群古怪的英国旅行者、享受生活者和冒险者开始滑雪橇和坐平底雪橇。事实上，这些人如此狂热，以至于库尔姆酒店的老板卡斯帕·巴德鲁特不得不建造了第一个专门的半管型雪橇滑道，让他们远离街道和他昂贵的套房。这个做法奏效了。1885年，英国军官比巴德鲁特更进一步，成立了圣莫里茨平底雪橇俱乐部，创建了第一个专门建造的平底雪橇跑道——克里斯塔滑雪道。第二条跑道是在1902年为有舵雪橇滑雪运动增加的，据说当一个英国人威尔逊·史密斯把两个雪橇绑在一起滑雪时，这项运动就诞生了。1928年，圣莫里茨冬奥会在克里斯塔滑雪道上举办了有舵雪橇比赛，并产生了俯式冰橇运动——沿着克里斯塔滑雪道从上至下滑行有舵雪橇。迄今为止，奥运会未能体现的在欧洲如此受欢迎的新赛车运动的速度和亢奋：至少在这里，在喧嚣的20世纪20年代末，它做出了回应。

第七节

用最简洁的语言来说,20世纪初的社会主义知识分子完全讨厌体育文化,尤其是体育运动。列宁的同事尼古拉·瓦连京诺夫回忆起这样一个同志:"他毫不掩饰地对我房间里的有些东西表示厌恶——沉重的哑铃和杠铃片。他不明白一个自称是社会民主主义者,或者仅仅作为一个聪明人,怎么会对体育运动感兴趣,对像举重这样粗鲁的'马戏团'表演感兴趣。"[1] 然而,到了20世纪20年代,德国社会民主党人、欧洲工人体育运动的关键人物弗里茨·威尔登可能会提出截然相反的观点:"无产阶级的体育必须为社会主义服务。它应该成为新文化的一个强有力的控制杆,它的持有者将是无产阶级。体育运动是从肉体奴役和精神奴役的链条中解放出来的……一个利器。"[2] 到20世纪20年代末,即使是生活最节制的布尔什维克也开始意识到体育在全球阶级斗争中的作用。曾经在一段短暂时间内,工人运动对奥林匹克主义提出了一种真正的意识形态挑战,工人奥运会是一种真正不同的世界性盛会。

这种转变最初是由德国工人阶级对体育的热情支持推动的。19世纪90年代初,俾斯麦的反社会主义法律被废除。以前非法的各种工人组织现在都被允许成立,其中发展最快的是体育俱乐部。德国工人借鉴1848年革命产生的激进民主体操俱乐部的传统,以及极端民族主义的德国体操俱乐部在体育运动中的政治目的,很快成立了自己的体育俱乐部和国家协会,或者脱离资产阶级组织。到1914年,这些俱乐部拥有近20万名会员,包括一个自由帆船协会、一个全国工人象棋俱乐部网络，举办非常受欢迎的工人远足和名为"友好自然"的自然行走运动。

直到1908年，一名德国社会主义立法者仍然担心，如果工人加入自行车俱乐部，"他们什么时候有时间参加工会和党务工作？"但是这种批评很快就被工人运动中产生的一种新观点淹没：它是一种实用的政治工具；工人的个人健康和福祉本身具有政治重要性；体育可以培养社会主义社会的另类文化价值观。[3]

像整个欧洲大陆的年轻男女一样，德国骑自行车的工人是最激进的派别之一，他们通过使用这种廉价且改变生活的交通工具而获得了活力和解放。"当我们把这场阶级战争中的党和工会看作是像步兵和炮兵一样前进的主要军团，那么我们骑自行车的工人就是红色轻骑兵，阶级战争中的骑兵。我们可以到达主力无法到达的地区……我们可以直接用自行车进行阶级斗争"。借鉴通常为民族主义者和优生学者所持有的生物学和医学观点，一些德国社会主义者开始认为："体育是阶级卫生的工具……这是阶级成长的一种方式。"体育也被认为是让工人远离酒精和随之而来的社会问题的一种方式。下面这本小册子提供了一个更加个人化和自由的体育锻炼概念：[4]

工人和体育文化学家！

越来越多的工人意识到自由体育文化是你们社会主义教育的一部分。

你不能自由支配你自己的身体，因为你的工作、你的生活条件阻碍你做你自己。

把你自己从这些压力中解脱出来。将你自己从对你裸体的偏见中解放出来！

工人阵线必须站在一起解放身体。

所有人都同意,体育运动的最终目的是"提升无产阶级为阶级战争做好身体准备的机会"。与此同时,工人体育引发了对于资产阶级体育的理性批评。奥林匹克精英主义受到了质疑:"资产阶级运动毫无例外地突出个人的最高表现。纪录!纪录!纪录!这是定义一切的神奇词汇。"[5] 同时,商业化的体育运动遭到了严厉的批评:"从事职业运动的人,他们的身体变成了商品,他们被买卖,无用的时候就被抛弃。"相比之下,工人运动是开放的——特别是欢迎女性,除了合理比重的比赛种类,它还将为大众参与和社会主义盛会留下空间。在这个世界上,工人阶级青年可以免受资产阶级价值观和民族主义价值观的影响;体育文化将成为和平与团结的国际语言。

以德国为榜样的工人体育俱乐部于世纪之交开始在瑞士、奥匈帝国的捷克以及维也纳和布达佩斯等帝国城市出现。十年后,斯堪的纳维亚地区、英国、法国和比利时纷纷效仿,第一次工人运动员的非正式国际比赛于1913年在法国、德国和比利时举行。

国际主义和反军国主义一直是早期工人运动的一个组成部分,但在第一次世界大战之后,它也许成了工人运动的中心问题。早在1919年,社会党国际就批准开展一场国际社会主义体育运动。在1920年9月举行的卢塞恩大会上,国际劳工体育联盟成立,承诺"在工人阶级,特别是男女青年中开展体育锻炼、运动、体操和徒步旅行"。最重要的是,其意图是:"在我们的体育赛事中,我们必须面对彼此,并认识到我们都不是敌人。"[6]

到1930年,国际劳工体育联盟拥有超过400万名会员,从某种程度上说,这使它成了那个时代最大的开展工人阶级文化运动的

第三章 针锋相对：
20 世纪 20 年代的奥运会及其挑战者

团体。德国仍然是中心地带，拥有 150 多万名成员。在欧洲其他地方，它的根据地在瑞士、奥地利和新独立的捷克斯洛伐克、波兰和芬兰。如同那个时代更广泛的政治一样，捷克人和波兰人因语言和种族而分裂。仅在波兰，就有四个独立的工人体育组织，分别由波兰人、乌克兰人、德国人和犹太人组成。在奥地利，红色维也纳①是社会主义的堡垒，其体育运动拥有 25 万名拥护者，把一个翻新的机场变成世界上最大的体育馆。成员也可以在欧洲之外找到，因为一场小型工人运动在美国和加拿大发展起来，而在巴勒斯坦，左翼夏普尔运动从马卡比体育俱乐部分离出来，加入了国际劳工体育联盟。然而，法国和英国的贡献很小：法国人受到内部分歧的阻碍，英国人受到工党和工会运动对该项目几乎完全漠不关心的影响。[7]

  1925 年，国际劳工体育联盟在法兰克福举行了一直计划作为国际奥委会掌管的奥运会的替代项目的第一届工人奥运会，德国人仍然被排除在外。在国家政府和法兰克福自由派犹太市长路德维希·兰德曼的财政支持下，75000 马克②被用于举办这场运动会。学校、市政建筑和这座城市的体育馆都悬挂着彩旗和国旗；临时帐篷被搭建了起来，以容纳成千上万名游客。整场运动会的规模远远超过了国际奥委会在奥运会上举办的任何活动。15 万人观看了开幕式，在开幕式上，8000 名体操运动员的庞大列队进入体育场。当地的社会主义媒体称赞道："就像一个强大的无产阶级阵营站在红旗、生命

---

① 红色维也纳（Red Vienna）：1918 年至 1934 年间，在奥地利社会民主党统治下的奥地利首都维也纳的昵称。——编者注

② 马克（reichsmark）：于 1924 年至 1948 年间流通的德国马克。——编者注

线和斜列的海洋后面，训练有素的和谐躯体，只穿着黑色裤子，笔挺地站在那里，像石柱一样，或者随着音乐的节奏摇摆。这是一个令人难忘的展现健康、活力和力量的景象，同时也是一群团结的晒黑的身体……女子体操运动员是另一个神话般的景象，未来的母亲在阳光下扭动身体。"[8]

一个由1200人组成的合唱团在"不再有战争"的口号下演唱了《国际歌》。人们注意到法国人尤其受到他们昔日敌人的欢迎。除了大型体育赛事和群众体操表演节目之外，还有音乐游行、儿童游行和60000人表演的作品《工人为地球而奋斗》，其中强者合唱团和外交官合唱团代表了金融资本和世界青年之间的斗争。当地自由主义媒体总结道："人们可以随心所欲地在政治上支持这些活动，但1925年的第一届工人奥运会如此慷慨。任何人都不应该低估工人阶级体育组织的力量。"[9]

1925年工人奥运会给人留下的印象当然是一场强大而统一的工人体育运动，但正如两次世界大战之间左翼政治的各个方面一样，它的潜力被俄国革命后出现的共产主义者之间——社会主义者和社会民主主义者——的根本性分裂削弱。第一个共产主义体操俱乐部于1920年在柏林出现，在那里，运动员们最初与这个城市臭名昭著的政治巷战中的斯巴达克斯运动一起，在政治斗争中崭露头角。法国、瑞典、芬兰、意大利和匈牙利也成立了小型共产主义体育俱乐部，1921年，共产国际——负责领导外国共产主义运动的苏联委员会呼吁创建自己的体育组织，赤色体育国际。在没有任何体育经验的苏联人尼古拉·波德沃斯基的领导下，赤色体育国际的主要成就是提升阶级战争的修辞水平，花费大量时间谴责国际劳工体育联盟

第三章 针锋相对：
20 世纪 20 年代的奥运会及其挑战者

的组成，并在各种国际活动中组织示威游行，呼吁苏联的加入。虽然许多社会民主党人以团结的名义容忍他们进入国家体育运动，但德国人最终失去了耐心并驱逐了他们。

共产主义运动对 1925 年奥运会的实际反击是举行工人冬季奥运会和莫斯科斯巴达运动会，都是在 1928 年举行的。国际劳工体育联盟从未模仿过的冬奥会在奥斯陆和莫斯科举行，为邮政工人、农村居民和边防战士举办了曲棍球、跳高滑雪、滑冰和单独的越野滑雪比赛。斯巴达运动会是一场更盛大的运动会。6000 多名运动员，其中 600 名来自十几个其他国家，参加了一个比同期阿姆斯特丹奥运会影响更广的体育盛会。它以莫斯科河上的一个水节开始，伴随着 3 万人在列宁山的大规模漫步、摩托车和汽车集会、民间音乐和诗歌朗诵，以及"世界工人"和"国际资产阶级"之间的一场模拟战斗。负责此次运动会的官员解释说："我们从古代世界的英雄和反叛奴隶的领袖斯巴达克斯那里借用了'斯巴达'这个词……共产国际大会和斯巴达运动会都团结了为社会主义和共产主义而奋斗的劳动人民。他们在革命的共同斗争中是不可分割的——古典体育文化和马克思列宁主义的革命战斗文化。"然后把这一时刻献给苏联的第一个五年计划。[10]

虽然苏联将继续保留自己的国内斯巴达运动会，但 20 世纪 30 年代的恐怖混乱、饥荒和强行工业化结束了这些国际共产主义的壮观运动会。苏联的外交政策已经从酝酿国际革命转向确保一个国家的社会主义。在法西斯主义和战争摧毁这个工人运动时代之前，它的最后一次欢呼是 1931 年在维也纳举行的工人奥运会。尽管奥地利社会主义机构强大且组织良好，但在 20 世纪 20 年代末和 30 年代初，它发现自己日益受到极右民族主义势力的政治威胁和人身威胁。因此，体育运动成为确保维也纳工人阶级街头安全和邻里安全的主要手段。因此，于1927年成为运动领袖的朱利叶斯·多伊奇，曾担任过武装部部长，并管理共和国国防联盟——左翼街头义务警员和街头战士，这不是巧合。在这种背景下，1931年奥运会一直被视为国际政治支持的声明。"所有社会民主主义者都因下届奥运会将在奥地利举行而感到很高兴。我们的同志们正在那里英勇地抗击法西斯主义的反动分子。他们需要国际无产阶级的团结。"[11] 7.7万名运动员，超过一半来自26个其他国家，在那个夏天来到维也纳支持他们，他们大多数住在当地工人阶级家里。20多万名观众在专门新建的体育场里观看了比赛。6.5万人观看了足球锦标赛的决赛；1.2万人挤进赛车场观看比赛。1万名同志表演了一个复杂的舞台造型，资本的高塔被国际无产阶级协调一致的强大力量推倒并摧毁。然而，事实是无论多少运动训练或集体纪律都于事无补。仅仅四年后，随着奥地利向右翼独裁政府屈服，其工人体育运动被解散，其领导人或死亡或流亡。类似的命运将降临到欧洲其他大部分地区。

第八节

　　像安特卫普和巴黎一样，阿姆斯特丹奥运会是资产阶级体育国家的产物。体育、游戏和娱乐在荷兰流行文化中一直占有一席之地——从在结冰的运河上滑冰到荷兰高尔夫运动的先驱考尔文①。但是，从19世纪晚期开始，通常在英国接受教育并经常在国内与外籍人士接触的荷兰资产阶级，热情地投身于英国体育运动。板球让他们产生错觉，以为自己在爱德华时代的乡下；划船和足球将他们与世界上最伟大的现代帝国的公学和军队具有的男子气概和活力联系在一起。田径、击剑和马术运动——都是富人的专利，也很受欢迎。策划和举办阿姆斯特丹奥运会的人就是从这种环境中产生的：范·图伊尔男爵，国际奥委会中的荷兰人成员；彼得·沙罗上尉，一名士兵、击剑运动员和不知疲倦的组织者；奥运会组委会主席希默尔彭宁克·范德奥耶男爵。到目前为止，20世纪20年代奥运会及其体育和社会盟友所面临的挑战是由现代事物召唤出来的社会运动。随着旧帝国开始解体，曾经出现在奥运会上的民族国家和民族主义似乎成了新的规范。资本主义和商业主义推动了职业体育的挑战。第一次世界大战后的民主化浪潮激发了工人、妇女和聋人体育运动。在荷兰，令人惊讶的是，对奥运会的主要反对来自在遥远的过去形成的力量和思想——主要是17世纪加尔文主义的严厉而沉闷

---

① 考尔文（kolven）：冰面上的打球游戏，球杆和球的形状、击球方法以及专业用语等都与高尔夫非常相似。很多人相信，高尔夫运动是从考尔文发展而来。——译者注

的声音仍然活跃地存在于获得荷兰议会三分之一以上席位的新教教派政党中。[1]

1925年，组委会和荷兰政府向议会申请拨款100万荷兰盾①举办奥运会。他们很清楚反对派的强烈态度，已经做出让步，承诺周日不会举行比赛，彩票也不会被用来资助奥运会，但它仍然几乎引发了宗教反对。在下议院的辩论中，新教政党大放厥词："奥运会在起源和本质上都带有异教的特征。"尽管教育部部长抗议并详细阐述了关于奥运会完全符合《圣经》的论点，但荷兰加尔文主义者不予理会："体育运动越来越多地包括以非常可疑的方式激发激情的比赛。上帝的生活法则将被游戏和自我放纵取代，导致国家的道德感堕落。"最重要的是，"被体育狂热吸引的女性将失去她们的谦逊和美德感"。自由党议员斯塔曼认为，他听到了"火刑柱和女巫审判的声音"，而社会民主党成员沙佩尔说，这是"中世纪遗毒的语言"。所有这些辩驳都无济于事，投票失败了。中央政府不会支持奥运会。顾拜旦在日记中尖刻地记录道："他们的目标是在比谁更白痴的运动项目中创造与众不同的纪录……毕竟这是20世纪。"[2]

三天后，每份世俗报纸都刊登了一封致全国读者的公开信，呼吁荷兰人要支持奥运会。迄今为止，体育界对奥运会态度冷淡，但受到神职人员强烈的反体育情绪的刺激，他们决定采取行动。从最大的体育协会，比如皇家荷兰足球协会，到最小的，比如业余阿尔萨斯养殖协会、梅珀尔马具竞赛协会和豪登木球俱乐部，资金如潮水般

---

① 荷兰盾（guilder）：荷兰在2002年之前使用的货币单位，后采用欧元。
——编者注

第三章 针锋相对：
20 世纪 20 年代的奥运会及其挑战者

涌入。荷兰资产阶级重整旗鼓，数以千计的个人捐赠与企业捐款相配合：赫克餐厅为他们服务的每一位顾客捐赠 1 美分；糖果商人雅明为此出售特制的奥林匹克巧克力棒；邮局发行了第一套奥林匹克特别版邮票（它们像野火一样迅速被售出）。在荷兰以外，大量资金支持奥运会，这些资金来自荷属东印度群岛的爱国殖民者、富裕的荷兰侨民，甚至美国口香糖大王乔治·瑞格理。加上阿姆斯特丹市政会的资金，举办奥运会现在对这个体育国家来说是一件极大的盛事。

迄今为止，主办城市和奥林匹克建筑之间的关联一直很有限。1896 年，奥运会导致了一座非同寻常的古老建筑——帕那辛纳克体育场的修复。1900 年、1904 年和 1908 年的奥运会都是在为美好时代的大型展览和博览会临时搭建的场馆中举行的，展览和博览会结束后就会拆除。为斯德哥尔摩奥运会、安特卫普奥运会和巴黎奥运会新建或改建的体育场，尽管并非没有建筑价值，但都是单独的项目，与任何公共城市规划都没有联系，除了安特卫普奥运会提升了资产阶级郊区的土地价值。1928 年的阿姆斯特丹则不同，奥运会将采取最合理的紧凑形式，所有的活动都被压缩在两周内，而不是拖上几个月。新的奥林匹克体育场被认为是城市规划综合实践的一部分。它将建在市中心南部边缘的填海沼泽地上——根据市政府的祖伊德计划，该地区最近被选为扩建区域，配有新的基础设施和交通枢纽。世纪之交，这里曾造了一个小型运动场，将作为第二场地。最重要的是，设计和建造的整个过程都将交给一个建筑师。

这项委托任务由兼收并蓄的荷兰社会民主主义者扬·维尔斯负责。他在 20 世纪 20 年代的作品受到了各种各样的影响——密斯·凡·德·罗的极简线条和国际风格、阿姆斯特丹市立学校的砖砌图案、现代主义美学、风格派设计运动的原色和网格，还带有一点弗兰克·劳埃德·赖特的华丽装饰风格——尽管所有这些都将出现在他的奥林匹克体育场，但没有哪种风格会为他赢得这份工作。更有可能的是，他与组委会的关键人物沙罗上尉关系密切，沙罗上尉在巴黎奥运会上向顾拜旦引荐了怀尔斯。这一必不可少的人际关系变成了合作，因为两人共同撰写了第一本关于荷兰体育建筑的书，顾拜旦亲自为这本书写了序言。《体操、体育和运动会的建筑和场地》(Buildings and Grounds for Gymnastics, Sports and Games)一方面是设计和规范手册，但它同时也是第一本说明体育和运动设施在城市景观中的位置的书籍。[3]

维尔斯没有能够完全按照自己的方式做事，他的第一个宏伟计划被组委会大幅削减。比起维尔斯提议建设的永久性餐厅，委员会更倾向搭建帐篷村；他设计的两个体育馆和游泳池被重新计划为临时场馆，将在赛后拆除。也不会有奥运村，因为组织者将调用私人住宿和酒店船只为外国运动员提供住宿。建造体育场的过程并非没有冲突。建筑工地上爆发了自发罢工；维尔斯将主要的混凝土合同授予一家自己家乡的公司的决定被建筑业视为公然的偏见。阿姆斯特丹市政府的反对派议员抱怨奥运会的政治不透明："整个奥运会问题都笼罩在神秘之中——他们的管理掌握在一小撮人手里，他们不时会发布些毫无意义的公告。"[4]

体育场一旦建成，功能极其强大，风格简朴，肃穆动人。它的混凝土和钢质内部结构上覆盖着200万块砖，偶尔还装饰着水平的和垂直的图案，尤其是在它的过梁、入口和楼梯周围。它是往复循环的结构，以同心圆排列，可以容纳30000多人的看台，一条倾斜

第三章 针锋相对：
20世纪20年代的奥运会及其挑战者

的混凝土自行车赛道，一条400米长的跑道（第一次使用的距离和标记的跑道，现已是奥林匹克的标准）及一个室内长方形草坪，用作足球、荷兰式篮球（korfball）球场和体操场地。看台下面是一条连续的环形通道，使媒体、警察、贵宾、教练和医生可以便利和无障碍地通向这些设施。这座综合建筑的主要亮点是体育场东侧的马拉松塔——一座现代主义风格的砖砌烟囱，顶部有一个金属碗，象征性的奥林匹克圣火第一次在这里点燃（白天还会冒烟）。与未来奥林匹克圣火和奥林匹克圣火盆的浮夸仪式形成对比的是，阿姆斯特丹的奥林匹克圣火仅仅通过打开市政煤气供应并点燃它。然而，这一场景非常壮观。就在开幕式前几天，体育作家利奥·劳尔和维尔斯一起爬上了塔顶，享受着这一刻："我脚下的这座城市坐落在阿姆斯特尔河畔，沐浴在夏日灿烂的阳光下。奥运会将在星期六举行，自由纯粹运动的星期六！"[5]

奥运会城市以前都会盛装打扮。国旗、彩旗、海报和广告在安特卫普和巴黎的街道和广场上随处可见。阿姆斯特丹也做了同样的装扮，但是在这个19世纪的展览中，它增加了闪亮的现代电灯。晚上，奥林匹克体育场沐浴在柔和的黄色光束中，而市中心则被连绵不断的灯光装饰着：修士运河的小路和桥梁，阿姆斯特丹西教堂的细长尖顶及弗雷德里克广场闪烁的五彩喷泉。当地媒体的一些人难以言表："这一奇观如此可爱和奇妙，几乎无法用语言来表达。"共产主义日报《论坛报》对此有不同的看法："它很美，运河照明得如此灿烂，以至于每个人都忘记了白天它有多臭。"[6]

奥运会占用阿姆斯特丹的空间并非没有引起争议。不出所料，有的报纸用暴躁、尖刻的语气写道："阿姆斯特丹由五环主宰——五个零标志着这个'民族国际'的空虚、虚无和腐朽。"荷兰教堂、宗教党派和宗教报纸联合起来,向街道和书店散发反奥林匹克的小册子。在可以找到的众多标题中,有《以色列和外国人,或荷兰奥运会的邪恶》《第九届奥运会或古代异教传入基督教国家》和《从鸟舍到奥运会》。他们毫不留情地说:"奥运会是血肉之躯的盛宴。我们基督徒应该对奥运会表现出完全的自制。只要不是源于信仰的,都是罪恶!我宁愿你踩在我的尸体上,我也不愿和你一起走进体育场。如果你的孩子堕落到去那里,你必须对他们说这些。"[7] 新教、天主教和禁酒协会共同创建了基督教社会联盟,为被奥林匹克城狂热气氛吸引的大量"放荡女人"以及被欢乐引入歧途的当地女孩提供安全的住宿和祈祷会。

在体育方面,1928年阿姆斯特丹给人一种奇怪的似曾相识的感觉。它的三位无可争议的明星也曾在1924年巴黎奥运会上获得冠军。约翰尼·韦斯穆勒再次以游泳健将的形象出现在观众面前,赢得了100米自由泳冠军,尽管他现在年纪太大,不能参加更长距离的比赛。帕沃·努尔米曾在巴黎奥运会的长跑比赛中独占鳌头,他在10000米赛跑中又赢得了一块金牌,但不得不将障碍赛和5000米赛跑的冠军让给比他年轻的选手维尔·里托拉。乌拉圭足球队卫冕成功,这一次在再次对阵阿根廷队的决赛中击败了对手,决赛门票不仅售罄,而且多次超额认购。这些冠军和荷兰人之间的比赛如此受欢迎,以至于成千上万的人在奥林匹克体育场排队购票;建立了一个临时市场,为他们提供肝和牛肉三明治、鲱鱼、巧克力、啤酒和扑克牌。第二天早上,当大多数人感到失望时,"警察不得不拔刀维持秩序……事实证明,只有那些在周日上午九点半之前排队的

第三章 针锋相对：
20世纪20年代的奥运会及其挑战者

人才买到了票"。[8]

这些冠军都不会重返奥运会。米高梅邀请韦斯穆勒出演泰山。他是前往好莱坞的一连串美国奥林匹克游泳运动员中的第一个。努尔米在1932年的洛杉矶奥运会上被拒绝参赛，因为他在几十场博览会比赛中的花费和账目十分明显地显示了他实际的职业运动员地位。足球在英国和奥地利已经公开职业化，在未来十年，它也将在法国、西班牙、意大利和拉丁美洲走向职业化。国际足联为阿姆斯特丹锦标赛的巨大成功感到高兴，但又害怕失去对比赛的控制权，最终创造了自己的世界杯——首届由乌拉圭人主办并赢得冠军。足球项目将继续留在奥运会上，但它再也不会有同样的意义了。

拳击运动在四年前被证明是最喧闹的运动，现在达到了官方无能和民众抗议的新高度。在一场最轻量级拳击比赛中，南非选手哈里·艾萨克斯不可思议地被宣布战胜了美国人约翰·戴利之后，观众中的美国人冲进裁判席。一名裁判实际上在比赛中混淆了两个拳击手，判决结果被推翻。当荷兰人卡雷尔·米尔乔恩在点数上输给德国轻重量级选手恩斯特·皮斯托拉时，当地媒体感到震惊，但随后庆祝了同样不可思议的本国年轻选手贝普·范·克拉韦伦对阵阿根廷选手佩拉拉塔的胜利。

两个拳击手的支持者都宣布他们那一方取得胜利，并在观众的狂闹中扛着他们在竞技场里走来走去。最糟糕的是，无与伦比的捷克中量级选手扬·赫马纳克击败了意大利选手卡洛·奥尔兰蒂，却没有被裁判宣布赢得比赛，因为裁判一直在观看一场完全不同的比赛。观众爆发了抗议。"在我的三十五年拳击经历中，我从未见过这样的混乱场面。警方不得不干预进来，让支持捷克选手的愤怒观众远离裁判席。那天晚上拳击场外面的战斗肯定比里面的多。警察的表现最好。"[9] 比赛快结束时，比利时首席裁判科拉德发现找不到愿意担任裁判的人。[10]

与巴黎奥运会相比，民族主义爆发和国际冲突不太常见，荷兰人对自己的胜利表现出克制的自豪和热情。贵族，尤其是军官，组成了金牌马术队。十几岁的玛丽·布劳恩赢得了女子100米仰泳冠军。林恩和范·戴克赢得了双人自行车比赛，受到了长时间的热烈欢呼，以至于在体育场举行的荷兰式篮球运动表演赛不得不放弃，以使他们能够绕场一周庆祝胜利。

然而，如果荷兰公众在奥运会上有一个最喜欢的运动项目，那不是他们自己的，而是英属印度曲棍球队。这种游戏是由英国军队在19世纪晚期引入印度的，并迅速传播给军队内外的当地人。曲棍球比板球更受欢迎，向更多社会阶层开放，它吸引了印度的大量运动员，足以派出一队杰出的运动员参加奥运会。他们在祖国引起的反应是冷淡的，甚至带有种族主义和轻蔑的意味；但是，在荷兰，他们受到公众的热烈欢迎。与此同时，荷兰公众在奥运会之前一无所知的曲棍球成了一项全国性运动项目。自1912年以来的第一场比赛中，荷兰队战胜德国队，受到观众和运动员们特别欢呼："荷兰人、西班牙人、英属印度人和法国人让更衣室像一个全速旋转的旋转木马。"对阵英属印度队的决赛的门票是城里最热门的。"出租车无处可觅，偶尔出现一辆出租车立即遭到众人的拼抢。在我们伟大的首都，只有一个交通流向，那就是前往奥林匹克体育场……所有这些都是为了曲棍球比赛；两周以前大众还几乎不知道什么是曲棍球。"[11] 英属印度队没有输掉一场比赛，取得了全面的胜利，因为他们在这项运动中赢得了连续六枚金牌中的第一枚,这使曲棍球一度成为印度的国球,成为民族主义政治和独立希望的象征。

当奥运会闭幕时,一篇社论回顾了这场奥运会引发的宗教抗议风暴,评论道:"阿姆斯特丹躲过了一场道德灾难。索多玛和蛾摩拉的毁灭不需要重演。从近处看,描绘得如此邪恶的魔鬼,并不像预期的那么糟糕。"[12] 洛杉矶奥运会的组织者对阿姆斯特丹奥运会的简朴高效印象深刻,他们宣称阿姆斯特丹奥运会是"未来的典范"。当然,奥运会将要去好莱坞,然后去柏林——分别是新消费资本主义和种族灭绝法西斯主义的中心地带。魔鬼会回来的。

第四章

好戏连台！隆重上演的奥运会

洛杉矶 1932・柏林 1936・东京 1940
普莱西德湖 1932・加米施 – 帕滕基兴 1936

一声激动的低语像闪电一样划过体育场。
然后，回归宁静。
从身材高大的竞选播报员发出的声音充斥着巨大碗状看台的每个角落。
"女士们，先生们，美国副总统即将正式宣布奥运会开幕。"
副总统来到他的包厢，第一次向观众亮明身份。他挥手向再次爆发出欢呼声的观众示意。
他的手势让嘈杂的声音安静下来。
匆忙查阅了每日节目的时间表。接下来是什么？
——《1932 年洛杉矶奥运会官方报告》

它不再是柏林；它是电影布景。
——《今日报》(*Le Jour*)，1936 年 8 月

第一节

在 1923 年召开的国际奥委会代表大会上，一名中欧代表在为 1932 年奥运会主办城市投票之前，向洛杉矶申办委员会主席威廉·加兰问道："洛杉矶在哪里？它离好莱坞近吗？"[1]这座天使之城长期以其电影行业闻名世界，但这个城市本身鲜为人知，它把奥运会作为电影来制作，而它本身也是电影壮观场面的背景。官方报告运用了电影剧本中明确无误的语法：舞台方向、声音提示以及假定的精神状态和感觉状态。体育场的一个广角镜头从扬声器下方切入特写，再次切入走进包厢的副总统，然后为挥手和欢呼的观众保持那个镜头。接下来的官方报告中最不寻常的是将开幕式作为拍摄脚本的重构：

黄铜奥林匹克圣火盆中升腾起一股烟雾，然后一小片火苗迅速燃烧成金色火焰，象征着奥林匹克精神。在合唱团前面的场地上，一面巨大的白色奥林匹克旗帜和五个缠绕在一起的圆环在午后的微风中闪亮飘扬。[2]

最后一个镜头是从一艘盘旋的飞艇上拍摄的，现在竞技场上的观众走掉了一半，他们的车辆排成长长的队伍离开，开往洛杉矶的各个方向，画外音沉吟道："在这个巨大的圆形体育场里流连着一种精神氛围，这种精神氛围一定仍然盘旋在古代奥林匹亚的废墟之上。"剧终。切换到鸣谢。[3]

乍看之下，几乎没有两届奥运会比1932年洛杉矶奥运会和1936年柏林奥运会的区别更大了：黄金州①的加利福尼亚休闲奥运会和普鲁士邦的日耳曼正式奥运会。前者投入很少的资金，没有得到美国任何级别的政府的大力援助。加州政府允许奥组委通过发行100万美元债券，收回成本。当地企业筹集资金建造了体育馆——它将成为奥运会的主体育场，并尝试奥运会竞标。乡村俱乐部的人随时愿意提供帮助。里维埃拉乡村俱乐部举办了跳跃表演，日落球场高尔夫俱乐部举办了现代五项比赛。相比之下，对柏林奥组委来说，德国政府的金库是向他们开放的，给他们发放了一大笔即使是一丝不苟的德国总理府官员也无法完全审计的经费。这笔经费估计有4000万德国马克，这比之前所有奥运会的支出总和还要多。尽管1936年奥运会广泛动员了现代民族国家的所有可用权力，但美国联邦政府几乎无法提起自己对于奥运会的兴趣。1932年年中，在华盛顿哥伦比亚特区被抗议的补助金大军包围的共和党总统赫伯特·胡佛，拒绝了奥运会开幕式的邀请；前总统卡尔文·柯立芝也拒绝了这一荣誉。1932年初，只有纽约州参议员、民主党总统候选人富兰克林·罗斯福出席了普莱西德湖冬奥会。随后，他扬言要参加夏季奥运会，于是让副总统查尔斯·柯蒂斯出席了开幕式。柯蒂斯只带了一名随行人员。希特勒和几乎所有的纳粹党精英每天都出席柏林奥运会。德国外交部门听从柏林奥运会组委会的调遣，其大使级工作人员担任运动员的陪护人员和新闻官员，其高层密切关注德国在国际体育组织中的地位。相比之下，美国国务院在逼迫之下才同意

---

① 黄金州（golden state）：美国加利福尼亚州的别称。——编者注

豁免运动员签证，取消体育器材进口税，发出官方邀请。至于意识形态方面，美国新闻界最具意识形态特征的思想是凯恩斯主义。像许多刊物一样，《文学文摘》认为，洛杉矶奥运会是"抑制大萧条的克星……价值 600 万美元的一记重拳……是体育界对大萧条做出的回应"，但是，面对美国历史上最灾难性的经济衰退，这不过是一种事后的合理化解释。相比之下，尽管受到奥运会形式和礼仪的限制，柏林奥运会的宣传工作却充满了意识形态的内容，这种宣传工作在更大程度上是由约瑟夫·戈培尔的宣传部而不是由柏林奥组委指挥的。

因此，初步看来，20 世纪 30 年代举办的两届奥运会，或者更确切地说，是它们之间的差异，反映了法西斯主义与民主以及全球两大帝国之间竞争的重要方面。这些斗争由大萧条引发，在第二次世界大战中达到高潮。然而，洛杉矶奥运会和柏林奥运会在两个方面存在共同点，使它们比之前的任何一届奥运会都更加相似，表明社会力量和变化是伴随着时代的巨大冲突而产生的。

首先，两届奥运会都是种族运动政治的舞台。1904 年，当上一次奥运会在美国圣路易斯举行时，人类学日见证了未经训练的非洲人和亚洲人被要求与领先的美国运动员竞争或展示"原始运动"——但这是一场可怕的杂耍，而不是奥运会本身不可或缺的一部分，公众很少注意到这一点。这一次，在洛杉矶奥运会上，非裔美国运动员作为美国运动员的一部分，在大众媒体上受到广泛讨论。与此同时，日本对美国构成的威胁，无论是运动上的还是战略上的，都在当地媒体对获胜的日本田径运动员和游泳运动员的报道中体现出来——先是嘲笑他们是个头矮小的外国佬，然后把他们塑造成令人担忧和不可理喻的威胁。在柏林，纳粹的种族理论将非洲人定性为比其他人人种低等的种族，并证明排斥和迫害犹太人是正当的行为，这些理论令奥运会筹备的每一刻以及许多体育比赛的意义大为失色。

第二，那些关于种族和民族的叙事，以及奥运会中涌现的许多其他故事，都是通过一定程度的技巧上演的，传播的规模远远超过了以往任何一届奥运会。威廉·梅·加兰是这场将奥运会带到加利福尼亚州的运动的领导者，也是当地奥组委的主席，他实事求是地看待举办洛杉矶奥运会的经济基础以及奥运会的真实性质："这个城市及其周边地区的广告价值将达到1000万美元。"[4]加兰曾两度担任全美房地产经纪人协会主席，并从令人眼花缭乱的房地产繁荣中发家致富——房地产的繁荣，使洛杉矶从1900年仅有10万人的小城市发展到1930年的近130万人的大都市。他在一个由开发商和其支持者、房地产经纪人、石油公司和电影巨头组成的网络中心工作，正如该地区伟大的历史学家凯里·麦克威廉斯所说，这些人在20世纪初"开始把南加州包装成世界上有史以来最大的促销产品之一"，兜售加利福尼亚州的美好生活、新地中海、太平洋天堂。[5]加兰在他的信件和与媒体的采访中，经常把运动员称为演员，把奥运会称为庆典或表演，体育本身似乎是辅助性的。

正是在这种把奥运会视为一场媒体盛会，以及一种创造和在全球传播思想、图像和信息的工具的看法的驱动下，洛杉矶奥运会有别于它的前身，成为柏林奥运会的先驱和导师。德国奥委会主席卡尔·迪姆，在1932年进行了无数次采访，制作了大量的笔记和照片，以塑造和展示1936年奥运会组织的方方面面。因此，四年后，正如法国报纸《今日报》报道的，柏林明显已经被重新塑造成一个电影场景。它的街道处处挂满纳粹标志,院子里没有人晾晒衣物,街道上没有吉卜赛人和罪犯。在城市的战略要地和体育场,有专为摄影人员建造的高台和平台。

在这一点上,洛杉矶奥运会和柏林奥运会是奥运会演变成一桩媒体大规模报道的事件的高潮,这一变革似乎体现了第一次世界大战前后几十年新文化产业的爆炸性增长,以及商业力量和国家权力在使用和塑造它们时发挥的日益强大的作用。然而,事实并非完全如此。1896 年雅典奥运会前夕,英国媒体更喜欢报道牛津和剑桥的划船比赛,而不是顾拜旦从古希腊复兴的运动会。通常不会受到贵族体育机构热情款待的记者接到邀请,以贵宾身份参加 1896 年奥运会的官方宴会。但是,即使承诺为他们提供免费午餐,也很少有记者对这届奥运会进行实地报道。我们确实拥有奥运会参与者的回忆录和温暖的追念,比如跨栏运动员托马斯·柯蒂斯的《高栏和白手套》(*High Hurdles and White Gloves*)或者牛津古典主义者罗伯森的《第一届现代奥运会上的英国人》(*An Englishman at the First Modern Olympics*),但是它们在奥运会结束很久后才出版,并且只在高端的小众读者群中普及。而世界各大工业城市新近获得读写能力的大众观众,需要通过报纸的报道才能了解相关信息。这在 1900 年和 1904 年的奥运会上几乎没有出现过,但是 1908 年伦敦奥运会比以往任何一届奥运会都有更多的专栏报道。美国报纸急于报道与旧帝国的竞争,英国小报也对体育摄影及其吸引读者购买报纸的能力产生了兴趣。因此,到 1912 年,斯德哥尔摩奥运会吸引了 445 名记者,其中一半以上来自海外,而 1924 年巴黎奥运会和 1928 年阿姆斯特丹奥运会分别吸引了近 1000 名记者,他们当中不仅有来自欧洲，也有来自拉丁美洲和亚洲的记者。作家和摄影师现在加入了无线电报道业的先锋行列，在20世纪20年代早期，无线电产业已经从实验性技术的飞速发展，推进到了实际的商业运作。[6]

尽管20世纪20年代的媒体报道令人印象深刻，但洛杉矶奥运会和柏林奥运会在组委会的任务中增加了全球公关业务，并为媒体提供了无与伦比的设施，从而大大扩大了媒体报道的范围。事实上，洛杉矶奥委会的第一个行动就是创建一个可以使用5种语言运作的新闻部，并配备一个全球数据库，其中有6000多种杂志可供交流。奥林匹克设施包含数百部电话、电报和电传打字机。这在某种程度上效仿了道琼斯股票价格指数即时传达结果、时间和记录的运作方式。洛杉矶人没有忽视奥运会。与此前奥运会不同的是，组织者投入时间、金钱和技术来建立配有电话线的售票办公室，并通过广告牌和报纸广告出售座位。门票价格首次被有意压低，目的是吸引尽可能多的受众。迄今为止这是参加人数最多的一届奥运会，是他们所有付出的回报。美国体育文化的大众化品质也反映在美国体育媒体使用的语言上，他们幸运地拥有达蒙·鲁尼恩和保罗·加利科这样优秀的作家，为这届奥运会注入了一种其他国家体育媒体无法企及的自觉的戏剧性。格兰特兰·赖斯写道："世界将派出50个国家在洛杉矶与美国对阵。"尽管现代世界无法与伯里克利、苏格拉底或柏拉图时代的世界相提并论，"当我们比较赛跑运动员、跳高运动员、铁饼运动员和标枪运动员时，结果显示古希腊奥运会的获胜者将远远落后于即将到来的洛杉矶奥运会的世界纪录打破者"。[7]

德国人无法提供同样热情洋溢的体育语言，但是在技术和组织上，柏林奥运会超过了洛杉矶奥运会。奥林匹克新闻办公室发行了一份月刊《奥林匹克新闻服务》(*Olympic Games News Service*),以 14 种不同的语言发行了 24000 份昂贵的印刷简报。20 万张奥运会海报被分发给 35 个国家。德国铁路宣传局分发了自己制作的 400 万份小册子。负责奥运会的三人组——组委会秘书兼主席卡尔·迪姆和西奥多·勒瓦尔德,以及德国国家体育总局局长冯·查默——被派往世界各地,走访各国体育部部长、官员和记者。牛津和剑桥划船比赛中有 40 名男子举着柏林奥运会的标语牌,布宜诺斯艾利斯地铁上张贴了展示柏林奥运会的海报,一架飞机在芝加哥街头表演特技以宣传柏林奥运会。因此,近 3000 名记者前往柏林,超过了前三届奥运会的总和。[8] 洛杉矶奥运会使用了收报用纸带机,而柏林奥运会使用了西门子的电传打字机,由纳粹德国空军信息服务处运行,而被洛杉矶奥运会莫名其妙地忽视的无线电广播得到了极好的运用:柏林奥林匹克播音室在奥运会期间向 43 个国家进行了 3000 多次广播。对于几千名柏林人来说,无论是家里有联上电视信号的还是过来凑热闹的,都看到了电视上首次播放的模糊图像,这些图像从奥林匹克体育场传送到城市四周的沙龙和办公室,由长达 15 英里的新闭路电缆传输。然而,电视是未来的传播媒介;当时的传播媒介是电影。在这种媒介的运用上,1936 年柏林奥运会不仅超越了洛杉矶奥运会,而且重新定义了奥运会壮观表演的本质。

1896 年见证了第一届现代奥运会和卢米埃尔兄弟巡展的革命性的电影放映机——这部机器使他们得以向观众首次放映电影。尽管早期的电影制作人对体育赛事感兴趣,但 1900 年奥运会和 1904 年奥运会都没有被相机捕捉到,但在 1906 年举行的两届奥运会之间的运动会上,早期电影公司,如高蒙、百代和华威,向雅典派出了工作人员，还吸引了著名的美国旅游作家伯顿·霍姆斯。他们的作品中留存下来的绝大多数是仪式性的影像，捕捉到了英国国王爱德华七世的到来和斑驳不清的体操军人运动员的影像，但没有对体育比赛进行拍摄。报道1908年伦敦奥运会的新闻摄影公司对运动本身更感兴趣；意大利马拉松运动员道兰多·佩特里跌跌撞撞地走进白色城市体育场，并在终点线上得到帮助的镜头大受欢迎。20世纪20年代，随着电影成为每个现代城市的特色，观众人数激增，巴黎奥委会和阿姆斯特丹奥委会都委托公司制作完整长度的奥林匹克电影。伯纳德·纳恩在巴黎拍摄的《奥运会》长达三个小时。威廉·普拉格为阿姆斯特丹奥运会拍摄的《奥运会》长达一个多小时。两位导演都开始尝试如何拍摄竞技运动以及如何从中构建戏剧性的叙事。纳恩的《奥运会》以1924年夏蒙尼冬季运动会的一些出色摄影而著称，包括滑冰运动员一系列优美的慢动作以及狂热的滑大雪橇比赛和俯式冰橇运动的快速穿插镜头。普拉格的电影将更多镜头对准了运动员，更系统地关注个人冠军和体育明星，如帕沃·努尔米和伯利勋爵。[9]

洛杉矶将整场奥运会作为电影来拍摄，但是，撇开大量新闻片不谈，没有委托制作赛事本身的故事片：好莱坞更喜欢浪漫和怪诞的喜剧。在《风月今宵》(*This Is The Night*)中，标枪运动员加里·格兰特出人意料地早早从洛杉矶奥运会回来，发现他的妻子买好火车票要和她的情人在威尼斯秘密约会。在《百万美腿》(*Million*

Dollar Legs）中，乖戾的菲尔兹扮演克洛普斯托基亚共和国的总统，他出于别人无法理解的复杂原因，率领一个团队来到洛杉矶奥运会。正如这种情节主线所暗示的，"这几乎是好莱坞最接近达达主义①精神的地方。"[10] 电影构造的壮观场景与现代主义电影制作的新魔力的结合，将有待1936年柏林奥运会和莱妮·里芬斯塔尔的《奥林匹亚》。

《奥林匹亚》在许多方面打破了奥运会电影的模式。首先，里芬斯塔尔得到了组织者——特别是戈培尔的宣传部的一定程度的积极支持，这是其他电影制作人无法得到的。[11] 她拥有完全的使用权和控制权，以及庞大的团队和预算。其次，在技术和电影的复杂性方面有无与伦比的优势。里芬斯塔尔能够在飞艇上使用航空相机，建造轨道来追踪镜头，挖掘坑洞以便从下面拍摄，使用强大的镜头进行特写，并以前所未有的方式拍摄人群细节。第三，尽管早期的电影已经开始尝试将奥运会置于更广阔的社会和城市背景中，将奥运会城市的实景拍摄与开幕式的部分内容结合起来，以产生一种壮观的感觉，但都无法与里芬斯塔尔在1936年开幕式上的场景相提并论——这是一个铺张浮夸但绝对引人注目的场景。最后，这部电影由独特而先进的电影美学为架构，这种电影美学在里芬斯塔尔早期对纳粹党纽伦堡集会的描述中逐渐成熟。《意志的胜利》中将她对庞大建筑和狂热人群的迷恋与戏剧性灯光和精彩的音乐结合在一起：《奥林匹亚》将利用所有这些因素。我们现在提到的《奥林匹亚》到

---

① 达达主义（Dada）：20世纪初期始于苏黎世并在西方流行的虚无主义文艺流派，特征为完全抛弃传统，靠幻觉、抽象等方法进行创作。——编者注

底是哪一个版本很难说清楚，因为有各种不同的剪辑，包括供一般家庭观看的版本，这个版本比那些在国外放映的净化版更具政治性，并有公开的种族主义。不管怎样，与此前逐渐消失在公众视线中的奥运会电影不同，《奥林匹亚》于1938年在国际上发行，并在1939年威尼斯电影节上赢得了墨索里尼杯。电视将主导奥运会的报道，在还没有电视的情况下，《奥林匹亚》定义了柏林奥运会的集体大众记忆：不仅关于这一盛大表演的记录，而且关于这一盛大表演本身。

第二节

洛杉矶奥运会和柏林奥运会不仅改变了拍摄和播放这一盛大表演的方式，也改变了这场表演的本质。三项戏剧性的创新脱颖而出。两项在洛杉矶奥运会上首次亮相：引入现在的观众熟悉的播放国歌环节和在一个三层高台上领奖的颁奖仪式；建立奥运村，不仅仅是作为住宿问题的实际解决方案，也是制作奥运会场景和信息的舞台。柏林完成了现代奥运会使用奥林匹克圣火的奇妙演变，进行了从奥林匹亚一路到主办城市的火炬传递。

1896年，国际奥委会和组织者从他们所知甚少的古代奥运会颁奖仪式中得到启示。所有的颁奖仪式都在闭幕式上进行：冠军获得橄榄枝和银牌，亚军获得桂冠和铜牌。与古代奥林匹亚运动会不同的是，现代奥运会对颁奖仪式上的着装要求非常严格：参与者被要求穿上晚礼服、戴上黑色领结。所有参加比赛的运动员都获得奖状，马拉松冠军获得一个古董花瓶和一个银杯。1900年巴黎奥运会没有举行任何形式的颁奖仪式，但是颁发了许多奖牌和许多任意的奖杯和奖品，其中许多是数年后颁发的。有些运动员，比如击剑运动员阿尔伯特·艾特，甚至还获得了现金奖励：除了为他颁发重剑大师赛的奖牌之外，还有3000法郎的奖金。在1908年伦敦奥运会上，如今人们所熟悉的官方金牌、银牌和铜牌模式才出现，在运动员获得奖牌的当天颁发。即便如此，颁奖仪式还是缺乏戏剧性。没有领奖台，没有旗帜，没有音乐，只有国际奥委会显要人物的官腔十足的讲话和花束。旗帜和音乐出现在1928年奥运会的颁奖仪式上，但是仍然没有配备领奖台。

直到新任国际奥委会主席巴耶-拉图尔伯爵在1930年于安大略省汉密尔顿举行的大英帝国运动会上看到这样一个装置后，国际奥委会才开始要求将其纳入奥运会。事实上，1932年普莱西德湖冬奥会是第一届使用领奖台的奥运会，但洛杉矶奥运会做得更好，大胆地在不同的层面上印刷数字1、2和3，并在体育馆高拱的上镜背景下放置领奖台。[1] 与以往的仪式一样，即使是新制定的仪式，违规行为也被证明是仪式中最有趣的一面。意大利赛跑运动员路易吉·贝卡利在1500米赛跑中出人意料地获得金牌，是第一位在奥林匹克领奖台上向法西斯分子致敬的运动员。四年后，在柏林奥运会上，当日本国歌响起时，朝鲜马拉松冠军孙基祯羞愧地低下头，对自己竟然在殖民压迫者的旗帜下参加比赛并赢得奖牌感到震惊。随着时间的推移，奥林匹克领奖台上将会有运动员发表更大胆、更激进的声明。

迄今为止，奥运会的住房问题一直是一个实际问题，但即使在出席人数众多的巴黎奥运会和阿姆斯特丹奥运会上，组织者也设法找到了足够的房间、招待所和水上旅馆来满足需求。洛杉矶不缺乏旅馆房间，也可以这么做，但作为一个建立在房地产投机买卖和崇拜房屋所有权基础上的大都市，它肯定会有不同的想法。洛杉矶奥运村位于市中心西南几英里处鲍德温山的石油井架和灌木丛中，部分原因是为了吸引更多的运动员参加奥运会。它允许组织者为游客提供住宿、食物和交通，每天只需两美元。但正如官方报告透露的那样，还有其他议程："毕竟，国家只是一个伟大家庭——人类家庭的成员，而这就是人类家庭之家。"《纽约时报》提前报道了这个村庄，为这种轻而易举达成的世界主义欢呼："三十六面国旗，三十六个民族，创造了平等的机会，将在自由民主的斗争中飘扬在洛杉矶上空。"[2] 当地媒体对此高度评价：这座村庄"因其模范管理、几乎难以置信的效率和魅力而成为几大洲的热门话题"，而"它的临时居住者充满了惊讶和喜悦，并向世界讲述了洛杉矶的行为方式"。[3]

洛杉矶的行为方式包括 5 英里的郊区风格的新月形道路和草坪、550 间预制平房、医院、消防站和邮局、纪念品商店和银行。保安服务由雇佣的牛仔和马技表演者提供，他们骑着马，手里拿着套索，在建筑群周围的铁丝网外巡逻。一座西班牙殖民复兴建筑，看起来很像一个房地产经纪人的办公室，充当了奥运村中心的行政大楼。两间配备了家具的空置平房作为赛后抛售的样品房。奥运会专用巴士将参赛者带到奥林匹克公园和其他场馆，在露天圆形剧场全天放映电影，游客可以在装饰有当代家具和纳瓦霍地毯的宽敞休息室放松。整个奥运会呈现出来的完全是加州式的休闲风格，"以美国的而不是强制性的方式"举办了许多赛事、旅行和远足活动。饮食安排都做了细致的准备。禁酒令在 1932 年仍然有效，无法喝酒的法国人只好喝糖水，以取代他们无法正常饮用红酒所损失的卡路里，但是除了无法提供含酒精的饮料之外，东道主尽力取悦远道而来的客人。法国人"得到承诺，他们将不必放弃美味的调味汁来品尝美国风味的菜肴"，而中国人则得到保证，他们可以品尝到"正宗的中国菜肴，与中国海岸餐馆而不是当地杂烩餐馆提供的一样"。

这是一个更广泛战略的一部分，"使得参与奥运会不再是一件苦差事，而是好比参加一场美国传统的随心所欲的……派对"。不拘礼节有助于和谐。官方报告又一次很好地写道:"这些国家的孩子,不受世故和民族主义的影响,无论肤色、种族或信仰,都会成为兄弟。"[4] 然而,与此同时,住宿实际上是按照帝国阵线来安排的:法国人和小协约国的人住在一起;大英帝国占据了四分之一的住房。德国人在内的中欧人和斯堪的纳维亚人被安排在一起,与欧洲和美洲的拉丁人分开。巴西人单独在一起,亚洲人都被安排住在同一个地方。

除了解决实际的住房问题外,奥运村还提供了一个媒体可以与运动员见面的地方,在那里可以制作各种各样的故事和图片。美国标枪运动员马尔科姆·梅特卡夫来到奥运村,发现帮他扛着装备去平房的人是威尔·罗杰斯——是当时的好莱坞和轻娱乐最大的明星之一。女运动员分别住在市中心的宿舍里,成为报纸流言蜚语的对象。报纸标题写道:《噢!棒!极了!我们:法国女孩在奥运村》和《美丽的少女撞坏了奥运村的大门》。小道格拉斯·费尔班克斯多次裹得严严实实地前来造访,在那里他遭到了来自意大利和芬兰的兜售纪念品的小贩的围堵。当小贩们贩卖香烟和糖果的时候,聚集在奥运村门口的公众认出了他,粉丝排成长队,请求他为他们签名。新闻界一再把奥运村与古代奥林匹亚进行比较,将鲍德温山描述为坐落在"埃利斯平原"的"奥林匹斯山"。如果他们熟悉伴随古代奥运会而来的巨大的临时棚屋城和帐篷村,以及在希腊8月酷热的天气中没有自来水和厕所的艰难可怕的生活,他们也可能会把这座城市与数百个为绝望的人们临时搭建的定居点相提并论,这些临时定居点接纳了最近从俄克拉何马州沙土区迁来的移民、逃离南方的束缚和贫困的非裔美国人以及数万名非法墨西哥移民。[5]

第四章 好戏连台！
隆重上演的奥运会

没有丝毫证据表明古代奥运会举行过火炬游行。是的，在奥林匹亚的赫拉神庙里有一束永恒的火焰一直燃烧着，在奥运会期间有很多献给宙斯和其他神的祭品燃烧着，但是没有特定的奥林匹克圣火、圣火盆、火焰或火炬。但是那又有什么关系呢？阿姆斯特丹奥运会引入了奥林匹克圣火，在俯瞰主体育场的现代主义风格的砖砌马拉松塔顶部点燃市政燃气，洛杉矶奥运会的圣火将在体育馆内的圣火盆里一直燃烧，但在德国，20世纪20年代和30年代举行的带有各种政治色彩的火炬游行，更具有戏剧性的吸引力。

火炬传递是柏林奥运会组委会秘书及其主要智囊卡尔·迪姆的主意。[6] 他认为德国及其体育传统是希腊理想的当代化身，反映了德国悠久的高雅文化。在奥林匹亚点燃神圣的火焰，并通过3000名火炬接力者将其带到柏林，将确保这种联系。德国是与具有阿波罗性格气质特征的希腊——一个充满理性、智慧和光明的国度相连，还是与具有狄奥尼西奥斯性格气质特征的希腊——一个充满低级欲望、不受约制的情感和黑暗的国度相连，还需拭目以待。

第三节

就在洛杉矶奥运会开幕式的前两天,乔治·巴顿少校正在华盛顿哥伦比亚特区的宾夕法尼亚大道集结坦克和骑兵,准备用武力驱赶寻求补助金的抗议大军——参加过第一次世界大战的绝望老兵和他们的支持者,他们聚集在首都,要求早日支付他们的退役养老金。晚上晚些时候,他们会被赶出他们在胡佛村的临时营地,胡佛村是白宫南面泥地上的贫民窟。大萧条现已进入第四年,它迫使美国政府用催泪瓦斯驱散自己的退伍军人。然而,构成组委会的开发商、支持者、广告商和媒体人士的联盟并没有被财政困难和注定会失败的预言吓倒,而是把奥运会带到了洛杉矶。现在,它将把胡佛村、东海岸和大萧条的痛苦从报纸头版上抹去。

《纽约时报》在奥运会开幕当天从市中心进行报道,认为这是"自淘金热以来一次最大规模的外来人口涌入加州"。事实上,受到远距离和大萧条的影响,只有不到1500名运动员参加了比赛,远远少于参加阿姆斯特丹奥运会的运动员人数;但是,洛杉矶奥运会在纯粹的人数上所缺乏的,却用极其夸张的宣传、布景和表演来弥补。位于市中心的潘兴广场用奥林匹克彩旗和美国红白蓝国旗装饰。酒店和公寓楼大堂悬挂奥林匹克盾牌。百老汇的五月百货公司预计外国游客会蜂拥而至,于是雇了翻译,在他们的背上挂着一面说明翻译者母语的旗帜,在男装店和女装店里走来走去。街上到处都在出售当地特产和便宜的奥运会纪念品——火柴盒、钥匙圈、别针和旗帜。更高端的消费者可以挑选奥运会主题的中国工艺品和奥运会

第四章 好戏连台！
隆重上演的奥运会

颜色的服装首饰。这座城市最高档的比尔特摩酒店挤满了体育管理人员、商人和记者，并将在未来两周内主办九次国际体育会议。臭名昭著的芝加哥私酒贩子和匪徒"道钉"爱德华·奥唐纳告诉《洛杉矶时报》说，他来这里是"为了参加奥运会和去教堂"。瑞典极端保守的国际业余田径联合会主席和瑞典通用电气公司总裁西格弗里德·埃德斯特隆将奥林匹克职责和商业结合起来。国际奥委会的执行委员在洛杉矶市政厅的高耸的白色天空观景台会面。晚上晚些时候，标准石油公司的巨大霓虹灯照亮了点缀着奥林匹克五环的加利福尼亚州的夜空。

官方报告在回顾这届奥运会时显得有点虚伪："不允许一点商业因素渗透到奥运会举办的过程中。"[1] 也许，撰写该报告的作者中没有一个人看到标准石油的标志，也没有一个人看到200名穿戴白色夹克和白色手套的青少年在奥林匹克公园派发可口可乐。也许他们正忙于关注奥运会赞助商可口可乐遍布整个城市的巨大广告牌。可口可乐并不是唯一的赞助商。事实上，无论在构思还是执行上，与往年的奥运会相比，洛杉矶奥运会是最直接由商业和金钱力量塑造的。奥林匹克运动的其他环节需要五十年才能赶上这种趋势。家乐氏活力麦片、韦斯望远镜及第一代超市如西夫韦和小猪扭扭，都举办了以奥运会为主题的全国性广告活动。联合76石油公司劝诫其客户"按照奥林匹克格言选择你的汽油"——这是用一种相当复杂的方式来说，他们汽油的使用效率更高、更快、更强。鞋制造商尼斯利推出了一系列"奥运冠军"鞋。在奥运会游击营销的首批品牌中，宾虚茶叶公司的哈里·约翰内斯混进奥运村，围堵头戴官方包头巾的印度曲棍球队，并拍摄了他们手拿他的公司茶叶袋的照片。在当地企业中，卡尔弗市的赫尔姆斯面包店热情最高，签约成为1932年奥运会的官方烘焙食品供应商。但是，在国际奥委会申请"知识产权"之前，发现商机的面包店主保罗·赫尔姆斯已经在美国各州获得了奥林匹克五环和格言的版权。国际奥委会无权阻止他做任何他想做的事情，尽管他实际上所做的只是把工业化生产的充气面包贴上奥运会面包的标签，然后从送货卡车上卖给棕榈树环绕的洛杉矶郊区的新家庭主妇。

在洛杉矶新建成的街道上种植棕榈树始于20世纪20年代中期，这是一种巧妙的房地产装饰，但它受到奥运会的巨大推动。在此前的几年里，已经成为这个城市最著名的密码之一的慵懒棕榈树的修剪已经完成；在150英里的林荫大道上，种植了超过10万棵树，其中大部分是失业救济计划的一部分。在某种程度上，这是人们希望这个海滨天堂的一小块土地能助推洛杉矶成为美国第五大城市——并且在一代人的时间内发展成仅次于纽约的大都会，而举办奥运会是为这一理念锦上添花的机会。《游戏与八卦》是一本用亮光纸印刷的月刊，展示了加利福尼亚人的新运动享乐主义和魅力，是奥运会的典型支持者。它发行的奥运会版称赞这座"南方城市"是世界的新游乐场，并吹捧它最新的休闲时尚和运动服。

对于加州的这种看法带有明显的希腊意味，对于色彩的再现，你无法超越官方报道使用的语言："主神向洛杉矶展颜欢笑。一轮金色的太阳缓慢而威严地推进无尽的苍穹，仿佛伟大的宙斯正亲自驾着他闪亮的战车从奥林匹斯山的家中来。"[2] 大体育场本身就是古代风格和好莱坞风格的完美范例。它建于1923年，是一座完全现代化的体育场，由钢筋混凝土建造而成。它与同名的古罗马体育场的相

第四章 好戏连台！
隆重上演的奥运会

似之处只不过是一座座高高的场景布置的混凝土拱门。罗马、希腊、奥林匹亚等等，现在仿佛希腊来到了好莱坞。奥运会前夕，一则报纸上的新闻标题写道："尽管它的座位数量是亚历山大大帝军队士兵的三倍，但毫无疑问，它将在 7 月 30 日贴出'只剩站票'的告示。"《时代》杂志暗指加利福尼亚州具有爱琴海的特质，它有着"明亮的风景、灿烂的天空和蓝色的波浪"，并把加利福尼亚州的居民想象成 20 世纪的希腊人，有着"斯巴达人对完美身体的自豪，雅典人对自己的黄金时代的信心"。作为使用其汽油的驾车者的"奥林匹克假期"的一部分，标准石油公司派发了古典雕像掷铁饼者的四种颜色模型。《乡村生活》暗示加利福尼亚州已经超越了希腊："难道加利福尼亚州的山不比希腊的更雄伟吗？而且奥林匹斯山本身也只是一座山麓小丘。"[3]

洛杉矶知道如何上演一场奥运会，但它也举办了一场很好的派对。法国领事举行了一场军人舞会来庆祝奥运会。英国海军少将雷金纳德·德拉斯爵士在贝弗利山寓所举办的奥林匹克派对，吸引了加州州长和一小群欧洲伯爵、男爵和美国海军上将前来参加。美国陆军部部长正式向国会申请资金，以确保美军能够去有着鸡尾酒和开胃薄饼的夜总会。在洛杉矶，市长约翰·波特不擅长与人结交，应付不了大场面。洛杉矶商会决定自己举办一系列晚会，并在威尔夏大道的大使酒店举办了无与伦比的盛大万国舞会。担任第十届奥运会的女东道主是一项社交事务。两名官方女东道主——她们是从其他州移居到加利福尼亚州的居民，并被要求为游客、官员和运动员的聚会、招待会、旅行和旅游提供资金和联系方式。她们举办的规模最大的活动是在好莱坞露天剧场上演的一场风格兼收并蓄的戏剧节目《加州欢迎世界》，它以"载歌载舞的方式向世界传达加州迷人生动的印象"。它结合了加利福尼亚州的历史并且展示了加利福尼亚州对其他民族文化的看法：爱尔兰的吉格舞、中国的舞狮、瑞士的约德尔调以及由捷克移民组成的一面国旗。类似的加利福尼亚文化修正主义行为可以在奥利韦拉街的仿造墨西哥广场体验，游客可以在那里欣赏洛杉矶的拉丁文化源头的主题公园，距离一些最大的非法奇卡诺棚户区只有1英里左右。

尽管《洛杉矶时报》的老板兼委员会成员哈里·钱德勒卖力地招待奥运会嘉宾，但是出动招待人数最多的是好莱坞。米高梅总裁路易·梅耶等专制民粹主义者加入组委会，确保了电影业成为奥运会最大的助推器。奥运会前夕，好莱坞天空最闪亮的明星受到召唤，向全国和欧洲的民众广播，邀请他们去洛杉矶；恐怖低俗电影之王贝拉·卢戈西；那个时代的双人喜剧表演明星，劳雷尔和哈代；玛琳·黛德丽，好莱坞的德裔美人；它的墨西哥裔公主多洛莉丝·德尔·里欧。道格拉斯·费尔班克斯和玛丽·碧克馥，那个时代的好莱坞明星夫妻，以及主演了美国国家广播公司在好莱坞露天剧场、奥运村和体育馆播出的《来参加奥运会》的喜剧演员威尔·罗杰斯。奥运会期间，梅耶在米高梅的工作室为200名奥运会嘉宾举办了一场盛大的派对，并且邀请这些嘉宾与明星共进午餐。威尔·罗杰斯随后签约福克斯，在他们的工作室为来访的女运动员举办午餐会。费尔班克斯和碧克馥每天都去体育馆，平·克劳斯贝、加里·库珀、加里·格兰特和马克斯兄弟也参加了奥运会的接待工作。晚上，他们在比弗利山庄的匹克费尔大厦举办奥运会派对，据报道，他们与

第四章 好戏连台!
隆重上演的奥运会

美国游泳运动员杜克·卡哈纳莫库和马术场地障碍赛金牌得主日本的西竹一男爵一起出现在外面城里的夜总会。威尔·罗杰斯除了担任奥运村的行李员外,经常光顾体育馆,几乎每天都通过那广受欢迎的报业辛迪加在多家报刊上同时发表一些关于奥运会的话。八卦专栏铺天盖地报道说,阿根廷奥运会选手在派拉蒙公司举办的派对上与玛琳·黛德丽追逐嬉戏,而因职业运动员身份被剥夺了奖牌的奥运会十项全能运动员吉姆·索普遭到组委会的冷落。

  好莱坞融合了商业和娱乐。美国奥运会选手已经从奥运会转战电影。纳特·彭德尔顿在 1920 年安特卫普奥运会摔跤比赛中获得银牌之后,出演了 100 多部电影,从奢华的传记电影《歌舞大王齐格飞》到马克斯兄弟的《马戏团的一天》。自由泳运动员约翰尼·韦斯穆勒在两次奥运会(1924 年和 1928 年)上获得了五枚金牌后,在 20 世纪 30 年代的电影中出演泰山而获得了真正的即使是暂时的明星地位。游泳运动员埃莉诺·霍尔姆回忆道:"我参加奥运会比赛后,连身上的水都没干,就被人从一个演播室带到另一个演播室——华纳兄弟、米高梅、派拉蒙——进行试镜。"[4] 另一位游泳选手,海伦·麦迪逊——克拉克·盖博那周的舞伴之一——将在《人鱼》(*The Human Fish*)与《勇士的丈夫》(*The Warrior's Husband*)中出演角色。派拉蒙发掘了 400 米自由泳冠军巴斯特·克拉比,他在派拉蒙电影中扮演另一个版本的泰山、浪漫电影的主角以及周六早上儿童电影的主角——飞侠哥顿和巴克·罗杰斯。如果说运动员离开赛场后就投身电影业,为什么要把奥运会本身拍成电影呢?运动员没有因为他们赢得金牌或在他们各自参加的比赛中表现出色而获得明星地位,但参加奥运会给了他们一个提升到真正有名望和有魅力领域的机会。到了晚上，体育运动一结束，就在威尔夏大道上的椰子林举办最好的派对，这是好莱坞大腕——像米高梅大制片人欧文·萨尔伯格和万人迷克拉克·盖博——的首选夜总会。两个星期以来，它盛情款待了与明星共舞到黎明的美国运动员。[5]

第四节

不是每个人读的都是同一个剧本。在芝加哥，美国共产党帮助建立了反奥林匹克委员会，发行了小册子和传单，抨击美国体育中的种族主义，"奥运会声称不歧视任何人，这是彻头彻尾的谎言！全国临时反奥林匹克委员会表示，在梅森-迪克森线以南，黑人运动员受到公开的种族歧视。"黑人媒体描绘了一幅类似的画面，谴责"纯白奥运会"。《芝加哥卫报》称，奥运村唯一的黑人雇员是一名擦鞋工。《加利福尼亚鹰报》指出，奥运会并非"没有出现通常的和自然的困难以及不愉快的事情"。[1] 更为尖锐的问题是，有消息称，黑人电影明星克拉伦斯·缪斯预定在奥运村演出，却被告知不能担任官方艺人。在洛杉矶举办奥运会的同时，反奥林匹克委员会在芝加哥举办了自己的小型工人运动会，并试图将运动会与解放汤姆·穆尼的长期运动联系起来。汤姆·穆尼是一名社会主义活动家，因在1916年旧金山举行的备战日主战游行中投放炸弹、造成10人丧生而被判终身监禁，穆尼是在如同对待滥用私刑的暴民的气氛中受审的。他们在传单上写道："许多组织和支持奥运会的人都是帮助抓住汤姆·穆尼的大人物和政治家。"[2]

但这种反奥运会的活动总是很难奏效。《基督教世纪》以讽刺的口吻报道了接下来故事的主要部分："在南加州气候的鼓舞下，以及承诺几乎所有好莱坞的女演员都会出席奥运会的情况下，美国人有望大获全胜。"在奥运会的倒数第二天，举着"解放汤姆·穆尼"标牌的抗议者冲进大体育场。《洛杉矶时报》报道称，当乐队奏起《星条旗》时，人群欢呼起来，警察将抗议者带离现场。[3]

《基督教世纪》是对的。两周以来，几乎整个美国报纸和杂志行业都为美国取得的胜利欢呼：41 枚金牌、32 枚银牌和 20 枚铜牌。"人类历史上或许与古希腊原型一样不朽的壮举。"头版头条新闻的作者认为美国战无不胜：《山姆大叔攻无不克》和《美国在奥林匹克战场上横行无阻》。《洛杉矶时报》问道："谁赢了奥运会？答案如雷鸣般从山上回响——美国。"[4] 随着这个新兴超级大国的日益壮大，美国媒体认定美国比其余四个大国加起来都要强大。美国处在一种自然流露的赞美美国大学教育、科学和男子气概的全国性庆祝氛围中，《洛杉矶时报》甚至声称，奥运会"没有种族差异的污点"。只有威尔·罗杰斯注意到，这个饱受赞扬的国家既没有消除种族歧视，也不是完全依靠男子运动员取胜："可以说，把第一批奴隶带到这个国家的人一定是想到了那样的奥运会，因为这些'塞内冈比亚人'几乎把白人累坏了。所有获胜者不是美国黑人就是美国白人女性。等到我们去打高尔夫球、打桥牌和喝鸡尾酒的时候，美国白人男性就可以发挥自己的特长了。"[5]

罗杰斯夸大其词了；美国领奖台上不乏眉清目秀的白人男大学生，但现在与他们一样站上领奖台的是那些存在于大众想象边缘的、被媒体称为"美人鱼""维京女人"和"黑色旋风"的人。

从某种程度上说，洛杉矶奥运会对推动女子体育事业几乎没有做出什么贡献。女子选手仅占参赛选手总人数的 10%，她们与男子选手分开居住，仍然被禁止参加体操和所有团体项目。主流体育媒体也没有对她们进行太多报道，在奥运会之前，传统的看法是"人类这个物种的女性可能会也可能不会比男性更有致命威胁，但是在运动场上女性并不优雅"。[6]美丽、有性吸引力和传统的女性观念无法与女子运动员的身体形态相匹配。在洛杉矶，美国体育媒体的男性终于想出了如何对待女子奥运会选手：让女子选手性感化，让男子选手女性化。三枚金牌得主海伦·麦迪逊被称为"美丽的纽约人"，而跳水冠军乔治亚·科尔曼一直被描述成"美丽的乔治亚"。像许多报刊一样，《芝加哥论坛报》刊登了大量女子水上比赛的照片，并直言不讳地写道："你值得花钱买报纸，来了解奥运会游泳比赛——以及可爱的女子游泳运动员。"保罗·加利科自然明白这一点，他在报道铜牌得主简·富恩茨时写道："她曼妙的身体在柔滑的银色的水中游过。"[7]

贝比·迪德里克森并不符合这一女性化模式，但作为这届奥运会无可争议的体育明星——在80米跨栏跑和标枪项目中赢得金牌，在跳高项目中赢得银牌——媒体和公众必须适应她的风格。她简直是一个令人难以置信的全能运动员。她是一个聪明绝顶的得克萨斯白人，属于工人阶级，在比赛前几个月，在业余体育联盟的田径选拔赛中崭露头角。她赢得了五项比赛，获得奥运会参赛资格。令许多人烦恼的是，她的体格、举止和专注程度跟男人一样，她还有"如门闩般的下巴和如钢琴钢丝般的肌肉"及"维京人的动物般的爆发力"。但她的才华如此卓越，以至于体育媒体的资深记者们不遗余力地重新塑造她。她最大的支持者格兰特兰·赖斯现在认为"女人不需要看起来像举重运动员或钢琴搬运工"。韦斯特布鲁克·佩格勒对迪德里克森的描述使典型的美国中产阶级皱起的眉头舒展开来，他写道："嘴巴可以放松，眼睛可以微笑，现在世界上最伟大的女性运动员，虽然特别喜欢男子比赛，却像发夹一样女性化。"[8]

美国奥运会选手从来没有完全仅限于白人。1904年的奥运会上，非裔美国人乔治·波格赢得了400米跨栏铜牌。带有美国印第安人血统的吉姆·索普在斯德哥尔摩奥运会上赢得十项全能比赛冠军，夏威夷人杜克·卡哈纳莫库在斯德哥尔摩奥运会和安特卫普奥运会上赢得了游泳金牌。在洛杉矶奥运会上，非裔美国人埃迪·戈登赢得了跳远金牌，但只有当短跑运动员艾迪·托兰与拉尔夫·梅特卡夫获得了100米赛跑和200米赛跑的冠军后，才引发了公众的想象力，并敏锐地预测了美国的种族政治状况。托兰在两个比赛项目中都获得了金牌，并打破了100米赛跑世界纪录，成为第一个获得"世界最快的人"称号的黑人。美国媒体使用种族主义的语言来吸引读者眼球，将这两名运动员描述为黑人闪电和黝黑霹雳；它们是"两道黑色的闪电"或者"来自加利福尼亚蓝天的两条黑色霹雳"。黑人媒体回应了这种赞美，经常提及"白人"运动员，但南方媒体保持沉默。它们没有像北方媒体那样转变态度，解释非裔美国人的成功——他们是天生的、有天赋的、放松的、轻而易举的——它们只是简单地报道了奥运会，就好像他们不存在一样。

解释日本的成功同样是一项棘手的任务。日本于1931年入侵中国东北，引起世人的惊惧。奥运会举办前，他们采用的一个策略是试图降低威胁的程度，将日本人称为参加奥运会的"小个子棕色人""新生婴儿选手"。[9]然而，在南部忠平赢得男子三级跳远并打破世界纪录、西田修平获得撑杆跳比赛的银牌、西竹一男爵赢得马术场地障碍赛金牌以及日本男子游泳队获得六枚金牌中的五枚后，媒体不得不改变策略。《基督教世纪》报道说："当这位身材矮小的日本撑竿跳高运动员越跳越高时，那些为他欢呼的反日加利福尼亚人在离开观众席时自豪感逐渐丧失，油然而生的是对其他国家对手的高度赞赏。"[10] 据说"飞鱼"①有蹼足，或者是放弃使用椅子的文化造成的生理结果。更明智的评论指出了日本的成功在于，日本准备工作的细致性、利用相机和电影技术分析运动员的表现并向他们的竞争对手学习、正在改变日本工业的逆向工程，以及美国国家奥林匹克委员会梦寐以求的一定程度的政府补贴和企业支持：日本派出了180名运动员参加奥运会，规模仅次于美国队。

在这种耀眼明星的衬托下，世界上其他国家的运动员都沦为配角。阿根廷人圣地亚哥·洛弗尔赢得了重量级拳击冠军，而胡安·卡洛斯·扎巴拉获得了马拉松比赛金牌后在颁奖仪式上晕倒，这一举动巩固了他受欢迎的地位。爱尔兰在一小时内获得两枚金牌——参加链球项目的帕特·奥卡拉汉和参加400米跨栏项目的鲍勃·蒂斯达尔，而印度曲棍球队再次获胜，向国内和英国发出了无声的反帝国主义信号。巴西人乘坐一艘生了锈的海军巡洋舰抵达，一穷二白的政府除了给他们几袋咖啡豆外没有任何其他资助。巴西水球队最终抵达美国西海岸，他们在比赛中以3比7输给德国后，向对手礼貌性地表示祝贺，然后对匈牙利裁判发起攻击，他们认为匈牙利裁判有失公允。他们的举动在奥运会历史上留下浓墨重彩的一笔。最后，洛杉矶警察局不得不出面干预。

威尔·罗杰斯是啦啦队队长，他在奥运会上签名发表的电报代

---

① 飞鱼（flying fish）：此处应指古桥广之进，他是日本自由泳运动员。他在1948年日本全国锦标赛上创造了400米和1500米的自由泳世界记录，在1949年的美国全国游泳锦标赛上创造了自由泳所有距离类别的世界记录，因此被美国媒体称为"富士山飞鱼"。——编者注

表了许多洛杉矶人和美国新闻集团大部分人的心声。"你们美国人都认为奥运会只是洛杉矶房地产业的狂欢，所以你们没来参加，你们真是愚蠢透顶。""你们已经错过了美国举办的有史以来从各个角度来说都是最伟大的演出。"他们没有受到愚弄，这的确是一场房地产业的狂欢，但这是一场前所未有的表演。《洛杉矶时报》的记者看到了"完美的场景、卓越的管理和精彩的表现"。国际奥委会主席巴耶-拉图尔伯爵认为，这是"奥运会的最高荣誉"。甚至极少赞美美国的法国人都宣称，它是"一桩令人震惊的体育盛事，取得了圆满成功"。[11] 1928 年的阿姆斯特丹奥运会是此前参加人数最多的奥运会，售出了 66 万张门票，其中三分之一是足球比赛门票。洛杉矶奥运会在没有任何足球比赛的情况下售出了 125 万张门票；甚至在体育馆附近举行的奥林匹克艺术节也吸引了 40 万名游客。洛杉矶也赚得盆满钵满；除去资本成本，这场表演的票房收入超过 200 万美元。

奥运会结束后，道具和舞台布景全部拿来拍卖。美国金牌得主 4×400 米接力赛跑队的成员赫克托·戴尔被聘为奥运村的推销员。广告上写道："奥林匹克小屋，便携式，适合海滩、山区、汽车营地，批准在洛杉矶安置。"每一个小屋都被卖掉了，有些里面还住着等待轮船的澳大利亚队成员。行政大楼被拆除，木材拿来卖掉，甚至围墙也找到了买家。到了 9 月，它几乎消失殆尽。

第五节

对于一小撮致力于德国奥林匹克主义的人来说，要把奥运会带到柏林，还有很长的路要走。在1912年斯德哥尔摩国际奥委会大会上，这座城市首次被授予奥运会主办权。然而，1916年柏林奥运会从未举行过。第一次世界大战爆发了，当欧洲终于恢复和平时，国际奥委会中没有德国人，所有被击败的同盟国都被排除在奥运会之外，直到1928年。德国在卡尔·迪姆和西奥多·勒瓦尔德的引导下重返奥林匹克大家庭，他们于1924年受到邀请，加入国际奥委会，并在顾拜旦的支持下，于1927年开始申办奥运会。在1931年的国际奥委会大会上，魏玛德国的首都柏林获得了1936年奥运会的主办权。1933年1月24日，柏林奥运会当地组委会举行首次会议；六天后，阿道夫·希特勒宣誓就任德意志帝国总理。

奥运会及其组织者的前景并不乐观。勒瓦尔德是一名皈依基督教的犹太公务员的儿子；秘书狄姆的祖父母中有一位是犹太人，他自己也娶了一位犹太人。除了个人因素外，纳粹党在国际体育，特别是奥运会上的立场一直是敌对的。纳粹理论家和发言人布鲁诺·马利兹认为："各种各样的外国人都在以我们为代价享受美好时光。体育推广人员投入了大量资金，以便德国与它的敌人之间的国际联系更加紧密。"奥运会本身被谴责为一家"犹太国际企业"和"共济会以及犹太人反对雅利安种族的阴谋"。纳粹党报《人民观察家报》提出，柏林奥运会不允许黑人运动员参赛。勒瓦尔德在1932年奥运会上与国际奥委会主席交谈时向他再次声明，纳粹将"绝对反对"奥运会。1933年2月初,支持纳粹的学生被组织起来成立反奥林匹克运动会组织,要求"奥林匹克运动会不得在德国举行",并把柏林田径体育场的跑道挖掉,在跑道上种植小"日耳曼"橡树。在3月的国会选举中,纳粹及其联盟伙伴以微弱优势赢得选举,并通过了《授权法案》,为即将到来的独裁统治奠定了法律基础和政治基础。

选举结束一周后,勒瓦尔德和迪姆被召集与希特勒和他的宣传部部长戈培尔会面,结果发现他们改变了主意。希特勒明确表示,奥运会将在他的祝福下进行。正如希特勒当年晚些时候对戈培尔所说:"德国在国际上处于非常糟糕和困难的境地。因此,它应该努力通过文化手段给世界舆论留下深刻印象。在这种情况下,幸运的是奥运会将在德国举行……我们必须向世界展示新德国在文化上能做些什么。"[1]

关于新德国在文化上能做些什么,最好的指南应该是仔细研究德国体育是如何组织的。旧的体育部被解散,一名高级纳粹官员被任命为新组织的负责人。在这种情况下,德国国家体育总局局长汉斯·冯·查默－奥斯滕——他迄今为止与体育最亲密的接触是穿着高度抛光的马靴作为他的派对服饰的一部分——负责。根据纳粹党控制所有民间组织的更广泛政策,他还被任命为德国国家奥林匹克委员会和地方组委会的负责人。在这个即将举办奥运会的国家,反对者和持不同立场的个人和团体受到骚扰,一些团体甚至最终解散。工人体育俱乐部被清算,那些幸存下来的体育俱乐部受到越来越严格的控制——最重要的是,犹太人被禁止加入俱乐部和使用体育设施,尽管许多俱乐部在犹太人要求加入之前就预料到了这些规定,将犹太成员排除在外。犹太人被成功地排除在游泳池等公共设施之外，被禁止骑马，并被限制在犹太人聚居区的体育俱乐部内；1938年水晶之夜之后，它们将被完全清除。甚至极端保守和爱国的德意志体操协会——日耳曼民族主义体操的堡垒——也在1936年被解散并直接置于纳粹党的控制之下。

纳粹政权完全拥有国家的体育基础设施，越来越多地将体育作为外交和国内政策的工具。随着德国开始挑战并逐步废除了自1919年《凡尔赛条约》签署以来对其施加的各种限制，该政权利用国际体育来迎合更广泛的世界，并证明纳粹德国的正常性。后来，它将被用来显示德国日益增强的实力和信心。戈培尔推翻了希特勒青年和纳粹学生组织拒绝参加危险的世界性国际集会的决定。纳粹媒体被鼓励对恰当的爱国体育故事表现出更大的兴趣。外交部及其外交使团被委派陪同德国运动员出国，他们现在被视为德国的战士和德国种族的代表。在国内，体育和锻炼越来越被视为爱国义务，是净化和完善德国遗传基因的更广泛活动的一部分。

如果仔细研究纳粹德国的体育政策，可以清楚地看出该政权残酷的极权主义和坚定不移的反犹太主义，柏林奥运会的筹备工作就暴露了其勃勃野心。希特勒在回顾奥运会的早期建筑计划时说："德国体育需要宏伟的建筑物。"正是这种意图促使他委托阿尔伯特·施佩尔将整个柏林重新设计成日耳曼尼亚，第三帝国注定要成为欧洲甚至全球帝国的首都。在建造奥林匹克体育场时，有人指出运动场的设计和标志不符合当时的国际标准，希特勒说这没有什么影响，因为未来所有的奥运会都将在柏林举行。这是一座比组委会最初想象的更庞大、更宏伟的体育场，用肃穆的石头而不是魏玛现代主义脆弱的玻璃和钢铁装饰,希特勒和戈培尔视察它时,提出场馆规划应该包括一个足够容纳50万人的巨大集结场地和一个能容纳20万人的古典风格的露天圆形剧场。他们没有吸引50万人参加,但帝国体育场是历史上最大的体育场馆,为奥林匹克公园的到来提供了先例。

几乎每个后来建造的公园都配备了一个新的地铁站和指定的奥运会道路和路线。1936年,人们可以从南方新建的轻轨站到达帝国体育场,或者经公路通过一系列相互贯通的大街和林荫大道——被称为凯旋大道到达帝国体育场。这条奥林匹克公路从市中心的菩提树下大街一直延伸到奥运会建筑群东端的奥林匹克广场。帝国体育场的中心是奥林匹克体育场,可容纳11万人,其巨大的椭圆形侧看台两端各有一扇巨大的大门。此外,完美的场馆设施包括一个可容纳1.7万人的优雅流线型游泳场馆、一个曲棍球场、一个马术场、网球场、一个大型体育管理和教育场馆,以及一个仿照埃皮达鲁斯古剧场建造的圆形剧场。埃皮达鲁斯古剧场建于公元前四世纪繁荣的伯罗奔尼撒城邦,仅能容纳2.5万人。其中最大的组成元素是集体市政区,这是一个巨大的低洼集合地,约长400米宽300米,容纳18万人绰绰有余。这个空间是为市民狂热的领袖崇拜而设计的,周围环绕着设计精良的新扬声器,人们的目光朝向场地西侧的正面看台和唯一的演讲台。在那里,有一座高出看台50米的塔,塔端有一个巨大的钟。这是西奥多·勒瓦尔德无比喜爱的项目,钟由16.5吨钢铸造而成,并在五个奥林匹克圆环上雕刻了一只哥特式德国鹰。它是在鲁尔制造的,在德国北部小镇进行了为期两个月的旅行,受到希特勒青年团和党卫军的欢迎,掀起了一股奥林匹克热。钟底部的座右铭是："我召唤全世界的年轻人。"当勒瓦尔德第一次设计钟的时候，他是从18世纪启蒙运动学者弗里德里希·席勒那里得到的启发，他的诗歌《钟之歌》上面写着："我召唤生者，我哀悼死者。"然而，这座奥林匹克钟得到了广泛的全球报道，几乎总是与希特勒的肖像一起描述：一个与席勒和勒瓦尔德截然不同的德国正在召唤全世界。[2]

纳粹德国对奥运会的拥护使国际奥委会松了一口气，同时也令他们不断感到焦虑。1933年的年中，巴耶-拉图尔伯爵因德国政府过分热情的介入、尖锐的种族主义和仇外心理的纳粹意识形态而感到不安，他写信给新的组委会，提醒他们，"奥运会是授予一个城市而不是一个国家的……它们不应该具有政治、种族、民族或宗教性质"。[3] 国际奥委会私下的建议则没有这么委婉，他们明确要求保证犹太人被允许参加、参与和竞争德国队的参赛席位。这种压力迫使纳粹做出了正式让步，他们宣布"所有规范奥运会的规章都将得到遵守"，并且"原则上，德国犹太人不得被排除在德国奥运代表队之外"。

在接下来的两年里，这项原则足以让国际奥委会放心。事实上，巴耶-拉图尔曾坦言自己"不喜欢犹太人和犹太人的影响"，他很乐意沉溺于这样不切实际的想法，即犹太人不参加德国体育运动主要是因为他们糟糕的运动基因，而这无论如何都是"无关紧要的小细节"。他并不是唯一持有这种想法的人。这种漫不经心的反犹太主义是他的许多国际奥委会同事和他的阶级不加思考的观点。西格弗里德·埃德斯特隆认为犹太人"精明又不择手段。我的许多朋友都是犹太人，所以你一定不要认为我反对他们，但他们必须被限制在一定的范围内"。[4]另一位国际奥委会成员——芝加哥商人和美国体育管理官员艾弗里·布伦戴奇，向德国人吹嘘他自己的芝加哥体育俱乐部排斥犹太人。

国际奥委会可能已经满意了，但是在欧美，尤其是在美国，出现了相当规模有组织的反对奥运会的运动。这项挑战是由美国运动联盟在1933年末发起的，如果犹太人的参与得不到"事实上和理论上"的保证，该联盟将投票抵制柏林奥运会。其他抵制运动在斯堪的纳维亚和英国兴起，但最终均以失败告终，但在美国出现了一个强大的联盟。除了像美国运动联盟这样的体育组织之外，还有来自犹太团体、天主教和新教活动家的巨大压力，他们对纳粹德国对待犹太人和他们教堂的方式感到震惊，还有劳工运动。抵制运动的主要反对者是美国奥林匹克委员会主席艾弗里·布伦戴奇，他聚集了美国体育运动中所有最保守的力量。抵制运动到1934年已经遍及美国，能够在群众集会上动员成千上万的支持者。为了阻止抵制运动，布伦戴奇派出自己的实况调查团前往德国。在那里，调查团受到纳粹精英的款待和庇护，并被允许采访盖世太保监护的犹太社区代表，他得出的结论是，德国体育运动中没有歧视，也没有抵制德国的理由。[5]

1935年，随着希特勒颁布《纽伦堡法案》，事情到了紧要关头。该法案通过制定系统的法律条文迫害犹太人，在德国公共和私人生活的各个方面排除犹太人，预示着犹太人将遭遇灭顶之灾。美国奥林匹克委员会通过正式和非正式的渠道施加压力，要求德国至少允许一名犹太裔运动员参加奥运会，让美国可以安心地参加比赛，并使抵制运动的目的落空。德国做出的妥协是邀请住在德国以外的两个"有一半犹太血统的运动员"参加比赛：长期居住在加利福尼亚州的击剑运动员海伦·梅耶；移民到意大利的冰球运动员鲁迪·鲍尔。双方都接受了这个提议。德国已经做出了足够妥协。尽管1935年末在麦迪逊广场花园举行了最后一次集会，并且有50万人签名请愿，布伦戴奇还是在美国体育联盟和美国奥委会赢得了决定性的选票。他还借此机会将他的对手排除在两个机构之外，并把权力牢牢地掌握在自己和自己的亲信手里，对德国确保犹太人公平竞争的承诺充满信心。次年6月，德国犹太跳高运动员格雷特·贝格曼被允许参加德国奥林匹克队的选拔；她追平了全国纪录，击败了所有其他的选拔赛参加者，但仍然被排除在奥运会之外。

　　柏林奥运会是重头戏，但是1936年在巴伐利亚阿尔卑斯山的加米施－帕滕基兴两个村庄举行的冬奥会是一个有趣的前奏。对纳粹机器来说，这是部分带妆彩排，是决定开幕之夜哪些环节可以去掉的试验。尽管努力淡化日常生活中普遍而流行的反犹太主义，巴耶－拉图尔伯爵和来访的记者仍然发现了骇人听闻的海报——"禁止动物入内，禁止犹太人入内"，以及奥运会会场周围最恶毒的反犹太主义媒体的类似海报。一家其恶毒和暴力程度在纳粹媒体中无与伦比的周刊《先锋报》推出了一个奥运会专版，其中包括一幅漫画，描绘一个堕落的犹太人羡慕地看着一个容光焕发的雅利安冠军，标题是《犹太人是我们的不幸》。巴耶－拉图尔伯爵坚持要求撤掉海报，他们确实这样做了，8月它们将在柏林街头暂时消失两周。

　　德国举办的奥运会比此前的小型冬季运动会在规模上要大很多，对于运动员的招待也要周到很多，人们在两个奥运村之间建造了一个新的斜坡，目的是方便滑雪者在比赛结束时接受赛道底端的规模巨大的记者团的采访。7.5万名观众和党卫军、突击队和纳粹高官在山区和慕尼黑之间穿梭，他们可以到德国国家体育总局局长冯·查默的奥林匹克啤酒园里和他一起喝啤酒，或者观看理查德·施特劳斯的音乐伴奏的芭蕾舞剧《奥林匹克五环》。从某种意义上说，这届奥运会的明星是挪威滑冰运动员索尼娅·海涅，这是她第三次连续获得奥运会金牌；在她去好莱坞表演冰上舞蹈之前，有人看见她和希特勒一起外出，这引起了挪威人民的极大反感，他们认为她是个卖国贼。

冬奥会闭幕几周后，希特勒不顾参谋总长的建议，派遣德国军队进入非军事化的莱茵兰，直接违反了《凡尔赛条约》。他这样做时心里完全清楚，法国及其盟友即使做出最轻微的军事抵抗也足以阻止德国占领该地区。然而，没有出现任何对抗行动。对希特勒及其亲信的侵略和机会主义的最后限制——从谨慎的普鲁士将军到外部威胁的干预——已经不复存在。戈培尔举行了一次模拟选举来庆祝，希特勒获得了 98.97% 的选票。德国不再需要通过体育来迎合世界：是时候给世界留下深刻印象并征服它了。柏林奥运会开始前一个月，德国伟大的重量级拳击手麦克斯·施梅林与轰动一时的非裔美国人乔·路易斯在纽约展开了一场具有重大象征意义、种族意义和地缘政治意义的比赛。施梅林击倒了路易斯。戈培尔在日记中记录了这一事件：“施梅林为德国而战并大获全胜。白人战胜了黑人……整个大家庭都欣喜若狂。”在施梅林回国后，7万人为他举行了一场盛大的全国性庆祝活动。[6]

第四章 好戏连台！
隆重上演的奥运会

美国人现在完全准备好参加奥运会，最后一丝抵抗来自西班牙，1936年3月，西班牙选出了新的共和国政府。1936年6月，捍卫奥林匹克理想的国际委员会在巴黎举行会议。其代表主要来自欧洲工人体育运动团体，呼吁抵制柏林奥运会，并在7月举办一届自己的人民奥运会。[7]西班牙人民阵线①政府在巴塞罗那的影响最强大，它急于吸引国际支持，匆忙发出邀请。成千上万的运动员前往加泰罗尼亚，这预示着欧洲左翼青年对共和事业的广泛支持。庞大的法国代表团得到巴黎新成立的人民阵线政府的实际资助。英国、斯堪的纳维亚、捷克斯洛伐克和低地国家的工人体育俱乐部派出各自的代表团。意大利流亡者和德国流亡者组队参加，从未出席过国际奥委会负责的比赛的加泰罗尼亚和巴斯克地区分别派出代表团，还有来自法属阿尔及利亚、巴勒斯坦和美国的运动员。他们到达时发现西班牙陷入了内战。运动会开始前两天，一小群右翼将军发表了他们的宣言：声明他们的反对立场，引发了西班牙反对派军队和忠于人民阵线政府的混杂部队之间的战斗。现在被困在巴塞罗那的运动员们不仅无法参加人民奥运会，而且不得不躲避炮火，建筑防御工事，甚至加入了新的共和民兵组织，比如来自支持社会主义的号角俱乐部的英国自行车手，以及留下来加入无政府主义者杜鲁蒂纵队的瑞士共产主义游泳运动员克拉拉·希拉尔曼。

现在，德意志帝国的首都盛装打扮，迎接四方来宾。戈培尔号召演员们表演，他说："德意志帝国的未来将取决于它给我们的客人

---

① 人民阵线（popular front）：左派与中间派政党为反对法西斯等共同敌人或实现社会改革而建立的，通常为临时性的人民阵线。——编者注

留下的印象。"德国为来自欧洲各地的游客准备好了票价低廉的火车和船只。法国和荷兰的媒体发现德国人如喜剧演员般拼命讨好取悦来宾。在柏林,客人们享受到了优惠的汇率和酒店价格,并且可以插队办理入住手续。通常煽动极端民族主义的仇外情绪的柏林纳粹党的报纸《攻击日报》(*Der Angriff*),现在恳求这座城市:"我们必须比巴黎人更迷人,比维也纳人更随和,比罗马人更活泼,比伦敦人更国际化,比纽约人更务实。"德国劳工阵线——纳粹组织和伪造的一个工会缺乏足够自信,以至于它发表官方声明,宣布接下来一周将是欢乐和幸福的一周:"接下来的八天将是欢乐和愉快的日子。柏林人应该……带着愉快的心情和友好的表情,迎接奥运会的嘉宾。"现在只待 8 月 1 日奥运会开幕日的到来。表演时间到了。[8]

第六节

尽管德国筛选了证据，并对文献进行了学术上的重新审查，但我们仍然可以通过莱妮·里芬斯塔尔的镜头和《奥林匹亚》的影像来审视柏林奥运会。这一点在关于火炬传递和开幕式的历史记忆中最为明显。事实上，一群德国技术人员以及希腊的政界名流聚集在奥林匹亚，用一个特别设计的光学透镜点燃了火炬传递的第一支火炬。在这部电影中，场景远没有那么平淡无奇，因为摄影机扫过烟雾缥缈的废墟，画面上出现身着透明薄纱的女祭司召唤神秘的奥林匹克圣火，裸体的男运动员投掷标枪。然后，随着赫伯特·温特的凯旋军乐的响起，火炬在地图、城市航拍照片和城市景观的轮廓模糊的剪辑画面中穿越欧洲，从奥林匹亚传到索菲亚、贝尔格莱德、布达佩斯、维也纳、布拉格，最后到达柏林。

事后看来，很难不把这些影像理解为纳粹德国空军飞行员在轰炸袭击中穿过云层下降时看到的景象，火炬传递的路线与德国国防军五年后征服东欧和南欧的路线刚好相反。火炬本身是由德国最大的武器制造商克虏伯制造的，整个事件承载着最强烈的政治意义。当火炬离开奥林匹亚时，德国驻希腊大使宣布这是一份跨越时代的礼物，"献给我的领袖阿道夫·希特勒和他的所有的德国人民"。德国组织者鼓励沿途的当地公证人发表演讲，宣布这份礼物从"新希腊"一路到达"新德国"。火炬到达奥地利尤其是维也纳时，当地狂热支持纳粹的人游行，以表示支持备受期待的1938年纳粹德国对奥地利的吞并。在捷克斯洛伐克西部讲德语的苏台德地区，火炬传递组织者在地图上把它标记为德意志帝国的一部分,德国裔捷克斯洛伐克人表示支持,但是火炬在经过斯拉夫语地区时需要警察护送。在火炬传递的最后阶段,当火炬在8月1日早上到达柏林时,火炬传递者全部是金发碧眼的雅利安人。

六个小时后,里芬斯塔尔接过了火炬,在一群纳粹跑步者和一辆大型黑色奔驰轿车的陪同下,穿过菩提树下大街上疯狂的人群,前往奥林匹克体育场。然而,在路途当中,圣火在卢斯特加尔滕短暂停留。在那里,当国际奥委会委员和希特勒共进午餐时,希特勒青年团和党卫军调动了近7万名成员进入广场。在最终抵达奥林匹克体育场之前,希特勒、国际奥委会委员和其他政要前往帝国体育场参加开幕式。同样,里芬斯塔尔为这一时刻奠定了基调,镜头捕捉到了浩瀚和壮丽的场景,聚焦希特勒本人——一半是伟人,一半是神灵——以及喧嚣的、党派观念强的和兴奋不已的人群。各国代表队的游行尤其引发了一种狂热的政治气氛。奥地利队集体喊出"希特勒万岁"表示致敬,引起了观众欣喜若狂的反应,法国队向奥运会致敬也是如此,在不明所以者看来,这与纳粹党的致敬没有什么区别。

此前的奥运会开幕式以礼炮致敬、合唱和放鸽子结束,但在《奥林匹亚》的版本中,没有什么能与柏林奥运会开幕式的宏伟相媲美。在里芬斯塔尔的镜头里,礼炮响如雷鸣,合唱队几乎是天籁般的声音,而数千只鸽子完全遮住了浩瀚的天空。随着最后一位火炬手的到来,整个过程结束了,他在体育场巨大人群的背景下,被衬托成一个矮小、虚弱和孤独的人。随着管弦乐队奏响激昂的音乐和人群的欢呼越来越强烈,他攀上纪念碑一级级阶梯,然后在奥林匹克圣火盆里点燃了一团巨大的滚滚火焰。

柏林奥运会在当时和以后的复述中出现的与种族有关的最戏剧性场景，当然是美国黑人短跑运动员和跳远运动员杰西·欧文斯取得胜利，他赢得了四枚金牌，毫无争议地击败了德国最优秀的选手。[1]然而，勇敢参加奥运会的犹太运动员也取得了无人喝彩的胜利。仅犹太裔匈牙利选手就获得了六枚金牌，其中包括跳高运动员伊博利亚·萨克、水球队的两名成员、自由式摔跤运动员卡罗里·卡帕蒂以及击剑运动员伊洛娜·沙切尔－埃莱克和恩德雷·卡布斯。奥地利犹太人艾伦·普莱斯和罗伯特·费恩，以及美国和加拿大篮球运动员塞缪尔·波尔特和欧文·马雷茨基也获得了奖牌。然而，犹太人在柏林奥运会上的精彩表现并没有引起当地媒体的注意，它们主要关注德国获奖选手的无尽巡游。德国轻而易举地成为奥运会上最成功的国家，赢得了总共89枚金牌中的33枚，涵盖了大部分体育项目，包括田径、拳击、皮划艇、体操、赛艇、帆船、射击和举重。康拉德·冯·旺根海姆上尉是最受欢迎的人之一。他在个人马术比赛中摔断锁骨后，仍然完成了骑马越障表演，以确保德国能够赢得整个团队的奖牌。他必须要用吊腕带吊住手臂才能表演，但在表演之前他仍然坚持向希特勒行纳粹礼致敬。接着，他迅速从第一道栅栏上摔了下来，他的马库菲尔斯特跌倒在他身上。马和人都在热烈的掌声中站起来完成赛程。戈培尔自己钟爱的柏林报纸《攻击日报》通常以难以遏制的愤怒语气发表报道，但是它认为这一幕"真是令人忍俊不禁"。[2]

美国的黑人运动员受到奥运会官员的礼遇，并且在柏林街头受到一定程度的追捧。当《攻击日报》抱怨美国的胜利是建立在运用

"美国黑人辅助者"的基础上时，他们受到了宣传部的严厉谴责。然而，尽管该报的语气过激，但其说法是有根据的：美国在奥运会上的强势表现建立在十几名非裔美国运动员的非凡成就之上。欧文斯获得三枚个人金牌和一枚接力赛团体金牌，阿奇·威廉斯在 400 米赛跑中获胜，约翰·伍德拉夫在 800 米赛跑中获胜，科尼利厄斯·约翰逊在跳高比赛中获胜，还在田径比赛和拳击比赛中获得数枚银牌和铜牌。北方的主流媒体庆祝美国取得不折不扣的胜利，黑人媒体为"种族"的进步欢呼，散布希特勒拒绝与欧文斯握手从而冷落他的故事。在南方，如果报刊的体育版提到奥运会的话，也仅仅登载了比赛结果。最能说明问题的是，梅森－迪克森线以南地区的报纸没有发表欧文斯的照片。戈培尔在自己的日记中称这些胜利是"一种耻辱。白人种族应该感到羞耻"，但他补充道，这些运动员都来自"一个没有文化的国家"，这就不足为奇了。德国外交部的一名官员表明："如果德国有不良的运动精神，让鹿或另一种敏捷的动物参赛，它就会在田径比赛中抢夺美国的荣誉。"美国白人同样坚信，非裔美国人在运动上取得的卓越成就是由于非洲人具有动物/非人/原始的特质。美国田径队助理教练迪安·克伦威尔认为："黑人在这些项目中表现出色，因为他比白人更接近灵长类动物。"[3]

尽管大国的冲突和矛盾在柏林上演，但新兴民族主义的体育政治仍有一定的表现空间。爱沙尼亚人克里斯汀·帕勒苏赢得了自由式摔跤和古典式摔跤的重量级金牌。在他回国时，新近独立的波罗的海共和国（Baltic republic）首都塔林有三分之一到一半的人出来迎接他。报纸《新爱沙尼亚》（*Uus Eesti*）写道："塔林街道上的景观很好地体现了我们人民团结一致的强烈感觉。"[4] 他和爱沙尼亚的

第四章　好戏连台！
隆重上演的奥运会

其他奥运会选手在政府资助下进行全国范围内的铁路旅行。运动员们在车站发表演讲，当地乐队和管弦乐队为他们演奏，他们还收到大量礼物、蛋糕和鲜花。黑麦丰收是该国农业活动的高峰时刻，人们却暂停下来聆听他们的演讲。日本国旗升起时，分别获得马拉松金牌和铜牌的朝鲜选手孙基祯和南昇龙在"无声的羞愧和愤怒"中低下了头。这两个人都出生在日本帝国统治下的朝鲜半岛，被迫以其朝鲜名字的日语发音"孙龟龄"和"南肖玉"的身份参加奥运会。在朝鲜，一些报纸刊登了删除了日本国旗的照片，这些报纸的编辑遭到监禁。[5]与宗主国分开竞争的英属印度人仍然在英国国旗下参加奥运会。然而，曲棍球队的助理经理潘卡伊·古普塔秘密制作了一面印度三色旗，在每场比赛前，球队在进入赛场前在更衣室里向其敬礼。

在奥运会的开幕周，希特勒在帝国总理府为外交精英们举办了一场光彩夺目的晚宴，但只有200名客人前来参加，其规模远远小于他的高级幕僚们竞相举行的派对。希特勒的巡回外交全权代表约阿希姆·冯·里宾特洛甫在其寓所用"像水一样流淌的香槟"来招待600名客人。戈林带每个人去看歌剧，然后回到他在柏林的宫殿般的住宅，在那里建了一个游乐园，旁边有一个模仿18世纪风格的日耳曼村庄，里面有自己的面包店和客栈，还有数千名演员般的农民生活在那里。第一次世界大战的王牌飞行员恩斯特·乌德特在上空表演空中特技，据报道声名狼藉的美国奥林匹克运动员埃莉诺·霍尔姆——因为她在通往大西洋彼岸的轮船上与记者团一起喝香槟鸡尾酒而被艾弗里·布伦戴奇排除在美国队之外——曾在游泳池里裸泳。英国外交官奇普·钱农回忆道："环形路、提供啤酒和香槟的咖啡馆、跳舞的农民、举着咸脆饼干的身材高大的女人、一艘被当作啤酒屋的轮船、欢笑的人群，有点像月神公园和白马酒店混合在一起的感觉。"[6] 在奥运会倒数第二天，戈培尔在孔雀岛举行了夏日晚会，孔雀岛是万湖中央的一个自然保护区。戈林提供的消遣方式笨拙而有趣，规模庞大且令人不安。军队被召集过来建造一座从大陆到该岛的浮桥，并在浮桥上担任执船桨的仪仗队。打扮成文艺复兴时期侍从的女孩们为 2700 名客人端上食物，接着是漫长而喧闹的烟火表演，以至于美国大使威廉·多德认为这是"一种暗示战争的射击"。十几岁的美国游泳运动员艾瑞斯·卡明斯认为这是"一场权力秀"。

整场奥运会都是一场权力秀，但没有完全按照纳粹的方式进行。国际奥委会和抵制运动的压力迫使该政权遏制其最严重的公共场合的过分行为，并接受奥林匹克运动有限的世界主义和国际主义。在全世界人民的注视下，尽管很少超出最温和的旅游观察，旧柏林的一小部分还是得以显现。拳击运动员麦克斯·施梅林认为"柏林重新获得了其独特的国际氛围"。泰迪·施陶费尔，著名的乐队指挥和德国的强劲节奏乐曲之王——根据政府此前的说法，这是一种异常颓废的音乐形式——为座无虚席的观众演奏。在一段短暂时间内，自 1933 年被禁的书籍，如托马斯·曼和斯蒂芬·茨威格的小说，又出现在书店里。盖世太保被告知要对同性恋们视而不见，仅仅几个星期，最恶毒和公开形式的种族主义就转入地下。

纳粹德国政权付出的代价很小，因为它得到了大部分想要的东西。德国在国际社会中的地位已经正常化。此前被描绘成一个独裁者和暴君的希特勒似乎在国内得到大量的支持。戈培尔自称："这次奥运会是一个真正的重大突破。国内外的新闻报道都非常精彩……外国媒体热情高涨。"[7] 在对该届奥运会的组织、规模、效率和宏伟等的评价上，全球媒体是一致的：柏林奥运会超越了此前的一切奥运会。但是也有很多抱怨和批评。法国人发现他们东道主的歇斯底里的民族主义和严格管制令人难以忍受；一篇关于赛车场比赛的报道称主场观众"盲目、沙文主义和野蛮"。《先驱论坛报》(*Herald Tribune*)的报道没有那么尖锐，但仍然评论道："确实没有温暖的感觉……奥运会是德意志精神的庆祝活动。"[8]

闭幕式在晚上举行。梦幻般的灯光在体育场上方汇聚成一个穹顶。奥林匹克圣火熄灭了。记分牌上写着"最后一枪打响"。闭幕式三天后，负责奥运村的官员沃尔夫冈·菲尔斯特纳上尉失去了他的委任，根据《纽伦堡法案》，他现在被视为犹太人。他朝自己脑门开了一枪。奥运会后的几周内，德国青年服兵役的时间增加了一倍，这是当年早些时候规定的，该规定违反了《凡尔赛条约》。纳粹党撤营，前往纽伦堡参加他们的第八次代表大会，这是一场庆祝莱茵兰地区重新军事化的放纵恣肆的火炬照耀的狂欢。很快五项金牌得主戈特哈德·汉德里克加入秃鹰军团，他们开始在马德里附近投掷炸弹——德国空军在西班牙内战中为西班牙的法西斯势力推波助澜。对于普通党员来说，就像当时欢快的韵文写的那样，"奥林匹克运动会一散，我们就把犹太人打得稀巴烂"。解禁期又到了。

第七节

  1868 年，明治维新推翻了统治日本三个多世纪的封建幕府，恢复了皇室统治。日本天皇后来成为决心仿效和赶上西方列强的现代主义者新联盟的傀儡。引进了外国专门知识和技术；细致地考查、调整和引入美国和欧洲的商业和教育模式。现代体育原本没有出现在改革者的引入清单上，但它后来还是出现了。[1] 在 19 世纪的最后二十五年里，法国军官在富山军事学校引入了体操、马术和击剑，而英国商人把板球带到神户和横滨。足球首先通过阿奇博尔德·道格拉斯少校传入日本海军。划船和田径项目由弗雷德里克·斯特兰奇推广，他是东京一所著名高中的英语老师。橄榄球和棒球一样在东京的精英大学开始流行，但是前者仍然是一小群富人阶层的运动，后者以惊人的速度在日本社会传播开来。尽管外国进口的运动项目大量涌入，日本本土的武术传统仍然强大到足以生存，并以柔道、剑道和相扑摔跤的形式流传下来。

  1893 年成立日本体育协会的管理人员在他们自己的头脑中保持着东西方之间的平衡，他们认为体育和体育教育已经不再仅仅是一种消遣或娱乐，而是获得与西方相同的道德、政治和帝国内涵的途径："我们日本人民……负有调和东西方文明的巨大责任……我们要承担未来领导东方国家和成为最先进国家的伟大使命……这种命运在很大程度上取决于日本人民的身体状况。"[2] 在 1905 年短暂的日俄战争中，强大的日本军队给俄罗斯帝国的海军造成毁灭性的打击。在此之前，日本在国际理事会中几乎没有影响力，但他们现在的实力不容忽视了。

与所有亚洲国家一样，日本没有参加前三届奥运会，但在1906年和1908年分别收到了第一次和第二次邀请，尽管这两次邀请都因缺乏资源和组织而遭到拒绝。1909年，教育改革家、柔道术发明者嘉纳治五郎受邀加入国际奥委会，代表日本接受了参加1912年斯德哥尔摩奥运会的邀请。只有两名日本运动员踏上了征途，两个人的表现都不好，证实了改革者对日本和西方之间存在巨大差距的担忧。短跑运动员三岛弥彦取得了个人的最好成绩，但在100米赛跑预赛中名列最后一名。马拉松运动员金栗四三在比赛中昏倒了。参加1920年的安特卫普奥运会的运动员情况稍好一些。日本奥委会设法派出了15名运动员，金栗四三这次跑完了马拉松，熊谷一弥在男子网球赛中获得了两枚银牌。然而，日本队的预算不够，不得不依靠工业集团三井和三菱为滞留在比利时的日本队支付返程票。

日本政府受到耻辱的激励，同时受到国际体育胜利的诱惑，开始在财政上支持奥林匹克。1924年，日本派出28名运动员参加巴黎奥运会，在出发时，日本队从秩父宫雍仁亲王手中接受国旗，意味着获得了皇室的认可。在越来越多的补贴资助下，1928年有42名运动员前往阿姆斯特丹参加奥运会，1932年有131名参加洛杉矶奥运会，1936年有180名参加柏林奥运会，日本田径运动员、游泳运动员和跳水运动员不仅参加了比赛而且赢得了金牌，在男子游泳项目中，他们占据了绝对优势。国家广播公司日本放送协会非常渴望报道1932年奥运会的新闻，派出记者前往现场观看了奥运会赛事，然后在借来的洛杉矶演播室重新制作并播放。在柏林，广播设施非常优越，日本放送协会在奥运会期间每天直播两次。

日本明白了国际声望和奥运会成就之间的相互关系之后，举办日本奥运会先是成为一种合理的想法，然后成为可取的想法，最后成为外交政策的一个基本要素。20 世纪 20 年代中期，东京都首次开始讨论申办奥运会的议题，以此刺激这座城市从 1923 年毁灭性的地震中恢复过来。1930 年，在日本奥委会的支持下，新任东京市长永田秀次郎宣布申办 1940 年奥运会，当时日本高级官员认定 1940 年是日本民族和人民建国 2600 周年。不可否认，这些计算数据是基于仅在公元 720 年《日本书纪》中记载的古代口头传说，但这并不是重点。对爱国者来说，这是一个欢庆日本帝国日益增强的体育实力和军事实力的吉祥时刻，也是在日益带有民族主义倾向的文化中为日本奥运会赢得支持的最佳时机。1931 年，日本军队入侵并占领了中国东北，并在中国广袤的北部扶植了一个傀儡伪政权伪满洲国。由于日本在中国东北进行了殖民统治，这使得其参与国际事务的需求变得更加迫切。由于占领中国东北无法得到国际联盟的认可，日本于 1933 年离开了该组织。日本驻洛杉矶领事佐藤尚武在洛杉矶奥运会上向外交部汇报时指出："本届奥运会对消除反日情绪非常有益。"从另一个角度看，对于日本社会中更加自由和国际化的一翼来说，这种影响意味着奥运会可能是"一个民族进行外交的机会"，在国际社会如此好战时，建立和平的联系。[3] 然而，佐藤领事接下来要说的话代表了日本帝国官僚机构、武装部队和极端民族主义团体中许多人的心声，他声称："让美国人了解真正的日本的最好办法是打败美国，向他们展示日本人的真正实力。理性的话语是完全无用的。在奥运会期间……当日本国旗升起的时候，美国人可能会第一次明白日本人的真正实力。"

第四章 好戏连台！
隆重上演的奥运会

因此，日本于 1932 年正式启动申办 1940 年奥运会，同时申办的城市还有罗马和赫尔辛基。这是第一次真正得到国家支持的申奥活动，也是日本国内一个紧迫的公共政策问题。东京拿出 10 万美元资助申奥活动，这在当时是一笔很大的数额。内阁部长和外交官加入申办委员会。大使们被鼓励在国际奥委会之外游说可能有影响力的外国政治家。决定性的一步是派遣日本国际奥委会代表杉村阳太郎请求墨索里尼撤回 1940 年奥运会的主要竞争对手罗马的申办。墨索里尼非常坦率地宣布，在这种"互通有无"已经存在于国际体育政治规范的交易中，"如果日本支持意大利争取 1944 年第 13 届罗马奥运会的申办，我们将放弃申办 1940 年奥运会，以支持日本的申请"。

赫尔辛基现在是唯一有威胁的挑战者，在这场竞争中，巴耶－拉图尔伯爵力证日本是把奥运会传播到欧洲和北美以外的主要盟国，这样的机会实属难得。尽管巴耶－拉图尔伯爵指责日本人与意大利人交易，并坚持要求他们停止游说外人，但他支持日本申办奥运会。他通过有效运作，促使日本人邀请他去东京，他对那里产生了深刻印象，向他们提供了如何成功获得申办资格的关键技术建议和政治建议。后来伦敦由英国奥林匹克协会牵头准备申办奥运会，但受到了外交高层谨慎施压的阻挠。在国际奥委会柏林代表大会做出选择之前，伦敦申奥的计划被悄悄撤回。最终投票结果是，东京获得了 37 票，赫尔辛基获得了 26 票。

日本赢得了 1940 年奥运会的举办权，但奥运会意味着什么，以及它将在日本外交政策中占据什么地位，从一开始就存在争议。一方面，国际奥委会的日本成员和申办委员会中更开明的成员仍然希望奥运会成为一个世界性的节日。德川家达公爵说："我坚信,本届奥林匹克节的使命将是在一幅精彩的体育全景中展现整个世界文化的和谐融合。"[4]其他人包括杉村阳太郎伯爵,认为这是一个展示日本日益强大的帝国力量的机会,能够在世界体育和战场上占据一席之地。最后,有些人认为,日本神圣的民族独特性使奥运会充其量成为庆祝国家建立的一个不恰当的事件——天皇发声这个问题就是这种困境的典型体现。1928年,在庆祝昭和天皇登基的仪式上,日本放送协会无意中向全国广播了他的声音。这是一种亵渎神明的行为,以至于在未来的场合,在天皇罕见的公开演讲中,国家电信局的首席执行官会亲自关掉广播电台的麦克风。墨索里尼和希特勒充分利用了广播放大的力量,而日本天皇的力量却因沉默而加强。立宪政友会中较为极端的民族主义议员河野一郎对奥林匹克协议的含义感到不安。他在议会发言时说："根据这项规定,阿道夫·希特勒总理宣布柏林奥运会开幕。因此,对日本来说,天皇必须扮演这个角色。作为'神圣不可侵犯'的天神……天皇不是不可能站起来致开幕词吗?"[5]

火炬传递成为一个更为棘手的问题。卡尔·迪姆渴望他的发明成为奥运会的传统,几乎在1940年奥运会举办权被授予东京后,他就开始为火炬传递活动奔走。在国际奥委会主席巴耶-拉图尔伯爵的鼓励下,他提出了一条从奥林匹亚传递到东京的长达1万公里长的路线,这条路线沿着一条从亚洲到欧洲的古代丝绸之路,需要赛跑者、骑手和船只的共同参与。更通俗地说,日本组织者想派遣一艘军舰前往希腊,从那里驶向日本,然后在东京进行一次短距离的全国火炬传递。国际奥委会中的日本委员副岛道正伯爵①建议采用一条途经亚丁、孟买和新加坡的更切合实际的路线，以减少对中国大陆路线的依赖，因为日本很快就会与中国全面开战。宫崎县位于日本最南端的岛屿上，努力争取一条将日本太阳女神的后代首次降临地球的地方日向②与他们的后代——现任天皇的家乡东京连接起来的路线。他们得到了带有民族主义倾向的媒体和军队的大力支持，也正是这些支持者，极力支持日本在1937年7月全面入侵中国。到1938年，随着中日战争的全面展开，报纸《阿卡伊》(*Akhai*)半开玩笑地透露了组织者正考虑用神风飞机将奥林匹克圣火从奥林匹亚运到日本的想法。在公开场合，组委会只能说："我们将尽最大努力从雅典举行火炬接力，但如果不可能，我们目前正在考虑在日本国内进行火炬接力。"[6]然而在1938年3月，国际奥委会完全无视东亚地缘政治的现实，授予札幌1940年冬奥会的主办权。

所有这些辩论在1938年的年中戛然而止。日本当时在中国进行了一场大规模的军事侵略，并充分认识到它将不可避免与美国和大英帝国交战，现在以军人为主的日本政府通过了《国家动员法》。日本政府采取许多措施，确保了对体育机构的严格控制，并开始改造课程，降低西方体育的重要性，以利于日本武术的发展，提高学校的操练和基础军事训练的地位。三个月后，日本人以必须提振"日本精神动员和物质动员"为借口，放弃举办1940年的奥运会。

---

① 这里的原文写作 Count Yoshi，疑有误。经多方查证，筛选当时国际奥委会中的日本委员，推断是副岛道正，对应的英文为 Michimasa Soyeshima。——译者注
② 日向（Hyūga），日本九州东部城市。临日向滩，位于宫崎县北部。——译者注

顾拜旦在1924年巴黎奥运会后,再也没有参加过奥运会。他的形象在1936年被纳粹抬出来用,他录制的声音在开幕式上播出,他赞同"柏林奥运会的巨大成功极大地服务于奥林匹克理想"的声明被广为引用。纳粹投桃报李,次年帮助他获得诺贝尔和平奖的提名。但是岁月待男爵并不友好。他丧偶后,资产又在灾难性的投资中亏损得一无所有,他在给老朋友弗朗西斯·梅瑟利博士的信中写道:"这些不利的环境造成了一个令人痛苦的局面。我个人财富的损失威胁到了我毕生研究的启发教学的进展。"他甚至很难付清房租。据报道,长期精神忧郁的顾拜旦次年死于心脏病。他一个人住在日内瓦的一套公寓里,近乎一贫如洗,靠德国政府通过卡尔·迪姆提供的补助金维持生活。他是自己家族最后一个拥有贵族头衔的人。他去世后被埋葬在洛桑,从当今国际奥委会的办公室可以看到他的墓碑,他的心脏被取出来,埋葬在奥林匹亚。随着20世纪30年代接近尾声,国际奥委会中的老一辈委员一定都深切地感觉到属于自己的那个时代即将终结。

如果新兴全球战争的现实最终击中东京奥运会的要害,国际奥委会和日益活跃的德国体育官员设法避开了它们。国际奥委会授予名为"力量来自快乐"的奥林匹克荣誉给纳粹大众休闲组织,并为莱妮·里芬斯塔尔的《奥林匹克》颁发奖状。德国人也投桃报李,在柏林开设了一所新的奥林匹克学院。尽管水晶之夜的恐怖显而易见,德国犹太人的命运似乎不可避免,国际奥委会准备第二次将1940年冬奥会的举办权授予加米施-帕滕基兴,这次奥委会主席没有提及任何尊重奥林匹克规则的必要。当战争最终到来,任何比赛的前景都破灭时，德国国家体育总局局长冯·查默派卡尔·迪姆前往被占领的布鲁塞尔和巴耶－拉图尔伯爵的办公室，计划用德国任命的人来"振兴"国际奥委会：这是纳粹有计划和更广泛地接管国际体育组织的第一阶段。伯爵不为所动，拒绝召开国际奥委会代表大会来接受纳粹的接管。1946年，当国际奥委会在洛桑再次开会时，巴耶－拉图尔伯爵和冯·查默都已撒手人寰，而在二战这场全球冲突中死亡的人数可能接近5000万人。

第五章

小即是美：战后奥运会的失落世界

伦敦 1948・赫尔辛基 1952・墨尔本 1956
圣莫里茨 1948・奥斯陆 1952・科蒂纳丹佩佐 1956

一位体态丰盈的女士，一半脸蒙着面纱，穿着一件飘逸的白色睡衣状长袍，走上跑道并绕了半圈后，登上主席台，开始了一场有关"和平"的演讲……由于粗壮的腰围和经历了绕场奔走后，她讲话时有点上气不接下气。此时，一名知道她并非受邀来参加官方仪式的芬兰高级官员，及时制止了她的演讲。她被警方带走了。随后，警方宣布她是一名精神错乱的德国女孩，前来发表关于"人性"的演讲。

——彼得・威尔逊对 1952 年赫尔辛基奥运会开幕式的回忆

第一节

  有人想知道如果她的故事发生在今天会造成怎样的结局？被伪装成干事的特工用电击枪击中？被从太空发射的激光束烧伤，还是被作为安全网一部分的、体育场上空盘旋的一群无人机抓住？然后以恐怖主义罪名被起诉和审判？在关于战后不久举行的奥运会的集体记忆中，在它们被经济和政治需要玷污并受制于高度军事化的安保之前，奥运会的规模小却充满了吸引力，甚至带有伊甸园般的色彩。从某些方面来说，它们是伊甸园般的，但就像威尔逊自己的记忆一样，集体记忆也可能最不可靠。威尔逊在《每日镜报》的体育专栏中署名为"他们不能插科打诨的人"，他是他那一代体育作家中的主要人物之一，他将写作艺术提上了新的夸张程度；他当然知道如何讲述好一个故事。[1]在事件发生近三十年后写作，我们可以原谅他用了一点艺术虚构的技巧，考虑到他喜欢吃长时间的液体午餐①，我想即使是他最初的回忆也有点模糊，但即使如此，他的回忆距离事实还是有相当的距离。芭芭拉·罗布劳特·普莱耶在1952年奥运会开幕式上拍摄的几张照片和电影片段并没有出现一个丰满的、气喘吁吁的或者精神错乱的女人。相反，它们描绘了一个冷静而坚定的、倡导和平的年轻活动家试图干预政治。奥运会的官方报道没有威尔逊的回忆那么充满想象力，而是语气更加温和："正当体育场

---

① 液体午餐（liquid lunch）：包含酒水的午餐。一般仅饮酒，没有食物或食物不多。
  ——编者注

的气氛最安静、最庄严时,正当大主教准备诵读拉丁文祈祷时,一个意想不到的间奏曲发生了。一名年轻女子越过丙号看台前的障碍物,沿着跑道跑上主席台。然而,还没有扰乱到正常程序,她的表演就戛然而止。"[2]

报告指出,她是图宾根大学的一名学生,是一名"和平使者"。她的目的是将奥运会作为一个平台,为全球和平与裁军辩护。芬兰人没有像威尔逊一样去嘲笑她,在他们的记忆中她是可爱的"和平天使"。而赫尔辛基奥运会是"最后一届真正意义上的奥运会":奥运会的黄金时代,尚未受到大规模使用兴奋剂、政治抵制和不断攀升的成本问题的困扰。[3]

战后时期,紧接着举办的另外两届夏季奥运会也获得了怀旧的称号。1948年伦敦奥运会总是被称为"紧缩奥运会",一个让人联想到举办时伦敦经济拮据的术语,但也是一个带有简朴和纯洁感的短语,一届被剥离掉豪华外表、回归体育本身的奥运会。1956年的墨尔本奥运会在"冷战"冲突的高峰期举行,很快人们将它称为"友好运动会"。[4] 在苏伊士危机和苏联入侵匈牙利的背景下,奥运会因超越了这些事件并提供了一个团结而非分裂的全球人类的强大形象而备受推崇——这是在"冷战"主宰后续奥运会叙事之前的最后一届奥运会。这些乐观的集体记忆在奥运会历史上有一些真实的依据。它们是在第二次世界大战爆发后举办的,仍然可以在世界各地找到志同道合者,他们认为体育盛会可能是对疯狂的国际政治有意义的、实际的和道德的回应,这是相当大的成就;这三场奥运会吸引了比参加柏林奥运会或以往任何一场奥运会更多的国家的运动员。在很大程度上,他们是由真正的国际主义奥林匹克绅士管理的,并且基本上不受极端民

第五章 小即是美：
战后奥运会的失落世界

族主义的影响。事实上，尽管时局动荡不安，奥运会质朴的和平世界主义是真实和切实的。捷克赛跑运动员埃米尔·萨托佩克称："伦敦奥运会是精神的解放。在经历了战争的黑暗、轰炸、杀戮和饥饿之后，奥运会的复兴就像太阳出来了一样。刹那间，不再有边界，不再有障碍。只有世界各地的人们齐聚一堂。"[5]

伦敦举办战后奥运会的费用肯定比柏林奥运会低得多。即使考虑到通货膨胀的因素，1948年伦敦奥运会的预算也不超过300万英镑，其最大的基础设施投资是修建一条不到半英里长的人行道。组委会准备为奥运会游客提供肥皂，但要求他们自带毛巾。购买的体育器材小到一个篮球和书写板都被一丝不苟地记录下来，并在奥运会之后出售。当游泳官员提交一张在克拉里奇餐厅午餐时举行会议的收据时，他们受到了组委会的强烈谴责，"温布利的工作人员厉行节约，精打细算"。[6] 赫尔辛基在战前为1944年奥运会建造了一座新体育场。1952年，由于芬兰人刚刚向苏联支付了巨额战争赔款，他们只是修复了运动场上被炸弹损坏了的地方，清空了战争期间用来卖鱼和蔬菜的游泳区。升级了这座城市的基础设施，现在看起来像是小人国的设施：机场配备了一个小小的国际候机楼，在旅客港口添加了一个小小的奥林匹克馆，重新铺设了主要道路，建设了第一个也是当时该国唯一的迷你高尔夫球场，安装了唯一的一组交通灯。在所有这些流传下来的小型设施中，最受珍视的是城堡山游乐场及其靠近奥林匹克体育场建造的小型木制过山车。墨尔本为举办奥运会建造了一座富有冒险精神的新现代水上综合建筑，剩下的只是装饰了维多利亚和爱德华七世时代遗留下来的最佳建筑物——比如皇家展览馆和圣基尔达市政厅。

然而，也许让这些奥运会蒙上怀旧色彩的是电视，或者更确切地说是电视的缺席。这是最后一场没有现场直播的奥运会，至少不是全部向全球观众直播了，尽管这里说的全球观众主要集中在美国和西欧。它不受电视带来的叙述压力和商业压力，当然，它也无法获得电视带来的收益。它对世界来说是不可见的，与后来通过电视转播的奥运会相比较而言，少了审查的环节。

英国广播公司为取得1948年奥运会的报道权支付了1000英镑，并开设了有史以来最雄心勃勃的室外广播节目：超过70个小时的直播，一天超过7个半小时，这一壮举仅次于美国对没完没了的总统会议的报道。理查德·丁布尔比和温福德·沃恩－托马斯是英国广播公司最资深的广播员，也是该公司在战争期间的重要代言人，他们是这场节目的主角，即使观众们在奥运会开幕前匆忙购买了大量的电视，也只有9万台电视被用于收看这个节目，且绝大多数都在英国南部和伦敦；当时购买一台黑白电视机需要50英镑左右，这相当于一个普通体力劳动者两个月的工资。到1952年，电视几乎没有在芬兰上市，国内也没有任何形式的报道，美国广播公司提出播出奥运会的部分赛事。当时，电影新闻片仍然是最重要的视觉新闻来源，伦敦奥组委和墨尔本奥组委都委托制作了官方电影，使用彩色印片法（Technicolor）拍摄色彩绚丽但画面颤抖的电影。相反，墨尔本与伦敦相比倒退了一步。尽管美国和其他外国广播公司和新闻片公司对转播奥运会相当感兴趣，墨尔本组委会还是设法使这两家公司打了退堂鼓，最终在开幕式前几天将电视转播权卖给了国内广播公司。澳大利亚当时有5000户家庭拥有电视机，为了让更多观众看到奥运会，广播公司和安波尔石油公司联手在其加油站创建了电

第五章 小即是美：
战后奥运会的失落世界

视剧院，社区会堂也购置了电视机。对于澳大利亚人来说，一切安排都令他们很舒适，但是，正如一位美国记者在奥运会期间所说的，"澳大利亚已经成为数百万热衷体育的美国人的'黑暗大陆'"。[7]

主持这个时期的奥运会，并致力于沿袭已故顾拜旦的方式来维护奥运会的运作包括以下两任国际奥委会主席：1942 年至 1952 年执掌国际奥委会的瑞典人西格弗里德·埃德斯特隆和他的美国继任者艾弗里·布伦戴奇，后者在 1952 年至 1972 年间担任了二十年的主席职务。[8] 这两人在 1912 年斯德哥尔摩奥运会上相遇，当时埃德斯特隆是田径官员，布伦戴奇是五项全能和十项全能的选手。他们在商业、保守政治和反犹太主义方面有着共同的漫长而成功的职业生涯。埃德斯特隆于 1920 年被任命为国际奥委会委员，同时也是国际业余田径联合会的主席，他以自己非常有限的方式将女子田径纳入国际业余田径联合会和奥运会，从而化解了女子奥运会的挑战。他还因为帕沃·努尔米违反业余规则而将其排除在 1932 年奥运会之外。布伦戴奇在担任美国奥委会主席时击败了反纳粹柏林奥运会的抵制运动，并禁止身为女人却在横渡大西洋去参加 1936 年奥运会的途中喝香槟的游泳运动员埃莉诺·霍尔姆参加比赛，这些都让他声名鹊起。两个人都坚持认为奥运会应该是业余爱好者的专利，他们将自己把体育作为一种社会实践和文化实践的狭隘观念视为不言而喻的准则，而其他人的观念都被视为狭隘的意识形态，他们坚称为国际主义服务的体育可以在某种程度上与民族主义和国际冲突分开。

他们崭露头角的环境和他们管理的组织——国际奥委会本身一直是白人、男性和享有特权的欧洲后裔的专属领域。从 1907 年到第一次世界大战爆发，被任命为国际奥委会委员的 40 人中有 37 人来自欧洲或北美。[9]其间，被国际奥委会任命为委员的包括四个王子、一个公爵和一个侯爵、六个伯爵和两个男爵。两名将军、一名司令官和一名上校的到来也加强了其军人背景。两次世界大战之间的时代没有什么不同，总共有50名欧洲人、7名北美人和5名来自澳大利亚和新西兰的人被任命为国际奥委会委员。来自拉丁美洲的奥委会委员人数增加较快，共有16名成员。在世界各地，贵族头衔仍然是非常有效的入会途径（如日本德川家达公爵和伊朗萨马汉亲王），但越来越多的人可以凭借巨额财富、位高权重的政治地位、直接参与体育教育政治，以及举办奥运会或建立新的国家奥林匹克委员会而跻身奥委会。在两次世界战争期间加入国际奥委会的十几名亚洲代表中，包括土耳其体育教育的主要倡导者，以及国家足球和排球先驱塞利姆·西里·塔拉坎和亚运会的创始人印度教授桑迪。1922年，国际奥委会任命了第一位中国委员、耶鲁大学毕业的外交官王正廷博士。1939年，时任中华民国南京国民政府财政部部长的孔祥熙博士加入国际奥委会，他被认为是当时中国最富有的人，尽管可能不如国际奥委会成员道拉布吉·塔塔爵士富有。后者是孟买实业家，曾亲自资助印度代表团参加1924年奥运会。非洲只有两名代表：一名埃及人，实际上是来自亚历山大的希腊裔埃及人，名叫安杰洛·博拉纳基，他随后将自己和他的国际奥委会委员资格转移到希腊；另一名南非人悉尼·法拉，是一名英国白人，约翰内斯堡金矿矿主的后裔。直到1959年，国际奥委会委员奥托·迈耶在推荐肯尼亚的雷金纳德·斯坦利·亚历山大成为委员会成员时写道："我的想法是，他会是我们非常好的成员。他很年轻，非常具有奥林匹克精神；他是英国人（不是有色人种！），我在想，在世界的那个地区，

第五章 小即是美：
战后奥运会的失落世界

也就是非洲，有一个奥委会委员，会不会是一个好主意？"[10]战后，当一大群新成员加入国际奥委会时，本来有机会调整这种平衡，但委员们代表的国家的地理分布几乎没有改变，而著名的合作者和法西斯同情者——如法国的梅尔基奥·德·波利尼亚克侯爵和意大利的瓦卡罗将军受到邀请重新加入奥委会。国际奥委会还任命了一个无耻而顽固的南非种族隔离捍卫者雷金纳德·哈尼为委员。

然而，两个变革进程的发展正在发挥作用，它们不仅最终会改变国际奥委会的委员构成模式，还会破坏其意识形态基础。欧洲帝国的瓦解始于1947年的印度独立，并在20世纪50年代加快速度。艾弗里·布伦戴奇阻止了挪威和苏联扩大国际奥委会委员的第一次尝试，并把南非排除在国际奥委会之外。然而，在20世纪60年代和70年代，持续的和显著的种族隔离以及美国的公民权利冲突，使奥委会意识到后殖民时代奥林匹克运动中仍然存在不平等和不公正的情况，从而任命了大量新的委员。1951年，苏联领导人不仅决定加入奥运会，而且决定使奥运会成为更广泛的文化冷战中的核心体育战线，这迫使国际奥委会实际上向各国转让主权，并接受政府任命的共产主义和后殖民世界的代表加入国际奥委会。这也意味着业余主义的时代开始终结。埃德斯特隆、布伦戴奇和战后奥运会的组织者们试图通过坚持奥运会的清白和友好来缓和这种趋势，并在可能的情况下，在德国、朝鲜半岛和中国问题上强加他们自己的奥运会解决方案，但这是一场不平等的战争。20世纪60年代，在电视的帮助和支持下，这两个在体育层面的全球冲突将使奥林匹克运动的绅士业余主义和非政治性的国际主义站不住脚。

第二节

在美国向日本投掷原子弹和第二次世界大战结束仅仅两个月后，伯利勋爵亲自去斯德哥尔摩向国际奥委会主席西格弗里德·埃德斯特隆说明伦敦应该主办1948年奥运会的理由，这充分体现了这名已故英国贵族的从容和魄力。他出生时被命名为大卫·塞西尔，去世时被授予第六任埃克塞特侯爵的封号，一生中经历了从奥运会绅士运动员到奥委会委员的过程。作为1928年阿姆斯特丹奥运会400米跨栏的金牌得主，他毫不费力地成为国际奥委会的成员、国际奥委会执行委员会的成员，并成为业余田径协会的主席；同时，在1943年被任命为百慕大总督之前，他曾担任保守党议员十三年。与他一起赢得奥运会金牌并加入奥委会的还有仍然推行英国体育的体育爱好者和贵族：阿伯德尔勋爵，一位室内网球和草地网球业余冠军、保守党政治家，也是全国大众体育的积极倡导者；诺埃尔·柯蒂斯－班尼特爵士是财政部的一名高级公务员，国家运动场协会的创始人，他以运动狂热和官僚主义而闻名，曾一度在60多个体育组织任职，1950年在西汉姆联队和业余拳击俱乐部演讲时，突发中风去世；斯坦利·劳斯，足球协会一丝不苟的秘书，在1947年通过重新加入国际足联带领英国，这个现代足球的发源国重返世界足球的赛场；以及过去的奥运会绅士冠军们，如赛跑运动员哈罗德·亚伯拉罕斯和赛艇运动员杰克·贝雷斯福德。

在1948年奥运会官方电影的片头，一个握着奥运会火炬的小人跑过英格兰南部的一个山脊。在绿草如茵的山顶上，修剪出一片巨

第五章 小即是美：
战后奥运会的失落世界

大的 V 型小灌木林。清脆快速的画外音告诉我们，"V 代表胜利。胜利，不是在战争中，不是在财富中，不是在暴政中，而是在体育精神与和平中。"[1] 1948 年的伦敦奥运会，被想象成通过体育对 1936 年柏林的极端民族主义和悲惨的二战进行反击的一种热心的国际主义行为，一个回归常态的事件，一个以伦敦和英国为中心的事件。

早在 1946 年，当伦敦在邮寄投票中赢得了 1948 年奥运会的举办权时，人们或许能够保持这种错觉。原本头脑清晰的外交大臣欧内斯特·贝文曾预测"两年后我们应该会再次步入正轨"，但到 1947 年的年中时发现，情况显然与预计的不同。英国不再介入希腊内战，并把反对共产主义的一线战斗地位让给了美国。印度和巴基斯坦获得了独立，缅甸和锡兰也将紧随其后独立。战后两年，配给制仍然令人恐惧，炸弹造成的最明显破坏已经从大部分城市中心清除，但全国范围内仍存在严重的住房短缺。一代人以来最严酷的冬天使一切变得更加糟糕。

伯利勋爵和他的朋友们可能充满了友好和善意，但是在战后的英国，没有政府部门人员的帮忙，不可能举办奥运会。伯利发现，工党首相克莱门特·艾德礼是一个超级板球粉丝，他大力支持奥运会，并任命菲利普·诺埃尔－贝克为奥运会部长。诺埃尔－贝克是爱德华七世时期的一名贵格派教徒，多才多艺。第一次世界大战爆发前，他是一名学者和奥运会运动员，也是一名出于良心拒服兵役者，他积极参与国际联盟的组建，并在 1920 年安特卫普奥运会的 1500 米赛跑中获得银牌。自 20 世纪 20 年代末以来，他一直是工党议员，在引导政府对奥运会的政治支持方面发挥了重要作用，并让许多人相信，奥运会带来的外汇和旅游收入将对英国岌岌可危的国际收支平衡产生巨大帮助。与他的一些白厅同事不同，他还认为奥运会是"世界生活中一项非常重大的政治事件和道德事件"，并指出 1945 年莫斯科迪纳摩足球队成功造访英国是新体育外交的一个范例。[2] 在奥运会筹备阶段，英国政府无法支持德国或日本参与奥运会，但它提出苏联应该积极参与。艾德礼在广播上发表演说，欢迎运动员来伦敦，演讲稿几乎可以肯定是菲利普·诺埃尔－贝克写的，演说表达了纯粹的奥林匹克理想主义："对运动的共同热爱将在因距离和缺乏共同语言而分隔的男男女女之间建立起友谊的纽带。它将跨越所有的边界。"[3]

然而，政府部门最紧迫的讨论是关于英国将通过举办奥运会为世界留下何种印象。与两次世界大战之间外交部的正统观点形成鲜明对比的是——在决定国家地位时，体育是无关紧要的，而且是一种危险的煽动形式；现在人们公认，在国际体育赛事中撑场面确实很重要。菲利普·诺埃尔－贝克在给内阁的备忘录中强调说："如果奥运会要在这个国家举行，成功举办对我们国家的声誉至关重要。"[4] 到 1947 年底，奥运会成为更广泛的外交部使命的一部分，"我们现在的任务是，消除某些国家认为英国正在衰落的印象。"他们设法筹集了一笔经费来支付为举办奥运会进行的翻新和改装工程。新近国有化的英国铁路公司同意将运动员和官员的票价减半。伦敦公交系统允许他们免费乘车。供应部为组委会找到了空闲的旅行车和公共汽车，组委会在温布利的一个教堂大厅里管理他们的整个运输业务。食品部颁布法令，奥运会运动员将获得甲等口粮，这通常是为那些需要大量体力劳动的职业——如矿工和码头工人保留的。奥林匹克

第五章 小即是美：
战后奥运会的失落世界

火炬由科学和工业研究部的燃料研究部门设计。武装部队，仍然以前所未有的比例占据着和平时期的劳动力和政府支出，被动员起来。陆军和海军的百货商店为组委会提供办公室。军队本身在奥尔德肖特主办马术比赛，并且似乎参与了几乎所有事务的管理。皇家海军在托贝部署并管理航行路线；"乔治五世"号战列舰和"胜利"号航空母舰为比赛提供了后盾。新的萤火虫式小艇是采用战时飞机生产中使用的同样技术——热模塑桦木胶合板制造的，并且是通过回收退役的英国皇家空军滑翔机制造的。仍被关押在英国的德国战俘铺设了大部分从地铁站到帝国体育场——奥林匹克体育场的新人行道，即后来的温布利路。英国皇家空军阿克斯布里奇基地和西德雷顿基地可以使用，里士满公园最初为新兵建造的木屋可以在一瞬间被粉刷一新，建造一个奥运村显得轻而易举。它们被刷上了一层油漆，连同各种各样的护士之家、文法学院和兵营，而工程部提供了战时旅馆内的基础设施，"34000 张床单，13000 把小椅子，36000 件陶器以及 4000 个衣柜"。《萨里彗星》(*The Surrey Comet*) 赞同这样的做法："它看起来很舒适，但带有紧缩政策的印记。"[5]

奥林匹克体育场这个长期存在的问题由亚瑟·埃尔文爵士解决，他是温布利体育场有限公司的所有者和经理，该体育场建于 1923 年，是为 1924 年的大英帝国运动会和博览会建造的，不久之后，该体育场进入破产管理，埃尔文以非常低廉的价格购买了它。从那以后，它为他赚了很多钱，举办过英格兰足总杯、常规赛狗和摩托车赛。他确信举办奥运会将是一笔好生意，因此筹集资金，不仅整修体育场，还整修帝国游泳池，将一个溜冰场改造成水上综合设施。经过为期 17 天的奇迹般的组织协调，为奥运会重新铺设了整个运动场，配备了新的座位，竖立起临时记分牌，还搭建起一个平台放置奥林匹克圣火盆。与 1908 年法英帝国展览会的主管和白色城市奥林匹克体育场的建造者伊姆雷·基拉尔非一样，埃尔文不仅负责建筑，还负责了一整套设计、票务和规划方面的重要工作。与基拉尔非一样，在缺乏真正社会地位的情况下，他的效率、爱国主义和不可或缺性并没有使他被认为重要到可以成为奥运会组委会的一员。

其余的设施同样是修补一下凑合使用。尽管如此，游泳池仍然保留着德国炸弹爆炸造成的裂缝，在奥运会期间必须不断地加水。赫恩·希尔赛车场配备了一个新的小型木质看台和一个装有 12 部电话的临时公用电话亭。年代已久的伯爵府被再次用来举行举重和摔跤比赛；芬奇利水上游乐场通常是邻里野餐和休闲划船的场所，现在被用来举办水球比赛。哈林盖体育馆位于伦敦北部工人阶级的居住区，经常面向人数不多且始终无法理解体育精神的当地人，被用来举办篮球比赛。曲棍球比赛的举办场地更低档，它利用了皇家公园和萨德伯里西部大都市郊区的吉尼斯公司和里昂角屋公司的运动场，以及奇希克理工学院的运动场，这座学院的周边街道两旁是仿都铎王朝风格的半独立式郊区别墅。伦敦奥运会官方电影的后期制作办公室将废弃的防空洞变成了暗房和剪辑室。

官方对奥运会的热情并不总能够反映公众情绪。怀疑论者中的主要声音《标准晚报》表示："英国人对奥运会的态度最多是不冷不热，甚至是不喜欢。现在礼貌地撤回邀请还不算太晚。"[6] 当然，在 1948 年初夏，奥运会的门票销量仍然疲软，这个国家的体育爱好者将注意力集中在对阵澳大利亚的系列赛上。自从足球赛季结束以来，板球一直是所有体育版的头条新闻。唐·布拉德曼——那个时代最伟大的击球手,他最后一次在英格兰进行巡回赛,大约有10%的成年人在任何时候都会收听英国广播公司的现场评论。尽管在一段好得不同寻常的8月天气的帮助下,观看奥运会的观众情绪高昂,并且纸质媒体、广播和新兴的国内电视对奥运会进行了广泛报道,但是奥运会受到的关注仍然与英国观众感兴趣的主要体育赛事——板球、足球、拳击、赛马和橄榄球联盟,以及工人阶级运动员和职业运动员参与的赛事相去甚远。

在这里,在英国业余体育的世界里,一个古老的秩序保持不变,而专业人士、商业主义和大众审美倾向则受到抑制。英国奥委会及许多体育联合会实施了最严厉的业余规则,甚至拒绝给带薪工作的运动员发放参加国际比赛的补贴,或者允许游泳教练参加比赛。安吉拉·瑟凯尔在1948年的小说《废墟中的爱情》中,反映了当时上层阶级的冷嘲热讽:"在这里举办奥运会似乎很愚蠢。首先,我们将是唯一真正的业余选手,并且,我们的队伍将完全营养不良。不过我们仍然会参加,如果这是政府想要的话。"[7]这一安排确保了英国队大量吸收贵族业余运动员,而英国地位较低的体育明星要么陷入贫困,要么受到全职工作和训练的双重束缚;这种对比的典型代表是双人单桨中获得金牌的赛艇运动员:迪克·伯纳尔——他的辉煌经历包括曾经就读伊顿公学、牛津大学以及加入过伦敦步枪队,他作为《泰晤士报》赛艇记者的工作让人认为他不是专业运动员,伯特·布什内尔是一名14岁的造船学徒,他父亲甚至不允许他加入自己的造船公司,以免他违反亨利皇家赛船比赛的业余规则。乔治·惠东,英国的体操明星运动员,战前付不起公共汽车车费,也付不起健身房费用，他在后院自学，在花盆上倒立，自己制作体操训练的单双杆。

英国王室在为 300 名运动员举办派对之前，在白金汉宫举行了盛大的午餐会，接待国际奥委会委员和各国政要。这种亲切的平民主义让《世界新闻报》大吃一惊："以最民主的方式，国王陛下与每位客人友好交谈。"但是，对乔治·惠东来说，"这真的没有什么特别的。我们和一些王室成员握了手。午餐会提供了茶和几个面包，但没有香槟。"[8] 正是这种社会上层和社会下层的不同想法让英国女性队伍获得了额外的服装配给票，并被送到伯恩和霍林斯沃斯（上层家庭家政人员的传统服装供应商）去购买她们的官方套装。击剑运动员玛丽·格伦-黑格认为"这种服装通常是你给你的厨师买的"。尽管奥运村对运动员行为的监管和对家具的监管一样严格，但富裕的运动员可以像整个瑞典队一样从奥运村撤出，到酒店住宿。对于南海岸托贝几乎都很富有的游艇驾驶员的情况，当地组织者报告说，每个人都想举办的派对数量令人尴尬。事实上，夜生活是如此美好，以至于《闲谈者》和《旁观者》都报道了挪威王储的到场和在英国皇家海军舰艇"安逊"号及皇家海军准将俱乐部举办的奥运会派对。[9]

媒体和公众都认为悉尼·伍德森显然应该代表英国运动员点燃奥林匹克圣火。这位戴眼镜的矮个子律师是英国领先的中长跑运动员，1 英里世界纪录的保持者，绰号"强大的原子"。然而，正如负责火炬传递的指挥官比尔·柯林斯回忆的那样，"当时的组委会如此执着于让一名英俊的火炬手点燃奥林匹克圣火的最后一棒，以至于女王当时都对我说：'当然，我们不可能让可怜的小悉尼上场'"。

相反,他们相中了英俊的约翰·马克斯作为最后一棒火炬手,约翰·马克斯是剑桥大学体育俱乐部主席,此前鲜为人知。[10]

官方报告中的奥运会开幕式华丽壮观、井然有序。实际上,它有点混乱和乏味。根据中长跑运动员罗杰·班尼斯特的回忆,英国队在参加国家队游行时都没有举英国国旗,是他在最后一刻扛着一面国旗穿过人群去救场,才让英国队没有陷入尴尬的境地。体育场一尘不染,但破旧不堪;国家队的木制铭牌和童子军向导让这届奥运会看起来更像是一场赛马会,而不是一场全球体育盛会。但是,在经历了近十年的战争和严格紧缩政策之后,在如此灿烂的阳光下,奥运会如期举行,还是非同寻常的。《卫报》报道说:"有人发现冷嘲热讽正在消散。这一场景轻松优美,是英国人从未见过的。看不到一件深色的衣服。看台就像一个盛开淡蓝色和粉色花朵的巨大空中花园。没有一个人穿外套,许多人把手帕绑在头上。甚至体育场墙壁上单调的混凝土也因阳光而变得柔和。"[11]

伯利勋爵在一个实际上用有波纹的铁板围着、挂着白色薄布的摇摇晃晃的包厢里致辞:"在1945年世界范围的斗争结束时,许多机构和协会已经枯萎,只有实力最强的人幸存下来。许多人想知道,伟大的奥林匹克运动是如何繁荣起来的?"

奥林匹克运动不仅幸存了下来,而且在1948年,它从创纪录的59个国家和地区吸引了创纪录的4104名运动员。新参加的国家包括印度和巴基斯坦,这是它们首次作为独立国家单独参加奥运会。缅甸和锡兰也以独立国家的身份参加奥运会。在剩下的英国殖民地中,英属圭亚那(现圭亚那)、牙买加、新加坡及特立尼达和多巴哥首次亮相,其团队成员反映了这些地区复杂的种族组合。代表锡兰的是跨栏运动员邓肯·怀特,他属于欧亚混血的伯格少数族裔群体,也是440米跨栏比赛的银牌得主;代表新加坡的是英国跳高运动员劳埃德·瓦尔伯格。牙买加的金牌和银牌得主亚瑟·温特(400米赛跑)和赫伯·麦肯利(800米赛跑)以及特立尼达岛的银牌得主罗德尼·威尔克斯(举重)都是非洲人。委内瑞拉和波多黎各是第一次参加奥运会,代表波多黎各的胡安·埃万格利斯塔·维尼加斯赢得了该地区的第一枚奖牌,即最轻量级拳击比赛的铜牌。从法国和英国控制下解放出来的西亚和从日本和美国手中解放出来的东亚,共有六个国家首次参加奥运会:伊朗、伊拉克、黎巴嫩、叙利亚、韩国和菲律宾[①]。这些外来参赛选手的受欢迎程度,以及他们带来的受到欢迎的其他人员,让英国广播公司评论员雷蒙德·格伦丹宁宣称:"举办奥运会是世界上最接近国际联盟运作方式的行为。"与此同时,回到现实世界,在比赛的第一个周末,利物浦发生了一连串"种族骚乱"。周六,当一名非裔美国人哈里森·迪拉德为美国赢得100米赛跑时,一群白人暴徒袭击了利物浦一家受欢迎的以黑人为主要顾客的英印餐馆。在周日和周一银行假日,人数更多、怒火更大的人群径直袭击利物浦黑人经常光顾的黑人水手旅馆、咖啡馆和招待所。[12]

1928年奥运会增加了一个小型女子田径项目,当时女运动员占参赛选手人数的近10%,此后这个比例几乎没有什么变化。事实上,与参加1932年洛杉矶奥运会和1936年柏林奥运会的运动员相

[①] 关于种族和公民身份复杂性的一个有趣的补充说明是关于贾法尔·萨尔玛西的。他是一名在巴格达教书的阿塞拜疆运动员,在一次参观德黑兰的过程中对举重产生了兴趣。在政府的鼓励下,他参加了一次全国举重锦标赛,获得了冠军,并在1948年伦敦奥运会上代表伊朗获得铜牌。然后他回到伊拉克,在那里,他一直生活到萨达姆·侯赛因掌权。后来,他移民伊朗,在德黑兰去世。——作者注

第五章 小即是美：
战后奥运会的失落世界

比，参加1948年伦敦奥运会的女子运动员的比例更低。[13]女性在北美和英国劳动力市场获得战时利益，以及女性在欧洲大陆公共领域最终实现了普选——例如，1947年的法国和1948年的意大利——尚未转化为体育界的利益。1948年，妇女将被允许参加新的奥运会项目皮划艇运动，1952年，被允许参加马术运动，但直到1976年，女子项目才占到奥运会项目的四分之一，女子运动员人数占到运动员总人数的五分之一。在这种情况下，美国跳高运动员爱丽丝·寇奇曼和荷兰短跑运动员范妮·布兰克斯·科恩的成绩就更加令人瞩目了。

寇奇曼于1923年出生于美国社会过去对黑人抱有种族歧视偏见的佐治亚州，她必须克服性别和种族的双重偏见。她的父亲认为，"女孩子应该讲究穿着，坐在门廊上喝茶，而不是做运动"。在她的整个运动生涯中，她不得不使用隔离的运动设施。在她赢得金牌从伦敦回国时，贝西伯爵为她举办了欢迎派对，杜鲁门夫妇邀请她去白宫，可口可乐让她成为第一个代言这种饮料的非裔美国人，但是，当她被邀请去家乡奥尔巴尼参加公民招待会时，观众还是隔离的，市长也没有和她握手。

范妮·布兰克斯·科恩出生在荷兰乌得勒支省巴伦的一个农民家庭，从小就擅长体育。作为参加1936年柏林奥运会的荷兰队的一名年轻队员，她达到运动生涯的巅峰——打破了六项不同的世界纪录。在20世纪40年代初，随着荷兰被纳粹占领，有组织的田径运动消失了。战争结束时，她生下了第二个孩子，尽管受到很多批评，她还是回归体育，进行小运动量的训练："我收到了很多糟糕的信，人们写道，我必须和我的孩子待在家里，我不应该被允许穿着——你怎么说那个词的？——短裤，在跑道上跑步。"到1948年伦敦奥运会时，她已经30岁了，"一名记者说我年纪太大了，跑不动了，应该待在家里照顾孩子。当我到达伦敦时，我指着他说：'我跑给你看。'"她做到了，赢得了100米赛跑、110米跨栏、200米赛跑的金牌。在跑4×100米接力赛跑的最后一棒时，她开始落后于澳大利亚选手乔伊斯·金，但她在最后一段赛程以极快的速度抢先冲过了终点线。[14]

国际奥委会主席西格弗里德·埃德斯特隆在闭幕式上说："奥运会不能促进和平……但是它给了世界青年一个机会，让他们发现地球上所有的人都是兄弟。"《观察家报》的领导人带着自豪但谨慎的语气说："没有柏林奥运会的奥林匹克精神对民族主义的歪曲和夸示，我们可以为伦敦奥运会成为最成功的奥运会之一而感到适度的自豪……难道我们不能宣称自己是荣誉称号'废话的敌人'的主要竞争者吗？"[15]在接下来的几周，《经济学人》杂志上发表了一系列往来书信，概括了因伦敦奥运会的影响而产生的两种观点。愤世嫉俗者和现实主义者仍然不相信奥林匹克精神的力量："假装这种成功的集会能够极大地促进更紧密的国际友好精神是徒劳的。痛苦经历的结果是，西方世界现在认识到，政策是由国际政治决定的，在一年内挽起手臂的运动员可能会在下一年扛起枪支瞄准对方。毫无疑问，群众在温布利的回声会被克里姆林宫听到，但声音很微弱。"[16]

但是在火炬传递组织者比尔·柯林斯的热情回应中,他认为还有其他因素起作用,"所有看到、读到或听说奥林匹克圣火的人都把它解释为世界各国人民渴望的更光明未来的象征……政治家是当今世界上拥有最大发言权的人……但是他们不一定适合向世界诠释他们所代表的人民的愿望"。[17]

我们对伦敦奥运会的怀念不是因为奥运会一度能够真正实现其国际化目标,而是因为它的倡导者真的相信它能够实现。

第三节

在克里姆林宫里,温布利球场上人群的回音比任何人想象的都要响亮。沙俄参加了1912年奥运会。从那以后,他们没有成立过俄罗斯或苏联国家奥委会,也没有受到过邀请。在1920年和1924年,该国因内战及其余波而动荡不安。没有人参加任何形式的体育运动。在20世纪20年代末和30年代初,时局更稳定的情形下,体育在苏联生活中的地位参差不齐。在大城市,足球是一项真正受到欢迎的观赏性运动,而军队和学校的体育教育项目是为了创造新的"社会主义超人"。为了与党在国家内的孤立主义和社会主义的外交理论保持一致,苏联与体育的接触,仅限于通过它的帮助发起了红星工人奥运会(Red Star Workers' Olympiads),而国际奥委会的运动会则受到谴责,因为它们旨在"使工人偏离阶级斗争,并为新的帝国主义战争受训"。20世纪30年代中期,国际体育联系增多,苏联体育组织开始请求领导允许他们加入国际联合会;但是,他们在与外国竞赛时遭遇的一连串的失败,使体育事业看起来风险太大,这使得参与国际体育协会和奥运会在接下来的十年里变得无关紧要。[1]

苏联以及其他国家的态度在战后初期似乎软化了。1948年伦敦奥组委主席伯利勋爵访问莫斯科,建议苏联参加他们举办的奥运会。当然,苏联主要体育机构内部对参与国际竞争有着极大热情,但政治局仍然认为,在国际赛事上因取得胜利带来的好处不如在国际赛事上因失败可能带来的代价影响大。正如苏联体育委员会主席尼古拉·罗马诺夫回忆的那样,"为了获得参加国际锦标赛的许可,我必

第五章 小即是美：
战后奥运会的失落世界

须专门上书斯大林，保证取得胜利"。[2] 然而，到了1949年，随着斯大林对政策制定的控制开始减弱，且执政党开始认识到与美国正在出现多方面的冷战冲突，国际体育被视为一个新的战场。1949年，中央委员会的一项决议阐明了该党的目标："将体育传播到全国各地，提高技术水平，并在此基础上，帮助苏联运动员在不久的将来赢得主要体育项目的世界霸主地位。"[3]1951年，为了参加赫尔辛基奥运会，苏联向国际奥委会寻求一席之地，同时也寻求世界对其国家奥林匹克委员会的认可。

国际奥委会更进步的成员，如伯利勋爵和芬兰的埃里克·冯·弗伦克尔，是帮助苏联参与真正的奥运会的热情支持者；而且，为了让奥运会所宣称的国际主义增添一点可信度，即使是国际奥委会最反动的成员也可以看到没有苏联的奥运会是荒谬的。然而，对于国际奥委会中坚定的反共产主义者来说——比如其主席埃德斯特隆，荷兰人沙罗上校，以及国际奥委会副主席艾弗里·布伦戴奇，这带来了许多两难的问题。迄今为止，国际奥委会通过其非正式社交关系网进行自我招募的方法确保了合适的人加入这个俱乐部；正如艾弗里·布伦戴奇所描述的，他们是"同一类型的普通人，他们很快就融入了这个通常被称为'奥林匹克大家庭'的地方"。西格弗里德·埃德斯特隆担忧地说："除了这些问题之外，我们在苏联还认识谁呢？最大的麻烦是找到我们能招募到国际奥委会中的人。我不想邀请一个共产主义者加入奥委会。"[4] 这不只是一个必须接受共产主义者的问题，而是一个由其政府直接任命人选给国际奥委会的问题。

最令人难以接受的事实是，苏联的体育制度明显违背了国际奥委会珍视的业余主义理念。国际奥委会的领导层都明白,苏联运动员无论是否在军队中,都获得了财政支持,能够进行全日制训练。双方都做出了妥协。苏联做出了一些小小的让步:停止曾经普遍存在的、向获得成功的体育冠军颁发奖金的做法,并在申请参加奥运会时,不像往常那样咄咄逼人地要求国际组织驱逐西班牙法西斯或把俄语作为官方语言。国际奥委会选择往好的一面看。政治局任命的康斯坦丁·安德里亚诺夫受到了国际奥委会俱乐部的欢迎,艾弗里·布伦戴奇忍气吞声地说:"我们应该接受他们(苏联)的官方声明,并认为他们遵守了奥林匹克规则,除非我们发现事实并非如此。"[5]

事实证明,将日本人重新融入奥林匹克相对来说不成问题。1948年伦敦奥组委没有向日本发出邀请,但从1949年起,国际奥委会鼓励世界各大国际体育联合会重新接纳日本人,以迎接他们重返奥运会。1951年11月,日本与此前交战的48个国家签署了和平条约。六个月后,美国的占领"正式结束",日本派出69名运动员参加赫尔辛基奥运会。

德国,或者更确切地说,民主德国和联邦德国的情况又不相同。在考虑德国参加奥运会时,该国已经被一分为二,因为西方占领区合并形成德意志联邦共和国,苏联占领区成为德意志民主共和国。国际奥委会继续把德国视为一个国家,其中一部分是苏联的卫星殖民地。因此,当联邦德国在1950年申请承认其国家奥委会时,它被认为是德国的唯一体育代表,是战前德国国家奥委会的直接继承者。当德意志民主共和国申请承认自己独立的国家奥委会时,其被鼓励加入参加赫尔辛基奥运会的德国联合队。随后进行了长时间的讨论,但是民主

第五章 小即是美：
战后奥运会的失落世界

德国什么要求都没有得到满足，一个完全由德意志联邦共和国公民组成的德国联合队去了赫尔辛基。朝鲜分成了两个国家，朝鲜和韩国，但只有一个被国际承认的国家奥委会。半个国家在西方势力范围内运作，这将在20世纪50年代末给国际奥委会带来同样的困境。当时朝鲜有政治力量和外交力量来伸张自己的权利，当它被要求与韩国联合组队参加奥运会时，它不可避免地拒绝了。

中国的情况又不同。尽管国际奥委会能够在奥运会上强加一个幻想的统一德国，却不能在中国问题上这样做。在中国，中国共产党建立了中华人民共和国，国民党败退到台湾这个小岛里，中华人民共和国向世界宣称对整个国家拥有唯一的主权和权力。1948年，中国国内解放战争仍在持续，中国设法派出了31名运动员参加伦敦奥运会——人数少于1936年参加柏林奥运会的54名运动员，但比1932年只有唯一一名短跑运动员、旗手刘长春代表中国参赛的情形要好多了。1949年，随着国民党的失败和中国共产党宣布中华人民共和国的成立，国际奥委会面临着一系列难题——国民党通过向国际奥委会登记而将中国国家奥委会的办公地址变更为中国台湾，声称对整个中国拥有控制权，同时他们期望代表中国参加1952年的奥运会。

然而，中华人民共和国政府也计划派出一个队伍参加奥运会，但他们最初并没有意识到首先必须得有一个得到承认的国家奥委会。1952年奥运会举办前夕，国际奥委会与中国、中国台湾的代表的一系列会议上，就谁有权邀请谁参加奥运会进行了激烈的交流，最终达成了妥协方案。但是，中国奥委会与中国台湾奥委会都没有得到承认，但又都被邀请并可以各自派遣运动员参加相关国际联合会认可的体育项目。中国台湾的代表团因此抵制了奥运会，而中华人民共和国代表团则在比赛接近尾声的时候抵达并参加了奥运会。

赫尔辛基奥运会已经筹备了近二十年,其形式和意义都是由从20世纪30年代中期到50年代初同样的改变芬兰的战争和社会变革力量所塑造的。举办1940年赫尔辛基奥运会的想法是为了庆祝和宣传芬兰二十多年来的民族独立,这一独立最早是在1917年芬兰人决定性地脱离俄国控制时实现的。这项申办工作由埃里克·冯·弗伦克尔领导,他是一位热爱运动的讲瑞典语的贵族商人,他将曲棍球和足球引入芬兰,加入国际奥委会,并最终将主持1952年的奥运会。1936年在申办1940年奥运会的竞争中被东京打败,芬兰人被许诺会获得1944年奥运会的举办权。1938年,日本人因大举入侵中国而转移了它的注意力,日本将奥运会举办权交还给国际奥委会,赫尔辛基接回了举办权。1939年初,奥林匹克体育场和流线型白色塔楼的建造工作完成了,其他场馆也在建造中了。这时,正好赶上第二次世界大战爆发。芬兰人宣称自己是中立的,但是苏联还是在1939年末入侵了芬兰。芬兰人在冬季战争中进行了激烈的抵抗,但还是在1940年春天被迫投降,并割让领土,他们直到那时才正式被迫放弃举办奥运会。那年晚些时候,一场"全国性"奥林匹克运动会在新赫尔辛基体育场举行,3万人纪念冬季战争的死难者——其中包括许多全国领先的运动员和奥运会运动员。当德国人在1941年入侵苏联时,芬兰人加入了德国阵营并夺回了他们的领土,结果1944年又一次被苏联人打败。1947年,苏联与芬兰签署了"和平条约",芬兰不只要割让土地,还要赔付大量的战争赔款给苏联。苏联还控制了芬兰的外交政策,强迫其与任何和苏联敌对的联盟保持"友好的中立"立场。正是这个芬兰——苏联势力范围内的"资本主义民

第五章 小即是美：
战后奥运会的失落世界

主国家"，赢得了1952年奥运会的举办权。

赫尔辛基奥运会的规划反映了芬兰政治的两个关键特征：第一，对国家统一和跨党派共识的持久需求；第二，其领导人被要求在外交政策上走东西方之间的狭窄道路。当然，芬兰奥组委（1940年和1952年）不同于以往任何一个奥林匹克组织，反映了芬兰政治的方方面面。他们吸收了左翼、中间和右翼政党的高级成员、未来的总理和总统，并辅之以军方的关键人物和少得可怜的奥林匹克绅士。芬兰人，无论是奥运会组织者还是政府高级官员，都热情支持苏联参加奥林匹克大家庭和赫尔辛基奥运会。冯·弗伦克尔特意为他们提供了一条经过重新调整的火炬传递路线，将火炬传递到苏联境内，并鼓励他们将队伍安置在新建成的奥塔涅米科技大学的奥运村，而不是列宁格勒（现名为圣彼得堡）或跨越边境的其他地方。

苏联人同意了，尽管他们选择把在意识形态上最有嫌疑的人——如爱沙尼亚铅球运动员海诺·里普留在国内。奥运村配备了斯大林的一幅大画像，以及苏联友好国家领导人的小画像，保加利亚、捷克斯洛伐克、匈牙利、罗马尼亚和波兰，这些国家的运动员一起住在这个共产主义奥运村。芬兰人安排人员陪同苏联运动员与西方运动员"友好会面"，但芬兰人觉察到苏联队的冷战意识，给他们配备了记分牌，用来记录他们与美国之间的非官方积分和奖牌竞赛。苏联人回报了这一友好做法，用大量牛排、鱼子酱和伏特加来招待外国代表团，以赢得他们的好感。

冯·弗伦克尔为了体现自己在意识形态和语言上的世界性，在开幕式上发表欢迎辞时无可挑剔地使用了四种语言：芬兰语、瑞典语、法语和英语。对国内观众来说，奥运会真的是战争的替代品，

"芬兰很乐意提供一个战场，胜利者和失败者都可以不带任何怨恨地离开这里"。他在向芬兰工人体育运动致敬的同时，对讲瑞典语的少数民族说，尽管存在差异，但奥运会是一种和解的工具，"在不同语言群体和社会阶层之间建立外部和内部的相互理解和信任"。他用英语——现在是国际政治和外交的语言，表达了奥运会是没有伤亡的战斗，没有愤怒的竞争。他说："我们欢迎芬兰有机会成为一个中立的地方，在这里东西方可以在高尚的战斗中相遇，快乐的胜利者将被挑选出来，而不会引起怨恨以及失败者复仇的欲望。"自芬兰人首次申办奥运会以来的二十年间，发生了三场战争，造成了数万人死亡，点燃奥林匹克圣火的任务交给了芬兰耐力运动的典范帕沃·努尔米和汉内斯·科勒赫迈宁，他们都是多枚金牌获得者，也是奥运会马拉松冠军。

在首次受到冷战格局影响的总奖牌榜上，美国仍然领先，但并不像人们想象的那样优势明显。苏联赢得了 29 枚金牌，美国人赢得了 40 枚金牌，但如果算上银牌和铜牌，美国人总共赢得 76 枚，苏联赢得 71 枚，美国仅以微弱优势领先。《纽约时报》根据其计算奖牌的方法，在奥运会的最后一天宣布美国赢了，但同一天，《真理报》宣布："苏联运动员获得了第一名。"苏联队队长罗马诺夫说服政治局，他们与美国队打成了平局。苏联在摔跤、体操、举重和田径项目上表现尤为突出，但与美国直接对抗的能力有限。美国媒体大肆调侃 3000 米障碍赛，在这场比赛中，"高大、黝黑的联邦特工"贺拉斯·阿申菲尔德在最后赛段的水沟障碍中超越了苏联世界纪录保持者"弗拉基米尔·卡赞采夫同志"，赢得了金牌。多家报纸嘲笑阿申菲尔德是"第一个允许自己被共产主义者追捕的美国间谍"，标

第五章 小即是美：
战后奥运会的失落世界

题是《联邦调查局人员赶上俄罗斯人》。[6]美国队以36比25赢得了对阵苏联队的篮球决赛，这激起了观众对苏联队超防守打法的不满。也许美国最大的胜利是，尽管当地没有装瓶厂，他们仍然可以享受源源不断的可口可乐；他们从荷兰进口了3万箱，在每个奥运会场馆公开供应以庆祝比赛的胜利。

如果共产国际想通过体育为共产主义辩护，匈牙利表现得即使没有比苏联更好，也是一样好，这个人口不到1000万的国家赢得了16枚金牌和42枚奖牌。他们还可以把捷克斯洛伐克作为典范，因为它取得了本届奥运会最惊人的运动成就：埃米尔·萨托普克在5000米赛跑、10000米赛跑和马拉松比赛中获得三枚金牌。匈牙利的成功并不完全令人惊讶，该国在1936年和1948年奥运会上分别获得了10枚金牌。共产主义匈牙利继承了布达佩斯资产阶级的强大的体操和水上运动传统，军队在击剑方面有特长，并增加了一些中央政府的指导。这些获得金牌的运动项目中最闪耀的是足球队的比赛——他们报名加入军队，只集中在首都的两个俱乐部里训练，他们不仅赢得了锦标赛，还开始以创新、复杂的战术参加足球比赛，这将给他们带来了"魔幻马扎尔人"的全球声誉。正如队长费伦茨·普斯卡什回忆的那样："正是在奥运会期间，我们的足球才开始充满真正的力量。这是全攻全守足球的原型；当我们攻击时，每个人都攻击；在防守时，每个人都防守。"

埃米尔·萨托普克是捷克军队的少校，但这位自学成才、会说多种语言的人从来都不是真正的军人。在1948年伦敦奥运会上，他赢得了10000米赛跑的金牌，并获得了5000米赛跑的银牌，在此期间，他天真的战术和拼尽全力但注定失败的最后冲刺赢得了英国公众的喜爱。他的比赛风格不同寻常：躯干左右摆动、头部晃动、气喘吁吁、不时发出一连串咕哝和呻吟。在1952年的奥运会上，他赢得了两个项目的冠军后，又参加了马拉松比赛，第一次跑完了全程。赛前，喋喋不休的萨托普克向热衷于参加马拉松比赛的英国人——粗鲁又不苟言笑的吉姆·彼得斯介绍了自己。下一次他们说话时，两个赛跑者都接近了中间赛段；萨托普克问彼得斯他们跑的速度是否太快，迎风而跑的彼得斯回答说没有。萨托普克相信了他的话，加快了速度。很快，彼得斯就跑得抽筋了，但是就在两分钟前还跑在他前面的萨托普克，跟一车与他并排行驶的摄影师聊起天来。

南斯拉夫共产党人有他们自己的立场要证明。1948年，南斯拉夫总统铁托与斯大林决裂。在1952年奥运会足球锦标赛的首轮比赛中，这两个国家被抽到了一组，这场比赛被两个国家的媒体宣传为象征了双方之间更深层次的意识形态冲突。距离比赛结束还有20分钟时，苏联队以1比5落后于势不可当的南斯拉夫队。南斯拉夫媒体声称，苏联球员累得口吐白沫，记分牌上的分数证明了他们的努力：20分钟内苏联队连进4球，将比分扳成5比5，苏联赢得了加时赛的机会。他们以1比3输掉了第二场比赛，欢呼再次反抗铁托法西斯集团的苏联媒体陷入了沉默。莫斯科中央陆军足球俱乐部作为奥林匹克队的核心，被悄悄地解散，在第二年斯大林去世后彻底取消。

萨托普克个人获得的金牌总数是英国代表团获得金牌总数的三倍。英国代表团只获得了一枚金牌（还有两枚银牌和八枚铜牌），这是该国最差的奥运会成绩。在奖牌榜上排在第19位，不仅低于传统的中等奥林匹克强国——如法国、澳大利亚和比利时，而且低于其极小的殖民地牙买加。英国唯一的金牌由威尔弗雷德·怀特、道格拉斯·斯图尔特和哈里·卢埃林的马术队在马术场地障碍赛中获得，但这一胜利立即几乎完全被框定为哈里·卢埃林上校骑着名为"猎狐人"的马匹完成的杰作。[7]值得称赞的是，卢埃林总是明确表示，这是团队努力的结果，他虽然赢了最后一轮比赛，但是表现得并不顺利，最好的工作是前面的队员完成的。这些谦虚的言辞一点都不影响媒体和公众对他和他的马的喜爱。"猎狐人"出现在头版，一张照片显示它的头靠在印有英国国旗的飞机尾翼上，还有一张显示它回到国内的马厩，四周围着一群孩子，飘扬着小国旗。

这匹马收到了来自国王和首相温斯顿·丘吉尔的贺电，《泰晤士报》的一篇社论宣称："'猎狐人'一定是自'黑美人'以来最著名的动物……马术场地障碍赛不是一夜之间能学会的，这场辉煌表演的功劳要归功于哈里·卢埃林上校和其他人，他们忠诚的和毫无保留的奉献使英国马术的复兴成为可能。"他们也拥有财富、特权和官职。卢埃林是威尔士煤矿大亨的儿子，威尔弗雷德·怀特来自柴郡的一个地主家庭，道格拉斯·斯图尔特是一名职业骑兵高级军官。撇开英国人对动物的极度热爱不谈，卢埃林确实是真正的明星。他又高又黑，非常迷人，非常富有。他潇洒地歪戴温莎帽，穿着红色夹克打着领结，穿着高皮靴昂首阔步。贵族阶层在过去三十年的经济变革和政治变革中变得极度贫困，地位岌岌可危，但他们仍然拥有吸引大众的那种文化资本和社会资本。对于这个阶层的一小部分人来说，体育、演艺事业和名人效应将是他们躲避这些新的更严酷时代的避难所。

1952年奥运会给英国留下的最大遗产是将马术场地障碍赛从一项精英的和几乎不为人知的运动转变为十年来最受欢迎的电视豪华节目之一。这场马术场地障碍赛被英国广播公司包装成长达一个小时的节目，吸引了如此多的观众，以至于《年度最佳马戏》被允许以前所未有的60分钟的长度播出。英国马术复兴的一个鲜为人知的结尾是，丹麦骑手利斯·哈特尔在花样骑术中获得银牌。由于小儿麻痹症，她膝盖以下瘫痪，是自1904年乔治·埃塞尔（装有一只木腿的美国体操运动员）参加比赛以来的第一位严重残疾运动员。

第四节

在 1956 年奥运会官方电影的片头,我们飞越墨尔本广阔的郊区,叙述者问道:"澳大利亚:到底是什么?一块大陆?一个岛?面积几乎和美国一样大,但它的居民比纽约市少。"这个地理难题永远都不会有准确的答案,尽管这部电影的确将澳大利亚的羊场与美国的大平原进行了比较。它对南半球圣诞节的描述是典型加利福尼亚式的,"圣诞老人不是从烟囱下来,而是骑着冲浪板上岸";两个郊区男孩在严酷的夏日阳光下装扮一棵塑料圣诞树。考虑到澳大利亚和美国一样,主要是英国人从土著手上抢夺土地后进行殖民统治,这部电影有一定的意义,但可能不是预期的意义。在闹市繁忙的背景下,这个叙事声音问道:"墨尔本呢?它跟以前的奥运会举办地——如伦敦、洛杉矶还有柏林一样,都是国际性都会城市吗?"这部电影中的墨尔本并非如此。镜头聚焦在一幅大型三维壁画上,该壁画竖立在伯克街科尔斯百货公司的入口处。前景中轮廓鲜明的是约翰·巴曼,墨尔本名义上的创始人,他于 1835 年到达这里,据称,他与土著库林族人——包括乌伦杰里族人、布恩沃伦族人和瓦豪荣族人的代表签署了一份书面协议,要求占有菲利普港湾附近的土地以及后来成为该市北郊的土地。仔细看,你可以看到巴曼左边蹲着一个小土著人。电影的叙事声音继续说道:"这只是一个由一个英国旅行者临时发挥、即兴创作的小镇。约翰·巴曼在一百二十年前即兴创作的。约翰·巴曼击退了一千种野生动物,建造了一个村庄。原名是?杜塔·加拉。而今……墨尔本。"[1]

路标的机械面板旋转，1835 年的梦幻景观变成了当代城市地平线的明亮卡通片。在一瞬间，一个世纪的殖民占领和混乱的经济发展的历史被抹去。

巴曼是一个渴望获得土地的边疆农民，在黑色战争[①]末期，他在范迪门斯地（现在的塔斯马尼亚岛）上饲养牲畜并杀害土著居民，黑色战争发生在土著人被击败，许多土著人被迫搬迁之前，反抗殖民占领土著土地的最广泛的斗争行为。巴曼对塔斯马尼亚岛给予他的回报感到不满，他是众多探索菲利普湾周围肥沃牧场的人之一，菲利普港湾后来成为维多利亚州。尽管巴曼确实设法建立了自己的农场，但后来城镇被标在地图上，土地被分配掉，他老年时因酒精中毒和梅毒而生活潦倒，1839 年去世。墨尔本真正的创建者是以新南威尔士州的伯克总督为代表的大英帝国，他建立了警察局和民政管理局，规划了这座城市，并以当时的英国首相的名字将这里命名为墨尔本。库林族人签署的条约被政府大幅废除，他们还经常遭受欧洲病菌的肆虐。幸存下来的人被强行重新安置，因为他们的土地变成了大牧羊场。最重要的是，墨尔本是一座诞生于 19 世纪 50 年代淘金热的城市，淘金热与羊毛工业一起带来了人口激增和经济繁荣，这种繁荣将持续到 19 世纪末。到 1890 年，"神奇的墨尔本"自称是大英帝国的第二大城市，拥有 50 万人口。它在南半球享受自己的美好时代，拥有南半球最高的建筑、最先进的电车轨道，并有足够的文化信心和手段在 1880 年举办自己的世界博览会。[2]

[①] 黑色战争（Black War）：发生在 19 世纪 20 年代至 30 年代间，澳大利亚塔斯马尼亚岛上的战争。因以英国人为主的欧洲殖民者与当地土著之间冲突而导致的战争。两方实力悬殊，有人因此认为这是一场种族灭绝的大屠杀。——编者注

第五章 小即是美：
战后奥运会的失落世界

殖民者开垦了墨尔本的土地，19世纪末采掘黄金业和银行业繁荣起来，第一次世界大战和大萧条最终对支撑这座城市的垦殖和采掘行业造成毁灭性的影响，导致其经济和人口数量停滞不前。尽管墨尔本在1927年堪培拉建成之前一直是澳大利亚的联邦首都，但与悉尼相比，它已显得越来越守旧和偏狭。在奥运会开幕前夕，很多媒体担心，墨尔本限制饮酒的法律（下午6点以后什么酒都不准喝）、糟糕的管道系统和吝啬的酒店会让它在全世界的面前蒙羞——在很大程度上，这是一个想象中的美国游客的视角：世界性的、彬彬有礼的、还有可能是居高临下的。

然而，另一个墨尔本正在崛起。在战后时代，这座城市开始第二个爆炸性增长时期，这一次是由汽车、大型家用电器、家具和零售商等新福特主义行业的大规模生产和消费——郊区建筑热潮和移民潮（首先来自欧洲，20世纪70年代来自亚洲）推动的，这些力量将挑战集中在银行、法律和政治领域的老牌英裔精英的主导地位。在这个城市发展的十字路口，奥林匹克运动会的举办成了一个竞技场，在这里新墨尔本的文化轮廓，以及新澳大利亚的文化轮廓，将在许多方面逐渐成形。[3]

保守派中的关键人物，也是该市申奥的推动力量，是威尔弗雷德·肯特·休斯。作为旧墨尔本上流社会的后裔，他从牛津大学毕业后参军，然后参加了第一次世界大战。在1920年安特卫普奥运会上，他代表澳大利亚参加跨栏比赛，之后在维多利亚州以民族主义政党议员和国务部长的身份重返政坛。在两次世界大战之间，他是坚定的右翼、仇外的帝国主义者，有时——就像他对墨索里尼早期事迹的大声赞美——近乎法西斯主义者。他是帝国青年运动、童子军运动、义务国民服务和学校体育教育的倡导者——这些执着的理想都体现在他在1938年悉尼帝国运动会上对澳大利亚队的管理。他在新加坡被日本人俘虏，并在中国度过了四年悲惨的战俘生涯，他创作了《武士的奴隶》(The Slaves of the Samurai)，歌颂了他期待自己和澳大利亚所怀有的坚定的、斯巴达式的理想。1946年，他和其他一些战俘一起——比如奥运会拳击手、维多利亚奥委会秘书埃德加·坦纳，他和这些保守派奥运会选手提出了墨尔本应该举办奥运会的想法。然而单单是他们，既没有权力也没有足够的影响力来牵头申奥工作。

这项任务落在了以弗兰克·博雷佩尔为首的现代化主义者身上。他出生在墨尔本的工人阶级家庭，是一名业余游泳运动员，在三届奥运会上获得了三枚银牌和三枚铜牌。他因营救一名遭到鲨鱼袭击的游泳者而获得了一个小小的市民奖，他创立了博雷佩尔奥林匹克轮胎公司，并在墨尔本蓬勃发展的汽车制造业中发了财。这一时代背景下的主要支持者，包括犹太家具大王莫里斯·内森、五金零售商兼市长哈罗德·卢克顿爵士及基思·默多克的喧闹活跃的大众媒体《先驱报》和《太阳报》。他们将奥运会视为一个重塑墨尔本的机会，将它的主要文化参照点从英国转移出去，让这座曾经富裕的城市重新融入全球经济。

官方申奥文件用最好的美利奴羊毛制作封面，并有数百名当地赞助商和支持者的签名，其中大多数来自该市的新工业精英，尤其是汽车经销商、房地产代理商和大型零售商。第一次竞标于1948年在伦敦进行，当时仍然处于严格的配给阶段，博雷佩尔为代表团和其他有影响力的人提供了一批澳大利亚专供食物。一项决定被推迟到第二年，在罗马的一次会议上做出，博雷佩尔拜托了一切可能对墨尔本申

第五章 小即是美：
战后奥运会的失落世界

办奥运会有利的人。他们甚至把申办书送到了教皇手里，还制作了一部新的彩色电影将这座城市推荐给国际奥委会。没有欧洲城市参加竞标，美洲的选票被美国的六个城市、墨西哥城、蒙特利尔和布宜诺斯艾利斯瓜分，墨尔本以一票的优势赢得了最后一轮投票。

随后的进展缓慢且难以驾驭。当地的劳工运动并不支持举办奥运会，指出墨尔本在战后持续性地住房紧张。奥委会仔细地审察澳大利亚严格的检疫法律后发现，马术比赛必须在其他地方举行，他们选中了斯德哥尔摩。从1953年到1954年，迟至1955年，国际奥委会主席艾弗里·布伦戴奇一直在含蓄地威胁说，如果筹备工作不加快，奥运会可能会被转移到其他城市。主要奥林匹克体育场的位置和资金来源成为澳大利亚国内争论的焦点。保守派希望使用和翻新他们建在河边的奥林匹克公园，但是它不稳固的建筑位置不适合在那里再建造一座规模巨大的建筑物。他们将被城市的肉场、羊圈、屠宰场和臭气熏天的制革厂包围的皇家农业展览场地视为可供替代的第二个计划，但维多利亚州政府对重新开发的成本非常担忧，因此临阵退缩了；卡尔顿郊区王子公园更昂贵的重建计划也遭遇了类似的命运。罗伯特·孟席斯总理召开了为期三天的十分激烈的峰会，注入公共资金，迫使所有人接受重新开发的墨尔本板球场地作为奥运会场地，奥运会费用将由联邦、州和市政府分担，而公共住房预算将资助把海德堡公园改造为运动员村所需的费用，奥运会结束后可以将运动员村改造为社会住宅区。

现代主义的墨尔本通过理查德·贝克的官方海报向世界展示自己。[4]贝克出生于英国，并在英国接受职业训练，他在两次世界大战期间加入弗兰克·皮克的著名设计师团队，参与设计伦敦公交系统，初步形成自己的现代主义风格。贝克在第二次世界大战前夕抵达澳大利亚，并带来了合成照片术和并置、脱离实体的文本和图像的新图形语法。奥运会海报以展开的白色四边形六角手风琴为中心，这是一张向世界致意的带有奥林匹克五环和墨尔本盾徽的建构主义风格的卡片。它漂浮在一片宁静、梦幻般的蓝色海洋中；这一设计对奥运会经典设计的唯一让步，是用无衬线字体代替纤细的罗马大写字母。

贝克的作品放到现在来看可能毫无争议，但它是第一张不展示人体特征的奥运会海报。[5]1896年，尽管媒体派出了素描艺术家，但没有制作海报。在1900年和1904年，虽然有海报，但奥运会的信息在印刷物上被其主办者——世界博览会的信息包围，在视觉上被埃菲尔铁塔和博览会的游乐场定位。1908年的海报，由法英帝国展览会制作，最终以一名运动员为主角，但他的形象不是很高大。他身穿浅蓝色服饰，看上去更像文雅的牛津大学和剑桥大学的学生，而不是矫健的运动员：他放松的姿势似乎表明他准备去参加一个鸡尾酒会，而不是去体育场。他手里拿着一面盾牌，上面镌刻着奥运会在展览会的大体育场的举办地点，与其说他是短跑英雄，不如说他更像一个身体前后都挂着广告牌的上流社会男人。从风格上来说，1912年斯德哥尔摩奥运会为未来四十年奥运会海报设定了标准。一个肌肉发达、一丝不挂的金发男子，挥舞着瑞典国旗，而飘扬的橙色薄丝带奇迹般地使他显得稳重。在他身后，我们瞥见另外六个裸体男人挥舞着国旗：英国国旗、美国国旗、意大利国旗、葡萄牙国旗、挪威国旗和日本国旗。在安特卫普、巴黎、阿姆斯特丹、洛杉矶和赫尔辛基举行的奥运会重复了这种海报形式，描绘了各种不同裸体状态的男性运动员，而仅使用薄涂水彩的手法描绘出

第五章 小即是美：
战后奥运会的失落世界

奥运会的实际举办地点安特卫普的中世纪中心，有的海报画了城市的盾徽，或者什么标记都没有。1936年对于举办城市的宣传不再这样含蓄。在柏林奥运会的海报上，一个巨大的雅利安－雅典（Aryan-Athenian）冠军图像赫然耸立在勃兰登堡门顶上的四马双轮战车的轮廓上。1948年伦敦奥运会的海报无疑是对这一视觉夸张行为的低调而民主的还击。它描绘了在议会大厦前一个相当古怪的、忸怩作态的小型掷铁饼者，字体取自伦敦地铁的市政社会主义图形词汇。

现代人对奥运会的举办还有三个额外的购买点：艺术节、游泳馆和公共艺术。最后，奥林匹克艺术竞赛可悲的历史结束了。[6]事实上是在顾拜旦男爵的坚持下，在1920年至1952年间举行了这些艺术竞赛，它们有时会吸引著名的艺术家和作家参加评审团，但参赛作品的水平在平庸和毫无水准之间徘徊。它们在任何方面都无法引发体育和高雅艺术这两个经常相互蔑视的世界之间真正或重要的对话。墨尔本奥林匹克艺术节对于两者之间的和解几乎没有产生任何影响。大部分艺术竞赛都隐匿在远离主要体育场馆的地方，集中在墨尔本大学、皇家墨尔本技术学院和墨尔本的主要图书馆。然而，在游泳馆举行的管弦乐演出、委托伦纳德·弗伦奇制作的精美壁画《运动的对称》、在大学的博雷佩尔游泳馆（用于奥运会训练，但不用于比赛）及亚瑟·博伊德在奥林匹克体育场外创作的陶瓷雕塑，表明了一种尝试性的和解。

奥运会游泳场主馆——第一个完全建在室内的场馆，是唯一一个完全为奥运会而新建的场馆，也是新墨尔本国际化现代主义建筑风格的显著体现。它的外形是一个由玻璃和钢铁制成的不规则菱形，它的V形屋顶架是一个巨大的玻璃幕墙，让这个区域沐浴在自然光下。它的旁边是城市中一小群同时代富有冒险精神的委托建筑物，像光滑的英国帝国化学工业集团大厦——一座南半球版的西格拉姆大厦，及悉尼迈尔音乐碗——其起伏的金属屋顶，悬挂在钢缆上，将成为1972年慕尼黑奥林匹克公园超现代建筑的灵感来源。然而，也许这种受欢迎的、雅俗共赏的澳大利亚现代主义风格的最好一面体现在为奥运会委托制作的街道装饰。理查德·贝克运用色彩体现奥运会的"旋转移动"，那里有女性跳舞的金属图案，悬挂在市区林荫大道上的土著岩石艺术复制品，一个巨大的奥运会火炬式的霓虹灯高高悬挂在一个主要十字路口的上空。[7]

这几乎算不上一场艺术革命，却是有趣且雅俗共赏的，与澳大利亚保守的奥运会选手的审美相违背的是达达主义。当你观看1956年奥运会的开幕式时，你可能要掐掐自己，提醒自己此刻不在1948年的伦敦。墨尔本板球场地虽然有些地方有三层，但配备的是与温布利相同的朴实无华的波纹铁皮圆屋顶和木制座椅。这场演出以皇家军乐队演奏的《天佑女王》开始，以《哈利路亚大合唱》结束。菲利普亲王作为英国王室和国家元首的代表，身着全套海军制服出现在观众面前，就像他的岳父、已故的乔治六世国王在1948年奥运会开幕式上所做的那样。一位穿着正装的英国圣公会大主教带领观众祈祷，官方节目将这座城市描绘成一个英格兰伊甸园，"在凸显功能性的设计和结构的现代郊区住宅的街道上，到处都是美式超市、免下车电影院和银行，同时还有种植英国玫瑰和薰衣草的花园的理想家庭环境"。[8]

为了呼应这种城市风格，官方电影以极其有限的方式来描述这个体育大国的运动员。雪莉·斯特里克兰被描述成一个中产阶级运动员，同时也是一个妈妈，来自城市的富裕区；奇利亚·波特是一名剪羊毛工人，也是跳高运动员；第一个在体育场观看比赛的人将是来自郊区保龄球俱乐部的一位女士，该俱乐部是墨尔本体育的支柱。就像这座城市的土著人一样被视而不见的——这部电影告诉我们，他们的回旋镖，虽然"曾经是致命的武器……现在只是教给游客的一种游戏"——是工人阶级和澳大利亚移民的运动会，参加这些运动会通常是职业的运动员：板球、足球、橄榄球联盟，最重要的是遵循澳大利亚规则的足球，它是这个城市最受欢迎的一项运动。鉴于这种公然的虚伪，我们都应该感谢巴里·拉金和一群悉尼大学的学生，当火炬传递到悉尼时，他们上演了第一个伟大的奥运会恶作剧。为了抗议火炬传递的仪式起源于纳粹这个毫无争议的事实，他们制作了一个假火炬，点燃服国民兵役者穿过的一条浸满煤油的内裤。拉金将火炬传递到悉尼市政厅，在那里，他赶在官方火炬传递者到来之前，将火炬传递给悉尼市长帕特·希尔斯，随后就跑掉了。

  在现实世界中，时局并不那么平静。就在开幕式前两周，以色列入侵埃及，英法协同占领苏伊士运河，埃及人退出了奥运会，伊拉克人和黎巴嫩人也纷纷效仿。一周后，西班牙、瑞士和荷兰退出奥运会。在海德堡公园奥运村，以色列运动员和阿拉伯运动员被小心翼翼地分开，苏联人和匈牙利人也是如此，特别是因为苏联奥委会刚刚被说服放弃他们在港口一个漂浮的轮船旅馆里单独居住的计划。即使在那时，他们仍然坚持和其他人错开时间用餐和训练。澳大利亚队以前和亚洲其他国家的代表队一起居住，现在被转移回英语区。当年早些时候，国际奥委会中国委员董守义呼吁驱逐中国台湾奥委会，但是布伦戴奇主席拒绝了这一要求。奥运会开始前两周，中国做了一直计划做的事情，正式退出奥运会，以抗议国民党方面派代表团参加奥运会。

艾弗里·布伦戴奇对此的回应是重申，"我们坚决反对任何国家将奥运会用于政治目的，无论是对的还是错的目的。奥运会是个人之间的竞争，而不是国家之间的竞争"。[9] 这样的言论出自布伦戴奇体现出他无与伦比的虚伪，因为正是他主张组建一支代表两个德国参加 1952 年奥运会的队伍，结果这支队伍完全由联邦德国领导、由联邦德国组成。政治干预似乎只要出自适当的人和适当的政治制度类型就是允许的。1955 年，苏联承认德意志民主共和国是一个独立的主权国家，而不是被占领区。民主德国在盟国的鼓励和支持下，再次向国际奥委会申请注册他们的国家奥林匹克委员会。国际奥委会坚持 1952 年确立的立场，即无论世界其他地方和国家的态度如何，只有一个德国，因此只有一个德国奥林匹克队，国际奥委会承认民主德国国家奥委会，条件是它必须加入联邦德国奥运队。两个德国国家奥委会的代表讨论了实际问题，并同意他们将在带有白色奥林匹克五环的德国三色旗下游行，官方场合将采用贝多芬的《欢乐颂》来代替无法达成一致的国歌。一名联邦德国体育记者表示，"根本不存在一支完整的德国队。'两支队伍'分别到达和离开，两个国家的奥委会官员在奥运会上的关系非常紧张。在体育凝聚力和人类友谊的意义上，不存在一个'团队'的问题。但是国际奥委会主席艾弗里·布伦戴奇相信自己已经取得了政治上没有达成的目标：德国的重新统一。这是一幅很好的画面，却是海市蜃楼"。[10]

澳大利亚举办了当时最成功的奥运会，赢得了 13 枚金牌，每个冠军都被塑造成普普通通的男性或女性。雪莉·斯特里克兰平时是一名物理和数学兼职讲师，但在官方电影和当地媒体中，她被描述成一

第五章 小即是美：
战后奥运会的失落世界

个做事井井有条的郊区家庭主妇，照看她的孩子、草坪和玫瑰花，而她恰好是本届奥运会跨栏冠军。她赢得了比赛，成了全国的金牌女孩，但是她的地位很快被年轻的短跑运动员贝蒂·卡斯伯特取代，她在100米、200米赛跑和100米接力赛跑中获得了三枚金牌。澳大利亚奥林匹克游泳队一直很强大，这是一种传统，受气候、游泳池和充满活力的海滩和冲浪文化的共同推动，同样的传统使得加利福尼亚州成为有着非常成功的水上运动地区。1956年，该队充分利用了主场优势。默里·罗斯和乔恩·亨德里克斯共获得五枚金牌。但是澳大利亚人最喜欢的是道恩·弗雷泽，这位来自悉尼工人阶级的青少年成为轰动人物，她首次参加奥运会就获得两枚金牌。其中一枚是在100米自由泳比赛中获得的，此后，她连续两次获得了这个项目的金牌。

冷战的象征性冲突——首先是苏联在第二次参加夏季奥运会时与美国的正面交锋，仍然只是一个潜在的、没有公开的故事。尽管苏联毫无争议地位居奖牌榜榜首，但是在没有电视或新闻影片报道的情况下，这种故事以及由于导弹数目和奖牌数目上的差别可能引发的歇斯底里的态度，要等到广大美国电视观众观看1960年罗马奥运会的时候才会显现。相反，墨尔本出现的是铁幕背后的冲突。澳大利亚的匈牙利移民小团体团结在匈牙利队周围。他们中的500人手里举着去掉了锤子和镰刀的匈牙利国旗，迎接了抵达该市机场的匈牙利队。当中量级拳击手拉斯洛·帕普击败波多黎各选手何塞·托雷斯，赢得他的第三枚金牌时，他们摇旗呐喊，但他们叫得最响亮的是水球比赛。[11]

匈牙利队和苏联队共乘一艘来自欧洲的船，战斗在船上就已经开始。这两支球队在水球比赛的四分之一决赛中相遇，近5000名匈牙利裔澳大利亚人前来支持他们的球队。匈牙利人总是想击败他们的对手，在比赛开始两分钟后，他们把彼得·麦克维涅拉泽送到了受罚席。下半场初段，匈牙利队以2比0领先，"鲍里斯·马尔卡罗夫用力朝匈牙利的安托尔·贝尔瓦里的眼睛打了一拳"。现场随即一片大乱。游泳池水面上下的战斗如火如荼。在比赛的最后一分钟，一名苏联人重重地打了埃尔文·萨多，结果他的额头裂开了，血流成河。观众咆哮着走下看台，迫使警察介入。匈牙利以4比0的成绩坚持到最后，随后萨多说明队伍全力以赴取得胜利的原因："我们觉得我们不仅仅是为了自己，也是为了整个国家。"

撇开这些冲突不谈，墨尔本奥运会没有出现民族主义的怨恨和盛况，但是也没有人将之称为友好运动会。然后，在奥运会只剩下一周时间的时候，一个华裔澳大利亚少年雷天得匿名给组委会主席肯特·休斯写信，建议改进闭幕式，让它变得轻松自然点。鉴于开幕式的大部分内容都是军事和荒谬的盎格鲁中心主义行为，人们以为，雷天得的提议没有太大的成功机会。他写道：

> 我心目中的闭幕式游行不同于开幕式上的游行，它将使奥运会更加伟大，在游行期间将只有一个国家。战争、政治和国籍都将被遗忘，如果整个世界能够成为一个国家，人们还有什么想要的呢？你看，你可以轻而易举地做到这点……任何队伍都不能聚在一起，不能有超过两个队友在一起，他们必须均匀分布，他们不能齐步走，而是自由行走，向公众挥手致意……它将向全世界展示澳大利亚是多么友好。[12]

第五章 小即是美：
战后奥运会的失落世界

值得永远称赞肯特·休斯的是，他接受了这个想法，并说服了委员会中乏味、乖戾的布伦戴奇和怀疑论者，坚称这样的想法会奏效。奥运会的官方报道简直是欣喜若狂，"一幅预言人类新未来的画面——世界运动员现在不再泾渭分明，而是……作为一个整体在纯粹人性的大联合中行进，这是友谊的节日"。[13]

事实并非完全如此，不像雷天得想象的那样。运动员们都被混在一起，他们尽了最大努力不齐步走，但是，他们仍然排成五列，而且队伍不能分得太开，你可以看到许多人发现自己很难信步闲逛或者在游行场地外找到任何空间漫步。至于"纯粹人类的大联合"，中国人不在场，而且即使其他人对这个说法满意的话，非洲人民也会提出异议。他们的南非代表团全部是白人，利比里亚代表团都是从美国归国的人，尼日利亚、肯尼亚及刚刚取得独立的埃塞俄比亚的代表团成员都是殖民主体国家的人。把闭幕式说成节日或许也有点牵强。正如哈罗德·卢克顿爵士在谈到奥运会未能放宽墨尔本禁止饮酒的法律时说的那样："我爱墨尔本。我在这里住了一辈子，但它还是极为枯燥乏味。"[14] 更重要的是，在体育场外面以及聚集在澳大利亚仅有的5000台电视机周围的人们，没有人能看到他们。在即将到来的奥运会上，电视将使世界成为一个整体，奥运会将试图告诉世界，战争、政治和国籍都可能被遗忘。游行将会更加无忧无虑，一个更加多样化的人类共同体将会出现，但是这样的理想实现的难度更大。

第六章

光影留存：奥运会的光彩与阴影

罗马 1960・东京 1964・墨西哥城 1968・慕尼黑 1972
斯阔谷 1960・因斯布鲁克 1964・格勒诺布尔 1968・札幌 1972

> 从各个角度来看，奥运会都是一场美丽的奇观：和平的颜色，旗帜，力量，青春和对人类力量极限的迷人的考验。它们是如此美丽的奇观，以至于即使是冥顽不化的古罗马人，这些身披铠甲的乌龟，这些墙壁上被流年覆盖的蜥蜴，也对它们产生了兴趣。
>
> ——卡洛・利瓦伊

> 图像还在。它越来越宽广。如果你看看上个世纪的图像，没有什么比这更像的了。"人类"不足以维持它的存在。
>
> ——约翰・卡洛斯

第一节

让罗马蜥蜴抬起头来的一定是某种特殊的东西。古罗马肯定目睹了这一切，但它从未见过有什么东西如同现今的奥运会一样，如此规模庞大、复杂而激烈。[1] 从1960年的罗马奥运会开始，接下来的四届夏季奥运会都是主办国宣布国内转型和宣示国际地位的重要场合。首先是意大利，接着是日本，然后是联邦德国。它们都利用奥运会来标志它们战后受蔑视的地位的结束，同时也是长期非凡的工业增长和繁荣的鼎盛时刻。墨西哥长期以来被认为是一个贫穷和边缘的国家，通过加入经济合作与发展组织和主办1968年奥运会，跃入工业化国家的行列。如此大的象征性的野心与全球电视观众的到来交织在一起，使得扩大奥运会的规模成为可能。83个国家的5300名运动员出席了罗马奥运会；121个国家的7300多名运动员参加了慕尼黑奥运会。除了现有的17个奥林匹克运动项目，国际奥委会还增加了柔道、排球、手球和射箭。然而，奥运会运动核心体育项目的数字增长造成举办成本的指数增长。即使考虑到通货膨胀，战后奥运会结束时的账单都不到500万美元。1960年罗马奥运会的账目不甚透明，但据称花费了3000万美元——尽管考虑到与之相关的公共工程规模，这个数字可能在很大程度上低估了举办成本。不管怎样，1964年的东京改变了一切。为举办奥运会建设的大规模混凝土场馆和基础设施耗费了28亿美元。罗马修理了它的古代遗迹，拓宽了道路，完成了法西斯体育场，建造了一些新的竞技场，但与东京的野心相比，这是微小规模的努力。在日本，奥运会被视为国家经济战略的一个关键要素,该战略旨在使人均国内生产总值在十年内翻一番,同时也是一项将彻底改变东京的城市战略,东京政府正计划建设一座人口超过 1500 万的城市。奥运会启动了城市污水系统的全面重建,100 公里城市高速公路的建设,其中许多公路高出东京的地面街道,下面有两条新的地铁线,一个翻新的港口和机场,一条超现代化的单轨列车,可以把游客带到这座城市的四个五星级新酒店,以及皇冠上的宝石——新干线,即西方人所称的"子弹式高速列车",它是世界上最快的客运列车,连接东京和大阪。墨西哥城和慕尼黑无法与之相比,但这两个城市的建设都花费了 5 亿美元左右,并以奥运村规模最大、建筑最壮观而自豪。罗马奥运会提供的住宿由低层街区的 1350 套公寓组成;墨西哥城的奥运村有 5000 个独立居住单元,位于高达 10 层的建筑中。慕尼黑建造了一个完整的街区,它本身只是巨大奥林匹克公园的一部分,这个公园将城市中心一个被战争破坏的巨大场地改造得焕然一新。

  罗马在文化共鸣、意义象征、知名品牌和图标方面并不需要付出太多努力,但接下来的三届奥运会都需有意识地进行精心设计,并同时举办规模越来越大和花费越来越高的文化节。龟仓雄策设计了东京的视觉标志包括没有额外修饰但是吸引眼球的旭日海报,广泛使用了如今无处不在的奥林匹克体育图标;这些在 1936 年和 1948 年首次被使用,但是现在已经成为一套世人都能理解的图标和标志的一部分。[2] 墨西哥组委会将设计机会授予了年轻的美国人兰斯·怀曼,想传达给世界的信息是,"戴着宽边帽的沉睡者并不能恰当地代表墨西哥"。怀曼提交了一系列惊人的设计图,将墨西哥太平洋沿岸的土著惠乔尔族人的令人耳目一新的黑白图案与布里奇

第六章 光影留存：
奥运会的光彩与阴影

特·赖利的光效应绘画艺术风格，以及沃霍尔风格的①波普艺术的强烈脉动色彩结合在一起。[3] 为举办1972年的慕尼黑奥运会，引领包豪斯建筑学派在联邦共和国复兴并且参与小规模抵制希特勒的白玫瑰运动的设计师奥托·艾舍，确保了奥运会设计工作的全面、统一、实用和低调。艾舍极为清楚慕尼黑奥运会美学的政治重要性，"信任不能通过语言获得，只能通过视觉证据和赢得同情来获得。这不是解释如今德国的不同，而是展示它的不同"。[4] 他使用的色彩是冷色和静色，而不是柏林奥运会上使用的猩红色和金色。字体简洁明了，无衬线通用字体（sans-serif Univers）消除了哥特式窗花格的最后一点痕迹。组委会主席威利·道姆亲自委托大卫·霍克尼和约瑟夫·艾伯斯等当代明星制作了28张高雅艺术海报，安排了一个庞大的国际音乐节目，其中有专门针对古典音乐、当代音乐、前卫音乐、爵士乐和民间音乐的单独节目，而整个节目包括了"五十七部歌剧、七部轻歌剧、三部音乐剧、十部芭蕾舞剧、三十部戏剧、四十二场管弦乐音乐会、八场合唱音乐会、二十四场室内音乐会和个人演奏会、二十二支管弦乐队、五十六名指挥、七十名独奏者和六场展览"。[5]

即使有这样规模的城市舞台布景和文化盛会，奥运会的实际观众数量也只有几百万。总是被组委会大大高估的外国游客的数量，仍然微不足道。通过电视，这些规模更大的奥运会吸引了相当多的观众。所有类型的媒体都增加了关于奥运会的报道。罗马接待了2200名奥运会认证记者；参与报道慕尼黑奥运会的记者人数翻了一

---

① 指安迪·沃霍尔（Andy Warhol）。——译者注

番，达到 4500 多名，组委会十分渴望取悦他们，以确保他们对奥运会进行正面的报道，以至于每个记者都在奥运村拥有自己的补贴房间，每个房间配备一部电话和一台彩色电视，这在当时是闻所未闻的奢华待遇。日本国家广播公司日本放送协会为 1964 年奥运会建造了第一个如今每届奥运会都配备的奥运广播中心。

电视尤其需要新的设施，增加了举办奥运会的成本，但它也带来了收入。1960 年，罗马奥运会组委会成功地将电视转播权低价卖给了欧洲广播联盟、欧洲电视联播网和日本放送协会，并以高价卖给了美国哥伦比亚广播公司——当时的价格高达令人难以置信的 394000 美元。[6] 通过一系列转播站，十二个欧洲国家能够观看将近一百个小时比赛的现场直播。美国和日本依靠每日越洋飞机航班将编辑好的集锦带回国进行黄金时段转播。东京奥运会上，转播开始被直播卫星广播取代。它在 1964 年仍然处于实验性阶段，它使美国观众有机会观看墨西哥奥运会的大部分现场直播，通过卫星直播并且画面是彩色的。即便哥伦比亚广播公司转播 1960 年罗马奥运会时只能提供模糊不清的黑白影像，它也赢得了 36% 的收视率，并且获得相当可观的广告收入，在此后三十年里引发了美国电视网争夺奥运会电视转播权的激烈竞争。东京奥运会赚了 160 万美元，墨西哥城奥运会赚了 1000 万美元，慕尼黑奥运会赚了 1800 万美元。然而，这只是一条缓慢上升的曲线，莫斯科在 1980 年通过出售电视转播权获得 8800 万美元，而四年后，洛杉矶通过出售转播权获得 2.87 亿美元。在这个自动上升的螺旋中，奥运会促进了电视的购买率——在举办东京奥运会的前三年里，日本电视收看许可证的数量从 200 万增加到 1600 万；在举办慕尼黑奥运会之前的几个月里，联邦德

第六章 光影留存：
奥运会的光彩与阴影

国的彩色电视机购买量几乎翻了一番，这创造了前所未有的收视率。在日本，98%的人观看了东京奥运会的部分赛事，90%以上的人观看了开幕式，近四分之三的人观看了大量赛事。英国广播公司的内部刊物《阿里尔》(Ariel)以令人窒息的热情报道说，他们深夜直播的墨西哥奥运会节目有1700万人观看，在英国这个一切体面的节目都在午夜前关闭的时代，"1000万观众仍然在观看英国广播公司直播的奥运会，350万观众一直观看到凌晨1点30分。"[7]观看奥运会的不仅仅是最富裕国家的观众。1960年，只有21个国家观看了罗马奥运会，1972年有98个国家观看了奥运会，这证明了电视在西欧和北美全面传播，同时它在拉丁美洲和亚洲的城市富人间极速传播。与前几年不同的是，他们能够观看每一场比赛的决赛，在美国电视公司的要求下，决赛最终安排在不连续且不重叠的时间段。这只是奥运会节目和形式为适应电视观众的需求而发生的诸多变化中的第一个。电视媒体的胜利对电影产生了重要影响，尤其是新闻短片①。新闻短片是有关罗马奥运会报道的重要组成部分，尤其是在那些没有国内电视系统的国家；到20世纪70年代初，通过新闻短片报道奥运会的方式结束。同时结束的还有奥运会电影，尽管市川昆拍摄的纪录片《东京奥运会》和多名导演1972年奥运会共同拍摄的《八个视点》作为最后两部奥运会专题片不乏美学意义。前者尤其拍得富有人情味、很幽默，这种艺术形式是对里芬斯塔尔超出普通人品位的《奥林匹亚》的最好回击。[8]

---

① 新闻短片（newsreel）：一种包括了新闻故事和热门话题的简短纪录片，在20世纪10年代初至70年代中期很流行，通常在电影院内播放。——编者注

国际奥委会岌岌可危地坐在这波经济变革和技术变革的顶端，而在国际奥委会的顶端仍然坐着艾弗里·布伦戴奇主席，随着20世纪60年代的推移，他脸上的表情显示出，他变得越来越容易恼怒和暴躁。直到1956年，他还认为奥运会可能会脱离电视时代："国际奥委会已经在没有电视的情况下举办了六十年，相信我，我们还会以这样的方式再举办六十年。"结果不是那样的。在将谈判电视合同的权力移交给组委会后，电视收入开始大幅增加，由于国际奥委会只收到很少一部分资金，布伦戴奇开始后悔自己的立场，"国际奥委会一直保持自己免受财务纠纷的困扰，事实上，这种免受困扰的做法让它从来没有足够的资金来做它可以做的有用工作"。[9] 到20世纪60年代中期，国际体育联合会和日益贫困的国家奥林匹克委员会的领导层中最具有商业头脑的人也和他一样发生了思想转变。国际奥委会还需要二十年时间来重新掌控奥运会电视转播权的销售权，还需另外十年时间来掌控广播电视产品本身。[10]

布伦戴奇和国际奥委会同样对20世纪60年代的性、毒品和摇滚乐感到困惑。精英体育运动中兴奋剂和药物使用的上升趋势使首个奥运会受害者出现在罗马奥运会上：丹麦自行车运动员克努德·詹森因服用血管扩张剂罗尼可在比赛中昏倒，后来在医院死亡。奥运会上令人担忧的性别认同问题也得到了解决，1968年格勒诺布尔冬季奥运会和墨西哥城夏季奥运会首次引入了性别测试和药物测试。至于摇滚乐，奥运会尽量设法与那个时代最具威胁性的音乐创新风格保持距离，仍然重视军乐队、管弦乐队和合唱队以及国歌，但即使在奥运会上，流行音乐的地位也有所改变，因为电子音乐首次为开幕式增色，爵士乐节伴随着墨西哥城奥运会和慕尼黑奥运会。[11]

第六章 光影留存：
奥运会的光彩与阴影

另外三个问题继续动摇旧的奥林匹克秩序：国际奥委会固执地试图扭转精英体育的商业化和职业化趋势；去殖民化的体育政治；以及冷战政治在奥林匹克运动中的持久存在。国际奥委会在支付运动员工资上的顽固立场，甚至是补偿运动员因参加国际比赛而休假的补贴，都因其事实上接受苏联精英体育模式的做法而成为笑柄。国际奥委会允许苏联、其盟国及其近卫军中的专职国家资助体育人员参加奥林匹克运动后，对来自其他地方的运动员越来越歇斯底里却效率低下的监管显得虚伪，最终这种监管的态度变得绝望。德邦德国短跑运动员阿明·哈里在1960年奥运会上公然展示阿迪达斯和彪马这两个品牌的鞋子。阿尔卑斯滑雪者的比赛装备印有制造商的标志，高尔夫和网球领域的职业明星靠大量代言积累财富的做法让其他运动员清楚地知道他们错过了赚钱的好机会。到1968年，阿迪达斯与墨西哥城奥运会组委会达成了一项单独的协议，在奥运村内建立了自己的赠品鞋店。[12]

正如奥运会上的数字表明，欧洲帝国在非洲、加勒比海和亚洲的瓦解创造了几十个新的国家，这些国家第一次参加了奥运会。这一参赛人员的变化给国际奥委会带来的诸多挑战之一是种族隔离和排斥南非的问题。[13]事实上，这成为后殖民国家团结一致的关键原因，并且导致了广泛的抵制行为，暴露了国际奥委会"卫道士们"根深蒂固的欧洲中心主义和种族主义思想。从20世纪50年代末开始，苏联人和斯堪的纳维亚人就一直在鼓动国际奥委会正视南非的种族隔离，禁止该国参加奥运会。20世纪60年代初，许多新独立的非洲国家加入了这一阵营，国际奥委会在这些国家的共同要求下被迫敦促南非宣布非种族隔离原则。没有一个新独立的非洲国家前来参加奥运会，因此南非被排除在东京奥运会之外。1967年，种族隔离的辩护者们采用了最后的拼死斗争，请求国际奥委会向南非派出一个实况调查团，毫无悬念的是，调查团发现南非一切都很好，它应该受到邀请参加墨西哥城奥运会。国际奥委会，一个71个成员中只有1个非洲黑人的机构，同意了这一观点。布伦戴奇意识到墨西哥人会被激怒，害怕随之而来的抵制，接受了投票结果，但是没有向南非发出邀请——这是1970年南非实际上被驱逐的前奏。

更为激进的是，苏加诺领导下的印度尼西亚，为冲破西方大国体育垄断，发起了名为"新兴力量运动会"的世界性运动会。1962年，印度尼西亚主办了亚运会，在亚运会联合会的施压下，印度尼西亚奥林匹克委员会同意邀请与其没有建立外交关系的国家和地区——以色列、中国台湾和朝鲜。亚运会前夕，在中国和阿拉伯国家的施压下，印度尼西亚拒绝向以色列人和中国台湾人发放签证。国际奥委会的回应是暂停印度尼西亚参加奥运会的资格。苏加诺总统预计到了这一举动并且制定了反制措施，宣布印度尼西亚将主办新兴力量运动会——这是印度尼西亚民族主义者在1955年万隆会议上首次发起的不结盟运动在体育方面的体现。他反驳国际奥委会的决定时说："据他们说，奥运会上的运动没有政治……当他们排斥共产党领导下的中国的时候，那不是政治吗？当他们对阿拉伯联合共和国不友好时，那不是政治吗？现在让我们坦率地说，体育与政治有关。印度尼西亚提议将体育和政治结合起来……现在让我们举办新兴力量运动会……以反对守旧势力。"[14]

第六章 光影留存：
奥运会的光彩与阴影

尽管国际奥委会发出了禁止参加新兴力量运动会的任何选手参加奥运会的威胁，但是在1963年，还是有51个国家向雅加达派出了2700名运动员。除开标志之外，这次运动会沿袭了奥运会所有的标志性因素，同样有旗帜和国歌、宣誓和盾徽、演讲、火炬和圣火。在体育方面，这不算是一场比赛，因为很少有选手是有实力参加奥运会的运动员；例如，苏联派出了一个非常二等的运动员代表团，其中许多是工会或青年运动的运动员。尽管如此，这在国内范围内被认为是取得了一个相当大的胜利。第二届运动会计划于1967年在开罗举行，但最终这一届运动会的规模大大缩小——只有17个国家参加，除了几内亚以外其余代表队都来自亚洲，但是运动会不是在开罗举行的，而是在柬埔寨的金边。这是西哈努克亲王反对美国支持他的国内对手"自由高棉"[①]的斗争中使用的一个外交政策工具，但是这并非没有体现国际秩序发生的新变化。如果当时的中国仍然对新兴力量运动会保持关注，就会感到印度尼西亚不再是一个合作的伙伴。

冷战的基本动力继续在奥运会上表现出来。美苏最高级别的对峙集中在奖牌榜上。两个德国的地位已经在国际关系中正常化，在1968年的奥运会上得到确认，当时联邦德国队和民主德国队分开比赛。冷战中的每一方都与国际奥委会就运动员签证、国家铭牌、充满政治偏见的判决、叛逃威胁和实际离境等问题发生争执。有时，对峙双方会在比赛中碰面，就像1972年男子篮球决赛的充满政治色

---

① 自由高棉（Khmer Serei）：一支由柬埔寨的民族主义者山玉成和杨世祖领导的反对共产主义和反动君主主义的武装队伍。1959年，山玉成发表宣言称西哈努克亲王支持柬埔寨共有化。——编者注

彩的壮观结局。然而，一个运动员的微小动作，被电视放大了十亿倍，观众对冷战提出了最尖锐的评论。

在创造一个舞台和举行一场盛会的过程中，奥林匹克运动和它的主办者将仪式、节日和体育赛事以一种非凡的方式结合起来，因此产生了与参加奥运会的国家有关的复杂信息以及精英项目，并通过转播或直播将它们传达给数十亿全球电视观众。但是这样的做法，也为其他人打开了这些渠道。约翰·卡洛斯在谈到自己向奥委会抗议的情景时，他的观点是对的。那个时代最受瞩目和尊敬的奥运会形象是他在墨西哥城奥运会200米赛跑的颁奖仪式上与汤米·史密斯一起做出支持黑人维权运动的手势。那幅图像现在仍然留存在我们的脑海当中。就像他说的，这并不是因为人们希望发生这样的局面。虽然电视时代对奥运会史无前例的媒体报道，使史密斯和卡洛斯表达希望与反抗的戏剧性场面成为可能，但是它也为我们那个时代的另一幅决定性画面创造了十足的条件：在慕尼黑奥运村以色列队公寓的混凝土阳台上戴着巴拉克拉法帽的那个男人。慕尼黑奥运村村长瓦尔特·特勒格尔回忆起他曾试图通过谈判让恐怖分子释放被绑架的以色列运动员和教练，转述了"黑色九月"恐怖分子头目伊萨的话：伊萨无法释放人质，但是他确实想感谢德国人，"他们举办了一届出色的奥运会……它为巴勒斯坦人提供了一个展示平台，他们可以在这里向全世界数百万的电视观众表达他们的不满"。[15]

第二节

顾拜旦将1908年奥运会的举办权授予罗马后,希望"奉行功利主义的美国"度过灾难性的间歇期后,奥运会将要穿上"艺术和思想交织的华丽外衣"。美好时代末期的意大利可以设法将艺术和思想结合起来,但是几乎没有为运动的流行创造多少条件。事实上,意大利工业化后期已经产生了一个非常薄弱的体育公民社会。来自农村的贵族们热衷于击剑、骑马和射杀动物,但是很少有其他的运动项目。人们可以在意大利举行的第一次大型公路比赛中发现,这个国家后来痴迷于自行车和赛车运动——两轮赛车和四轮赛车,但是它们的全盛时期要等到真正的意大利制造业的兴起。除了足球和体操,很少有运动在这个国家的城市站稳脚跟。学校几乎完全没有开设体育课。北部城市和首都的体育组织之间的斗争激烈,再加上总理乔利蒂——"一个很难想象会参与任何形式的个人快速运动的人物"不冷不热的支持,使得奥运会的举办权最终移交给了伦敦。[1]相比之下,1960年罗马奥运会组委会主席、当时的基督教民主党国防部部长朱利奥·安德烈奥蒂,在成为战后意大利最重要、人际关系最广、最有影响力的政治家的道路上,热忱地接受了现代奥林匹克主义的陈腔滥调。在他对奥运会的欢迎致辞中,他想象罗马可能成为世界的"体育之都",并且认为奥林匹克的外衣"在罗马会比遥远的1908年更加华丽"。[2]

当然,到1960年,意大利的体育文化已经发生了转变。[3]罗马以各种方式尽最大努力寻找历史先例,并且提出可以诠释辉煌历史的国家体育遗产。火炬传递始于西西里岛，神话中被认为是阿尔菲俄斯河的源头，奥林匹亚的神殿就建在河岸上，它沿着一条有意采用意大利南部希腊考古遗产的路线，而且希腊裔意大利运动员吉安卡洛·佩里斯点燃奥林匹克圣火盆也被大书特书。体操比赛是在卡拉卡拉浴场的遗址举行的，摔跤比赛是在马克森提乌斯大教堂举行的，而马拉松比赛是在灯火通明的君士坦丁凯旋门下结束的。除了奥运会项目，游客们还可以在重建的锡耶纳广场观看意大利足球——文艺复兴时期佛罗伦萨与现代足球相似的比赛，还可以观看中世纪的巴来斯特列里赛马节上的翁布里亚射箭比赛。

然而，在意大利体育发展的最重要时代——法西斯主义当道的时代的问题上，官方的计划和言论明显保持沉默。事实上，只有在墨索里尼的领导下，体育才成为意大利政府政策的核心要素——在国内，体育成为国家发展的工具；在国外，体育展示了意大利帝国的新活力。在风格上，墨索里尼偏爱拳击的阳刚之气、马术和击剑的战士光环以及赛车技术体现的强劲力量，这些特质都在两次世界大战之间得到彰显，但是墨索里尼政权也大力支持自行车运动、田径运动和学校体育教育，并且严格按照国家和政党控制的路线重新安排足球（以及所有其他体育组织）。在国家的大力支持下，意大利在1932年洛杉矶奥运会奖牌榜上名列第二，在柏林奥运会上名列第三。1934年，意大利成功主办足球世界杯，并且意大利国家队取得冠军，备受鼓舞的墨索里尼政权积极申办1940年奥运会，随后向新盟友日本让步，以换取1944年奥运会举办权的含蓄承诺。为了迎接这些比赛，墨索里尼政权完成了罗马北部边缘的体育设施和体育场综合体的建设，并将其命名为墨索里尼广场。它在装饰风格上体现出相同的风格。在主体育场大理石球场旁边，铺设了一条热身跑道，开辟了一个充满法西斯主义身体幻想的雕塑花园，周围树立着60个大理石雕刻的运动中的人物形象。一位美国游客埃莉诺·克拉克讽刺性地写道："他们的肌肉不符合解剖学原理，下巴都像墨索里尼那样凸起，生殖器的大小符合宣扬阳刚气概的政策……牧羊犬式的眉毛下透出咄咄逼人或者傲慢专注的目光，双手有毛皮手筒那么大，长度垂到膝盖。"[4] 在城市的南部边缘，墨索里尼政府开始建造罗马世界博览会会馆。负责该项目的资深政治家维托里奥·辛尼将罗马规划为世博会和奥运会的地址，并且要让它体现出"法西斯时代20年的明确风格"。第二次世界大战开始时，还未完工的罗马世界博览会会馆的建设停止了，到规划1960年奥运会时它才被赋予了新的生命。事实上，完工的罗马世界博览会会馆和翻新的墨索里尼广场代表了罗马奥运会的两极。然而，官方宣传仅仅把它们的建筑风格描述为"充满活力的古典主义"。

遗忘历史是罗马奥运会整个商业模式的重要组成部分。委员会中的政治家和行政人员组成关系紧密的团队，私下将建筑委托和建筑合同分配给一小部分知名内部人士，尤其是北方的大型建筑公司和支持法西斯主义的知名建筑师。曾经受到墨索里尼青睐的新古典主义主要创造者马塞洛·皮亚琴蒂尼，就像他创造的罗马世界博览会的综合会馆一样，恢复了名誉并且重新受到重用。墨索里尼广场现在改名为意大利广场，而它的设计师恩里科·德尔·德比奥受到委托，在广场上新建了一个露天游泳场馆。墨索里尼政权的积极合作者和支持者，如路易吉·莫雷蒂和阿达尔贝托·利伯拉，受到委托在坎波·普里奥卢设计奥运村，这里原本有为数十万涌进城里的贫困人口和无家可归的移民建造的大量临时住房。不用说，奥运村建设新公寓是提供给政府雇员的，而不是给那些无家可归的移民。组委会没有遗忘梵蒂冈。教会一度在神学和意识形态上反对有组织的体育运动，但是它已经开始意识到体育的价值，尽管它仍然对任何形式的女子运动深表怀疑。在赌博问题上，它当然可以对其视而不见。单式足球彩票是20世纪50年代建立的国家足球赌博系统，在城市贫民中非常受欢迎，它为举办奥运会、建造和翻新体育设施提供了绝大部分资金。在圣彼得教堂外举行的大型弥撒中，教皇约翰二十三世到场祝福参赛者。作为回报，该教堂是罗马房地产价值大幅上涨的最大赢家之一，尤其是房价大涨的奥林匹克大道。它被称为"黄金路"，连接了罗马市中心南北两个主要的奥运会场馆，为城市的西部开辟了新的发展空间。然而，在负责建设罗马小体育官和罗马大体育官的路易吉·奈尔维的作品中，1960年的意大利的另一面得到了具体表达。

奈尔维受过工程培训，并在20世纪30年代和40年代致力于改进建筑钢筋混凝土的制造和使用。作为意大利工业前沿高端科技和高级设计方法的体现，奈尔维设计的两座体育官——较小的采用加肋穹顶，它看上去像一个巨大的玻璃混凝土飞碟——抹去了法西斯历史的每一个痕迹。明亮、通风、尺度宜人，屋顶的抽象几何图案既实用又美观，这种结合使意大利成为冰箱、电视、洗衣机、打字机和汽车的主要生产商和出口商。这反过来又支持了该国有史以来最快的经济增长，并引发了最大的国内移民潮，一千万以上的人，绝大多数来自贫困的以农业为主的南方，背井离乡，前往北部的罗马和工业发展强劲的城市，如米兰和都灵。

第六章 光影留存：
奥运会的光彩与阴影

经济变革也开始引发政治变革。自 1948 年以来，牢牢掌握政权的基督教民主党已经开始瓦解，共产党越来越受欢迎，而基督教民主党的支持率在下降。1960 年初，费尔南多·塔姆布罗尼政府试图通过右翼运动和与意大利各地兴起的新法西斯主义党——意大利社会运动党结盟来巩固自己的地位，这个做法引发了意大利各地包括罗马的反法西斯骚乱和示威，最终塔姆布罗尼政府垮台，由中间派的阿明托雷·范范尼担任新的总理。这为在罗马奥运会上至少部分解决法西斯遗产中最有争议的方面开辟了道路。从墨索里尼的个人方尖碑延伸到奥林匹克主体育场的帝国广场大道，铺设了罗马风格的马赛克，具有法西斯主义运动和崇尚军事胜利的特色。罗马左翼组织的请愿未能促使基督教民主党执政的市议会采取行动，共产党将此事进一步提交议会。国家层面施加的压力迫使基督教民主党至少做了些表面变化。罗马当局只删除了两个部分——一个显示法西斯效忠誓言的部分，另一个谴责国际联盟在意大利入侵埃塞俄比亚后实施制裁的部分，然后增加了三个新的部分，以庆祝战后共和国形成的重要时刻：1943 年 7 月法西斯主义的垮台，1946 年 6 月建立意大利共和国的全民公决，以及 1948 年 1 月 1 日意大利共和国宪法的制定。

奥运会本身为这个新国家带来了更加微妙的标志。在奖牌榜上排名第三，位列冷战两大超级大国之后，意大利几乎不敢相信自己的好运气。《晚邮报》谈到了体育方面的胜利，但是这不仅仅是对意大利自身经济转型的惊讶回应："这太好了，太不真实了，你必须努力去相信这是真的，这不是海市蜃楼。"最值得一提的是，获得了 200 米赛跑金牌的里维奥·伯鲁蒂，他是都灵大学的一名学生，在

285

半决赛和决赛之间翻阅自己的化学笔记，跑步时戴着墨镜。他的形象几乎在所有方面都与法西斯超人相反，伯鲁蒂颂扬了这种非常不同的意大利男子气概："他戴着眼镜，即使在跑步时也是如此，他的姿势具有知识分子的优雅精致。他的那些手势表明，成为冠军的内在力量与培养艺术家或伟人的内在力量没有什么不同。"[5] 人们庆祝自行车比赛和水球比赛的胜利，这是在意大利农村和小城镇备受欢迎的两项主要运动。意大利工人阶级有他们自己的体育冠军和自学成才的文化人：拳击手乔瓦尼·"尼诺"·本韦努蒂，他是一个渔夫的儿子，他向世人宣告，他读过海明威的小说，拥有一幅毕加索的画作，研究过伏尔泰，并且通过聆听贝多芬的小提琴协奏曲来放松自己为比赛做准备。他在次中量级决赛中，在第一轮击倒了苏联选手尤里·拉多尼亚克，并且在罗马大体育宫的一群非常粗野的观众喝彩声中赢得了决定性的点数胜利。一名目击者回忆道，"意大利观众……在宏伟的穹顶下焚烧报纸当作火炬"，他在看到本韦努蒂获胜时不禁想到，"如果重量级的弗朗哥·德·皮考利只用了一分三十秒就击倒那个肥胖的苏联人，体育场会被点燃"。意大利的右翼党派也有自己的代言人：雷蒙德·丁泽奥上尉，马术场地障碍赛的金牌得主，当年早些时候他曾是当地宪兵队在罗马对反法西斯抗议者发动暴力袭击的主要人物。

意大利在罗马奥运会上总共赢得了13枚金牌和36枚奖牌，但是女子运动员只获得了其中的两枚奖牌并且都是铜牌：参加100米赛跑项目的朱塞佩娜·利昂和女子击剑队。[6] 鉴于参与率微乎其微（不到1%的意大利妇女积极参与体育运动），这样的结果并不奇怪，但是值得注意的是，直到1960年，天主教会和执政的基督教民主党

第六章 光影留存：
奥运会的光彩与阴影

人都对女子运动十分反感，甚至是持敌对态度。在奥运会期间，梵蒂冈禁止神职人员参加或观看妇女比赛。共产党媒体报道称，当女孩们穿上运动套装时，"她们会被当地男孩取笑，在弥撒中受到牧师的公开指责"。基督教民主党认为女子运动是走向独裁的第一步。在《终点》(*Traguardo*)杂志的一篇特别社论中，该党辩称："在和平时期，它开始于集体户外体操、T恤和短裤。在战争时期，它结束于身着制服的女性暴君，在遭遇不可避免的失败之后……被追捕、扒掉制服、监禁、杀害。"然而，尽管存在这些警告，意大利媒体仍然被奥运会上的女性形象吸引，广泛报道了许多出席奥运会的名人——比如伊丽莎白·泰勒和摩纳哥王妃格蕾丝，以及奥运会的礼仪小姐，一群会说两种语言的年轻女性，她们来自罗马社会的精英阶层，穿着考究，在奥运会期间充当口译人员，受到了广泛报道。

一方面，意大利要求女性必须低眉垂目，另一方面罗马有着庞大的性产业——尽管不断进行"净化工作"，但在奥运会之前、期间和之后仍然顽固地存在，再加上成千上万名"外来"女子运动员来到罗马的前景，引发了当地人更加强烈的性兴奋。与之前的比赛一样，她们被安置在自己单独的奥运村里，由74岁的朱塞佩·法布尔上校指挥，他是唯一一个被允许在那里全职工作的人。这个奥运村被意大利媒体戏称为"五环后宫""一个规模宏大的闺房"，并且被描述为一条巨大的贞操带——这个形象将罗马这座城市淫荡的性能量提升了一个档次。一些观察者明确表达了他们对女子运动员身体的厌恶："奥运村之旅展示了运动如何给女性柔弱的身体带来阳刚之气。有些游泳者的腿又短又粗，肌肉发达，像大力士一样。"另一名观察者发现这完全"不自然"，"在跑步的女性中……经常会出现一些令人不快的、非自然的现象。她们给人留下的印象是，神经系统中充满激情的能量没有找到适合接受它的薄膜、肌肉、骨骼"。无数的文章哀叹，女子运动员几乎没有时间化妆和打扮，不幸的是她们都喜欢留短发和平头，氯对女子游泳运动员的皮肤造成的伤害是无法忍受的。甚至共产党也发现体育和女性结合造成的后果难以估量。《新道路》(*Vie Nuove*) 在针对掷铁饼运动员葆拉·帕特诺斯特的长篇描述中写道："在我们看来，这名冠军更像女人而不是运动员。"他觉得，有必要请一位医学专家对她进行解剖学评估。谢天谢地，医学证明了她是一名运动员，"她有着完美和谐的体格"。更多的人发现这个奥运村和它的居住者是男性强烈渴望的对象："消息灵通人士说，在罗马的成千上万的女子运动员中，尤其是在美国人、英国人、苏联人、波兰人、瑞典人、加拿大人和澳大利亚人中间，有一些真正的美女。在男人们中间口口相传着这样一些形容这些女子运动员的话，'容貌最姣好''清纯如水''每天咬苹果的美丽牙齿'。"[7]

毫不奇怪，在整个奥运会期间，成群结队的偷窥狂聚集在将奥运村一分为二的科索迪弗朗西亚立交桥上，把望远镜对准了女子运动员居住的区域。运动员们被迫在窗户上贴上纸。女子运动员仍然被深深地束缚在保守的文化中，只有当她们设法找到"时间来恋爱，她们总是能找到这样的时间，并且她们坚持不懈地订婚和结婚，即使离奥运会决赛只有十分钟的时间"，在意大利媒体看来，她们才是可以理喻的。帕特诺斯特计划比赛结束后立即结婚。利昂在奥运会结束后终止了自己的职业生涯，她认为自己参与"竞争的时期已经结束了……现在是考虑做一个好妈妈的时候了"。

第六章 光影留存：
奥运会的光彩与阴影

威尔玛·鲁道夫已经是一个好妈妈了，她在十七岁时生下了第一个女儿，就在两年后她在罗马奥运会上获得三枚金牌。[8] 毫无疑问，没有一个奥运会冠军克服了如此多的不公正和不幸，还能表现出如此无忧无虑的风度。鲁道夫于1940年出生于美国南方腹地的一个非洲裔家庭，是22个孩子中的第20个。由于她是早产儿，小时候体弱多病，患有严重的双侧肺炎和猩红热。小儿麻痹症让她在4岁到9岁之间，不得不在小腿上装铁质矫形器，并且在此后的两年里穿着笨拙的矫形鞋，然而到了1956年，她才16岁就成为墨尔本奥运会4×100米接力赛跑的铜牌得主。意大利爱上了她；每个人都爱上了她；但是她与观众保持距离，心态平和。卡西乌斯·克莱——然后被人戏称为"路易斯维尔之唇"，后来改名为穆罕默德·阿里，美国拳击界的轻重量级希望之星——想约她出去，但是没有成功。尽管他当时在奥运村里几乎不为人知，但是他总是不停地与人交谈，因此被美国媒体戏称为"山姆大叔的非官方亲善大使"，并且因为其"坚定的美国主义"而受到称赞。像他那一代的许多人一样，他离他们将要经历的政治激进立场还有一步之遥。当一名意大利记者问他："由于你的国家不宽容，你一定碰到很多问题吧？"他反驳道："哦，是的，我们有一些问题，但是直说吧——它仍然是世界上最好的国家。"

当年早些时候，当一架美国U2间谍飞机在苏联上空被击落时，冷战冲突加剧了；就在奥运会前，它的飞行员因间谍罪受审。赫鲁晓夫退出了民主德国与联邦德国之间有关德国和柏林未来的重要谈判；艾森豪威尔大发雷霆，取消了莫斯科之行。到目前为止，奥运会已经是这场战斗中的一个既定阵地。赫鲁晓夫发了一封信，向参加罗马奥运会的整个苏联队宣读，信的内容作为头版新闻在《消息报》和《真理报》上刊登。苏联媒体暗示，不仅他们自己的代表队受到致敬共产主义的官方信件的激励，整个世界都会因此被吸引。一家苏联报纸问奥运村里的一名意大利运动员："你听说赫鲁晓夫的信了吗？"据说，他回答："是的，所有运动员都知道了这件事。"

在国际奥委会的坚持下，中国的台湾人不能再自称为"全中国的代表"，他们只能以中国台湾的名义在开幕式上参加代表团游行。而在墨尔本，德国代表团看起来是一个团结的队伍，但是，除了开幕式的正式场合之外，代表团的内部分歧比以往任何时候都大。当英格丽德·克雷默代表原德意志民主共和国在女子跳台和跳板跳水比赛中获胜时，民主德国获得了首枚奥运会金牌，民主德国的媒体希望每个人都知道："他们想让罗马人及所有来宾以为这个女人来自阿登纳州，但是那里的人知道英格丽德来自德累斯顿，她是在德意志民主共和国长大的。"[9]

美国年轻的短跑运动员戴夫·西姆在这届奥运会上继续赢得了100米赛跑的银牌，中央情报局与他联系，让他协助他们说服苏联跳远运动员伊戈尔·捷尔-奥瓦涅相在参加奥运会的过程中叛逃。捷尔-奥瓦涅相拒绝了这样的接洽，但是在未来十年里，奥运会仍然将是一个间谍活动和行动的小舞台。苏联、东欧和古巴队都将由各种各样的保镖和特工陪同，具有可疑政治观点和社会观点的运动员被密切关注。即便如此，运动员们还是不断地离开：1964年，全德国雪橇队的民主德国运动员尤特·盖勒在因斯布鲁克叛逃；1964年，匈牙利皮划艇运动员安德烈斯·托尔在东京叛逃；1976年叛逃的运动员包括罗马尼亚划船运动员沃尔特·兰伯特斯、他的同胞皮

第六章 光影留存：
奥运会的光彩与阴影

划艇运动员伊万·查拉姆比和苏联跳水运动员谢尔盖·内姆察诺夫。

西方对某些人来说也许更有吸引力，但是哪个国家在罗马奥运会取得了最大胜利，这一点毫无疑问。苏联赢得了 43 枚金牌，而美国赢得了 34 枚金牌；苏联总共获得 103 枚奖牌，而美国总共获得 71 枚奖牌。当时，美国人仍然对体操和摔跤等运动不屑一顾，他们认为自己在田径领域的优势地位仍然无法撼动，但是《纽约时报》的评估很悲观："世界风云变幻，这不仅仅体现在政治上，也体现在体育运动上。四年前没有参加墨尔本奥运会的国家在这里进行了出色的比赛。美国再也没有令人震惊的优势了。曾经美国人是奥运会的主角。他们再也不是了，以后也不可能是。"[10]

事实上，缺席墨尔本奥运会而出席罗马奥运会的只有三个国家——摩洛哥、苏丹和突尼斯，但是随着欧洲殖民帝国解体的步伐加快，参加奥运会的国家数量也在增加。1964 年，十六个新国家首次亮相奥运会，这些国家中除了四个国家之外其余都来自非洲，其中北罗得西亚（赞比亚的旧称）是一个在奥运会期间独立的国家。1968 年，十四个国家首次亮相奥运会，包括来自加勒比海和中美洲的巴巴多斯、伯利兹、萨尔瓦多、洪都拉斯和尼加拉瓜，以及科威特和美属维尔京群岛。1972 年，又有十二个国家首次亮相，包括世界上一些在外交上最沉默的国家：阿尔巴尼亚、朝鲜和沙特阿拉伯。在罗马奥运会上，它们涌现出了第一批代言人：克莱门特·艾克·卡特利为加纳赢得了拳击银牌；举重运动员陈浩亮代表新加坡获得第一枚奖牌；塞内加尔的短跑运动员阿卜杜拉耶·塞耶获得了铜牌，但是奖牌被算入法国名下，即使他的国家在两个月前刚刚独立。早就应该庆祝国家独立的巴基斯坦，最终在曲棍球比赛中击败印度，获得了该国的第一枚金牌，但是没有什么能与阿比比·比基拉在马拉松比赛中获胜的象征性意义相提并论。[11]

比基拉是埃塞俄比亚的海尔·塞拉西皇帝的皇家护卫队成员，海尔·塞拉西皇帝在意大利人于1936年入侵埃塞俄比亚时被流放。他来到罗马时籍籍无名，尽管他在马拉松比赛中以优异的成绩创造了非凡卓越的胜利，但是他还是被媒体忽视了。为了获得最大的戏剧效果，罗马奥运会的马拉松比赛在晚上举行，数千只手持火炬照明比赛的路线。沿途的主要纪念性建筑物，如体育馆和大竞技场，都被照得灯火通明。不知不觉中，比基拉在一片闪耀中加入了自己的光芒。他训练时穿了新鞋，脚上起了泡，于是决定赤脚参加马拉松比赛。当马拉松领跑者在圣塞巴斯蒂安港最后一次进入罗马时，比基拉加快了跑步的速度，与其他运动员拉开了距离，率先经过阿克苏姆方尖碑——这是一个四世纪时埃塞俄比亚的皇家墓地标记，1937年被墨索里尼的军队从埃塞俄比亚洗劫而来。当比基拉独自越过君士坦丁凯旋门下的终点线时，他成为第一位获得奥运会冠军的非洲黑人。

闭幕式举行了一场精彩的游行，烟火表演是迄今为止最好的也是规模最大的。在体育场附近的山坡上，规模巨大的人群聚集在一起观看烟火表演，在罗马夏日酷热干燥的天气里，他们举起的火把和燃放的烟火点燃了大地。有10个人在踩踏事件中丧生。一周后，当雨水终于降临时，奥林匹克体育场的排水系统无法应对，奥林匹克竞技场变成了一个湖泊。

第三节

  于 1945 年 8 月 6 日出生在广岛附近的坂井义则点燃了奥林匹克圣火盆。同年同月同日，艾诺拉·盖号轰炸机在日本广岛掷下原子弹。曾经遭遇战败、蹂躏、羞辱和被占领的日本又回来了。受到奥运会的国际主义与和平主义的影响和约束，日本国旗、国歌和天皇被允许公开亮相和播放。日本释放了 12000 个色彩鲜艳的气球，而不是 21 响礼炮。来自日本自卫队的喷气式战斗机从人们的头顶飞过，留下了五个彩色奥运会圆环的痕迹。超过 90% 的公众在电视上观看了东京奥运会，这是日本战后历史上集体重塑形象的最伟大的一次行动。就连左倾的《朝日新闻》也欣然接受这种民族主义："我们以前被一种奇怪的幻觉困扰，那就是我们应该抛弃我们的民族性格，成为国际主义者。我们认为那些丢弃我们国旗和国歌的人是解放的国际主义者……为期两周的奥运会培养了日本人民的民族意识。"[1]

  但是这是什么样的意识呢？在经历了二战的毁灭性打击和美国长期的变革性占领之后，日本要么是一个独特而优越的文明，要么是一个崛起的帝国——这是 1940 年被放弃的东京奥运会的主要意识形态主张，这样的观点只存在于日本政治的边缘。相反，在 1964 年，日本通过非同寻常的经济爆炸性转变向世界传达了自己的新形象。在不到一代人的时间里，日本发生了巨大变化，经历了近十年的两位数增长，从一个农村社会转变成一个城市社会，并且其工业巨头一个接一个地征服了世界出口市场。经济增长率和人均国内生产总值水平成为国内政治的中心目标和终极目标,东京奥运会成为这些目标的工具和象征。[2]

东京在1945年被密集的燃烧弹夷为平地,现在在某种程度上已经进行了重建,但是住房和正常运作的基础设施严重短缺,更糟糕的是数百万名农村居民涌入蓬勃发展的工厂、棚户区和棚屋城市,那里黑帮团伙、小酒馆和毒品生意十分猖獗。甚至在20世纪60年代初,一位观察家对东京留下了深刻印象,"丑陋的旧木屋、鄙陋的棚屋、廉价建造的灰泥建筑和公共住房——拥挤、狭窄的苏联式公寓楼,是为了容纳战后从农村涌入的人群而建造的"。[3] 在一波城市扩张浪潮后,东京人口接近1000万,这一浪潮开始包围并吞没了一大圈以前独立的城镇和地区,使这座城市成为世界上最大的城区。1959年,由建筑部部长河野一郎率领的竞标团队赢得东京奥运会主办权,河野一郎和东京市长东龙太郎都认为东京的转型和现代化是国家经济发展的基石。他们两个人观点一致,这绝不仅仅是巧合。然而,举办奥运会是另一回事;如此多的民族自豪感寄托在奥运会的结果和诠释上,没有人能被说服承担这项组织任务。在距离奥运会举行不到两年时间,在政府的绝对坚持下,公司高级执行官安川第五郎很不情愿地接受了这份工作。

尽管战后东京的城市发展规模巨大,但是它仍然依赖19世纪建设的卫生基础设施。抽水马桶十分罕见;东京的大部分地区依靠每天用真空卡车从建筑物下面将污水吸出来再进行处理。东京的两条地铁线路人数爆满,公路交通也拥挤不堪,现在更是挤满了从日本新生产线制造的数量庞大的车辆。因此,除了花费数十亿日元修建到达大阪的新干线外,东京还修建了一个全新的污水处理系统、从其新国际机场至市中心的 21 公里单轨铁路、40 公里新地铁线路（将其原有的载客量翻了一倍以上），以及 100 公里新公路（修建了带有两层和三层螺旋立交的道路）。这座城市陷入了拆除和建设产生的地狱般的雾霾之中。

这对人类的感官造成压倒性冲击。凝固水泥的臭味飘得到处都是；堵塞街道的汽车造成的污染和城市周边工厂产生的工业烟雾非常严重，东京人不得不戴上面罩，交通警察轮班时带着小氧气瓶。露天小餐馆被大型塑料屏风围起来，以帮助顾客免受无处不在的烟雾和煤烟的侵害，而急救站则是为受到有毒空气污染的市民而设的。[4] 在东京的霓虹灯中心银座，一个巨大的标志播放着大气中二氧化硫的每日读数。在宏伟的西银座购物中心的外部，一个光彩四射的广告牌记录了噪声污染的程度和声音危害的威胁。

奥运会在三十个场馆举行，其中许多位于邻近的县，如千叶县和埼玉县。运动员被安置在东京市中心的一个主要奥运村和四个次级奥运村。所有这些奥运村都被一个由指定的奥运会道路和路线组成的庞大网络连接起来，实际上确立了这个新的特大城市的轮廓：大东京都市区。一些场馆是为 1958 年亚运会建造的，并且为将来举办的运动会做好准备。明治奥林匹克公园国家体育场——曾是 1940 年奥运会的拟议场地及帝国象征的项目，后来成为战时新兵的集结地——现已重建，被重新塑造成和解、区域合作和国际合作的熔炉。东京体育馆——一个扁平的黑色飞碟状建筑物——给人一种新体育场馆凉爽简约的现代感。与整体努力的规模相一致，东京建造了三个新的浇注混凝土和抽象形状的奥运会场地：驹泽奥林匹克公园及其体育馆、体育场和控制塔、国立代代木竞技场，最令人印象深刻的是丹下健三设计建造的国立代代木竞技场，这是一个配有起伏不平的巨大壳形悬挂屋顶的钢质帐篷状建筑物。[5]《泰晤士报》叹为观止地总结道："这些体育馆已经达到了建筑想象力和效率的新高度。在新闻发布室，记者们对组委会为他们配备的打字机感到十分震惊，敬佩之情油然而生。"

所有这些建筑物都不仅仅以财务上的成本为代价。东京奥运建设过程中，使用的分包和现场安保系统，确立了东京极道①在建筑行业中的地位。建筑工作的安全标准如此之低，并且无人遵守，以至于在建设与奥运会相关的项目中有100多人死亡，2000多人受伤。土地投机盛行，政客、国家机构和大公司之间的紧密联系使得贪污贿赂成为这一过程中不可避免的一部分。为获得子弹式高速列车合同而贿赂，导致日本国有铁道公司总裁辞职，这只是冰山一角。在筹备奥运会的过程中，数百个家庭被强行从奥运场地搬迁，通常被安置在环境恶劣的周边住宅区。

令人费解的是，东京决定拆除电车轨道，为汽车腾出更多空间。奥运会前夕，随着最后的建筑垃圾被掩埋和美化，东京政府也将一些市民赶走。街道上日本极道成员五大三粗的形象令组织者尴尬，他们要求极道成员出城度假。他们赶走了在上野公园安家的乞丐和流浪者。大规模灭绝数十万只流浪猫和流浪狗。恳求出租车司机不要按喇叭，要求醉汉不要在阴沟里撒尿，在主要路口安置黄色旗帜，以帮助胆小的游客穿过混乱的道路。

---

① 极道，指日本社会里从事暴力或有组织犯罪活动的人士或团体，他们被统一称为日本极道。——译者注

第六章 光影留存：
奥运会的光彩与阴影

1964年东京奥运会的场馆是用混凝土浇筑的，但是它是用电子设备测绘、测量、整理和记录的。《泰晤士报》认为东京奥运会是"科幻奥运会"。自1932年以来，瑞士钟表制造商欧米茄一直为奥运会提供官方计时器，如今被日本当地竞争对手精工取代，这标志着日本电子业的实力和成熟程度不断提高。精工公司制造并捐赠了1300多种不同的奥运会计时设备，从数字秒表到体育场大小的大型公共时钟。精工的子公司爱普生制造了晶体计时器和打印计时器，研发新技术，使其成为激光打印机和计算器的主导力量。电脑首次被用来维护运动员个人信息，整理他们的表现，并将这些信息发布给媒体。迄今为止，游泳项目是凭借肉眼来判断的，现在开始使用发令枪，转弯时通过触敏垫检测，特别设计的相机可以拍摄判定胜负的水下照片。现在计时被校准到百分之一秒。奥运会开幕式上首次使用电子音乐；该作品由黛敏郎创作，结合了日本寺庙钟声的录音和在美国国际商业机器公司IBM电脑上播放的环境合成声音。

美国队获得36枚金牌，美国国歌在1964年东京奥运会上响起的次数比其他任何一届都多，但是，对于许多观察家来说，尤其是在全国奥林匹克体育场，演奏的美国国歌是删节的版本："乐队最多演奏到了'……依然迎风招展……'然后就停下来了。起初，我认为有问题……但是不，这是新的官方奥运会版本。"根据罗伯特·怀汀的报道，米高梅录音室管弦乐队的首席小号手安·拉西及鲍勃·克罗斯拜和夏洛特山猫队在体育场完成了这项表演工作："伫立在火炬正下方……他会跟在'依然迎风招展'的下拍结束后豪放地高声演奏出'火炮闪闪发光……'一直到最后。"[6] 非裔美国短跑运动员鲍勃·海耶斯在奥运会上首次在10秒以内跑完100米——

297

尽管是借助风力,并在 4×100 米接力赛跑的最后一棒将美国从第五名提升到第一名,他的表现令观众惊叹不已。乔·弗雷泽一路过关斩将,获得了重量级拳击金牌,先后两次击倒对手、两次因对方弃权而获胜并弄折对手一根手指。海耶斯脚上穿着阿迪达斯运动鞋上阵,为此他从该品牌获得了数千美元和九套新运动装,他将转型成为一名美国国家橄榄球联盟运动员。弗雷泽作为世界重量级冠军将会赚到数百万美金。刚开始,大多数记者都不知道赢得 10000 米赛跑的中尉比利·米尔斯是从哪里冒出来的。他是自 1912 年吉姆·索普以来,第一个获得奖牌的本土裔美国人,他从极度贫困和失去父母的困境中摆脱出来,靠的是他的运动天赋以及美国社会流动性和对具有运动天赋者的资助:他获得了大学奖学金并且参加了军队。苏联可能不像美国有可以夸耀的美国国家橄榄球联盟或那种大学体育项目,但是它真的不需要;它自己的部队在支持"业余"精英运动员方面起到了与美国资助方式几乎相同的作用。在苏联金牌得主中,来自红军的有赛艇运动员维亚切斯拉夫·伊万诺夫、拳击手斯坦尼斯拉夫·斯捷帕什金和击剑运动员格里戈里·克里斯。

就像 1960 年在罗马奥运会上赢得龙形帆船金牌的希腊王储康斯坦丁王子一样,威廉·诺森也是艾弗里·布伦戴奇那一类的业余奥林匹克运动员。作为一个非常富有和成功的澳大利亚商人,他在 46 岁时开始了竞争性帆船运动。到 20 世纪 60 年代初,也就是他 50 多岁的时候,他逐渐发展成为美洲杯帆船队的船员。尽管他是澳大利亚大公司的董事会成员,但是他的时间表足够宽松,他的财力也足够雄厚,以至于在 1963 年,他能够驾驶自己的 5.5 米奥运会竞赛游艇,与他的船员彼得·奥唐奈和比他小 30 岁的詹姆斯·萨金特

第六章 光影留存：
奥运会的光彩与阴影

合作，赢得了澳大利亚在东京奥运会上的第一枚帆船金牌。英国的金牌得主由于出身于不同阶级，回国后受到不同待遇，这是对英国行将就木、令人窒息的阶级制度的最佳诠释。中产阶级运动员赢得了3枚金牌：安·帕克赢得了800米赛跑的冠军、林恩·戴维斯和玛丽·兰德都在跳远运动中赢得金牌。三人回国后都荣获女王授予的大英帝国勋章。肯·马修斯获得了20公里竞走金牌，但是他回国后得到的奖励是在雷克瑟姆的一家体育商店工作。他的罪过是他曾经在一个发电站做过一名电工的助手，在那里他学习监管运煤传送带。他的同事承担了送他和妻子去东京奥运会的大部分费用。十年后，在公众的强烈抗议下，他收到了自己应该获得的大英帝国勋章。

金发碧眼的美国游泳运动员唐·斯科兰德获得了4枚金牌，打破了三项世界纪录，点燃了日本人的热情。他被大批热情的观众包围，无法离开奥运村，受到了大量商家和美女的青睐。美国奥委会留出了一整个房间来存放500篮送给他的礼物、信件和电报。美国奥林匹克委员会主席评论说："这是我一生中见过的对个人最大的善意表达。他是如此年轻、强壮和迷人。在这个宗教崇拜复杂的国家，日本人将他奉若神明。"直到今天，斯科兰德的名字和地址还被用在教学生如何用英语写信的日本教科书上。来自斯里兰卡的10000米赛跑运动员拉纳岗·卡鲁南达也受到了同样的赞扬。他比获得冠军的比利·米尔斯落后四圈，起初在体育场遭到嘲笑。他的坚持让观众为他欢呼雀跃。他身上体现出的奥林匹克精神立即引起了媒体的轰动，被描绘成奥林匹克精神的化身，他甚至觐见了日本天皇。一位日本家庭主妇写道："我在电视上看到你独自奔跑，忍不住流下了眼泪。"然而，失败并不总是如此甜蜜。日本马拉松运动员圆谷幸吉以第二名的身份进入国家体育场,但是他的速度慢得与步行几乎无异,他在最后100米被冲刺的巴兹尔·希利超越。后来,圆谷幸吉说,他在日本人民面前犯了一个不可原谅的错误。"我必须在下一届奥运会上通过跑步和注视日本国旗的升起来弥补。"他花了三年时间来训练,但是持续的背部问题使他意识到自己的计划不可能实现。1968年1月,他写了一封遗书,向他生命中几乎所有的人致歉后,割腕自杀①。[7]

最后,这些事件对于东道主来说都是次要的场景。两项运动定义了日本人在奥运会上的经历:柔道和排球。这两项运动都是奥运会的新项目——这是自第二次世界大战前以来新增的首批奥运会运动项目。排球是由基督教青年会的威廉·摩根在19世纪的最后十年发明的,相对于篮球运动来说它不那么费力,它在包括日本在内的远东各地的体育馆中迅速传播开来,在日本,这项运动的支持者和意义超越了它最初主要在美国社会中享有特权的白人阶层中流行的相当狭隘的传播范围。柔道虽然在20世纪60年代早期广泛传播,但是无可争议,仍然是限于日本人的运动。

柔道这项运动是由嘉纳治五郎创立的。他出生于1860年,是明治维新教育机构的关键人物。他十分熟悉西方文化,既是传统主义者,又是现代主义者。他也喜欢老式的打斗方式。从17岁开始,他就读于东京主要的柔术学校,系统地整理了从德川幕府时代幸存下来的支离破碎的打斗传统和武士的规则。然而,粗鲁且往往暴力的教学方法达不到嘉纳治五郎认为现代日本武术应该具备的精神层面

---

① 据资料显示,他在宿舍用双刃刀片将颈动脉切断自杀身亡。——译者注

和美学层面。1882 年,他建立了自己的学校,以"温和的方式"教授柔道,把修习柔道描绘成一次道德进步和社会进步的旅程。柔道将蛮力和致命技术从其武术套路中剔除,是一种寻求将对手的优势转化为劣势的战斗形式,使用最小的力量获得最大的结果,偏爱格斗的技术和风格而不是力量的大小和强弱。这种看法符合明治时期的日本精神,明治日本跻身强国行列。[8]

到 1900 年,柔道已经列入陆军、海军和警察学院的课程。十年后,它被引入日本的中学,并且如嘉纳治五郎所愿,仍然是一门学科,而不是一项竞技运动或民族主义意识形态的粗糙附属品。柔道被纳入 1964 年奥运会,成为奥运会项目中第一项在欧洲和北美以外创立的运动,柔道成为奥运会项目是由日本柔道联合会和众多日本国会议员组成的一个声势浩大的联盟促成的,他们辩称:"柔道将在这个时候作为我国的传统运动而成为公众关注的焦点,为奥运会注入一种非常特殊的色彩。"国会授权建造日本武道馆,这是一座拥有 15000 个座位的大殿堂,用于所有现代化和标准化的日本体育项目:柔道、相扑、射箭和剑道。日本国会议员正力松太郎声称,这将代表"伟大的和平理想",这是"日本民族体育的正确精神"。同为国会议员的松前重义进一步阐述了柔道作为国际主义外交工具的新角色:"日本武术作为世界体育运动……必须利用即将到来的东京奥运会的机会向增进国际友谊的新历史轨道前进。"武道馆建在古老而受人尊敬的江户城堡遗址上,位于靠近皇宫的土地上,试图反映这些历史根源和当代的重新定位。它精致的弧形屋顶是从传统的日本木制寺庙移来的,但它的主体是由预制混凝土拱肋建造的,坐落在巨大的钢筋混凝土扶壁上。它通过 17 世纪的田安门进入,但是它的设计也考虑了电视报道的情况。

　　日本最期待在这个柔道项目中赢得胜利，在最初的三场比赛中——轻、中和重量级，他们如愿以偿。然而，最重要的是第四场比赛——公开重量级比赛，因为在嘉纳治五郎的柔道概念中，仅仅凭借身体的重量永远不能战胜技术。在最后一场比赛上，日本上届冠军神永昭夫对阵块头巨大的荷兰人安东·吉辛克。国会在比赛的当天下午关闭；公司把电视机放在工厂的地板上，这样工人就不会旷工；报纸上写满了读者赞美神永昭夫的诗句。他们都很失望。吉辛克用气势如虹的一招就将对手击倒，然后将他牢牢按住。神永昭夫的小腿"一次又一次地踢着垫子，就像一条拼命挣扎的鱼。最后裁判开始计时。吉辛克赢了"。观众先是沉默，然后啜泣，慢慢接受了这样一个事实：日本人在与西方竞争时，即使是在自己选择的领域上，也缺乏男子气概。然后，当几名荷兰粉丝试图冲上台向冠军祝贺时，吉辛克举起双手阻止他们，并向神永昭夫正式鞠躬。观众起立鼓掌，永远不会忘记这一充满风度的举动。[9]

　　在日本经历了这种失望的比赛结果之后，已经承受了巨大压力的日本女排感到压力更大了。[10] 第二天，在对阵苏联的决赛的前几个小时，全国近 90% 的电视观众聚集在一起观看比赛，每个城市的街道都开始变得空无一人。参与日本经济奇迹的主导产业——钢铁、汽车、造船和电子——的性别一直是男性，但是，这经济上的转变还有另一面。除了生产线工人和工薪阶层之外，日本的经济奇迹也是由农村涌入城市的年轻女性推动的，她们离开家人去日本的城市纺织行业工作，正是在这种环境下，日本排球女队应运而生。它最初是家长制的产物，后来是招聘的辅助手段和一种广告形式，日本

第六章 光影留存：
奥运会的光彩与阴影

纺织公司向女工提供排球设施。到了 20 世纪 50 年代，整个行业蓬勃发展，组织女工排球队在全国范围内打比赛。1964 年奥运会日本排球队的核心成员来自大阪日纺贝冢公司。他们的教练大松博文在媒体上被称为"食人魔"或"恶魔"，他曾是日本军队的中队长，为他的教练制度带来了军事级别的强度、工作量和训练。他指导的排球队每天从早上 8 点工作到下午 4 点，然后参加训练项目，一直持续到午夜，中间只有 25 分钟的休息时间。1962 年，该队赢得了世界冠军，打败了个头高得多、经验更丰富的苏联队。现在，这支排球队在媒体上被重新命名为"东方魔女"。为了迎接 1964 年奥运会，大松博文提升了排球队的训练强度。她们再次在决赛中对峙苏联，并且再次获胜，引发了一场全国性的庆祝活动，传递了工业重建及培养队伍的艰苦努力和牢不可破的团结。日本女排将继续在接下来的两届奥运会中获得两枚银牌，在蒙特利尔赢得一枚金牌，但是，像支撑它的纺织公司一样，属于她们的那个时代即将结束。日本的纺织行业不断受到国外竞争的削弱和国内自动化的冲击，进入长期衰落阶段，日本女排也随之衰落。

奥运会在仪式上和组织上进行得很顺利，但是在闭幕式上，运动员们被抑制住的能量和狂喜爆发出来，他们在体育场里疯狂地冲来冲去、手舞足蹈，新独立的赞比亚人手持一个手绘标志。《体育画报》的约翰·安德伍德目光敏锐，捕捉到了下面这一幕：

一个由九名新西兰运动员组成的特立独行的队伍在游行过程中改变了主意。他们咧开嘴大笑起来，冲出队伍，开始绕着跑道，享受最后一次嬉闹，随后停下来即兴跳起快步舞，唱起歌来。在皇家包厢前，他们为裕仁天皇本人重复表演了欢快的歌舞，不停弯腰鞠躬，夸张地摆动身体。长跑运动员比尔·贝利破天荒地给了天皇一个飞吻。值得注意的是,没有人匆忙赶去干预。天皇忍不住笑了,脱下了他的西式礼帽。[11]

奥运会可能会强大到足以改变日本皇室僵化的礼仪,但这是有限度的。苏联在东京奥运会上获得了 30 枚奥运会金牌,总共获得了将近 100 枚奖牌,但还是拯救不了尼基塔·赫鲁晓夫同志。在奥运会的第一周中间,经历了几个月的阴谋,他接受了不可避免的事实,选择了"自愿退休",将苏联共产党的权力和控制权交给了发动政变的第一书记列昂尼德·勃列日涅夫。

第四节

佩德罗·拉米雷斯·巴斯克斯是墨西哥奥运会组委会主席，也是墨西哥首屈一指的建筑师。他的观点和他的建筑美学一样，都是直率的现代主义。"人们已经对墨西哥民俗、风景优美的墨西哥及其古老的起源了如指掌……然而，没有人知道墨西哥已经取得了高水平的效率和技术专长。这就是我们希望通过奥运会展示给世界的墨西哥。"[1] 墨西哥奥委会较为充分地考虑了本国运动员在奥运会上可能面临的实际挑战，筹措了一笔资金，在奥运会举行前的大半年里，全国大多数奥林匹克运动员都在僻静的集训营里训练。墨西哥队总共获得9枚奖牌，其中有3枚是金牌，这无疑是有史以来最好的表现，但是拉米雷斯·巴斯克斯对这种体育民族主义不屑一顾。墨西哥在1948年伦敦奥运会的表现令人失望，一名官员感叹道："墨西哥人不是运动员，他们是诗人。"这个国家的思维方式几乎没有改变。[2] 世界上最伟大的体育节日的负责人拉米雷斯·巴斯克斯指出："最不重要的是奥林匹克竞赛；纪录会逐渐消失，但是一个国家的形象不会。"拉米雷斯·巴斯克斯和其他墨西哥政治精英尤其希望消除意气消闷、效率低下和腐败陈旧的刻板形象——墨西哥是沉睡之地也是明天之地，这是外国媒体认为墨西哥既负担不起奥运会费用，也不知道如何举办奥运会时使用的一连串比喻。

墨西哥在奥运会的准备工作上还是取得了较大的进展。奥运会的建筑计划到最后一刻才完成。就在开幕式举行前一个月，篮球场馆和排球场馆还没有铺设地板，游泳池没有铺设瓷砖，新闻中心也没有家具，但是到了 10 月中旬，基础设施已经完工，整个奥运会期间这些设施一直保持运行。可以说，最糟糕的问题是，生活区的油漆未干、更衣室铺设的砖块没有经过烧制、媒体中心的屋顶漏水并且在屋角形成水坑，这些都给运动员和媒体工作人员造成不便。

在这方面，墨西哥在 1968 年的确展示了该国的组织能力，但是，尽管墨西哥可能很现代化，但是它无法与东京庞大的建筑计划所体现的现代化相媲美。[3] 墨西哥奥委会的预算不到东京奥委会的十分之一，墨西哥只建造了几个新的体育场，依靠极低的工资来降低成本，而且他们从一家国有开发商那里租用奥运村，而不是自己承担建设成本，并且寻求文化工具和象征性工具来表明自己的观点。

这一战略的核心是举办奥林匹克文化节，它在奥运会开始前持续了 9 个月，举办了 1500 多场活动，吸引了全国几乎所有知识分子、作家和艺术家，并且邀请了来自世界各地的嘉宾。文化节的主要特点就是国际化和兼收并蓄。活动开始于墨西哥城阿兹特克金字塔的一场柔和的拉斯维加斯式灯光秀，查尔登·海斯顿和文森特·普雷斯用洪亮的声音为美国游客讲述了这个国家的官方历史。艾灵顿公爵和戴夫·布鲁贝克进行了表演；展示了墨西哥民间芭蕾舞和非洲各地的土著舞蹈；还有美国空间技术展览、国际诗人座谈会和全市儿童绘画节。

除了其他特点之外，1968 年墨西哥奥运会是第一届彩色电视直播的奥运会。直播电视画面给了它以前只有故事片才有的色彩强度，但是这座城市本身就给人造成极大的视觉冲击。不同运动的标志和象形图画令人惊叹：划船比赛的图标使用橄榄绿，曲棍球比赛的图标使用石灰绿，自行车比赛的图标使用紫色，篮球比赛的图标使用猩红色。"友谊之路"——一条环绕城市南部从奥林匹克体育场到奥运村的六车道高速公路,布满了专门为奥运会设计的十八个巨大现代抽象雕塑,包括雅克·莫沙尔的《日盘》,一个巨大的钢圈玉盘;赫伯特·拜耶的《铰接墙》,一条近30米高的锯齿状的淡黄色螺旋线;还有约普·贝尔琼收藏的色彩绚丽——粉色、紫色和橘红色相间的巨大国际象棋。[4]场馆用一大群彩色气球标示出来,每条奥运会路线的中心都画了一条白色粗线,而城市的广场、花园和林荫大道上种植了数十万株鲜花、灌木和树木。奥林匹克体育场和阿兹特克体育场周围的人行道和公共空间"飘溢着洋红色和橙色的波浪"。彩绘也是粉饰城市众多棚户区和混乱的非正规市场的一种方式。官员们给许多贫困地区的居民提供油漆,要求他们粉饰棚屋,使用"极具视觉冲击的粉色、紫色和黄色——暂时掩盖痛苦"。正是墨西哥政府对城市贫民的不信任,甚至是感到羞耻,推动了由坎丁弗拉斯领导的全国教育运动,他是20世纪40年代和50年代墨西哥喜剧电影明星。那时,他是新城市工人阶级的代言人。老坎丁弗拉斯刚从乡下来到墨西哥城时,虽然略显青涩,但是他实际上不像看起来那么愚蠢,相反他十分聪明和睿智,能够刺痛权势者的自命不凡的内心。但是在1968年,当他重新扮演他的老角色"777号巡逻兵"时,他也被革命制度党(这个国家长期以来唯一一个站稳脚跟的执政党)拉拢。他出演了电影短片,谴责墨西哥现代运动会所面临的公众威胁:虚伪的出租车司机,放荡的足球流氓,外国嬉皮士,懒惰的、乱扔垃圾的印度女佣,以及索贿的低级交通官员。[5]

在奥运会众多特殊和独特的元素中,拉米雷斯·巴斯克斯特别希望凸显的是,奥林匹克圣火盆第一次由一位女性点燃:墨西哥跨栏运动员诺玛·恩里克塔·巴西利奥。然而，作为对墨西哥人普遍存在的大男子主义的观念和几乎完全没有妇女参与公共领域这个现象的挑战，这一举措的象征性成果是有限的。可以预见的是，在申办团队或奥运会管理团队中，没有一名女性担任高级职务。与罗马奥运会一样，墨西哥城奥运会的志愿者、翻译和助手主要来自中上阶层的年轻女性，她们属于墨西哥的一个特殊的族群，她们的肤色极浅，没有明显的土著特征。这些在西班牙语里被称为"助手"的女性穿着现代剪裁风格的超短连衣裙和短裙，上面印有怀曼的流行艺术标志"MEXICO68"。这些女性如此穿衣打扮，意在吸引男性国际记者，他们的报道将当代墨西哥女性全写成了"穿着诱人超短裙的漂亮女孩"。

墨西哥与奥运会传达和平信息的关系更加复杂。组织者颂扬墨西哥"相对于世界主要大国的独立地位"：不属于两个全球冷战阵营中的任何一个；与美国和古巴都是邻国；一个拉丁美洲国家，经济合作与发展组织的成员，但是在情感上和政治上同情去殖民化的南方的新国家。这个多极的墨西哥非常适合国际斡旋、缔造和平和调解分歧的任务。主要日报《至上报》欣喜若狂地报道"墨西哥精神"，这种精神渴望人类的进步、平衡与和谐。整个城市，在广告牌、横幅和海报上，在广播和电视上，令人咋舌地重复着"和平中一切皆有可能"的口号。组委会甚至委托他人制作了一部纪录片《和平》，从生物学和人类学角度探索博爱与和平的根源。最普遍的标志是和平鸽的白色剪影，是从马蒂斯作品《和平鸽》中剪切出来的，形象简单优雅。它无处不在：被复制在巨大的透明塑料布上，挂在每个街区的灯柱上，画在公共汽车的侧面。如果你在奥运会期

第六章 光影留存：
奥运会的光彩与阴影

间仔细观察，你一定会看到其中一两个溅满了红色油漆，甚至是鲜血——前者是一种抗议行为，后者是镇压的结果。在和平中，一切都是可能的，甚至在一个用和平的象征装饰着的城市里，致力举办一场和谐奥运会的"真正的"开幕式都可能会变成一场大屠杀，而且在迄今为止拍摄和电视转播最多的奥运会上，不会有摄像机在那里拍摄。

半个多世纪以来，墨西哥一直由革命制度党以各种形式统治。尽管有选举政治的正式编排，但是该党从未将多数席位或主要国家职位让给任何其他党外人士。它对媒体、国有化工业和所有官僚机构的控制赋予了它巨大的官职任命权和信息控制权，允许它将任何反对势力边缘化或合并。当这不起作用时，还有其他选择。1940年，军队开枪打死了11名工人，终结了罢工和劳工战斗的浪潮。1952年，总统府外的抗议人士遭到枪击，造成200人死亡。在20世纪60年代初，铁路工人和初级医生遭到辱骂、迫害，甚至是监禁。1968年，革命制度党面临着一批不同的反对者：在墨西哥迅速扩张的大学和技术学院受过教育的年轻城市学生群体，他们受到席卷工业化世界的思想和事件的骚动——尤其是柏林和巴黎的骚动的影响而变得激进。[6]奥运会本应是对世界青年的呼唤，但是这不是组织者的初衷。

第一次示威活动的发生令人猝不及防。1968年7月，即奥运会举行前的三个月，许多学校的学生举行游行，纪念古巴革命十周年。游行中两所对立的学校的学生之间发生了街头斗殴，防暴警察的突然干预彻底改变了这场斗殴的性质。他们袭击了双方，迫使所有学生回到他们的学校。警察把他们驱赶到学校里的运动场，杀死了4个人，并且使用一枚火箭筒炸毁了一座18世纪的门廊。

墨西哥城的学生被防暴警察的镇压规模和暴力激怒，现在又得到了大学当局（对国家侵犯他们的自主权感到震惊）和许多学生家庭的支持，他们走上街头，参加了一系列罢工、示威和集会，其中许多人受到暴力执法。起初这只是一场向卡斯特罗致敬的庆祝活动，后来演变成一场呼吁承认人权和法律正当程序的运动，挑战并动摇了革命制度党成功过渡到现代民主主义墨西哥的主张。

在这种高压环境下，学生领袖开始更广泛地思考墨西哥现代化的病态也就不足为奇了。与奥运会相关的抗议活动出现在7月下旬，当时学生们高举"我们不想要奥运会"的旗帜游行。虽然参加抗议活动者谨慎地声明他们没有计划扰乱奥运会本身，但是他们发现政府的奥林匹克图像和虚伪的口号实在是值得讽刺。他们模仿官方标志，在海报上写"墨西哥：镇压金牌"。学生们还把政府制作的毫无趣味却无处不在的标题"1968：奥林匹克年"的副标题"奥林匹克年"用喷雾器改成"镇压年"或者喷上"我们不想要奥运会，我们想要一场革命"。

到9月初，几乎每天都会发生的游行和暴力冲突开始平息。学生们现在已经筋疲力尽，正在返回他们的课堂。然而，迪亚斯·奥尔达斯总统从美国进口了一套全新的防暴装备，经过多次拖延之后，决定终止学生对奥运会造成的长期威胁，现在距离奥运会还有不到六周的时间。9月中旬，防暴警察突袭了距离奥林匹克体育场仅仅一步之遥的墨西哥国立自治大学，并且驱逐该校的学生领袖。两周的战斗吓退了大部分学生运动，因此，10月2日，只有1万人聚集在特拉特洛尔科新住宅区的广场——三种文化广场。他们已经取消了去附近大学校园游行的计划。这只是一次集会。官方媒体宣称，武

第六章 光影留存：
奥运会的光彩与阴影

装学生向警察开枪。事实上，安全部队已经包围并且封锁了广场，直升机在广场上空盘旋，戴着白手套的奥林匹克营——一个政府为奥运安保筹建的秘密部队从周围阳台向人群开火约一个小时。死亡人数仍不确定，可能有 250 人，但是这并不包括在接下来的几周内，遭到围捕、监禁和酷刑的数千名学生。

革命制度党的媒体机器完全封锁和否认大屠杀的消息。只有少数外国记者在场，他们像《卫报》体育记者约翰·罗德达那样，在特拉特洛尔科逗留的大部分时间里，都是面朝下躺在冰冷的水池里，或者在坚硬的混凝土地板上，被士兵的刺刀刺死。当艾弗里·布伦戴奇被问及这件事时，他回答说："昨天晚上我在观看芭蕾舞表演。"[7] 毫无疑问，奥运会将会继续。

如果学生运动和特拉特洛尔科大屠杀将墨西哥奥运会带入了工业化世界的主流反叛情绪，那么奥运会要处理的新挑战包括性别角色和身份，以及强大的药物——能否恢复精力——在社会领域和体育领域的日益流行。国际奥委会很晚才意识到这些结构性变化，在 20 世纪 60 年代试图努力跟上新形势，直到 1968 年才在奥运会上引入性别测试和药物测试，两者都被证明极具争议。国际奥委会和体育界不得不面对性别认同的复杂性。20 世纪 30 年代末，曾经参加过两次世界大战之间各种女子奥运会的两名运动员捷克兹丹卡·库比科娃和英国铅球运动员玛丽·韦斯顿接受了变性手术，并且分别改名为兹德涅克·库贝克和马克·韦斯顿。[8] 还有多拉·拉特延，她曾经在 1936 年奥运会上代表德国参加跳高比赛，从生理上来说是男性，但是他被家人当成女孩养大。测试运动员性别的想法在 20 世纪 60 年代初变得更加迫切，因为冷战时期的怀疑落到了来自苏联

"男性化"的女运动员身上。

国际业余体育联合会在1966年欧洲锦标赛上引入了性别测试；通过对颊部细胞的染色体分析，第一个没有通过测试的运动员是伊娃·克洛布科斯卡，她是1964年东京奥运会女子100米短跑铜牌得主。她被发现有罕见的镶嵌遗传条件（genetic condition of mosaicism），她的细胞含有男性XY染色体和女性XX染色体。随后，她被禁止参加任何未来的男女比赛。同年，国际奥委会禁止了1966年速降滑雪世界女子冠军艾丽卡·希内格，当时她被发现体内有男性的性器官。克洛布科斯卡和希内格当然不是第一批具有男女两性特征的运动员。斯坦尼斯拉娃·瓦拉谢维奇于1911年出生于波兰，但是在美国以斯特拉·沃尔什的身份长大。1932年，她作为波兰运动员参加了洛杉矶奥运会，赢得了女子100米短跑金牌。1980年，她结婚、离婚并且退休多年，在一次抢劫中遭到枪击身亡。尸检显示，她拥有发育不全的男性生殖器，染色体异常，这使她具有男性和女性遗传因素。

在体育运动中使用药物是一件更加公开化的事情。[9]在20世纪早期，运动员和教练使用兴奋剂，如士的宁、酒精、咖啡因、安非他明、可乐果和氧气。它们被公开用于职业自行车比赛、拳击比赛和竞走比赛，但是许多业余跑步者和划船手也喜欢使用兴奋剂。国际奥委会在20世纪30年代末首次对"兴奋剂"问题表示震惊，但是只是因为这威胁到了业余体育精神。[10]在他们看来，服用兴奋剂的问题不在于对运动员的健康造成影响。国际奥委会在声明反对兴奋剂的立场后，没有采取任何措施，但是兴奋剂问题依然存在。在1952年奥斯陆奥运会上，三名速滑运动员摄入了过量安非他明，以

第六章 光影留存：
奥运会的光彩与阴影

至于他们病得很厉害，而当年晚些时候苏联举重运动员在赫尔辛基夏季奥运会上表现惊人，使美国教练鲍勃·霍夫曼充分意识到睾丸素在增强肌肉方面的用途和潜力。他的怀疑得到了一位苏联同行的证实，然后他对美国举重运动员使用睾丸素进行了试验，接着他推荐他们使用大力补（Dianabol）——第一种商业化生产的合成代谢类固醇药物，并且在体育界积极宣传其药效。丹麦自行车手克努德·詹森在1960年罗马奥运会上死亡，尽管他使用了血管扩张剂，但是仔细分析他的医疗记录后，人们发现，他的死亡原因是他中暑后从自行车上摔下来跌碎了头骨而引起的昏迷，而不是由于服用安非他明。[11] 然而，这个安非他明的故事在当时被人们广泛接受，并且媒体对这个悲剧的报道引发了持续的道德恐慌，它迫使国际奥委会采取行动。

国际奥委会反兴奋剂委员会成立于1962年，花了五年时间创建了一个体育领域的全球药物管理机制，但是未能正确划分国际奥委会、体育联合会以及奥运会主办国的责任，也无法理解关于该主题日益增多的医学研究和科学研究——这项任务完全超出了国际奥委会许多成员的能力范围。在墨西哥，只有一个竞争者没有通过药物检测：瑞典的现代五项运动员汉斯－贡纳·李延沃尔，因为他摄入过多酒精。1972年，随着资金和先进技术的大量增加，七名运动员药检出现了问题，但是其中许多案例证明了药检制度仍然存在不少可疑之处。就某些提高比赛成绩的药物而言，该制度看起来简直荒谬可笑，就像对蒙古柔道运动员巴卡瓦·比达所做的药检那样，他被检出超过了允许的咖啡因水平。此外，还有物流和效率问题。波多黎各篮球运动员米格尔·科尔未能通过安非他明使用测试，但是测试结果花了很长时间才从实验室送回来,他的球队——正常情况下会被暂停资格——得以完成比赛。此外,国际奥委会和世界体育联合会的规定和态度仍然存在巨大分歧。两名自行车运动员——荷兰人阿德·凡·登·赫克和西班牙人海姆·韦拉姆因为服用了可拉明而被剥夺铜牌。可拉明是国际自行车联盟允许使用的药物,但是国际奥委会不允许使用。同样在1972年,美国青少年游泳运动员里克·迪蒙特在尿检中因被发现麻黄碱——几乎可以肯定是来自他服用的哮喘药物,而被剥夺了400米自由泳金牌,这是反兴奋剂制度没有预料到的一种可能结果。然而,它却允许镇静剂的广泛使用,尤其是在现代五项运动的射击项目中。1972年,许多国家的奥委会呼吁该运动的管理机构——国际现代五项和冬季两项联盟——禁止使用这种药物,最初它的确这样做了。然而,试验表明镇静剂在这项运动中的使用如此普遍,以至于国际现代五项和冬季两项联盟撤销了自己的禁令,并且完全终止了检测。最重要的是,因为没有合成代谢类固醇药物的检测,运动员们服用的绝大多数药物都没有被检测出来。次年,一名运动员哈罗德·康诺利在接受美国国会质询时明确表达了大家都心知肚明的事情:"我所认识的绝大多数国际田径运动员都会不惜一切代价来提高自己的运动成绩。"举重运动员肯·帕特拉无所顾忌地说出自己的看法。他在被苏联奥运冠军瓦西里·阿列克谢耶夫击败后深感后悔,他说:"去年我和他之间唯一的区别就是他服用的药物我买不起。现在我买得起了……我们看看哪个的药物更好,是他服用的类固醇还是我的。"[12]

除了运动员服用的药物影响比赛成绩之外,还有别的因素在起作用。在男子田径比赛中,1500米以下的每一个项目和每一个田径

第六章 光影留存：
奥运会的光彩与阴影

项目都有运动员打破了世界纪录或奥运会纪录。在女子项目中，除了400米以外的赛跑项目和一半以上的田赛项目都出现了同样的情况。所有的参赛者都得益于墨西哥城的稀薄空气，这使得他们能够跑得更快，并且能在空中停留或飞跃更长时间，尽管长距离的跑步者和竞走者因空气中含氧量低而受到阻碍。在某些项目中，新的设备和技术提高了比赛者的能力。迪克·福斯伯里以其独特的后跳风格彻底改变了跳高运动，最后泡沫垫和玻璃纤维杆的出现将运动员撑竿跳的成绩提升到了新的高度。合成代谢类固醇药物的使用当然会影响比赛成绩。民主德国铅球运动员玛格丽塔·古梅尔是首批接受国家组织的类固醇药物治疗的运动员之一，她在墨西哥奥运会上获得了金牌。然而，以美国跳远运动员鲍勃·比蒙为例，其他一些神奇的因素——统计上的和运动上的，正在发挥作用。比蒙第一跳就达到了8.9米，以前所未有的55厘米的优势打破了世界纪录。工作人员花了将近半个小时才核实这个距离，因为它超出了新安装的机械测量设备的范围，需要使用老式卷尺。他打破了这项比赛的记录，终结了比赛，创造了一项维持了四十四年的记录，比赛成绩是他的极限，更是任何其他运动员的极限。当比蒙最终被告知官方结果时，他因为医生所说的"中风发作"倒在了轨道上。然而，无论是这一点，还是他在颁奖仪式上的小小抗议——他撩起运动裤露出黑袜子和赤脚——都不是1968年的标志性形象。与之相比，所有赛场上的表现与颁奖仪式上的致敬行为都黯然失色。[13]

1963年，喜剧演员迪克·格雷戈里在美国最成功的宣扬黑人生活方式的杂志《乌木》上撰文，呼吁国际社会抵制1964年东京奥运会："现在是美国黑人运动员加入民权斗争的时候了——这场斗争远未获胜。"马丁·路德·金在华盛顿发表了题为《我有一个梦想》的演讲，肯尼迪总统遇刺身亡。美国黑人需要一切可能的帮助，将民权运动的势头转化为真正的变革和立法。1964 年，当时社会上最知名的非裔美国运动员并没有对这一呼吁做出回应，但是格雷戈里点燃了灰烬，在四年的激烈冲突和不断增长的希望和期望之后，它燃起了熊熊烈火。

1967 年，东京大学运动会的一名记者问短跑运动员汤米·史密斯是否会抵制墨西哥城奥运会。在那个具有强烈种族意识的狂热时代氛围中，史密斯随口说道："是的，这是真的。一些黑人运动员一直在讨论抵制奥运会的可能性，以抗议美国的种族不公正。"[14]——这一言论引发了一连串的谣言，声称这种抵制可能会开始实行。

哈里·爱德华兹的出现使所有的空谈变成了行动。爱德华兹是一名学生运动员，曾经拒绝美国职业橄榄球大联盟发出的邀请，去康奈尔大学攻读社会学研究生学位，后来回到加利福尼亚州圣何塞州立大学任教，当时汤米·史密斯和约翰·卡洛斯在那里学习。他继承了金博士的政治观点和方法，受黑豹党（Black Panthers）的影响形成了自己的美学，拥有马尔科姆·X 的魅力和敏锐，有时还有他的激情。1965 年，由于爱德华兹在圣何塞领导过一场改善黑人运动员住房条件的运动，他在当地和全国声名鹊起，这些黑人运动员由于肤色遭遇了不言而喻的障碍，无法在他们自己的校园附近租房，也没有得到大学的支持或帮助。

为了维护黑人运动员的权益，爱德华兹提议中断加州圣何塞州立大学与得克萨斯大学埃尔帕索分校之间的一场著名的美式足球比赛。当地黑帮"地狱天使"出面，确保爱德华兹不至于叫停比赛。

第六章 光影留存：
奥运会的光彩与阴影

然后黑豹党掺和进来，声称他们会阻止地狱天使。加利福尼亚州州长罗纳德·里根宣布，他将派遣国民警卫队将他们所有人一网打尽。爱德华兹和加利福尼亚州圣何塞州立大学的校长意识到整个事态的发展已经超出他们可以掌控的范围，于是达成一致意见，取消了比赛。至此，爱德华兹在全国范围内广为人知，并且建立起广泛的社会关系，接受了史密斯点燃的思想火花，并且在非裔美国人运动社区周围进行广泛宣传，在1967年感恩节发起了奥林匹克人权项目，提出了一个挑战奥林匹克运动、美国社会以及美国体育机构特有的种族主义的变革议程。非裔美国运动员在美国大部分地区仍然是二等公民，被系统性地排除在许多私人体育俱乐部之外，并且受到流行的贬损性刻板印象的影响，这限制了他们的职业选择，阻碍了他们进入教练和管理行业。奥林匹克人权项目发表声明："我们不能再允许这个国家使用……几个'黑人'运动员来向世界证明其在解决种族问题上取得了长足的进步，实际上非裔美国人遭受的压迫比以往任何时候都要严重。当体育界的种族不公正达到令人难以想象的地步时，我们不能再让体育界自吹自擂，称自己是种族公正的堡垒。"[15]

最重要的是，他提议抵制1968年奥运会。事实上，在可能加入美国队的非裔美国运动员中，从来没有很多人支持这一做法，但是这一威胁成为头条新闻，并且造成了政治紧张态势，直到1968年8月爱德华兹最终收回这一威胁。在这个过程当中，由于国际奥委会中支持种族隔离的成员认为南非在道德上是清白的，国际奥委会邀请这个国家参加墨西哥奥运会，这一令人难以置信的提议刺激了爱德华兹发起抵制墨西哥奥运会的运动，该提议最后被取消。尽管爱德华兹和许多参与支持这项运动的运动员遭到了联邦调查局的调查，他们的公寓被人闯入，他们收到充满仇恨话语的邮件，包括将他们送回非洲的假机票以及死亡威胁，奥林匹克人权项目永远改变了关于美国种族和运动的对话。

在这样的环境中接受教育的汤米·史密斯——墨西哥奥运会200米短跑比赛世界纪录的打破者，以及获得同一项目第三名的约翰·卡洛斯，只有20分钟的时间为这个故事的最后一幕做准备。他们两个人手头具备的道具包括史密斯太太的一双黑色皮手套、一条黑色围巾和一些珠子，每个人都有一双便宜的黑色礼服袜子。澳大利亚银牌获得者彼得·诺曼知道了他们的计划后，要求加入他们的行动。他在胸前别了一枚奥林匹克人权项目的徽章。两个美国人都光着脚站在领奖台上。当美国国歌响起时，史密斯低下了头，把戴着手套的手高高举过头顶，卡洛斯的手则略微偏斜；两个人都手握拳头。史密斯在第二天接受美国广播公司霍华德·考赛尔的采访时说："我右手戴的手套象征着美国黑人的力量。我的队友约翰·卡洛斯左手戴的手套与我的右手形成一个弧形，表示黑人的团结。我脖子上戴的围巾象征着黑暗。约翰·卡洛斯和我穿着短袜，黑色短袜，没有穿鞋子，这也意味着我们十分贫穷。"[16]

最初的新闻报道虽然铺天盖地，但是在美国没有成为头版新闻。艾弗里·布伦戴奇曾一度对奥运会的"政治违规"感到愤怒，下令美国代表团驱逐史密斯和卡洛斯——他们确实这么做了，这是唯一登上美国媒体头版的新闻。史密斯、卡洛斯和诺曼都受到了体育联合会的惩罚，并且被剥夺了参赛资格几十年，在20世纪末才恢复成

第六章 光影留存：
奥运会的光彩与阴影

员资格，但是国际奥委会及其盟友已经失去了对这一体育盛会及其代表的意义的控制。在闭幕式上，每支队伍只允许 7 名成员参加游行，以防止 1964 年东京奥运会上出现的场面失控的危险现象。最终，运动员无法控制自己；他们走出队伍，涌出看台，奔上跑道，尽情地跳起舞来，一群身穿白色外套的墨西哥保安闯入人群试图维持秩序。

第五节

主办1948年冬奥会的瑞士城市圣莫里茨可能没有受到战争的实质性影响,但是它也很难说得上是欣欣向荣。资源十分紧张,组委会无法在体育场馆为运动员提供更衣室,所以他们不得不在酒店和招待所换衣服。欧洲其他国家遭受的可怕损失以及它们靠从美国借债渡过难关的窘况已经显现出来,挪威滑雪运动员被迫向美国人借设备,意大利队在冰球比赛的前几轮以1比31的比分被美国队击败。1952年奥斯陆奥运会反映了挪威物质重建和政治重建的情况。战前,挪威的体育运动在资产阶级运动和工人运动之间有着清晰的界限。挪威一度被纳粹占领,纳粹支持的吉斯林政权试图完全控制这个国家的体育机构,这两点使得挪威体育的这两个分支之间建立起一个以前不太可能出现的联盟。奥斯陆动用了相当多的国家资金和市政资金,以建造新的滑冰场地和通往远处高山滑雪场的交通线路,以及冬奥会的第一个奥运村,与之前的奥运村不同,这个奥运村在奥运会结束之后被改造成了住宅。[1]

虽然奥运会的规模小而且仍然排外,但是在有些人看来它依旧美丽动人。在战后初期,只有30个或者不到30个国家参加冬奥会,其中绝大多数是欧洲国家,其余大部分是至少已经在某种程度上工业化的国家(美国、加拿大、澳大利亚、阿根廷、智利和日本)。在整个20世纪60年代,参加奥运会的国家的数量稳步增长,但是由于气候、地形、体育历史和资源稀缺等原因,新近参加夏季奥运会的全球去殖民化的南方国家中,只有很少国家具有足够的竞争力。

此外，它们的代表还是通过最不正规的途径招募的。印度唯一的冬奥会选手杰里米·布贾科夫斯基是波兰血统的滑雪者，他的父母在他幼时就定居在加尔各答。两名参加1972年冬奥会滑雪比赛的菲律宾运动员，胡安·西普里亚诺和本·纳纳斯卡，自幼被新西兰家庭收养，在安道尔山区长大。冬奥会增加了无舵雪橇和冬季两项，创造了新的女子项目，参加冬奥会的运动员数量从1948年圣莫里茨冬奥会的669人增加到1968年格勒诺布尔冬奥会的近两倍。国际记者团的规模增长得更快。几乎没有记者报道1948年的冬奥会，但是格勒诺布尔冬奥会的认证记者达到1500多人。像夏季奥运会一样，电视报道从无到发展成1972年札幌冬奥会的全球彩色直播。

除了斯阔谷冬奥会之外，冬奥会从小型度假村转移到了主要的人口中心，迫使许多奥运场馆分散到适当的山区，从而增加了对新的交通路线和通信联系以及奥运村的需求。举办奥运会的成本以更加指数化的方式上升。尽管奥运会资产负债表中的具体数字因组委会不同而不尽相同，但是增长的趋势明显。1960年斯阔谷冬奥会的成本是2000万美元。四年后，因斯布鲁克冬奥会的成本翻了一番，达到4000万美元。1968年格勒诺布尔冬奥会花费了2.4亿美元，1972年札幌冬奥会由于增加了一两个奇怪的项目，整整花费了10亿美元。尽管新增的跳高滑雪、无舵雪橇都可能会花费大量的资金，但推高这些冬奥会成本的，并非奥运会项目本身。[2]

斯阔谷冬奥会是在亚历山大·库欣的自负、房地产梦想和无人能敌的厚颜无耻的驱使下举办的。他出生自美国东海岸的名门世家，是一个热爱滑雪的商业律师，1947年他第一次去加州北部的斯阔谷时，它还只是三座神话般的山峰脚下的一个大山坳。他深信可以把它建设成高端冬季运动胜地,于是从洛克菲勒基金会那里借了一笔钱,开始动工。1956年,库欣听说,内华达州的里诺有望成为1960年美国奥运会的候选城市,因此认为即使不为别的目的,单单为了宣传的噱头,斯阔谷也应该投标。他魅力四射又擅长社交,留着一头浓密的红头发,戴着红头巾,穿着英式粗花呢,出现在滑雪道上,成功吸引了吉恩·凯利、索菲娅·罗兰和平·克劳斯贝光临他的"原始"度假胜地。他还先后为美国奥委会以及国际奥委会的成员举办了酒宴,他的沉着冷静使他们深信,即使斯阔谷当时只有一把滑雪椅、两条拖绳、只能容纳50人的住宿,也可以举办奥运会。他是一个逞强好胜的开发商,一再违反环境法和规划法,他无耻地宣称,在斯阔谷举办冬奥会将可以回归到"纯粹"的冬季运动会,不受商业化或巨型化的影响。他还说服了加利福尼亚州州长和州立法委员,最终说服了内华达州州长和联邦政府提供资金。他聘请沃尔特·迪斯尼公司制成巨大的石膏"雪雕"装饰舞台,该公司声称,这些雕塑看起来比真正的雪雕更真实。由于举行开幕式时刚好碰上暴风雪,迪士尼精心策划的2500人合唱和1200人乐队演奏只能取消,但是电视摄像机喜欢拍摄通过滑雪传递奥林匹克火炬这样的画面。此时,库欣已被加利福尼亚州政界更有权势的人物挤出了组委会,但是他获得了两个开幕式的免费席位,并且从一笔慷慨的纳税人补贴所带来的土地价值升值和旅游业开发中发了大财。

相比之下,因斯布鲁克冬奥会始终是一个国家主导的项目,奥地利一度被并入第三帝国,现在它专注于经济重建,并且力图在战后负罪感和冷战政治的交叉洪流中寻找自己的位置。滑雪是一项非常受欢迎的娱乐活动,也是美国的主导产业之一。在滑雪设备的生

第六章 光影留存：
奥运会的光彩与阴影

产上，奥地利仅次于德国，是世界第二出口大国。奥地利大力举办奥运会以及修建与之配套的新设施和道路，旨在提升这个国家的形象、促进滑雪设备生产公司以及快速增长的冬季旅游部门的发展。

虽然民族自豪感和冬季运动产业的健康发展对格勒诺布尔和札幌都很重要，但是这些利益与更宏大的经济规划相比微不足道。法国和日本的技术官僚都将冬奥会作为地区发展政策的工具，寻求利用目前所需的大量投资来建设分散的场地、公路和铁路网络以及升级住房条件，以推动迄今为止处于边缘的贫困地区的经济增长。格勒诺布尔奥运会费用的 20% 用于修建道路。它的主要奥运村是迄今为止冬奥会上最大的奥运村，奥运会结束后改造成为一所大规模大学的一部分。主张政府对国民经济和社会事务进行控制的戴高乐总统和乔治斯·蓬皮杜总理一直充分利用奥运会的场馆。札幌是日本最北部岛屿北海道的主要城市，它仅将冬奥会预算的 5% 用于修建体育设施；其余的用于建设 200 公里的新公路、电车系统以及两个新机场。

作为全球冷战的北极侧翼，冬奥会是偏执、冲突和操纵的舞台。格勒诺布尔的民主德国女子雪橇队违反规则，在比赛前加热雪橇滑行板。这一发现为西方媒体提供了抨击他们的证据。正如对奥运会滑冰比赛裁判分数的统计分析所显示的那样，偏见和误解总是存在的。当然，每个国家都偏爱自己的运动员，但苏联及其华沙条约同盟贬低了美国，反过来，美国及其北约同盟也给予了相同的回应。

所有冬季运动中最易引起分歧的是冰球。在某种程度上来说，这是争论的结果。比如，由于计分制度上的分歧，加拿大人拒绝参加 1964 年奥运会的颁奖仪式。在某种程度上来说，这也是更广泛的外交政策的结果，比如由于苏联在几个月前入侵匈牙利，加拿大、瑞典和美国决定抵制1957年在莫斯科举行的冰球世界锦标赛。这项运动是苏联的威胁及苏联赶超西方的能力以有形的形式的体现。在第二次世界大战之前，冬奥会冰球比赛——事实上，通常情况下的冰球比赛都是被加拿大人垄断的。然而，从1956年开始，苏联凭借其庞大的军事运动员队伍在冰球比赛中成为主导力量，在科尔蒂纳奥运会上赢得了金牌，还在1960年至1988年间赢得八枚金牌中的六枚。加拿大一无所获，而且，由于无法绕过国际奥委会仍然严格的业余规则，他们干脆拒绝派出冰球队参加札幌奥运会。他们在这项运动中的决定性冷战时刻将会在1972年特别安排的连续八场巅峰对决中到来，比赛在他们最好的职业选手和苏联选手之间进行。[3]

1960年冬奥会见证了奥运会冰球项目罕见的关系缓和的公开时刻。据称苏联队长尼古拉·索洛古博夫在美国对阵捷克斯洛伐克比赛的最后一次休息时间，溜进了美国队的更衣室，给他们供氧，帮助他们击败捷克斯洛伐克队。苏联人乐于密谋反对他们的华沙条约盟友，这证明了他们之间的关系越来越紧张，这种紧张关系也在冰球场上表现出来。1947年，在捷克斯洛伐克，这项运动与脆弱的战后民族主义的最后时日联系在一起，在那期间，国家队在布拉格举行的第一届战后锦标赛中获得世界冠军。美国冰球运动员马克·豪在回忆捷克斯洛伐克对阵苏联的比赛时说："到目前为止，我从未见过比这更残酷的冰球比赛。捷克斯洛伐克守门员在与苏联球员对阵时应该是折断了五根球杆。"在最后三分之一的比赛时长中，在以2比5落后的情况下，一名捷克斯洛伐克防守队员攻进了苏联的禁区，他选择将球射向他们的板凳而不是球门里。他没有打着任何人，但是他们输掉了比赛。

冬奥会自举办以来日益滑向职业化和商业化。主办夏蒙尼、圣莫里茨和普莱西德湖冬奥会的政治家和酒店经营者都希望通过举办冬奥会获得长期的经济利益，提升它们作为高端度假胜地的吸引力。花样滑冰和最优秀的花样滑冰运动员在冰上进行的铺张华丽的舞蹈表演、马戏表演以及最终拍摄成电影的商业循环拥有永久的魅力。鉴于这种商业环境，以及冬季运动高强度训练所需的巨大成本，国际滑雪联合会始终对运动员获得商业赞助或其他收入来源持同情态度。1936 年，他们在加米施 – 帕滕基兴冬奥会上与国际奥委会发生了激烈的冲突，当时国际奥委会裁定滑雪教练实际上是专业人员，因此将其排除在冬奥会之外。

艾弗里·布伦戴奇对冬奥会产生了最强烈的厌恶，他轻蔑地称之为"冻坏脑子的运动"。在 1960 年国际奥委会执行委员会的一次会议上，布伦戴奇要求委员会撤回 1964 年对因斯布鲁克的承诺，以期完全放弃冬奥会，但是他遭到了拒绝。与此同时，他把惩治苏联集团以外的违反规则的运动员作为自己的个人使命。联邦德国花样滑冰运动员玛丽卡·基里乌斯和汉斯·于尔根·布鲁姆勒在 1960 年和 1964 年冬奥会上都获得了银牌。他们在因斯布鲁克冬奥会举办前不久，与美国巡回滑冰盛大表演节目组《冰上假日》签订了合同。当年晚些时候，他们被国际奥委会取消参赛资格。他们在联邦德国的民众中非常受欢迎，联邦德国国家奥委会主席威利·道姆要求他们归还奖牌，这被认为是一个全国性的丑闻。

滑冰和表演行业已经够糟糕的了，但是，到了 20 世纪 70 年代末，滑雪也成为一个大行业——领先的运动员公开代言产品，同样获得不菲报酬。在 1968 年奥运会之前，事情到了紧要关头。国际滑雪联合会和国际奥委会同意，不管其他比赛的情况如何，制造商的标志将从滑雪设备上移除。公司和运动员认为不可能在这么短的时间内重购设备。国际奥委会对此做出的回应是，在每场比赛结束时，在每位运动员到达电视摄像机前没收他们的滑雪板。

然而，国际奥委会永远无法控制一项拥有法国人让-克劳德·基利和奥地利人卡尔·施兰兹这样颇具公众吸引力和商业潜力明星的运动，他们都是民族英雄，都因比赛荣誉而获得了丰厚的报酬。两者都为高山滑雪带来了高水平的新技术、令人毛骨悚然的速度和高风险的估算结果；基利是二人中更有头脑的；施兰兹以不懈地寻求基于规则和技术的优势而闻名。在格勒诺布尔奥运会的障碍滑雪赛中，基利领先，滑雪场淹没在如豌豆汤一样的浓雾中，以至于三分之一的场地被认为不符合比赛要求。这些受到大雾影响的运动员中包括施兰兹，他尽力说服裁判让他重赛，他在重赛中领先，但是后来被取消了比赛成绩。

1972 年冬奥会举行时，基利已经退休，第三次试图问鼎金牌的施兰兹，已经准备好最终赢得一块奥运会金牌。[4] 然而，艾弗里·布伦戴奇也还在，随着年龄的增长，他的脾气越来越坏。1968 年，在格勒诺布尔，他一气之下拒绝参加障碍滑雪的颁奖仪式。札幌奥运会前夕，他阴沉着脸嘀咕出被他列入黑名单的 40 名运动员，其中包括施兰兹。据媒体报道，施兰兹质问国际奥委会的官员，他们从来没贫穷过，怎么能"理解顶级选手的真实生活情况？"当媒体问及布伦戴奇为什么把施兰兹列上黑名单时，他非常诚实地回答道："他是我们碰到的最明目张胆、最口无遮拦的人。"尽管他可能会补充说，如果国际奥委会的政策始终如一而不只是怀恨在心的话，那些为奥运会版权付费的电视公司绝不会容忍高山滑雪者被完全驱逐出比赛。就在滑雪比赛开始前几天，国际奥委会以 28 比 14 的投票结果驱逐了施兰兹。奥地利媒体愤怒得近乎歇斯底里，呼吁国家队的其他队员退出比赛。施兰兹独自回国，但是至少有 10 万名群众在机场外的街道两旁迎接他，并且焚烧了布伦戴奇的肖像。布伦戴奇在致国际奥委会的告别演说中希望"冬奥会在丹佛体面地终结"。他退休后，变得更加痛苦，却不再那么沉默，他坚称"必须刻不容缓地清除这个毒瘤"。[5] 他几乎达成了目标。1976 年冬奥会的举办权被授予了丹佛。一个对举办奥运会的成本不断攀升以及对冬季体育产业日益严峻的环境影响保持警惕的名为"科罗拉多未来公民"的组织，就丹佛是否应该举办奥运会这个问题在全州和全市范围内发起投票。93.8% 的投票者中有 60% 表示不同意。他们是第一批这样做的民众，但不会是最后一批。

第六节

　　1972年慕尼黑奥运会不乏壮观的体育时刻。留着浓密胡须的马克·施皮茨赢得了七枚金牌，打破了七项世界纪录，成为世界上最伟大的游泳运动员。苏联体操运动员奥尔加·科尔布特失去了团体金牌，但是她凭借非常上镜的曼妙身材赢得了高低杠金牌和全球观众的喜爱。联邦德国海报女郎海德·罗森达——年轻、身材修长，总是戴着一副约翰·列侬式眼镜，以微弱劣势输掉了五项全能，但是为东道主获得了跳远金牌。也许冷战期间最精彩的比赛是美国和苏联男子篮球决赛，随着时间的流逝和裁判争论的激烈进行，美国以微弱优势领先，但是在最后几秒钟苏联队反超了比分。美国队没有回来领取银牌。然而，这一切都比不上全球电视直播的巴勒斯坦"黑色九月"运动组织袭击奥运村的以色列运动员和教练，随后他们将公寓大楼包围了一整天，并且在菲斯滕费尔德布鲁克机场与德国警察交火，总共造成11名以色列人、8名巴勒斯坦恐怖分子中的5名和1名德国警察死亡。[1]这些事件不仅取代了慕尼黑奥运会的体育层面的影响力，而且在很大程度上消除了大众记忆中组委会和更广泛的联邦德国政治和文化精英们试图在奥运会上传达的复杂含义和信息。

　　这次竞标是在路德维希·艾哈德总理最后一届政府的最后日子里进行的，对于这个给德国社会市场和经济带来奇迹的设计师来说，这是一个再好不过的结局。随后，奥运会在他的继任者库尔特·格奥尔格·基辛格（大联合政府为首的基督教民主党人）的领导下成形和规划，这个大联合政府日益被崛起的社会民主党人和他们魅力非凡的领袖，当时的外交部部长维利·勃兰特控制。奥运会在勃兰特的领导下成功举办，勃兰特是自魏玛共和国以来第一位社会民主党总理。在基调和外交政策含义上，奥运会得到了社会民主党和他们的新东方政策制定者的决定性认可，最重要的是，同意民主德国不仅可以作为一个单独的队伍参加比赛，而且还赋予其国家地位的所有正式标志——例如，它自己的国旗和国歌，这与德意志联邦共和国拒绝承认德意志民主共和国的做法完全相反。如果说联邦德国在寻找进步的标志和自身转型的故事的时机，那么它已经到来了。

尽管联邦政府将承担奥运会的大部分费用，但是主要负责人是组委会的两个核心人物：威利·道姆和汉斯－约亨·沃格尔。道姆是参加1936年奥运会手球队的成员之一，是多特蒙德的一个中等富裕的钢铁行业商人，他像自己以前的良师益友卡尔·迪姆那样热衷于奥林匹克事业。他于1937年加入纳粹党，他公司在比利时的分公司为战争服务：那是一家为军队制造坦克零件的工厂。战后，他成为联邦德国体育界最有影响力的人物，当选为联邦德国体育联合会主席、联邦德国的国家奥委会主席，并且在1956年成为国际奥委会委员。汉斯－约亨·沃格尔是慕尼黑社会民主党市长。他出生于巴伐利亚州一个殷实的信奉天主教的中产阶级家庭，战争爆发时他只有13岁，他曾经当过儿童兵的经历使他变得激进。到1960年，年仅34岁的他成为慕尼黑市长，凭借一股年轻人的反叛浪潮和活力，使得这座城市成为除了西柏林以外的新兴反主流文化的全国中心。

道姆和沃格尔两个人性格迥异，但是他们都是十分强有力的领导者。道姆是一个有着国际奥委会和艾弗里·布伦戴奇所代表的旧时代阿谀奉承做派的先锋，沃格尔是组织者和策划者。然而，他们两个人的世界观有着惊人的相似。正如克里斯·扬和凯·席勒所说，这是"两个来自中度保守背景的人，他们都信奉适度进步的信念"。在这里，在联邦德国政治的中间地带，他们建立了一个奥林匹克联盟，其目标是使一个转型中的、克制的和民主的国家重返国际社会，并且通过举办一场试图强调体育的普遍性和游戏性而不是种族分裂和训练公民作战能力的运动会来救赎罪大恶极的柏林。

在奥运会前夕，两个复杂的政治问题和文化问题困扰着组委会。第一个是历史问题。慕尼黑奥运会和1936年柏林奥运会是什么关系，以及纳粹德国和当代德国是什么关系？为了表示对西柏林这座百事缠身的城市的支持，慕尼黑奥组委在这里举行了两次委员会会议，但是这种联系已经是每个人能够接受的上限了。值得注意的是，为1972年奥运会设计的配色方案包含了大部分色彩，但是排除了猩红色和金色，因为那是1936年奥运会的标志性色彩。为欢迎世界参加柏林奥运会，他们配备了雕刻有德国鹰的钟，与之形成鲜明对比的是，慕尼黑奥运会选择了电子钟琴，将原来的军乐和进行曲换成大众喜爱的清新悦耳的音乐以及伯特·巴卡拉克编曲的音乐，甚至在国家队游行时播放诙谐幽默的音乐——匈牙利队出场时播放小夜曲《我的吉卜赛·罗斯·李》，这首音乐莫名其妙地将该国的拉奥马人与20世纪40年代与该曲同名的美国脱衣舞女郎隐晦地联系起来。柏林奥运会的主要组织者和设计者、"德国奥林匹克想象力的大祭司"卡尔·迪姆在1962年去世前一直与道姆关系密切，在德国有数百个地方以他的名字命名，但是令人难以想象的是，在新奥运村中，连一条以他的名字命名的街道都没有。

当涉及迪姆的主要奥林匹克遗产——火炬传递仪式举行时，组织者患上了一种选择性失忆症。一方面，他们认为由克虏伯制造的1972年的火炬完全没问题，就像这家制造商生产1936年奥运会火炬一样（尽管事实上该公司是纳粹的主要武器生产商）。另一方面，让火炬传递经过达豪（纳粹党的最初集中营，位于慕尼黑北部），这是完全不会发生的。

第二个问题是当下的问题。鉴于奥运会在某种意义上仍然被宣扬为是"对世界青年的呼唤"，席卷联邦德国青年的大众文化变革浪潮，因老一辈人对自己的过去反应得犹豫不决和虚伪而变得更加猛烈，必须予以解决。在反思20世纪60年代全球和联邦德国青年文化的转变时，威利·道姆评论道："世界各地的青年无法理解通过鸣放礼炮、举着国旗游行、军事游行和虚假的神圣元素以示庆祝的方式。"[2]

代际关系变革、教育扩张、人们经济上变得富裕而情感上变得疏远的潮流在联邦德国愈演愈烈，而作为该潮流的一部分，学生在1967年正式成立议院外反对派。在1968年学生领袖鲁迪·杜施克被暗杀后，议院外反对派开始闹事。

慕尼黑奥运会的组织者真诚地努力拥抱时代，寻找两代人之间的共同点，力图免除二十一响礼炮的军国主义和过去虚伪的希腊化，力求表达奥运会的象征层面和文化层面。或许他们最清晰地表达自己态度的做法是设立"游戏街"——最初设想为一个在整个奥林匹克公园进行互动式和自发性的艺术表演的大型项目：一个通过积极参与来对抗消费主义的项目,以及通过自发表演来体现礼仪的项目。鉴于举办奥运会的某些地区的安全警备松懈,这种对奥运会秩序的威胁引起了警方最强烈的反应。安全部门负责人曼弗雷德·施赖伯对此感到震惊,声称比赛将"被公众劫持"。作为设立游戏街的一个条件,警方拒绝批准建设一座上面有风力雕塑和巨型活动雕塑的小山,坚持禁止在那里销售啤酒,大肆干预艺术家的选择,并且出于意识形态的原因反对许多艺术家在那里出现。当地一名赞助商提出在奥运会期间举办齐柏林飞船和弗兰克·扎帕主演的一场大型摇滚音乐会,这个提议让施赖伯震怒。他认为,音乐会一定会造成人们吸毒泛滥的局面,并且暗示人群密集可能会引发瘟疫,谴责这种"不雅形象"的前景。最后,游戏街被限制在奥林匹克公园新湖周围的五个小区域,提供小丑表演、笑剧、哑剧和戏剧等节目。那里有免费的爵士乐四重奏,德国概念艺术家蒂姆·乌尔里希斯每天骑着一只巨大的仓鼠轮子在原地跑一场奥运会马拉松,还有让五种感官都活跃起来的巨大沉浸式装置。

　　游戏街非常受欢迎,吸引了120万名游客,是参加奥运会期间举办的所有其他文化活动人数的两倍多。它也为批判性反思提供了一个小小的窗口,受到邀请的国际剧团通过戏仿的方式诠释了此前奥运会的意义,透过殖民主义的视角演绎1912年斯德哥尔摩奥运会,并且将1968年墨西哥城奥运会与此前的残酷屠杀联系串联起来。然而,以色列队受到攻击后,施赖伯以此为由彻底关闭了游戏街。[3]

　　尽管联邦德国邀请以色列队参加奥运会是一个既复杂又模糊的问题,但是奥运会刚开始时世人充满了希望。包括以色列队在内的官方仪式和非官方仪式在达豪举行。击剑运动员丹·阿龙后来回忆道:"虽然柏林奥运会仅仅过去了三十六年,参加慕尼黑奥运会的开幕式是我一生中最美好的时刻之一。我们如在天堂一般。"[4]

1970年9月,约旦以暴力的方式将巴勒斯坦解放组织驱逐出该国,迫使他们在黎巴嫩贝鲁特难民营重新聚集,此后,"黑色九月"组织获得了它的绰号和存在理由。该团体正式完全脱离巴勒斯坦解放组织,由一名高层成员进行非正式协调。袭击是如何构想的以及为何下令的尚不清楚,但是这仅仅是这个时代由各种巴勒斯坦团体策划的诸多劫持、围困和杀戮的行动之一。9月4日晚,大部分以色列队员去慕尼黑市中心观看《屋顶的小提琴手》。这个巴勒斯坦小队的8名成员在附近的一家餐馆里,接受了最后一次作战指示,刚过凌晨四点,他们进入戒备松懈的奥运村,前往以色列队的住处,劫持了11名人质,其中2人在最初阶段的对峙中丧生。

巴勒斯坦人在随后长达一天的围困中,提出了一系列要求,包括释放关押在以色列监狱的数百名巴勒斯坦人,并且在释放人质之前为他们提供一架飞往中东的飞机。以色列人一如既往,无意释放任何人。电视摄像机从数不清的角度和瞭望点拍摄了一切,包括全副武装但缺乏经验的志愿警察试图从奥运村屋顶偷偷溜进公寓。当然,巴勒斯坦人正在通过民主德国新闻现场观看这一切。下午的奥运会赛事取消后,奥运村围墙四周的人群增加到了数万人。一系列最后通牒都被无视后,联邦德国外交部部长汉斯·迪特里希·根舍和奥运村村长瓦尔特·特勒格尔在公寓里与恐怖分子进行了面对面的谈判,但是没有取得任何成果,随后恐怖分子改变主意,要求带着人质前往机场,飞往埃及。

在菲斯滕费尔德布鲁克等候他们的联邦德国警察装备不良,位置不佳,对他们面临的危险并不清楚,也没有受过良好训练,而且有些警察不愿意开枪杀人。他们开火了,在随后的交火中,9 名以色列运动员、8 名枪手中的 5 名和 1 名德国警察死亡。第二天,在奥林匹克体育场举行一场简短的追悼会后,奥运会继续进行。国际奥委会仍然认为,在 2012 年奥运会上举行"纪念大屠杀四十周年"的活动不合时宜。

第七章

分崩离析：破产、抵制和奥运会业余主义的终结

蒙特利尔 1976 · 莫斯科 1980 · 洛杉矶 1984 · 汉城 1988
因斯布鲁克 1976 · 普莱西德湖 1980 ·
萨拉热窝 1984 · 卡尔加里 1988

> 我知道没有人比我更相信"运动中是蕴含政治的"，且从来都如此。我们生活中的一切都受政治决策的支配。我们享受不同程度的自由，但是这种自由是通过政治决策获得的。我们在体育和奥林匹克运动中需要的是政治家的兴趣和支持，而不是他们的干涉。
>
> ——基拉宁勋爵

第一节

基拉宁勋爵的上述言论很难跟《君主论》或《联邦党人文集》相提并论,但是与国际奥委会迄今为止通过的那些拙劣的政治理论相比,基拉宁勋爵真是一位哲学家国王。他是一个英格兰-爱尔兰贵族,曾在伊顿公学、剑桥大学、索邦大学就读,拥有参加诺曼底登陆的辉煌资历,这使他成为国际奥委会的红人。到了20世纪60年代中期,他以举止完美、和蔼可亲的形象成了国际奥委会的礼仪之长。他很优秀,而且在行为方式上与众不同。他为《每日邮报》报道过日本侵华战争;他协助制作过许多电影,其中包括约翰·福特的《沉静的人》[①];最重要的是,他喜欢赛马。1971年,他在继艾弗里·布伦戴奇之后赢得国际奥委会主席选举的前一年,加入了举足轻重的俱乐部:爱尔兰赛马俱乐部。在约翰·罗德达的记忆中,他是一个"留着一头白发、戴着半月形眼镜和含着烟斗的匹克威克式人物,如果主席职位让他有点自负的话……他一直有点顽皮……他喜欢……在国际奥委会年度会议结束后与记者们喝上一杯"。[1]

与严厉、自恋和越来越尖刻的布伦戴奇相比,基拉宁勋爵不仅更乐观,而且在某种程度上时刻关注着20世纪的体育变革和政治变革。布伦戴奇把自己和国际奥委会的形象弄得超乎想象的扭曲,试图维持自顾拜旦时代以来一直存在的幻想:奥林匹克运动凌驾于政治之上,只对自身负责;19世纪的只让业余运动员参加比赛的理想

---

① 简体中文版多译为《蓬门今始为君开》(*The Quiet Man*)。——译者注

作为组织高水平运动的一种方式,在伦理上仍然是合理的,在制度上也是可行的;国际奥委会可以继续高枕无忧地免于关注电视转播和奥运会的经济效益,将几乎所有事务委托给组委会。基拉宁勋爵在担任国际奥委会主席的八年期间,没有解决上述问题中的任何一个,但是他在这些问题上的立场与过去的历届奥委会主席截然不同,并且为他的继任者胡安·安东尼奥·萨马兰奇实施更根本的改革铺平了道路。

值得称赞的是,基拉宁几十年来一直在谴责国际奥委会在业余主义问题上的荒谬立场。在体育上采取国家职业主义的苏联国家集团长期以来一直嘲弄奥运会运动员必须具备业余身份的规则。在更广阔的世界里,体育运动的稳步职业化和商业化的进程——从滑雪到高尔夫,从网球到篮球——不容忽视。虽然,基拉宁在这个阶段不能而且也不愿意完全背离旧的秩序,但是他寻求实际的妥协方案,允许运动员有更多的回旋余地来支付训练费用和安排离开"工作"的时间。也许更重要的是,布伦戴奇竭力反对那些违反规则的运动员,而基拉宁选择了其他方式来解决这个问题,运动员最终得以发挥他们的天赋来谋生。

基拉宁并不担心其他人如何谋生,而是担心国际奥委会将如何维持下去。艾弗里·布伦戴奇决定将电视转播权的销售交由奥运会组委会处理,这使得国际奥委会无法影响销售谈判,也无法掌控这一快速增长的收入。基拉宁接任时,国际奥委会只有 400 万美元的储备金,一个规模极小却负担过重的全职员工团队。具有敏锐商业头脑的世界体育联合会,大声呼吁要为自己分一杯羹。这些都迫使

第七章 分崩离析：
破产、抵制和奥运会业余主义的终结

基拉宁勋爵重新审视电视转播权及其带来的利益。国际奥委会首次建立了电视委员会，重新确立了自己作为出售奥运会转播权的合作伙伴的地位，并且设法获得更大份额的收益，最终重新获得了对奥林匹克标志——尤其是五环——的商标控制权。[2]

这些变化的成果将在萨马兰奇的领导下实现，但是就目前而言，国际奥委会需要处理潜在东道主的信任危机，这场危机是由1976年蒙特利尔奥运会引发的。至少从20世纪60年代初东京打破所有奥运会支出纪录以来，国际奥委会就一直在为奥运会的举办成本不断上升以及政府倾向于在大型场馆和基础设施项目上投入更多资金而担忧。20世纪70年代初，情况变得更糟，因为早在札幌或蒙特利尔点燃奥林匹克圣火之前，很明显那里的某个人（机构）将分别要支付10亿美元和20亿美元的账单。因此，曾经有四五个或更多的城市申请主办奥运会，但是申请主办1980年奥运会的城市只有莫斯科和洛杉矶，而1980年莫斯科奥运会之所以能够成功举办仅仅是因为苏联中央集权政府可以强行控制所需的大量资源。

到申办1984年奥运会的时候，实际上只有洛杉矶准备申办。由于洛杉矶的公民通过投票拒绝政府资助，通过法律拒绝彩票资助，洛杉矶奥组委发明了廉价举办奥运会的新自由主义模式：重复利用洛杉矶的现有设施，以真正匹配的价格出售电视转播权，让公司获得冠名权并且支付所有其他费用。半个世纪以来，奥运会首次盈利。自那以后，没有任何一届奥运会能够取得如此辉煌的成就，但是事实上，洛杉矶奥组委的做法打破了蒙特利尔奥运会的魔咒，放开并且提供财力支持了各种不可持续的亏损的奥运会重大支出项目。事实上，1988年汉城奥运会①的筹资模式更接近未来奥运会的筹资模式。吸取洛杉矶的经验教训后，电视转播收入和赞助收入大幅增加，但是这些收入仍然只能为奥运会更加巨大的举办成本和运行成本买单。随之而来的巨额资本成本和声望项目——1988年汉城的改造项目将由公共资金支付。

然而，为了让这些行为变得有意义或有价值，世界各国都需要出现在奥运会上。慕尼黑奥运会已经确立了自己作为人类集体的杰出节日和壮观表现的地位——吸引了创纪录的122个国家参加，奥运会需要世界各国积极参与。只有88个国家出席了蒙特利尔奥运会，81个国家出席了莫斯科奥运会，尽管有140个国家出席了洛杉矶奥运会，但是奥运会受到了苏联国家集团的抵制。它们总共只有十几个国家，但是它们的运动员在世界顶尖运动员中占据了很大比例，在冷战的两极世界里，奥运会上展示的是一个明显不完整的、分裂的人类集体。因此，在基拉宁勋爵担任国际奥委会主席的大部分时期，都面临着哪些国家（以什么名字和旗帜）能来参加奥运会，哪些国家不来参加奥运会以及为什么不来的政治局面。

蒙特利尔奥运会反映出基拉宁勋爵担任国际奥委会主席期间面临的重大挑战，需要处理两个复杂问题：中华人民共和国中央政府和台湾当局的地位问题，以及反对南非种族隔离的斗争。国际奥委会的立场表明了它的顽固，即它甚至比美国更晚承认"一个中国"的原则。1971年，中华人民共和国恢复在联合国的地位，但是台湾当局仍然坚持自己在奥林匹克运动中的地位，在那里被称为所谓的

---

① 原文写作 Seoul 1988，直译为汉城奥运会。汉城现名首尔。——译者注

第七章 分崩离析：
破产、抵制和奥运会业余主义的终结

"中华民国"。到了 20 世纪 70 年代初，中国政府开始了重新加入国际体育界的进程。然而，国际奥委会仍然停留在 20 世纪 50 年代的世界，认为尽管中华人民共和国和中国台湾在名称和旗帜上存在争议，但是二者都可以参加 1976 年蒙特利尔奥运会。然而，加拿大政府果断选择了"一个中国"的政策，承认中华人民共和国是中国的唯一国际代表；台湾可以参加奥运会，但是它的代表团名字中不能包含"中国"两个字。台湾当局暴跳如雷，但是在这个问题上没有妥协的余地，最后台湾当局也不愿意参加这届奥运会。后来，他们以"中华台北"的名义重新参加 1984 年奥运会。1979 年，国际奥委会最终承认中华人民共和国是奥林匹克运动的唯一中国代表。

基拉宁认为南非问题至少就奥运会而言已经解决了，这种看法情有可原，因为南非在 1970 年抵制运动后被暂时取消参加奥运会的资格，而且实际上自 1964 年以来它就没有参加过奥运会。然而，在更广泛的体育界，孤立南非仍然是一个非常现实的问题。尤其是在橄榄球和板球运动中，20 世纪 70 年代有各种各样的官方、半官方和违反规定的巡回赛。它们在比勒陀利亚被视为重大的政治胜利，在非洲各国政府以及欧洲和澳大拉西亚的反种族隔离运动中引起了巨大的反对声音。1976 年新西兰全黑队开展的橄榄球联盟南非之旅促使许多非洲国家呼吁在国际体育运动中孤立新西兰，由于 1976 年 6 月索韦托爆发的大规模骚乱遭到警察的残酷镇压，使这一倡议变得更加紧迫。南非街头至少有 350 人死亡，33 个非洲国家呼吁国际奥委会将新西兰排除在蒙特利尔奥运会之外，但是由于国际奥委会没

有听从这些国家的提议,所以它们抵制了奥运会。①

最初没有国家计划抵制1980年莫斯科奥运会,直到1979年12月27日,苏联派遣军队越过边境进入阿富汗,以支持受到他们保护的、陷入困境的阿富汗共产党政府与圣战者组织领导下的多个伊斯兰民兵组织作战。一周后,美国总统吉米·卡特发表全国讲话,明确表示,在对苏联实施多项制裁措施的同时,美国将不得不抵制莫斯科奥运会。1980年2月在纽约普莱西德湖举行的冬奥会呈现出比以往更强烈的冷战色彩。计划之神对所有参与冷战的战士开了个玩笑,男子冰球最后一轮的倒数第二场比赛将在备受青睐的苏联红色机器队与一群美国普通大学生之间进行。美国队的大部分队员都不是兼职队员,他们读完大学后继续在美国曲棍球联合会打球,但是,在比赛的准备阶段,他们被描述成无忧无虑的业余绅士,这与他们的机器人对手形成了鲜明的对比:"(苏联队)不苟言笑的职业精神与美国队在整个训练过程中的幽默和外向形成了鲜明对比,这支球队为了这个对阵机会已经忍受了几个月的各种伪装。"美国队守门员吉姆·克雷格较为直白地表达了美国大部分人的情绪:"我可能不得不与这些人打一场战争……但是现在我在打曲棍球。我讨厌他们。我并不特别讨厌那些曲棍球运动员,但是我讨厌他们所代表的一切。"[3]

这场比赛在第三个也是最后一个阶段开始时,苏联队以3比2

---

① 这些与体育密切相关的活动将主要在英联邦国家之间展开,这些国家于1977年签署了格伦伊格尔斯协议(Gleneagles Agreement)。尽管如此,南非橄榄球队在1977年和1981年去新西兰举行巡回赛,1979年去英国举行巡回赛,伴随这些巡回赛的是反种族隔离运动的大规模抗议和非暴力反抗行为。——作者注

第七章 分崩离析：
破产、抵制和奥运会业余主义的终结

的比分领先，但是在随后一段非同寻常的十分钟比赛中，美国队两次得分，以4比3的比分反超他们。苏联队在最后十分钟的猛烈进攻和美国队不顾一切的防守引发了评论员肯·德莱顿的著名评论："你相信奇迹吗？是的！"比赛结束后，赫伯·布鲁克斯教练在受到卡特总统接见时说："这场比赛对于体育界的每个人和美国人民来说都是一场伟大的胜利……这证明了我们的生活是值得继续下去的正确方式。"当他们以4比2的比分击败芬兰队夺得金牌时，美国生活方式得到了最终确认。美国队和观众唱起了《上帝保佑美国》，但是，即使在美国媒体中，也有一种不安的感觉，有人认为这支被誉为"冰上奇迹队"的比赛精神"是历史上每场战争中助长战火的情感和动机的缩影。这是最高级别的体育比赛。从最深层次的意义上说，这违背了奥林匹克精神。如果这是最后一届奥运会，没人有必要去问是什么原因造成的"。[4]

美国政府敦促美国国家广播公司取消对莫斯科奥运会的新闻报道，但是这家公司已经支付了8700万美元购买莫斯科奥运会的转播权。面对这样的变故，美国国家广播公司拖延了很长时间才做出决定，这样他们可以从已经购买的数额巨大的保险单中获得部分补偿。最终，他们获得了4000万美元的赔付，取消了新闻报道。美国政府禁止洛杉矶在莫斯科奥运会的闭幕式上接过奥运会接力棒时使用美国国旗。① 在美国政府的压力下及国民的大力支持下，联邦德国、日本、韩国和另外62个国家加入了抵制行动，这些国家都是美国最强

---

① 机会主义者彼得·尤伯罗斯（Peter Uebberoth），洛杉矶奥运会的行政主管，把一面市旗赠予了苏联代表团。——作者注

大的盟友以及最依赖美国救助的拉丁美洲国家、非洲国家和亚洲国家。许多西欧国家出席了奥运会，但是要么像法国队一样没有参加开幕式，要么像英国队一样派出他们的代表团团长举着一面奥运会旗帜参加游行。

鉴于 20 世纪 80 年代冷战的动态变化，人们可能会像许多美国媒体一样想象，在美国抵制 1980 年莫斯科奥运会后，苏联会计划以牙还牙地抵制 1984 年洛杉矶奥运会。然而，在苏联的政治机构和体育机构中，人们一直认为最好的报复是在奥运会上表现出色，在美国本土击败美国人，因此投入大量财政资源到奥运会的筹备工作中。当然，作为冷战的一部分，两个超级大国就签证、俄罗斯国际航空公司进入美国机场以及苏联船只停靠洛杉矶港的约定规则进行了争论，但是这些都极大证明了苏联想参与洛杉矶奥运会的意愿。

1984 年初，积极支持苏联参加洛杉矶奥运会的共产党主席尤里·安德罗波夫去世，接替他的康斯坦丁·契尔年科对于苏联是否应该参加洛杉矶奥运会持怀疑态度，但是比改变苏联思维方式更为重要的是 1983 年 9 月在苏联领空击落一架韩国民用客机造成的严重后果，该事件造成 269 人死亡。这一事件受到了全世界的谴责，南加利福尼亚州的一群保守活动人士行动起来，促使加利福尼亚州立法机构呼吁颁布苏联禁令，并且创建了"苏联禁令联盟"，致力阻止苏联参加洛杉矶奥运会，并且鼓励苏联运动员叛逃（如果他们参加奥运会的话）。尽管洛杉矶的当地组织者认为这些抗议人士充其量分散了大众的注意力，但是参与苏联政治局内部对话的人士对真实情况了解不足，担心他们会造成真正的威胁。苏联决定不参加洛杉矶奥运会[5]，并且联合另外十几个国家抵制这届奥运会，但是他们不

第七章 分崩离析：
破产、抵制和奥运会业余主义的终结

能强迫罗马尼亚日益失控的尼古拉·齐奥塞斯库政权加入他们的阵营。受到美国国务院和洛杉矶组委会大力支持的罗马尼亚同意参加奥运会，由1984年洛杉矶奥组委和国际奥委会出资帮助罗马尼亚组建了一个大型代表团。

最后，几乎每个国家都参加了1988年在汉城举行的奥运会；每个国家，也就是说，除了朝鲜以外。朝鲜参加奥运会的时间比韩国晚，朝鲜在1964年因斯布鲁克冬奥会上首次亮相，并且将参加奥运会视为一种有用的外交政策工具。朝鲜没有提议抵制汉城奥运会，而是认为他们可以共同举办奥运会，并且花了四年时间轮流向韩国和国际奥委会暗示，如果能够实现共同举办奥运会，那将是一个了不起的成就，否则可能会发生一些军事事故。国际奥委会实际上为他们提供了举办足球比赛、乒乓球比赛和射箭比赛的机会，但是当朝鲜放弃他们的最高纲领主义立场，苏联和中国不再支持它。朝鲜取消了抵制奥运会的行动，没有参加奥运会，变得越来越孤立和冷漠。[6]

第二节

蒙特利尔市长让·德拉珀在回应针对他负责的奥运会的批评时说:"2500年前,伯里克利也因建造卫城而不是军舰而受到批评。"[1]蒙特利尔奥林匹克公园是否真的能与雅典卫城相提并论,只有时间可以证明,但是这一说法本身就是这位市长傲慢和野心的明确标志。东京和慕尼黑借助举办奥运会的契机进行大规模城市改造,所以这两个城市的市长——永田秀次郎和汉斯-约申·沃格尔——都是奥运会的主要参与者,但是与拿破仑式的德拉珀相比,他们只能算得上是小角色。作为蒙特利尔申奥的策划者和领导者,德拉珀办公室几乎控制了奥运会的各个方面,直到在巨大的政治压力和财政压力下,他被迫将一些控制权让给魁北克省政府和蒙特利尔奥运会的组委会。当一些反对派参议员胆敢质疑为了给奥运会赛车场腾出空间而废除蒙特利尔高尔夫球场的做法时,德拉珀尖刻地告诉他们,他不打高尔夫球,它也不是奥运会运动项目。他的这种处事风格源于德拉珀对于这座城市无可置疑的控制,以及他对展现城市壮观景象的不懈努力,这使蒙特利尔闻名遐迩。德拉珀是一个相对保守的法裔加拿大民族主义者,同时具有独特的法语背景和魁北克背景,但是他肯定不支持分离主义。他的政治支持者是讲法语的小企业主和蒙特利尔的土地所有者——蒙特利尔以财产所有权为基础的有限选举权使他们在选举中异常强大,以及一群擅长房地产开发的英裔精英。德拉珀坚信蒙特利尔的未来在于旅游业、服务业、体育和休闲业,他计划开创自己的未来之路,开始申请职业棒球大联盟特许经

第七章 分崩离析：
破产、抵制和奥运会业余主义的终结

营权，计划建造一座体育场，并且请求联合国重新选址，搬迁到北方。他的第一个也是最大的成功是赢得了并且举办了最后一次真正成功的世博会——1967年世博会。[2] 5000万人去观看了一连串人造岛屿上按照常规风格建设的亭台楼阁，这些岛屿是使用为建造蒙特利尔的新地铁系统而挖掘出来的建筑垃圾制成的，这证明德拉珀推动的重建狂潮正在这座城市蔓延开来。奥运会一个有趣的前兆是，世博会引发了全球大量的正面媒体报道，成本是预期的两倍，留下了一笔可观债务，德拉珀泰然自若地设法将这笔债务转移给了其他人。这也是新的法语魁北克民族主义发展的一个重要时刻。

虽然，1967年世博会和蒙特利尔奥运会主要是作为城市改造政策的工具，但是它们与20世纪60年代和70年代初席卷整个魁北克的"无声革命"越来越紧密地联系在一起，成为一个新的、独立意识更强烈的魁北克省的行为典范。令这位市长大为恼火的是，法国总统戴高乐在参观了世博会后，被加拿大的法语复兴深深打动，他在蒙特利尔市政厅发表演讲，宣称："蒙特利尔万岁！魁北克万岁！魁北克自由万岁！"在此之前，魁北克一直掌握在保守的讲法语农村人和一小群生活在蒙特利尔的英裔精英的手中，这里的精英坚持使用英语作为处理一切事物的语言。该省的教育系统和医疗保健系统被一个反动的天主教会控制；魁北克人的离校年龄只有14岁，识字率很低，3%的成年妇女是修女。但是，在新当选的魁北克自由党的领导下，省政府把自己变成了一个国家发展机构，将国家福利世俗化，并且资助法语教育。随着时间的推移，在这种环境下成长起来的一代人中有许多人排斥自由党，他们越来越支持魁北克民族主义甚至是独立事业。因此，皮埃尔·特鲁多领导下的联邦政府在被要求支持蒙特利尔申奥时，更倾向于支持温哥华申办1976年的冬奥会，试图赢得魁北克说英语的选民和该国西部选民的选票。魁北克省政府和罗伯特·布拉萨可能是更好的合作伙伴，但是德拉珀从来没有告诉他们自己的计划，他也不想把控制权让给他们。

因此，德拉珀在既没有政府的支持也没有任何人给他财政担保的情况下，走遍世界，亲自会见了国际奥委会的大部分成员，并且在1970年5月表情严肃地向他们承诺举办一届"适度自筹资金的奥运会"。国际奥委会完全相信了他的承诺，德拉珀开始他的计划。第二天，他带着800磅魁北克美食飞越大西洋，前往阿姆斯特丹的国际奥委会代表大会，举办一场庆祝宴会。

蒙特利尔赢得奥运会举办权几个月后，激进分离主义者魁北克解放阵线的成员绑架了英国领事和魁北克省政府内阁部长，随后这名部长被杀害，这大大增加了安保的风险和成本。事实上，蒙特利尔已经宣布进入紧急状态，联邦军队涌入该省，数千名嫌疑人被拘留，尽管最终很少有人被指控或定罪。在这种狂热的气氛中，讲法语但非常保守的德拉珀是特鲁多和布拉萨的重要盟友。1973年，尽管联邦政府厌恶这位市长和他的奥林匹克使命，同意为奥运会的安保费用提供资金，但魁北克省政府最终接受了举办奥运会的最终财政责任。

一旦组委会认真开始准备工作，设计问题和协议问题就陷入了一贯的政治争论中。[3]火炬传递计划通过卫星以电子脉冲的形式将奥林匹克圣火从希腊传递到渥太华。蒙特利尔当然反对，但是由于联邦政府试图向希腊出售那颗卫星，并且为了展示加拿大的电信技术，所以计划没有改变。火炬从渥太华传递到蒙特利尔的过程也同

第七章 分崩离析：
破产、抵制和奥运会业余主义的终结

样令人担忧，组委会选择了一条几乎完全在安大略省境内传递的路线，而没有经过魁北克省，这条路线只是在最后一刻才穿过圣劳伦斯河进入蒙特利尔。即便如此，火炬还是通过富裕的英语郊区进入了这座城市。官方海报是一个战场，当地海报由法语艺术家主导，联邦政府资助的海报在图片和文字中有意加入加拿大元素。加拿大的第一民族仍然处于边缘地位，没有发言权，他们在加拿大历史上的地位仍然是殖民者为他们编写的。开幕式的舞蹈指导安排250名加拿大白人舞者向加拿大土著人传授他们自己的仪式动作；他们穿着主题公园的流苏夹克和鹿皮制服，组成五个环环相扣的圆环，在圆环内他们竖起了奥林匹克五色帐篷。

最有争议的是，在奥运会即将开始的前两天，德拉珀市长下令去除与奥运会同时举行的文化节的核心项目。[4] 这是一种无耻的国家审查行为，以维护公共安全的名义发表的十分虚假的声明。艺术走廊是一系列超过60个装置、展览和临时搭建的表演空间，从奥林匹克公园沿着舍布鲁克街到老市区绵延6公里。它由"无声革命"产生的新一代批判性和实验性艺术家创建和策划，包括为戏剧演出搭建的舞台布景、把树木装扮成穿着针织短裤和编号背心的运动员、用岩石和卵石搭建的迷宫和数十座展示街道建筑遗产图片的金字塔状脚手架，这些建筑遗产因商业发展而消失。巨大的红色米老鼠的食指指向一些更加令人厌恶的新开发项目。德拉珀的亲密盟友之一的房东在媒体上声称："我们对那个指头指向我们的建筑物感到遗憾，我们的许多房客和潜在顾客都认为这是对我们的冒犯。"有人认为，德拉珀可能会对迈克尔·鲍尔萨姆的《电视马拉松》节目同样不满意，该节目通过一个公共扬声器，循环播放举办奥运会的成本。

德拉珀的拆迁部队配备了推土机、卡车，并有警察护送，拆除并且扣押了整个展览，然后他的法律部门通过法庭与那些想要收回作品的艺术家进行了长达十年的顽强拼死斗争。

对于一场成为金融灾难代名词的奥运会来说，蒙特利尔奥运会的活期账户出奇的健康。总收入为 4.3 亿美元；其中一半以上来自奥运会彩票，其余来自发行的纪念币和邮票、强劲销售的奥运会门票收入以及与美国广播公司达成的一笔数额可观的电视转播权交易。蒙特利尔奥运会还利用了一些赞助协议、许可协议和物资捐赠，从某种程度上说，它对现有体育设施的利用堪称典范。奥运会的总运行成本仅为 2.23 亿美元。当资金问题第一次被拿出来讨论时，德拉珀声称"蒙特利尔奥运会如果会产生赤字，男人都会生孩子"。但是到了 1975 年，他在漫画中被描绘成了该市最著名的妇科医生。建造"适度自筹资金的奥运会"设施的成本——几乎全部用于奥林匹克公园，一度被人们模糊地想象为不到 1.5 亿美元，然而到 1976 年，它已经高达 12 亿美元，一旦债务利息被计入，将变成一笔 20 亿美元的账单。

怎么会比想象的超出那么多呢？贪污受贿、无能和虚荣心都起了一定作用，但是由于准备工作开始得太晚，情况变得更加糟糕。德拉珀将建造蒙特利尔奥运村——两座巨大的条纹混凝土金字塔状建筑物的合同交给了熟悉的政治盟友和内部人士，而没有经过任何竞争性招标过程或制定融资计划。其建设费用最初定价为 2200 万美元，后来修改为 4300 万美元，就在奥运会开幕前三周，达到 8000 万美元。聘请的外国建筑师对当地地质一无所知，导致赛车场的地基不适合比赛，以至于不得不在比赛前向地下注入价值 700 万美元的

第七章 分崩离析：
破产、抵制和奥运会业余主义的终结

混凝土。建设一个纪念性的喷泉花费了 800 万美元。与法国建筑师罗杰·塔利伯特设计的奥林匹克主体育场"大奥"（又称"大欠钱"，the Big Owe）的成本相比，所有这些都显得微不足道。同样，这座委托建筑物是市长无争议的选择，他指望塔利伯特为蒙特利尔打造一座永久性的地标性建筑物。他得到的是一个有着 80000 个座位的巨大混凝土体育场，有一个可伸缩的屋顶，一端有一个大得令人难以置信的塔楼。甚至在完成之前，德拉珀就觉得他已经得到了他想要的东西，将这个体育场称为"从建筑角度来看，北美最好的纪念碑式作品……可与其他大陆的古代纪念碑式作品相比"，但是它带来了相当大的成本，尤其是在建造过程中导致了 12 名工人死亡。

体育场的计划被德拉珀过分微观管理，直到 1974 年年底才最终确定下来。这时离奥运会开始只有不到两年的时间。体育场的设计极其复杂，需要新材料、只供在特定场合使用的机械和实验性的施工技术。所有这些因素导致成本飙升，随后又因罢工、全球钢铁价格疯狂上涨和供应商哄抬价格（光是塔利伯特的委托制作费就高达 4500 万美元——几乎是 1974 年魁北克整个建筑行业收入的两倍）而一路上涨。

1975 年，魁北克省政府对项目成本的不断攀升和日益延后的完成日期越来越担心，于是介入了这个项目，解除了市长办公室对体育馆建造的控制权，放弃了塔楼和可伸缩的屋顶，确保在开幕式前完成体育馆的建造。正如杰克·路德维希在晚上观察到的那样，这实际上只是"差不多完工的状态"："临时坡道和人行道……走在上面会发出响声的木地板。用来连接木板的黏合材料环氧树脂散发出一股强烈的刺鼻气味，使空气中充满了恶臭。凹凸不平的接缝被仓

促填满、包装、喷涂和喷漆。"[5]

奥运会一旦开始，这一切的不完善都没关系了。加拿大运动员兼作家布鲁斯·基德回忆道："在这种时刻，你完全放弃了这样的认知——整个大陆都认为自己必须远离奥运会，蒙特利尔岛是一个武装营地，或者整个庆祝活动的成本大约是它应有成本的十倍。我知道我的确放弃了这样的认知。两个星期以来，所有矛盾似乎都冻结了。"[6] 尽管加拿大没有在自己举办的奥运会中赢得一枚金牌，也是第一个处于这种令人不悦的地位的东道主，但是蒙特利尔的节日气氛似乎并没有因此减弱。尽管在这座城市举办的奥运会上取得了重大的体育胜利的是苏联及其全球盟友，但是奥运会带来的电视收视率仍然居高不下。共产主义国家占据了前十名奖牌获得者中的七个席位：苏联以49枚金牌和125枚奖牌位列第一，而拥有1700万人口的民主德国以40枚金牌和90枚奖牌位列第二。这些国家的运动员不受合成代谢类固醇和其他通常由政府管理的药物的有效检测困扰，并且受益于如今长期由国家资助的精英运动，尤其是对女子运动员的关注，这是共产主义体育生产模式的一个高点。民主德国的科内利娅·恩德尔在游泳比赛中赢得了4枚金牌，她的队伍赢得了13枚金牌中的11枚，民主德国的女子运动员在田径和赛艇上同样占据主导地位。罗马尼亚体操运动员纳迪亚·科马内奇获得了7个满分10分和3枚金牌，重新定义了优秀，那是电子记分牌都无法准确显示的成绩。古巴创下了迄今为止最好的奥运会成绩：6枚金牌，其中包括长腿运动员阿尔伯托·胡安托雷纳取得的不可思议的好成绩，他是第一个也是唯一一个在400米和800米赛跑中获得金牌的运动员。对于西方的冷战战士来说，他们唯一感到安慰的是，苏联现代五项

第七章 分崩离析：
破产、抵制和奥运会业余主义的终结

运动员鲍里斯·奥尼申科因击剑作弊被取消参赛资格。

奥运会结束后，留下了 20 亿美元的账单。联邦政府承担了部分费用；大部分责任落在魁北克省政府身上，他们征收一项不受欢迎的烟草税来支付账单。蒙特利尔和德拉珀只需支付 2 亿美元；从好的一面来看，现金的短缺使这个城市免于建设德拉珀更富想象力的项目，包括一条破坏性极大的市内高速公路。布拉萨的魁北克自由党被证明是政治上的替罪羊。他们被奥运会的债务缠身后，被一个新的热情和自信的魁北克党赶下台。尽管奥运会结束后，官方报道提出了尖锐的批评，德拉珀仍然毫发无损。1978 年，他仍能获得蒙特利尔市民 61% 的选票，并且一直任职到 1986 年。在追加了一笔 1.5 亿美元的投入后，那个被称为"幻觉纪念碑"的塔顶最终在 1987 年竣工。蒙特利尔在 2006 年还清了最后一笔债务。这个塔顶从来没有被使用过，德拉珀渴望建立的棒球队——世博队，来了，又走了。赛车场美化后成为一个温室，奥运会最美好的物质遗产是造价低廉、朴实无华的克劳德-罗比拉德运动场，这是加拿大一个高性能的主要运动中心，以该市第一位规划官员的名字命名，他是市政府中唯一敢于挑战市长德拉珀的人。

第三节

奥格康（Orgcom），这个莫斯科奥运会组委会的不祥之名，是那个时代的产物，发生在苏联的扩张空隙时刻。由一个执行局监督，由一个常务委员会管理，由社会主义英雄领导，由100名副主席组成，并且写入五年计划。它直接向中央委员会报告，然后再向政治局报告，并且有能力召集26个独立的国家机构到一个巨大的会议室开会。

奥运会的总负责人是荣获列宁勋章的社会主义英雄伊格纳迪·诺维科夫和维塔利·斯米尔诺夫。诺维科夫是保守派，在官职升到电力部和中央委员会之前，管理着一家铅厂。斯米尔诺夫和许多新的要职人员一样，像新权贵阶层。在国际奥委会、苏联体育和苏联国家的相互联系的网络中，诺维科夫比其他人获得了更多的委员会席位、主席和副主席的职位，这使他在苏联解体后得以保全自己且飞黄腾达。诺维科夫在对莫斯科奥组委常务委员会的开幕词中明确指出了利害攸关的问题："奥运会将在历史上第一次在社会主义国家——我们祖国的首都——莫斯科举行。"随后，他阐述了他们面临的艰巨任务："这样一个大规模的政治活动必须以最高政治级别标准来准备和实施。"并且呼吁"将莫斯科转变成一个模范的共产主义城市"。[1]

在苏联解体的另一边，似乎是一台不可能过时的伐木机器。对20世纪70年代的苏联来说，这是一种最好的体制。鉴于这个国家拥有大量资源，并且有足够的政治资本和关系来克服苏联经济生活中许多常见的瓶颈和非正式否决带来的问题，它得以有组织和及时地筹备奥运会。莫斯科奥组委还吸引和提升了要职人员中年纪更轻、

第七章 分崩离析：
破产、抵制和奥运会业余主义的终结

受教育程度更高、更具有国际化视野和更有抱负的成员，他们受到奥运会的现代化议程及在这个仍然非常封闭的社会中直接与外部世界建立联系的承诺的吸引。尽管莫斯科奥组委不熟悉电视版权合同、赞助、广告、许可、标志和商标等事物，但是事实证明，莫斯科奥组委相当擅长达成交易并且从中获利，尤其是它与阿迪达斯达成的协议——免费为所有组委会成员提供制服。

然而，尽管苏联拥有超级大国地位，但是它发现自己在与西方世界打交道方面颇为令人担忧。一方面，奥运会将是苏联"展示科学和工程成就"的有利时机。另一方面，他们预料世界新闻界特别是西方新闻界，将根据他们自己的标准来评判苏联，这是一个长期存在的核心问题。诺维科夫在参与关于莫斯科缺少合适酒店房间的艰难讨论中大发雷霆："我们将要接待 7500 名记者，即使只有其中一人没有国际电话线，那也将被写成一个世界性丑闻。"

即使有电话线，它们就能有效运作吗？苏联设计的计算机系统，将整理和发布所有体育数据和赛事结果，这套系统被认为不如美国和德国的奥运会计算机系统先进；彩色电视的广播技术也是如此，尽管最终两者都完美地发挥了作用。莫斯科奥组委也曾经考虑过进口美国首创的新玻璃纤维撑杆，但是出于民族自豪感，他们没有从美国购买。他们选择了第二套方案：从民主德国购买。更现实的问题是，莫斯科奥组委担心苏联的收银机是否真的可以连续处理两笔以上的销售，以及游客是否会应付烦琐的外汇系统，"在这里，你必须填写一张表格，然后排队两个小时，然后三个小时后收到钱"。[2]

有时候，莫斯科奥组委的记录揭示了苏联体系中一些更严重的结构性问题。在没有采用斯大林时期强制性手段的情况下，由于提

供的工资极其少并且工作条件相当恶劣,如果要让人数足够的技术工人去莫斯科建造奥运会场馆,并且把他们留在那里,迫使官僚们考虑使用市场机制和激励措施。由于严重短缺建设新场馆的资金,苏联领导层不得不认可了迄今为止不被接受的国家体育彩票概念。虽然,腐败和贪污不是奥运会本身的特征之一,但是在苏联较低级别的机构中相当普遍。苏联国家自行车队成员在给常务委员会的一封匿名信中抱怨,他们缺乏设备、食物、工资和设施,并且气愤地指出,他们赢得的所有奖金都被转移到"某些人的口袋里,他们用这些钱购买汽车、别墅和公寓,维持腐化的生活方式"。这当然不仅仅是享有特权的体育官员独揽之事。[3]

因此,初看起来,举办奥运会的莫斯科的确是"共产主义模范城市"。奥运会赛场的中心是中央列宁体育场(现被称为卢日尼基体育场),一座仍然没有屋顶的国家体育馆。红军运动俱乐部——莫斯科中央陆军足球俱乐部主办摔跤比赛和击剑比赛。莫斯科迪纳摩足球俱乐部——克格勃俱乐部主办手球比赛、体操比赛和排球比赛。就连工会也加入进来,获得建设自己的森林马术比赛场地的机会。苏联拥有数量充足的野兽派风格的传统公共住房,这种建筑风格在奥运村被充分展现,这里总共建有18座16层的混凝土塔楼。

尽管苏联体制已经显示出自己不擅长提供大众消费品,而更擅长满足小众精英的需求。他们给来访的国际奥委会委员和国际体育联合会会员所必需的礼仪和物质享受提供了极大的体贴和关注,包括制定关于如何为全球体育官僚机构提供酒食的官方指南、为他们的妻子安排单独行程,以及酒店房间里的推荐礼物清单。莫斯科奥运会的药物检测制度体现了国际奥委会的天真和苏联的表里不一。

第七章 分崩离析：
破产、抵制和奥运会业余主义的终结

国际奥委会接受了莫斯科奥组委的保证，即为奥运会建立的实验室和程序都是合格的，当（超过 8000 名运动员中）没有 1 名运动员没有通过药物检测时，他们陶醉于举办了历史上"最纯洁"的奥运会。国际奥委会医学委员会的一名联邦德国医生曼弗雷德·多尼克自己（使用他一直在开发的一种测量睾丸素水平的新技术）对莫斯科尿样进行了检测，得出的结论是，其中 20% 的运动员，包括 16 名金牌得主，本来应该无法通过药检。[4]

最后，还有大量国家资助的高雅文化项目，在宏伟的人民大会堂上演，马戏、芭蕾、管弦乐和民间舞蹈，所有这些都在开幕式上表演。8 位苏联体育大师身着深蓝色西装，举起奥林匹克旗帜走正步将它送到旗杆前。礼炮 6 号空间站的 2 位宇航员通过体育场的大屏幕向现场观众友好致敬。莫斯科奥运会最棒的地方是体育场的一端有表演者将彩色卡片举过头顶，不仅可以拼凑复杂的图片，还可以制作复杂的动画，为了点燃奥林匹克圣火盆，他们在头顶上为最后一个火炬传递者开辟了一条道路。① 莫斯科奥运会的吉祥物米莎（Misha），一只衣衫朴素的棕色泰迪熊，腹部有一个巨大的奥林匹克五环皮带扣，举止略显呆滞。即使这样，米莎看起来还是要比政治局活跃得多。在苏联共产党第二十五届政治局的 18 名正式成员中，有 14 个人出生在革命前，2 个人已经在任职期间去世。勃列日涅夫一边宣布奥运会开幕，一边紧张地查阅提示卡，他备受肺气肿、白血病、痛风的折磨，必须服用安眠药才能入睡。他当时看上去身体

---

① 在另一部极其糟糕的官方电影《哦，运动！你是和平》(*Oh Sport! You are Peace*)中，同样的图形美学也起了作用。它通过一系列精彩的剪辑和漫画讲述了奥林匹克故事的古希腊部分。——作者注

欠佳，不到两年他就去世了。

乔治·普林普顿备感失望，他是少数几个去莫斯科报道奥运会新闻的记者之一。[5] 事实上，普林普顿为《时代》和《哈珀》所做的报道仍然是为数不多的非官方的、观察敏锐的报道。他的文风幽默、狡猾、滑稽，捕捉到了冷战时期游客的偏执和他们散布的流言蜚语，品尝了无法形容的食物。他在高尔基公园和当地人打保龄球，与出租车司机进行了只言片语的对话："贝利亚"（拇指朝下）；"奥尔加·科尔布特"（竖起大拇指）。他去欣赏了尼日利亚拳击手在列宁陵墓的戏剧性表演，发现整个表演竟然与政治无关：

事实上，苏联的政治存在似乎都缺席了奥运会。在一个到处都是旗帜的城市里，我只从克里姆林宫屋顶上和莫斯科河上的交通汽艇尾部见到过飘扬的苏联旗帜。列宁体育场的官方包厢设有顶盖，有一长排铺着红色坐垫的座位自开幕式以来一直是空的。苏联领导阶层似乎不喜欢把入场券送给秘书和朋友。

锤子和镰刀这样的象征罕见于公共场合，而通常会让位于象征意味不那么浓厚的红星——所有官方艺术品都有这个特征。他们看到的是一场为祖国和苏联的社会主义兄弟姐妹们举办的浩浩荡荡的胜利游行。在美国及其一些盟友缺席的情况下，共产主义集团在奥林匹克运动中本已卓越的地位大为提升。苏联和民主德国赢得了奥运会一半以上的奖牌，在一些项目中，他们甚至更具优势。在举重和摔跤这两个类固醇使用猖獗的运动项目中，苏联取得全面胜利，打破了世界纪录。正如在蒙特利尔奥运会上一样，民主德国的女子

第七章 分崩离析：
破产、抵制和奥运会业余主义的终结

游泳运动员遥不可及。《卫报》的约翰·罗达写道："每当游泳池里有女子比赛时，水似乎变成了深蓝色，民主德国的阴影。"

苏联和民主德国的运动员当然非常优秀，非常有天赋，而且准备充分，但是即使是最好的运动员也需要帮助。在男子跳水决赛中，亚历山大·波特诺夫试图向后翻腾两周半，结果只做了一个令人尴尬的胸腹先着水的跳水动作，他立即提出抗议，声称受到了邻近游泳馆掌声的干扰。他被给予了第二次跳水机会，这一次他表现完美，赢得了金牌。随后其他运动员进行抗议，苏联人被激怒了，颁奖仪式被推迟了两天。墨西哥媒体指责苏联"有计划地抢劫"他们的运动员卡洛斯·吉隆的奖牌。据报道，苏联驻墨西哥城大使馆被侮辱性的电话和电报淹没了。男子三级跳远同样存在争议，巴西人若昂·德·奥利韦拉和澳大利亚人伊恩·坎贝尔的12跳中有9跳被判犯规。[6]在坎贝尔第4次跳跃时，他以一段本来可以轻松赢得比赛的距离打破了奥运会纪录，但是根据最神秘、最不透明的规则，他被裁定在跳跃阶段后腿犯规。奥利韦拉在事件发生后显得泰然自若，与每一位裁判官员都握了手，但是，坐在看台上乔治·普林普顿邻座的观众对此做出不同的诠释："他们没有意识到巴西人是在反讽他们吗？他在批评他们。他在向每个人展示他认为裁判有多糟糕。"不久后奥利韦拉在车祸中失去一条腿，然后酗酒而死。坎贝尔放弃了这项运动。①

---

① 在比赛中有一个有趣又不那么重要的细节，苏联的金牌得主和银牌得主穿着美津浓（Mizuno）运动鞋走上领奖台，而不是官方提供的阿迪达斯运动鞋。这是基拉宁勋爵与日本公司交易的结果，日本公司赞助了火炬传递，却发现许多跑步者穿着阿迪达斯运动鞋。——作者注

女子体操是一个没有反讽意味的运动项目。在个人自由体操比赛中，首席裁判官罗马尼亚人米利·西米内斯库最初拒绝公布纳迪亚·科马内的分数，这些分数会使科马内获得银牌，落后于苏联的叶莲娜·达维多娃，这一结果令科马内和体操界的许多人难以接受。罗马尼亚媒体几乎是公开指责苏联作弊："在全世界众目睽睽之下，他们严重违反了体育道德和奥林匹克精神。"社会主义者之间如兄弟般的感情在民主德国与捷克斯洛伐克之间的足球决赛中也有体现，双方球员的脾气都非常不好，四名球员被罚下场。男子撑竿跳的金牌角逐在苏联最受欢迎的选手康斯坦丁·沃尔科夫与波兰选手瓦兹瓦夫·科扎基维兹之间展开。当科扎基维兹以5.2米的成绩稳稳地将金牌收入囊中时，观众大声起哄，几分钟后，当他继续打破世界纪录时，苏联观众对他发出恶毒的嘘声。他转向人群，弯下胳膊肘，做了一个现在波兰语中被称为"科扎基维兹的手势"，在其他语言中的意思是"去你的！"苏联驻华沙大使呼吁剥夺他的奖牌，但是，在那个秋天，自由工会联盟"团结工会"形成，向当地共产主义统治发起挑战。在这样的背景下，波兰政府坚持认为这一姿态是一个无意识肌肉痉挛的结果，波兰公众投票选举他为年度最佳运动员。

很难确切知道苏联公众是如何解读奥运会赛事的。当然，公众对奥运会的热情很高，当地观众购买了将近400万张门票，电视报道的范围也很广泛。7月28日，观众为获得自行车公路赛冠军的谢尔盖·苏霍鲁琴科与获得铁饼比赛冠军的维克多·拉什丘普金加油喝彩。然而，在距离电视摄像机仅仅几公里的奥林匹克体育场以北，勃列日涅夫时代规模最大的人群——大约3万人正在自发聚集。他们在那里参加弗拉基米尔·维索茨基的葬礼，他是一位歌手兼歌曲

第七章 分崩离析：
破产、抵制和奥运会业余主义的终结

作者，他的作品没有在苏联的官方音乐机构出版和录制。他在无数非正式的演出中，以及通过广受欢迎的地下出版的录音带，在全国范围内赢得了一批追随者。他弹奏着忧郁的民间音乐，用一种沙哑的、被酒精破坏了的粗调演唱，歌词采用了古拉格劳改营的俚语，表达了苏联体系令人厌倦的疯狂，它难以控制的乏味和沉重，以及在它的阴影下无法做出的道德选择。他从未公开批评过这个体系，但是他比任何其他声音都更尖锐地表达了苏联的忧郁、死气沉沉的停滞状态；甚至勃列日涅夫也听这些磁带。官方媒体没有发布任何相关新闻，但是人群仍然勇敢地面对骑警队，跟随他的灵柩走向墓地，与他告别。

就在四天后，闭幕式上也举行了告别仪式。苏联军队的大规模乐队迈着齐步走入观众视线，巨大的俄罗斯套娃在空中摇摇欲坠，红军男低音歌手列夫·列什申科用忧郁的声线吟唱《告别莫斯科》，令观众感动落泪。一个巨大的充满了气的米莎被绑在一小束氦气球下面，飘进体育场，向观众挥手告别，然后绳子松开，米莎摇摇晃晃地漂浮到夜空中。当时只有 7 岁的一名观察者后来评论道："当时每个苏联孩子都哭了。对像我这样的人来说，米莎飞走了，这就像是苏联结束的象征。"[7]

第四节

"我们共同致力于'让美国再次伟大的国家运动',并且创造了'一个新的开始',现在我们全部团结起来。我们热爱的国家现在和平安宁,我们正处于美国希望的春天。伟大就在我们面前。在美国举办奥运会就预示着这个季节的开始。"[1]这是罗纳德·里根在1984年共和党大会上作为希望连任的总统候选人发表的提名演讲。奥运会与各种意识形态联系在一起——法西斯主义、共产主义和各种形式的民族主义,但是在里根执政的美国,它也将为新自由主义事业服务。里根和他第一届任期的政府已经着手进行经济变革、政治变革和文化变革,这些变革将改变美国,进而改变世界。他们通过冷战时期美国民族主义的毫不掩饰的语言,已经开始瓦解新政时期美国的制度和理念,他们削减了国家福利支出,推高了军费,任凭失业率飙升。他们已经解除了对银行、金融和电信部门的管制,并且通过法律改革彻底粉碎了已经衰落的工会;而且在整个过程中,国内经济的陈腔滥调与伪装成经济哲学的自救和个人主义的华丽辞藻交织在一起,成为这个时代的主导性常识。总统的讲话中不断提及奥运会。他裁员了数千人,但是在这之前他在向西屋电气公司的工人们发表演讲时说:"我们能否从我们的奥运会运动员身上得到启示呢?与其劝阻冒险和惩罚成功,不如提高税收,让我们追求增长,追求金牌。"[2]他在国会谈到削减支出的必要性时说:"明年的奥运会将向世界展示美国人在没有政府补贴的情况下可以取得什么样的

第七章 分崩离析：
破产、抵制和奥运会业余主义的终结

成就。"洛杉矶组委会主席彼得·尤伯罗斯和总统一样，也是高吹意识形态的拉拉队队长，他确信奥运会将体现"能制定能开展能完成的精神，你可以不用依赖政府救济金来做这些事情"。[3]

由市长汤姆·布拉德利领导的竞标是一个成本非常低的提议，联邦政府、加利福尼亚州政府甚至洛杉矶市政府都不准备拿出现金或提供财政担保，而且由于彩票在加利福尼亚州仍然是非法的，这个选项也被否决了。因此，它将永远是一届几乎完全由私营企业资助和组织的奥运会，他们选中彼得·尤伯罗斯，他具备实现这一目标的技能，并对这项任务具有如传播福音般的热情。他曾经以学生运动员的身份参加过1956年美国水球队的比赛，他白手起家建立了美国第二大旅行社——名为第一旅行社。组委会委员好莱坞制片人大卫·沃尔珀推荐他时说："他是我所知道的最下作的贱货，但是他知道如何运作这件事情。"[4]

这个商业计划有三个基本要素：通过建设尽可能少的新基础设施来保持低成本；根据真正的收视率从电视网络中获取相应资金；在赞助交易方面，追求质量而不是数量。当这些合同书最终签订时，洛杉矶奥组委获得了2.25亿美元的盈余，而不是尤伯罗斯最初认为有可能获得的1500万美元。

公路、一流大学、乡村俱乐部和会议中心，这四样东西南加利福尼亚州一样都不缺，这些都被用于奥运会。圣莫尼卡棕榈遮阴的海滨公路非常适合举行马拉松比赛，阿蒂西亚高速公路适合举行计时自行车赛。南加利福尼亚大学和加利福尼亚大学洛杉矶分校的宿舍变成了奥运村，而他们的学校举办了游泳比赛和篮球比赛。加利

福尼亚州立大学的富勒顿分校举办了手球比赛；马里布的佩珀代因大学举办了水球比赛。综合全能马术比赛在芬芳的兰乔圣菲的费尔班克斯牧场乡村俱乐部举行，阿纳海姆会展中心举行摔跤比赛，长滩的会议大厅举行击剑比赛和排球比赛。曾举办过1932年奥运会的竞技场配备了最新最大的电视屏幕和电子记分牌，在其他时候可以当作电影布景，而不是为后人竖立的纪念碑。建设一个新的游泳场馆和一个赛车场不可避免地产生了费用，但是，在一些早期的出售体育场命名权的例子中，麦当劳付费冠名前者，而7-11便利店的所有者南方公司付费冠名后者。组织者甚至不需要为建设新的更衣室或其他维护费用筹集资金：这些费用落在将继承这些建筑的大学身上。南加利福尼亚大学得到了游泳池，而位于卡森南部工业郊区的加利福尼亚州立大学得到了赛车场。大学校长格特博士急于得到一部分流向城市西边的经费，他联系了尤伯罗斯，"我们聊得很愉快，最后，（尤伯罗斯）问道：'你觉得奥运会自行车倾斜赛车场怎么样？'我说：'我们要了。那是什么东西？'"[5]

很明显，当尤伯罗斯和他的团队在1979年告诉奥运会电视转播权的潜在竞标者往他们的银行账户中存入50万美元时，他们不是说着玩的。竞标成功的五家电视台必须各自额外拿出25万美元。他们都拿到了钱，但是与此同时组委会靠这些钱产生的利息维持运行。当时，美国广播公司开出2.25亿美元的天价，超过了过去所有奥运会电视转播费的总和，是莫斯科奥运会获得的转播费的两倍多。与以往奥运会组委会不同的是，洛杉矶奥组委还对欧洲的和亚洲的转播网络采取强硬态度，从中又榨取了4000万美元。他们提前售出了700万张门票，带来了1.4亿美元的票房收入，但是使洛杉矶奥运

第七章 分崩离析：
破产、抵制和奥运会业余主义的终结

会获得巨大利润的是企业赞助。慕尼黑奥运会和蒙特利尔奥运会也采用了这种形式，1980年普莱西德湖冬奥会组委会全力以赴，招募了380名赞助商，但是正如尤伯罗斯以挖苦的口吻指出的那样，那充其量不过是"终生供应唇膏和酸奶，价值总共不到一千万美元"。尤伯罗斯在国际足联举办1982年世界杯和1986年世界杯的招商模式的基础上，限制了赞助商的数量，将每个产品领域限制在一家公司，确保独家赞助，并且将赞助的最低价格定为400万美元。安海斯-布希公司、可口可乐公司、玛氏公司和国际商用机器公司，以及另外二十几家大公司都竭尽全力按照这样的模式竞标。在产品类别竞争激烈的地方，比如"官方软饮料"，竞标价格就会上涨。可口可乐必须支付1200万美元才会中标。另外43家公司获得销售"官方"奥运会产品的许可，532家官方供应商被无情地榨取低价商品或免费商品和服务，比如负责向每位奖牌获得者赠送天堂鸟奥运会花束的官方花店康罗伊。总之，又有1.3亿美元滚滚而来。幸运的是，体育场和场馆仍然没有最明显的公司标志，但是世界上的屏幕和广告牌被这些标志淹没了。可口可乐除了赞助费用外，还在广告上花费了3000万美元，其中大部分用来支持美国国家队，而且令人难以置信地将苏打水的消费与爱国主义运动的胜利联系起来。在安海斯-布希无处不在的商业广告《心脏地带》中，有两个沉默寡言、穿着格子衬衫的中西部农民静静地看着奥林匹克火炬传递者穿过他们一望无际的草原后，赞许地点头和鼓掌。麦当劳已经为建设一个新游泳池支付了费用，又花了3200万美元用于促销活动，最引人注目的是，他们举办了"美国赢了，你就赢了"活动，每位顾客获得一张印有一个奥运会项目的刮刮卡。如果美国在那场比赛中赢得金

牌，这张卡就可以兑换一个巨无霸；赢得银牌就可以兑换一个中份薯条；赢得铜牌就可以兑换一小杯软饮料。因果关系的模式很复杂，但是它极大预示了快餐企业、甚嚣尘上的民族主义和高性能运动建立起令人厌恶的联盟的同时，美国肥胖流行症将以最迅猛的势头发展。[6]

尤伯罗斯像任何一个优秀的企业高管一样，还在寻找新的收入来源，奥林匹克火炬传递商业化的时机似乎已经成熟。美国电话电报公司支付了整个活动的费用，并且曾经计划将火炬传递以每棒3000美元的价格逐步出售给个人公民和企业赞助商——这项政策后来改为自愿向慈善机构捐赠3000美元。希腊人尤其是他们的国家奥委会对此持批评态度——直到尤伯罗斯提醒他们，希腊自己从奥林匹克圣火旅店和奥林匹亚纪念品商店赚了不少钱。火炬传递通过电视转播，总统一直在观看。在奥运会前夕，他在全国广播讲话中狂热地说："无论火炬传递到哪里，人们都会走出家门，涌上街头欢呼、挥舞旗帜，并且敦促运动员继续前进。我认为，这种真情流露反映了席卷我们国土的新爱国主义。人群自发地开始唱《美丽的美国》或《共和国战歌》。"[7] 难怪里根是第一位真正参加并且宣布美国奥运会开幕的美国总统。几天后，当他到达大体育场参加开幕式时，他不会失望；新爱国主义一路蔓延到了洛杉矶。

开幕式的设计最初是交给迪士尼公司的，但是当他们能想到的最好方案不过是举行一场带有号角和横幅的卡通人物的光荣游行时，尤伯罗斯解雇了他们。大卫·沃尔珀认为，开幕式上的简短节目应该感人至深，同时节目成本应该低于开幕式门票带来的1000万美元收入，他提供的备份节目目录包括《根》《刺鸟》和《欢乐糖果屋》。

第七章 分崩离析：
破产、抵制和奥运会业余主义的终结

他曾经考虑过举办一场汽车游行，也想过造一个瀑布沿着大竞技场的台阶倾泻而下，或者在竞技场的中心放置一个巨大的充气气球，但是最终还是决定在阳光下上演一场百老汇盛大演出。《美国音乐》是围绕1000人组成的麦当劳全美奥运会游行乐队和1200人的合唱团（全部是志愿者）而创作的。这是一场规模宏大的滑稽演出，演员身穿用巧克力盒制成的士兵制服，组成非同寻常的队形，高唱美国大学体育的歌曲，最终形成美国巨大轮廓的队形。《开拓者精神》是一场充满希望的乡村舞蹈和西部扩张的民间歌舞会，当然不包括种族灭绝。《迪克西兰爵士乐狂欢会》可以预见是新奥尔良爵士乐和福音故事从头到尾的美化表演，尽管埃塔·詹姆斯的无损版《圣徒进行曲》为其增色不少。组委会把最好的服装道具留给了《城市狂想曲》。这个节目是一个由84架大钢琴组成的合奏团表演，所有的表演者都穿着完全相同的粉蓝色晚礼服，在格什温的《蓝色狂想曲》和一系列最受欢迎的百老汇音乐中奔涌前行。里根没有遵照国际奥委会官方的开幕式稿本，而是以他更加平易近人的风格致辞："为了庆祝现代第二十三届奥运会的顺利举行，我宣布洛杉矶奥运会正式开幕！"这样的风格令400米跨栏运动员埃德·摩西无所适从，以至于他在宣读运动员誓言时，完全跳过了第三行，又紧张地尝试了三四次才找到宣誓词手稿上的正确位置。

作为对莫斯科奥运会广受欢迎的手持卡片蒙太奇方式的蓄意回击，体育馆的全体观众举起方块，拼成每个参赛国家色彩鲜艳的旗帜。杰西·欧文斯的孙女吉娜·汉菲尔和1960年罗马奥运会十项全能金牌得主拉夫·约翰逊跑完火炬传递的最后两棒，暗示美国自己的种族斗争和与奥运会的斗争。约翰逊站在一把摇摇晃晃的铝制梯

子上点燃奥林匹克圣火盆,成为点燃奥林匹克圣火的第一位黑人运动员。当地一位不知名杂货店的收银员维基·麦克卢尔领唱了黛安娜·罗斯倡导与邻人握手的经典之作《伸出手来触摸(某人的手)》时,体育场里的每个人都热泪盈眶。据报道,国务卿乔治·舒尔茨转头向旁边的一名观众说道:"契尔年科,你很羡慕吧。"[8]

苏联共产党总书记是否在观看奥运会是另一回事。苏联拒绝接收电视信号——不过,正如美国广播公司评论团队总是孜孜不倦地说的那样,有大量俄罗斯人前往爱沙尼亚城市塔林,在那里可以秘密接收到芬兰的电视信号。如果他观看了电视转播,他就会看到美国队占据了绝对优势。美国队获得了83枚金牌,超过金牌总数的三分之一,占据了电视播放的大部分时间。《体育画报》杂志的记者弗兰克·德福特不无担心地写道:"只有上帝知道全球25亿奥运会观众会怎么想这个自负的美国,资源如此丰富又强大,拥有包括主场在内的一切优势,陶醉于扮演歌利亚的角色,无耻地吹嘘自己的好运,同时粗鲁地无视它的客人。"[9] 美国广播公司看在收视率和广告收入的分上,不顾一切地继续吹嘘美国的好运。他们还注意到,奥运会观众中女性的比例正在增长,很快将成为主要的广告人群。感谢1984年洛杉矶奥运会:随着女子运动员最终在田赛项目运动员总数中的比例超过了20%,洛杉矶是迄今为止女子运动员参赛比例最高的奥运会。奥运会上首次出现了女子项目花样游泳和艺术体操。首次举行女子马拉松比赛,摩洛哥400米跨栏运动员纳瓦尔·埃尔·穆塔瓦基尔成为第一位来自伊斯兰国家的奥运会女冠军。

苏联人可能没有观看奥运会,但是中国人第一次观看了奥运会。中国最终重返奥运会,并且在国内进行了电视直播,中国队赢得了

第七章 分崩离析：
破产、抵制和奥运会业余主义的终结

前所未有的15枚金牌，这被认为是一个"历史性突破"和"中华民族复兴令人鼓舞的巨大飞跃"。[10]

美国公众对于卡尔·刘易斯的态度也是如此，尽管十项全能的英国冠军戴利·汤普森粗鲁地抗议，但是刘易斯仍然被选为本届奥运会的最佳运动员。事实上，正如安德鲁·安东尼所说："1999年，他被联合国教科文组织、国际奥委会和《体育画报》等评选为本世纪最佳运动员。公平地说，历史上能与这位20世纪最佳运动员相提并论的运动员没有几个。所以，我们可以把他评选为有史以来最佳运动员。"[11] 刘易斯在奥运会上总共亮相四次，这是第一次，他的表现可以与杰西·欧文斯在1936年柏林奥运会的表现媲美，他在100米赛跑、200米赛跑、4×100米接力赛跑和跳远比赛中获得4枚金牌。他在后面的比赛中继续赢得9枚奥运会金牌和13枚世界锦标赛金牌，他连续十年获得跳远比赛冠军。然而，洛杉矶观众和大多数美国主流媒体仍然对美国有史以来最伟大的运动员感到不满意。在1984年奥运会跳远比赛中，刘易斯在跳出两个不同寻常的距离后，感到身体一阵剧痛，考虑到他还有两个比赛项目要参加，他决定不继续进行接下来的四跳，看看对手是否能胜过他。他们没有胜过他，但是观众感到失望，觉得受到了侮辱，他们以恶毒的嘘声回应他的表现。他享誉全球，有着极高的商业价值和非凡外表，尽管他赚了很多钱，但是还没有达到与他的完美成绩相称的水平。可口可乐和耐克撤销了答应给他的代言，与此同时，媒体上充斥着关于他的谣言和指控——苍天不容——他可能是同性恋。无论他闲暇时喜欢做什么，典型的美国中产阶级都很难理解，他们无法接受世界上跑得最快的运动员会跟格雷斯·琼斯一样戴一顶褪色的平顶帽，

穿闪光的莱卡紧身衣以及倍耐力年历上画的细高跟鞋而不是运动鞋。在奥运会举办之前,就有令人担忧的暗流。十年来,洛杉矶一直在大量流失制造业工作岗位,放弃工业厂房,拆除工厂,造成城市严重衰败的荒凉景象。它经常笼罩着雾霾,一直接近交通全面堵塞的状态,在 20 世纪 80 年代初,笼罩在毒品可卡因大肆流行以及贩毒团伙和警察部门的武装暴力对峙的阴影下。现场观众和电视观众看到的是相当不同的画面:

一颗粉红色的星星立在一个色彩鲜艳的图腾柱上,上面挂着条幅,青绿色和蓝绿色的旗帜,点缀着橘红色和荧光桃色的嵌板。这座充满活力的纪念碑矗立在蓝天下,摆放在脚手架组成的黄色拱形框架上,下方是有糖果条纹的柱廊,四周是一片金字塔状屋顶的露台,在加利福尼亚州的阳光下闪闪发光。充满了缤纷色彩和令人迷幻的快乐。[12]

它们是设计师黛博拉·苏斯曼的杰出创作,她与捷得建筑师事务所一起,创造了他们所谓的"节日联邦主义"的调色板、图形语言和临时建筑材料——这种设计语言曾经被用来装饰这座城市的每一个奥运会场馆和空间。[13] 与举办 1932 年奥运会时笼罩这座城市的红、白、蓝形成对比的是,苏斯曼的调色板借鉴了 20 世纪 70 年代席卷洛杉矶的移民浪潮:集合了环太平洋热带特色和拉丁美洲城市化特点的绚烂色彩;亮粉色、铬黄色、洋红色、朱红色和浅绿色。华盖、旗帜和悬挂在铁丝网围栏上的帷幔、用纸板做的凯旋门、用纸板做的巨大星星、由运输管道组成的高塔和宝石色礼物盒搭成的金字塔,像五彩纸屑一样喷洒在城市各处。奥运会结束后两周,它们就破烂不堪,不久就被拆除了。它们的主要影响是在美国最糟糕

第七章 分崩离析：
破产、抵制和奥运会业余主义的终结

的购物中心里兴起了一股长达十年之久的用悬挂的绸布和搭建的帐篷装饰的浪潮。

洛杉矶奥运会作为一个整体产生的影响更加强大。它证明奥运会可以盈利，消除了蒙特利尔那场奥运会带来的不良影响，并且有助于确保竞标者回到申请奥运会举办权的竞争。洛杉矶奥运会的赞助模式如此之好，以至于国际奥委会决定接管过来，将当地组委会排除在主要交易之外。然而，洛杉矶奥运会降价资本成本的做法已被证明是不可重复的。撇开经济因素不谈，洛杉矶奥运会最明显的影响是它对闭幕式形式的重塑，现在如果不邀请东道主国家的主要流行明星和音乐家来参加闭幕式，那么它就算不上是完整的，但在1984年奥运会上，第一次出现真正的明星为闭幕式增添了光彩。

迈克尔·杰克逊是显而易见的人选，但是他与百事可乐的代言关系让他在可口可乐投入巨资举办的奥运会闭幕式上失去了表演机会。幸运的是，还有另一个更好的人选：无可争议的台风稳健又亲切的明星，莱昂纳尔·里奇先生。与后来的歌手不同，里奇是现场表演，他穿着蓝色亮片夹克和紧身白色长裤，充满活力。当他向观众致谢时，一个体育场大小的舞池霓虹灯在他的四周闪烁，他唱了一首奥运会加长版的《通宵达旦》。然后，他登上闪闪发光的奥运会领奖台，400多名霹雳舞演员走上舞台。里奇是一个坚持无咖啡因享乐主义的人，他演唱的这首歌听起来不像是派对的结束，而是对未来几十年美国债务驱动的消费狂潮的预示。莱昂纳尔演唱的主要副歌是"派对，宴会，嘉年华，永远"，但是值得一听的是，他演唱结束前发出的不容拒绝的邀请，"感觉好极了！感觉好极了！"正如洛杉矶奥组委之前承诺的那样，奥运会的绝大部分利润通过1984年

洛杉矶奥运会基金会投入青年体育项目中。彼得·尤伯罗斯会再次回到公众的视野。1992年洛杉矶发生骚乱后，他被任命为重建洛杉矶项目的负责人，试图管理这座支离破碎的城市，但是他未能收拾残局。面对里根时代释放的巨大经济力量，不管发出多少"能做到"的口号都无法治愈这座城市。

第五节

　　第二次世界大战结束时，韩国作为朝鲜半岛的国家之一正危机四伏，它面临着一个有组织的共产主义朝鲜，韩国是一个热衷于参加奥运会的国家，1948年派出了他们的第一支队伍参加伦敦奥运会，从而确保了该国二十多年来独占奥委会分配的奥运会席位。第二年爆发的朝鲜战争持续了四年。20世纪50年代，在铁腕人物李承晚的领导下，精英体育几乎没有什么发展，也无法从提高公众参与率中获得多少政治资本。

　　1960年，陆军上将朴正熙上台，标志着韩国发生了翻天覆地的变化。这个独裁国家被改造成一个庞大的国家发展机构，政府精心规划了韩国奇迹般的、令人难以置信的快速工业化。二十年后，韩国从世界上最贫穷的国家之一，发展到接近欧洲的生活水平，并且让一个又一个部门赢得出口市场。朴正熙和他的政府成员不只是技术官僚，他们还总是试图将经济的快速增长置于国家发展的立场之中，正是在这里，体育在新秩序中找到了自己的位置——健康的国家需要健康的身体。国际体育实力将有助于提升民族自豪感和地位。与战后韩国的许多事情一样，整个生活领域都是从头开始建设的。在20世纪70年代末，韩国政府开始考虑申办奥运会，以此来巩固自己的发展。[1]

　　1979年，朴正熙被自己的安保主管暗杀。由全斗焕将军和卢泰愚将军领导的军事政变在光州市最激烈，那里的学生和工人在长达一周的战斗中遭到军队袭击，根据官方数据，袭击造成了300人死亡，但是根据反对派数据，袭击造成了超过 2000 人死亡。全斗焕总统通过逮捕、镇压媒体人和骚扰反对派领导人与组织巩固自己的统治，但是他很清楚，如今工业化、城市化和受教育程度日益提高的韩国不能仅靠武力统治。申办汉城奥运会的提议又重新提上议程，1981 年，在联邦德国的巴登－巴登温泉镇，国际奥委会授予汉城（今首尔）1988 年奥运会的主办权。有趣的是，国际奥委会的决定似乎是因为汉城的竞争对手名古屋严重违反协议导致的，名古屋对一个申奥对手提出了旁敲侧击的批评，并且承认他们的城市正在展开一场小小的反奥运会运动。相比之下，光州街头的屠杀和韩国可悲的人权状况被国际奥委会视为无关紧要的状况。[2]

从筹备工作的规模可以看出奥运会对韩国军政府的重要性。卢泰愚是这个统治集团的第二号人物，他被任命为筹备工作的负责人，同时也成为韩国的首位体育部部长。政府以 1964 年东京奥运会为模范，拨款近 40 亿美元，用于建设一个巨大的奥林匹克公园，升级国家电信系统，改造汉城的交通基础设施，以及"美化"主办城市。清理和改造被国家飞速发展的工业化严重污染的汉江，将 20 世纪 50 年代和 60 年代为城市快速供电的巨大地上电缆网络埋入地下，在城市边缘和广场上种植成千上万的树木和鲜花。政府的总国家奥林匹克促进中央委员会利用其指挥下的国营和半国营组织的庞大网络，从市长到校长再到青年团体，动员了近 6 万名志愿者协助举办奥运会，同时政府承诺为未来获得奥运会奖牌者提供终身养老金，并且帮助建立职业棒球和足球联盟。从该政权的声明和作为奥运会的预演，于 1986 年顺利举行的汉城亚运会来看，一切似乎都在正轨上。

然而，引发 1980 年抗议活动的各种力量并没有消失，事实上，

第七章 分崩离析：
破产、抵制和奥运会业余主义的终结

这些力量扩张到了大城市的新兴中产阶级，他们开始迫使全斗焕政权在1987年引入总统直接选举模式，以此作为更全面民主化的前奏。1987年春天，全斗焕总统宣布所有宪法问题都将推迟到奥运会之后来解决，试图以此来结束这场辩论，届时他的继任者卢泰愚将负责解决这些问题。随着工会成员、大学生、教会人士和白领涌入街头，汉城爆发了骚乱。全斗焕政权以警察逐渐升级使用警棍和催泪瓦斯作为回应，直到6月9日，一枚催泪瓦斯手榴弹击中抗议学生李韩烈，弹片嵌入头骨，李韩烈被送进医院后死亡（他的葬礼于7月举行，160万人为其举行哀悼活动）。第二天，20多个城市的25万人走上街头，这是韩国迄今为止规模最大的抗议活动。一周后，150万人发起全国废止催泪弹集会表示抗议，而受到新局势鼓舞的部分媒体开始报道外国对这场冲突的反应以及汉城可能会输掉奥运会举办权的真实可能性。

在军政府内部，强硬派和温和派进行了斗争，前者主张全面的军事动员，后者主张妥协。究竟是什么使争论偏向后者仍不清楚。然而，毫无疑问的是，汉城奥运会的命运是卢泰愚的思想发生转变以及改革者在国内取得胜利的一个重要因素。恰逢韩国人民为民主抗争最激烈的时候，国际奥委会主席萨马兰奇对汉城进行了一次安排已久的访问，他与卢泰愚和其他人进行了交谈。尽管一向谨慎的萨马兰奇极少透露自己的谈话内容，但是在6月29日，卢泰愚在发表全国性讲话时说："在奥运会即将举办之际，我们所有人都应该防止因在国家共识上产生分歧而遭到国际社会嘲笑和讥讽的国家耻辱。"[3] 因此，政府将接受反对派的几乎所有要求——包括自由的和直接的总统选举、保护公民自由和广泛的政治特赦，并且要求全国人民与他们一道参与国家复兴的共同计划。"这不仅是我自己的愿望,也是你们人民的愿望,我们应该成功地实现这个愿望……经济的持续发展,政府的和平过渡,以及1988年汉城奥运会,这将是国家繁荣的黄金机会,从而使国家走上成为发达国家的道路。"这些话足以平息抗议,确保奥运会顺利举行,而且由于反对派主要人物之间存在致命分歧,足以让卢泰愚脱下军装换上西装,赢得12月的总统选举。[4]

韩国权力过渡的大部分政治活动都是在电视上进行的——街头斗殴的全球广播以及全斗焕和卢泰愚面向全国人民的演讲,他们举办的奥运会也是如此。[5]韩国政府急于将公众集会人数控制在最低限度,汉城奥运会除了严密保护的场馆之外,几乎没有装饰一新的公共场所或集会,但是大多数韩国人通过新购买的电视机观看了奥运会:近90%的人观看了几场比赛,超过一半的人观看了大量比赛。有些关键赛事,尤其是田径决赛,在最不寻常的时间播出,通常是在清晨,但是这是美国的黄金时间。美国全国广播公司为电视转播权支付了创纪录的3亿美元,他们不会让汉城与美国东海岸之间13个小时的时差影响到他们预期的广告收入。[6]无论如何,韩国的胜利——12枚金牌轻而易举地成为该国最好的奥运会表现——来自其他运动项目:摔跤、拳击和柔道等武术体育,以及乒乓球和射箭,这些都是奥林匹克运动地理区域变化和东亚影响力上升的标志。

于1972年重返奥运会的射箭运动一直是美国独霸的一个体育领域,因为美国有大量民众参与这项运动。20世纪50年代末,《体育画报》估计美国有400万弓箭手。韩国现在是世界上射箭项目最强的国家,这一转变始于汉城奥运会。韩国射箭运动员是国家资助的

第七章 分崩离析：
破产、抵制和奥运会业余主义的终结

精英体育项目的产物，从那以后，他们赢得了奥运会大多数射箭奖牌。[①] 2008 年，当韩国顶尖的射箭运动员朴成贤和朴敬模宣布结婚的消息后，这项运动登上了从严肃类报纸到名人照片杂志在内的所有媒体的头版头条。

据称，乒乓球在起源上最具有帝国特色。19 世纪后期驻扎在印度的英国军官为了寻找餐后娱乐的方式，将香槟瓶塞雕刻成一个球，用雪茄盒的盖子在餐桌上来回敲击。被带回英国后，它在上流社会引发了一阵小小的狂热风潮，被非正式地冠以"挥夫划夫"（whiff-whaff）或"弗利姆－弗拉姆"（flim-flam）的名称。该游戏于 1901 年开始出现现代形式，当时伦敦的雅克首次制造出可以反弹和旋转的中空赛璐珞球，并且以乒乓球的商标重新推出。在性情古怪的英国贵族伊沃·蒙塔古牵头下，这种游戏发展成一项竞技运动，他创立了国际乒乓球联合会。

低成本、简单、易学、特别引人入胜，乒乓球成为世界各地青年俱乐部和兵营的主要项目，遍及欧洲、美洲尤其是亚洲——1952 年日本运动员佐藤博治赢得世界锦标赛冠军更显示了这一事实，他首次使用海绵胶皮球板，这种球板的速度和旋转潜力改革了乒乓球运动。这项运动在亚洲的大规模流行在 20 世纪 70 年代引起了全球关注，在当时的乒乓球外交时代，美国政府和中国政府之间的正式和解就受到乒乓球比赛的影响。[7] 因此，从全球受欢迎的角度来看，乒乓球早在汉城奥运会之前就应该列入奥运会项目名单，但是，伊

[①] 奥运选手贾斯廷·休伊什（Justin Huish）在 1996 年亚特兰大奥运会上获得金牌后变得懒散，后因持有大麻被捕，美国射箭运动的短暂复兴宣告失败。——作者注

沃·蒙塔古发现他自己的国际乒乓球联合会举办的世界锦标赛非常令人满意，因此他婉拒了国际奥委会将乒乓球列入奥运会项目的提议，直到他在20世纪70年代退休后，国际乒联才与国际奥委会接触。韩国在汉城奥运会上赢得两枚乒乓球金牌。从那以后，除了瑞典运动员简·诺瓦·瓦尔德内尔在1992年巴塞罗那奥运会上夺得男单金牌和韩国运动员柳承敏在2004年奥运会上夺得男单金牌外，中国运动员赢得了奥运会上每一枚乒乓球金牌。

尽管参加奥运会的亚洲国家数目到1988年有了显著增长，但是只有一项奥林匹克运动——柔道，是在西方国家以外创立的。1988年，韩国本土的现代化武术跆拳道被介绍给全球电视观众，先是作为开幕式上的群众表演，然后作为一项表演运动，随后成为奥运会正式项目。它起源于一千多年前的中世纪朝鲜半岛三国时代，发展了各种各样的格斗体系，最著名的是跆跟（taekkyeon），它由一群佛教徒武士和儒家武士——花郎或"男子气概的兴盛"——在整个半岛推广开来。936年，朝鲜半岛统一为一个和平王国，反对与外部世界交往，直到20世纪初被日本侵略和殖民，朝鲜才开始停止大量使用武术。日本为了根除朝鲜文化和身份，禁止朝鲜人修习跆跟，这一行为强化了跆跟作为朝鲜民族文化传统的地位，一大批朝鲜人秘密练习跆跟以确保将其传承下去。这种做法得到了最热衷跆拳道的崔泓熙将军的大力推动。他在第二次世界大战期间被日本人囚禁，他在监狱里将空手道的多个方面与跆跟融合在一起；在朝鲜战争期间，他负责"第一师"，这是一个经他改造的通过武术训练的精锐团。1952年，李承晚总统观看了一场壮观的跆跟表演，确保了这项运动成为韩国军队的必修课。1955年，在政府的强制下，

第七章 分崩离析：
破产、抵制和奥运会业余主义的终结

韩国所有武术学校都被要求将各自的武术合并成一种统一的格斗方式——跆拳道。在这项运动首次正式亮相奥运会时，韩国与中国、古巴、澳大利亚和希腊赢得了这个运动项目的奖牌。在这方面，跆拳道是韩流——韩国文化产业繁荣及其电视连续剧、电子流行音乐和奇幻电子游戏成功出口到亚洲和其他地区的早期使者。[8]

如果说汉城奥运会标志着韩国生活中一个更加民主和开放的新时代的开始，那么它也标志着一个奥林匹克时代的结束：这是根据国际奥委会仍然区分业余选手和专业选手的宪章举行的最后一届奥运会。现在，奥运会上的反面人物既不是虚假的业余爱好者，也不是隐藏身份的专业人士，而是通过药物提升比赛成绩的选手。两名保加利亚举重运动员在兴奋剂检测失败后被剥夺了金牌，之后整个队伍退出比赛，这个结果只在欧洲东南部引起媒体的反响。但是当男子100米赛跑冠军、加拿大运动员本·约翰逊类固醇检测呈阳性时，全世界媒体争相报道。幸运的是，在汉城奥运会上涌现了最后一位真正的奥林匹克英雄。参加男子芬兰人级比赛的加拿大帆船选手劳伦斯·雷米尔在公海赛段名列第二，当时470级双人艇的决赛也在同一赛段举行。他迎着强风和巨浪航行，没有看到一个被海浪遮住的8英尺高浮标，失去了领先优势。当他继续准备向金牌发起冲击时，他看到一艘新加坡的470级双人艇倾覆了，只有一名帆船手抓住了船体，且他大量出血，另一名帆船手漂浮在海面上，情况十分危险。雷米尔朝着他们驶去，把一名帆船手拽进他的船里，迎着风，稳稳地将470级双人艇翻转过来。在韩国海军的帮助下，他重返赛场，仍然在三十二名帆船选手中获得第二十一名。

第八章

风靡全球！后冷战时代奥运会的全球化

巴塞罗那 1992·亚特兰大 1996·悉尼 2000

阿尔贝维尔 1992·利勒哈默尔 1996·长野 1998·盐湖城 2002

> 奥运会是由个人组织的。他们不是天使和圣人。如果你想要天使和圣人，那就去天堂组织奥运会，而不是在地球上。
>
> ——国际奥委会委员让－克洛德·冈加

第一节

当国际奥委会审查 1984 年夏季奥运会的申办城市时，候选名单上只有一座城市。德黑兰当时正在进行第一波大规模的示威游行，这些示威游行将继续，直至摧毁巴列维王朝。德黑兰退出了竞争，只剩下了恣意妄为的洛杉矶。奥运会将会在加利福尼亚州举行，将会以洛杉矶的方式进行，国际奥委会被从电视转播权和赞助交易中完全排除出去。很难说得上是天意如此。当巴塞罗那获得 1992 年奥运会主办权时，申办城市的数量已经攀升至五个。亚特兰大打败了其他五个竞争者，获得 1996 年奥运会的主办权，当世界各大城市的市长们吸取了洛杉矶奥运会和巴塞罗那奥运会的错误教训——奥运会真的可以盈利，真的可以把一个城市从穷乡僻壤变成一个全球大都会——的时候，有大批城市纷纷效仿：2000 年奥运会有八个候选城市争夺举办权，2004 年奥运会有十一个候选城市。奥运会变得如此令人向往，以至于授予奥运会举办权的国际奥委会能够在众多恳求垂怜者面前披上神圣的外衣。然而，正如因腐败被国际奥委会开除的让-克洛德·冈加和其他五位"神祇"明确指出的那样，后来人们才知道，众神也存在致命弱点，国际奥委会生活在地球上，而不是天堂。[1]

这些是在胡安·安东尼奥·萨马兰奇担任国际奥委会主席期间授权和举办的奥运会。他于 1981 年当选为主席，担任这个职位一直到 2001 年退休，他彻底改变了国际奥委会以及奥运会。[2] 萨马兰奇于 1920 年出生于巴塞罗那的一个纺织工业家家庭，他在西班牙内战的大部分时间里成功地置身事外,在弗朗哥独裁统治时期,他以一名银行家、狂热的业余拳击手和旱冰曲棍球球迷的身份重新回到西班牙。萨马兰奇几乎完全没有树立自己的公众形象,作为一名公众演说家几乎无法让听众听清自己,而且似乎对追求思想和知识不感兴趣,但是他像许多同时代的全球体育管理者一样,在政治、商业、外交和体育交织的世界里,善于与人接洽、积累影响力和获得晋升的机会。20世纪50年代,他先是负责西班牙旱冰曲棍球,然后加入旱冰曲棍球国际联合会。他没有赢得巴塞罗那市议会议员的席位,但是被执政党任命为该市的省级代表。他负责组织1957年地中海运动会,这使他得以进入西班牙奥委会,后来他作为该委员会的主席参加了罗马奥运会和东京奥运会,得到艾弗里·布伦戴奇的青睐,后者一直在寻找有能力而且顺从的国际奥委会委员。萨马兰奇在1966年加入国际奥委会,然后,在布伦戴奇的支持下,于20世纪70年代晋升为执委会委员和副主席。这时,弗朗哥已经去世,西班牙正在朝着民主化前进,萨马兰奇在国内的政治生涯结束了,但是他还有其他选择,他在苏联筹备和举办1980年奥运会期间被任命为西班牙驻苏联大使,从而实现了他自己向新秩序的无缝过渡——他没有错过铁幕背后一个建立社交关系的机会。

作为萨马兰奇的前任国际奥委会主席,仁慈的基拉宁勋爵以非常宽松的方式经营着国际奥委会。他继续在英国和爱尔兰的家中生活和工作,偶尔会去洛桑,国际奥委会的大部分日常工作和战略工作由办事风格雷厉风行的莫尼克·伯利欧夫人统筹规划,她自1971年以来一直担任国际奥委会主管,实际上她是整个国际奥委会的首席执行官。艾弗里·布伦戴奇支付他自己的所有账单,每年自己出资花在奥运会事务上的经费高达 10 万美元，并且越来越将国际奥委会视为他的个人领地。基拉宁的家境不如布伦戴奇殷实，他坚持由国际奥委会支付他的费用，同时他更加坚持国际奥委会应该实行合议制度，更少受到布伦戴奇宗教式崇拜的顾拜旦奥林匹克主义的束缚。简而言之，布伦戴奇宣称并且坚持自己的观点，基拉宁与其他委员磋商和协商。[3]

这一切即将改变。萨马兰奇安安稳稳地住在宜人的洛桑宫殿酒店的套房里，他是自顾拜旦以来第一位把这座城市作为自己家园的国际奥委会主席，他把主席岗位视为一项全职工作，并且确保其报酬丰厚。他在到达洛桑三年内，迫使莫尼克·伯利欧辞职。她没有被直接替换掉，为防止其他竞争对手出现，她的工作被分成担任一系列权力较小的新职位。布伦戴奇曾经认为，国际奥委会是一个介于专制崇拜和自己的芝加哥公司的机构。基拉宁把它当成了老派绅士俱乐部。萨马兰奇认为，它还是一个政治机构，就像在弗朗哥统治下的西班牙一样，政治权力必须集中、官僚化、从上至下根深蒂固。他投入大量时间和精力在国际奥委会委员的任命上，后来获得了直接任命自己提名的人选而无须与其他人协商的权力，确保了自己对该组织的控制。令人厌烦的年龄和任期限制问题原本会使他无法超过前三个任期，但是国际奥委会慷慨地解除了这个限制，使他能够继续留任到 2001 年。

萨马兰奇牢牢掌握国际奥委会，他通过建立更广泛的体育管理人员和企业家的社交关系网络，加强了自己的政治权力，这些体育管理人员和企业家不仅限于拉丁裔，他们在 20 世纪 80 年代和 90 年代主导了世界大部分体育运动。他的亲密伙伴、盟友和合作伙伴包括国际足联主席巴西人若昂·阿维兰热，后者助力萨马兰奇成功当选国际奥委会主席[4]；马里奥·巴斯克斯·拉尼亚，墨西哥亿万商人兼国家奥委会协会主席；国际业余体育联合会主席普里莫·内比奥洛；阿迪达斯——当时是世界上最大、最具商业扩张性的运动服饰公司的负责人霍斯特·达斯勒，他也是培育全球体育管理者、电视网络和跨国公司新纽带的最重要人物。

正是达斯勒、阿维兰热和公关人员帕特里克·纳利从国际足联和世界杯开始，为全球体育盛会的商业化打造了模板。在这种新的政治经济中，国际足联能够通过限制赞助商的数量，在任何特定的产品类别中只允许一家公司赞助，并且只有跨国公司才有资格提供赞助，从而大幅提高赞助的价值。因此，少数赞助商的需求得到了最大的满足——一切就绪的广告空间、免受隐性营销的威胁、体育场里最佳的看台位置——带来了巨大的收入增长。电视转播权将由一家独立的营销机构大力出售——由臭名昭著的国际体育休闲公司负责，以换取一笔有保障的巨额资金。与这些公开交易同时进行的是隐性交易。在这个体育世界里，国际足联高管（以及后来的地区官员和国家官员）对电视转播权的分配将与广播公司和营销人员向体育管理人员的离岸银行账户或其亲属、掩护者和密友的离岸银行账户支付大笔款项联系在一起，这股现金洪流直到2001年由于傲慢和灾难性的过度扩张导致这家公司破产时才最终停止。在主办权的分配方面，也可以看到类似的决策文化。此外，返回国际足联的大部分资金被转移到国家级别和地区级别的足球协会，这是国际足联及其主席获得政治恩庇的一种十分有效的形式。所有这一切都是由于高级官员之间相互庇护、赞助商和广播公司相互勾结、瑞士法律

第八章 风靡全球！
后冷战时代奥运会的全球化

在适用于国际组织时的不透明性以及直到最近媒体、警察和法律当局调查和起诉该组织的彻底失败。

正是在这些商业化领域和管理领域，萨马兰奇时代发生了最大转变。首先，基拉宁试图使国际奥委会业余主义现代化的尝试被认为是不充分的和不切实际的。曾经引起严重不和和冲突的奥林匹克宪章业余主义条款，在没有任何后卫行动甚至没有公开告别的情况下就消失了，这证明萨马兰奇根深蒂固的实用主义和不为人知的政治操纵手段。当然，奥林匹克运动对体育商业化的欣然接受并没有就此止步。在基拉宁和布伦戴奇担任主席期间，国际奥委会已经失去了对奥运会商标、赞助项目和销售电视转播权的控制，因而在当时迅速增长的新收入中，几乎没有分到一杯羹。萨马兰奇一点一点地为国际奥委会收回了控制权和资金，并且将其中的大部分资金用来维持他的统治以及输送给国际体育联合会、组织奥运会代表团的国家奥委会和支持发展中国家及其运动员的奥林匹克团结基金。对于收入有限的小型体育联合会和许多国家奥委会来说，这是它们唯一可靠的财政支持，这给萨马兰奇带来了无数的盟友和客户。[5]

体育-工业联合大企业不可避免地要向奥运会走来。无论谁成为国际奥委会主席，都会做出这样的举动。萨马兰奇——或者称呼他众多官方头衔中的几个，萨马兰奇侯爵、意大利共和国大十字骑士勋章骑士、波兰荣誉勋章获得者和俄罗斯荣誉勋章获得者——对奥运会突变发展的独特贡献是他致力确立其全球地位。根据萨马兰奇担任国际奥委会主席期间制定的协议，他享有与国家元首同等的地位，接待方按照相应礼节为他提供住宿和交通，并且称呼他为"阁下"。他在任何体育场合进行国际访问时——在这项任务上他总是乐此不疲——一直与教皇、王室成员、总统和首相坐在一起。

也许他的最大优点是对空洞语言的掌握。他在新闻发布会上从不明确表态，通过回答未被问及的问题、婉转地转移注意力以及礼貌地阻挠和混淆任何批评性言辞来展示自己高超的语言技巧。有时，他的故意失忆症可能会达到令人震惊的水平，直接忽略别人在国际奥委会会议期间向他提出的问题，或者在听到大量有据可查的关于奥运会场馆的收回和搬迁的批评时翻白眼，宣布提前休会、吃午饭。最重要的是，他有着保守派的机智和选择性近视，忽视体育运动中系统性使用兴奋剂的问题和俱乐部（指国际奥委会）其他成员日益腐败的行为。除了最乏味的陈词滥调——和平与友谊、友好与和谐——之外，任何试图在他的演讲中寻找任何意义的举动，都是徒劳的。萨马兰奇唯一可以推翻这一历史纪录的言辞是他在每一届奥运会结束时都会做出的评论，除了亚特兰大奥运会之外，其他城市举办奥运会在他看来都是"有史以来最好的奥运会"。到底是什么使它们成为最好的奥运会还有待观察。可以肯定的是，在萨马兰奇的领导下，在他掀起的奥林匹克热潮中，这几届奥运会是有史以来规模最大的。

衡量奥运会是否繁荣的一个标准是火炬传递。[6] 当德国人在1936年举行第一次火炬传递时，由3000多名跑步者穿越7个国家的12天旅程被认为是一个非同寻常和奢侈的姿态。在各方面都很简朴的1948年伦敦奥运会，举行了一场几乎距离相同的火炬传递，但是参加的运动员人数只有一半。1992年巴塞罗那火炬传递持续了6周，到达了每个大洲，全长60000公里，几乎是此前奥林匹克火炬传递距离的20倍，这是奥运会的影响力呈指数增长的一个衡量标准。亚特兰大想方设法从举办奥运会的过程中获得最大利益,由可口可乐赞助的车队进行了长达92天的火炬传递,全部在美国本土举行,并将火炬发送到"哥伦比亚"号航天飞机的轨道上,这使得电视直播的广告费用飙升。悉尼奥运会的火炬传递规模相对适中,仅限于澳大利亚和大洋洲的小岛,雅典奥运会和北京奥运会的火炬传递走向了全球。希腊人传递火炬耗时78天,途径7.8万公里;中国由21800名运动员用了129天跑了13万多公里。

控制火炬传递的规模和成本是国际奥委会从这个时代继承下来的问题中最微不足道的。以出席奥运会的国家奥委会的数量来衡量,奥运会的全球化似乎在1972年慕尼黑奥运会上达到顶峰,当时有123个国家派出了代表团——这是欧洲去殖民化十五年和全球南部国家独立的高潮时期。此后爆发了抵制奥运会的运动,直到1992年参加奥运会的代表团数目才超越这个总数。苏联和南斯拉夫的解体以及大洋洲、海湾地区和加勒比海地区新的小型国家的出现,使参加巴塞罗那奥运会的队伍壮大起来,总共有169个代表团参加。截至2012年伦敦奥运会,这一数字已增至204。

越来越多国家开始以更多方式参与更多运动。从1972年到1984年,奥运会运动项目的数量固定在21项。此后的每一届奥运会中都增加了新的运动项目,在已有运动项目中增加了新的比赛项目,以及原本很少或根本没有女子项目的情况下创立了女子项目。20世纪80年代举行的奥运会颁发了大约200枚金牌,到21世纪这个数字上升到300多。国际奥委会业余主义规定的终结为网球比赛打开了大门,全球明星网球巡回赛带来了魔力和收视率。棒球比赛和垒球比赛具有同样前景,但是美国的职业棒球大联盟拒绝它最好的球员在赛季中期离开。冷战后世界的新经济地理区域的出现以及其太平洋沿岸地区的转变，见证了羽毛球、乒乓球和跆拳道成为奥运会新增运动项目：所有这些运动都具有全球影响力，但是在东亚和东南亚尤为强劲。从太平洋的另一边，三项在加利福尼亚州创立的体育运动成为奥运会新增项目：沙滩排球，第一次在20世纪30年代的洛杉矶海滩上举行；铁人三项，于20世纪70年代中期在圣地亚哥创立；20世纪80年代初，山地自行车首次在旧金山北部的马林县试行。

因此，7800名运动员参加1972年慕尼黑奥运会的纪录在二十年后被9330名运动员参加巴塞罗那奥运会打破，参加2008年北京奥运会的运动员接近11000名。国际奥委会确实设法限制了奥运会官员和裁判的人数。1992年，他们的人数超过了运动员的人数，但是在2012年伦敦奥运会上官员和裁判的人数被压缩到了8000人。除了教练和管理人员之外，所有其他类别的奥运会注册人员的数目都在快速增长。1992年，35000名志愿者为巴塞罗那奥运会服务，2008年北京奥运会的志愿者人数翻了一番，达到70000人。1992年奥运会的注册媒体达到13000人的庞大规模，但是远远比不上雅典奥运会的21000人和伦敦奥运会的25000人；更不用说，越来越多未被注册的媒体出现在奥运会上。

到20世纪90年代初，奥运会已经成为一场昂贵的表演。夏季奥运会的运营成本稳步上升，从巴塞罗那奥运会的10亿美元左右，上升到北京奥运会和伦敦奥运会的20亿至30亿美元。与此同时，组委会在国际奥委会全球赞助资金和转播权中所占的份额，以及来自当地赞助、彩票和活动门票销售的收入不断增加，大体上平衡了支出，各国奥组委甚至声称获得了少量盈余或利润。巴塞罗那奥运会售出 380 万张门票，亚特兰大奥运会和悉尼奥运会各售出 700 多万张门票。巴塞罗那奥运会的电视转播权以 6.36 亿美元成交，2004 年奥运会电视转播权的价格几乎翻了一番，当时雅典获得 15 亿美元，奥运会电视转播权的价格到 2012 年翻了两番，当时世界广播公司付出 26 亿美元购买伦敦奥运会的电视转播权。

然而，奥运会账目的模糊且通常完全不透明的性质，以及从这些数字中去除大部分资本成本的做法，使得奥运会能够盈利的说法显得荒谬。为了筹备 1992 年奥运会，西班牙政府、加泰罗尼亚和巴塞罗那花费了大约 50 亿美元。亚特兰大一直长期承诺举办奥运会完全由私营部门负责经费，但是实际上它得到了美国联邦政府和佐治亚州政府的大量补贴，这些补贴不仅包括安全费用，还包括大量基础设施项目。悉尼在土地开垦、铁路线建设和修建新的奥林匹克体育场上花费了大量资金，产生了一笔约 30 亿美元的账单，随后雅典奥运会把运营成本推到了一个新高度，飙升至 160 亿美元。问题是：为什么？为什么希腊这个仅有 1000 万人口且已资不抵债的国家，要举办一届成本相当于之前五六届奥运会总和的奥运会？为什么，在奥运会举办的 17 天时间里，它似乎还是个好主意呢？

有些成本增长来源超出了国际奥委会的控制。冷战后世界的地理、国家形成的模式以及代表团的数量，甚至对国际奥委会的"众神"来说，都不在他们的控制范围之内。媒体行业日益扩大的规模很难归咎于国际奥委会。日益上升的奥运会安保成本在 20 世纪 90 年代已经达到很高水平，在"9·11"恐怖袭击事件发生之后，飙升到一个新高度。国际奥委会委员们奢侈的个人品位，以及滋长的奢侈和权利的怪诞文化，推高了国际体育联合会和申办委员会的期望，它们越来越倾向于昂贵的标志性建筑和过度设计的场馆，并且苦于不透明招标的各种弊端：价格欺诈、贪污和巨额成本超支。但是事实证明，奥运会在全球电视观众中获得的收获率独一无二，奥运会广受欢迎，这也让它在企业赞助商和城市精英中广受欢迎，他们希望把自己的品牌和城市景观展示在数十亿人面前。

众所周知，全球电视收视率极为不可靠，计算的形式多样。[7] 在这个时代的大部分时间里，国际奥委会倾向于引用平均节目观众数据，其中包括那些至少观看了三分钟赛事的观众，并且通常给出最高数字，或者他们只是引述他们的广播覆盖范围，通过测算在多少个国家有多少家广播公司向多少人播放，估计可能观看奥运会的人数。研究表明，这些数字往往被夸大了，尽管在线观看或通过移动设备观看奥运会的人数被低估了。无论实际数字如何，转播呈增长趋势，这点一目了然。巴塞罗那奥运会向160个国家转播，亚特兰大奥运会向216个国家转播，悉尼奥运会向220个国家转播，几乎覆盖了整个地球。累计观看汉城奥运会的时间为104亿小时，亚特兰大奥运会为196亿小时，雅典奥运会为340亿小时。普通日本电视观众观看奥运会的时间超过30小时，而奥运会在举行的17天期间占据全球黄金时段电视的20%。所有这些收视率都被赞助商放大了许多倍。例如，1996年，在亚特兰大，可口可乐预先支付了4000万美元，成为奥运会的官方软饮料赞助商，它还投入同样数目的资金用于购买土地、建造可口可乐游乐园和奥林匹克博物馆，不仅支付了整个火炬传递的费用，而且在与奥运会完全相关的全球营销预算上花费了13亿美元。[8]

第八章 风靡全球！
后冷战时代奥运会的全球化

所有节目观看人数中最多的是奥运会开幕式，鉴于其不断上升的成本、规模和复杂性，这使其成为衡量奥运会是否繁荣的最佳指标之一。[9]巴塞罗那奥运会通过在晚上举行开幕式的简单权宜之计，改变了开幕式的整体感觉，将其从大型乡村集会变成了真正的戏剧性盛会。奥运会第一次引入临时地板、遮盖草皮和田径跑道，否则即使场合再盛大，也令人感觉像是举行学校运动会。它没有启用以往开幕式上的行进乐队表演、排练不足的学龄儿童表演和百老汇风格的舞蹈表演，而是选择了上演前卫舞蹈、后现代马戏团表演、视觉艺术和实验戏剧。点燃奥林匹克圣火盆的仪式新颖且颇具戏剧性。巴塞罗那奥运会上，残奥会弓箭运动员安东尼奥·雷贝洛将一支燃烧的箭射向一股垂直的可燃气流点燃圣火盆；利勒哈默尔冬奥会通过一名跳台滑雪运动员把火焰带到体育场；亚特兰大奥运会的圣火盆点燃仪式在营造感人氛围和利用名人效应上首屈一指，他们的人选是患上了帕金森病的穆罕默德·阿里；悉尼奥运会开幕式在水中点燃圣火，再射向天空，而希腊人——欧洲最热衷于吸烟的国家——在奥运会开幕式上点燃了一个类似于发光的巨大打火机的灯芯。巴塞罗那奥运会开幕式讲述了关于地中海、加泰罗尼亚、西班牙和欧洲的故事。悉尼奥运会开幕式展示了离经叛道者的不拘礼节，这是黄金时代产生的文化，骑在马背上的内地牛仔在场内奔跑出动态的奥林匹克五环，体育场屋顶上悬挂着一面巨大的欢迎横幅，上面写着"你好"，然后将它与关于大洋洲大陆的奇异生态、土著历史和新多元文化移民的令人费解但包装精美的描述结合起来。雅典奥运会开幕式对历史的重写是迄今为止最为疯狂的，历史画卷从体育场四周像年轮一样慢慢铺开，展现人类发展的重要历史阶段，从米诺斯人到雅典人，再到拜占庭帝国，然后跳过一千五百年难以讲述的中世纪历史直接过渡到法兰克人和奥斯曼人，到希腊独立战争和 1896 年奥运会，最后以玛利亚·卡拉斯的表演告终。接下来是一场令人无法理解的特殊灯光秀，但是显然把希腊科学和哲学描绘成当代理性和技术进步的唯一历史源泉。如果这是历史的终结，这不是一个如弗朗西斯·福山推断的丧失特性的一致和意识形态共识的领域，而是一个标志着一致性、合理性和可证实的争论终结的杂音，一个虚假意识被意识碎片取代的世界，被奥林匹克盛会的光子粉碎的世界。

第二节

在意识形态仍然重要的早期,国际奥委会和奥运会面临着批评者和竞争者,他们试图举办不同类型的体育盛会。工人体育运动举办了自己的人民奥运会。去殖民化世界的新兴力量举办了"新兴力量运动会"。新教原教旨主义者出于道德原因反对1928年阿姆斯特丹奥运会。然而,在冷战后的十年里,无论是旧式的强力社会主义,还是第三条道路的反帝国主义,都没有在全球体育运动上产生任何意识形态的影响。在奥运会上,在国际奥委会和其他体育机构内部,围绕妇女参与奥林匹克运动以及她们的准入条件的斗争仍在继续,但是没有外部挑战者或与之相关的重要体育社会运动。然而,新批评者认为,与过分夸张的城市化和城市品牌联盟的全球体育盛会是一股有害的反动力量。一个由环保主义者和反对税收团体组成的联盟阻止了1976年丹佛冬奥会的举行。因此,针对奥林匹克运动的最有力反抗来自那些质疑体育运动——当然是以电视转播的盛会形式——具有任何真正社会价值的人,阿姆斯特丹、多伦多和柏林第一次申办奥运会就遭到反奥林匹克运动团体的有组织的反抗,这些抗争的强大力量足以挫败他们的野心。

在20世纪80年代中期申办1992年奥运会的阿姆斯特丹定下了基调。[1]在这里,一个由左翼和具有环保倾向的地方议员及城市里广泛的占屋运动团体结成了"反奥运会"联盟。作为现代情境主义和公共事件的主要发生地之一,阿姆斯特丹的反主流文化势力对奥林匹克盛会的力量和重要性特别敏感,对国家控制土地、住房和发展极为敏感,并且擅长发动各种军事行动和滑稽挑衅的行为。他们的另类申办活动是有史以来最激烈、最有趣的活动之一。申办视频展示了一次穿越交通堵塞的城市的噩梦之旅,调查了骇人听闻的自行车盗窃率和抢劫率,还展示了一个用来点燃大麻烟卷和炸弹的奥林匹克火炬。[2] 当这个恶作剧团体来到城里时,国际奥委会的每个成员都收到了一袋大麻和一封由范蒂恩市长签名的信:"我们寄给你的是可以用来理清思绪的东西,它跟南非钻石有点像。荷兰奥委会想让你了解阿姆斯特丹的产品之一。我们希望以这种方式对你的决定产生积极影响。我们国家的产品可以在 500 个合法销售点获得。"一群来自世界上不同国际体育联合会的官员在等待运河游船之旅时,被 100 名活动分子投掷西红柿和鸡蛋,随后赶来的防暴警察将他们制服。当国际奥委会在洛桑举行决定性投票时,抗议者加入了他们的行列,包围他们的豪华班车,并且在委员会拍摄传统形式的集体照时,释放了一枚奥运会火炬状的烟幕弹。

多伦多的反奥林匹克运动相当冷静,但效果并不逊色。[3] 它自称为"要面包不要杂技表演"联盟,由一群处理城市无家可归者、贫困者和社会住房问题的个人和组织领导。他们编写了一本极具破坏性的"反申办"书,提醒读者多伦多有 10 万人依赖食物银行生存,2 万人无家可归——这个数字还在上升,因此,它根本负担不起举办奥运会的费用。"要面包不要杂技表演"联盟与国际奥委会评估委员会的来访成员举行了一次独特会面,表达他们的关切,体现了加拿大的民主程度。虽然,加拿大在这些问题上的公开立场值得称赞,但是一种灾难性的政治策略。从那时起,国际奥委会就极力反对这种有组织的抗议,并且更加歇斯底里地坚持要求申办城市、市

第八章 风靡全球！
后冷战时代奥运会的全球化

民和媒体展现朝鲜人民那样的集体热情和统一的意识形态。国际奥委会毫不客气地将申办城市多伦多淘汰掉，最终亚特兰大赢得举办权，多伦多申办委员会主席——铅管品制造大亨、前奥运会帆船运动员保罗·亨德森愤怒地将责任推到抗议者身上。在加拿大国内，反奥林匹克活动分子在多伦多市的港口举行庆祝活动，这里曾经被选为建设多伦多奥林匹克体育场的场地，但现在被宣布为"无奥林匹克区"。

柏林申办2000年夏季奥运会的想法最初是在柏林墙倒塌之前作为东方政策的一次演练而构想出来的，但是柏林的实际统一和它成为德国首都的新地位使组委会觉得他们真正有希望赢得举办权。[4] 在孤立岁月中孕育出来的许多柏林另类文化社群持有不同想法。1991年在柏林举行的国际奥委会大会，引发了由反奥林匹克委员会策划的为期3天的全市抗议活动，1500名警察出动维持安全，逮捕了41名抗议者。600人骑自行车举行示威活动，警察挥舞警棍将他们驱散。第二年，柏林奥林匹克体育场的卡尔·迪姆牌匾被盗，这块纪念1936年奥运会主要组织者的牌匾被用来索取赎金。在柏林四处悬挂的奥林匹克旗帜不断被人取下。反奥林匹克委员会在致国际奥委会全体成员的一封公开信中，告诫他们在"与腐败政客、体育官员和建筑业黑手党的片面对话"中抬起头来。另一个声音现在加入了辩论。

这封信展示了另一个柏林：抗议和反抗帝国主义、资本主义和2000年奥运会的柏林；无政府主义者、辍学者、朋克族、同性恋者、另类的人、扔石头者、吞火者、涂鸦者、穷人、酒鬼和疯子。[5]

在随后12个月里，柏林遭到了各种各样的反奥林匹克抗议。与申办奥运会相关的公司和银行遭到燃烧弹袭击。昂贵的汽车被喷上了反奥林匹克的涂鸦。反奥林匹克委员会在给萨马兰奇的第二封公开信中,凶恶地警告说:"我们保证柏林奥运会对你们和你们的赞助商来说是一场噩梦。"1993 年春天,当国际奥委会最后一次访问柏林时,10000 人走上街头,迫使当局动员 4500 名警察,封锁城市的大片地区。夏末,东柏林的有线电视突然消失;人们发现遭到破坏的接线盒上贴有反奥林匹克的标志。当年的奥运会举办权被授予悉尼。

巴塞罗那奥运会开幕式已经过去了二十多年,在那里,油漆开始剥落;这座城市虽然变富裕了,但是一直在评估旅游业过度发展和大部分海滨城市长期中产阶级化带来的成本,这两个过程都是由奥运会启动的。亚特兰大的土地一直遭到非法侵占。在高水平运动中发起了无休止的禁毒战争,那个时代的许多奖牌获得者都被剥夺了奖牌,而在雅典,新奥林匹亚的新废墟是奥运会繁荣时期最典型的遗产。

第三节

巴塞罗那奥运会真是丰富多彩。创纪录的169个国家参加了奥运会，其中近三分之一赢得了奖牌，奥运会提供了丰富有力的国家象征和叙事。国家队游行是冷战后世界新地理的指南。一个真正统一的德国而不是布伦戴奇时代徒有虚名的联合队参加了巴塞罗那奥运会。1991年，苏联解体，爱沙尼亚、拉脱维亚和立陶宛等波罗的海国家纷纷独立，这些新独立的国家自1936年以来首次派出国家队参加奥运会。苏联的其余国家以独立国家联合体的这种古怪形式短暂存在，这种组合十分模糊和脆弱，以至于其运动员只能以"联合队"成员身份参加比赛，并在中立的奥林匹克旗帜下游行。由于内战和权力接替而解体的南斯拉夫现在失去了克罗地亚、波斯尼亚和斯洛文尼亚，所有这些国家都独立参加奥运会，只剩下塞尔维亚和黑山，它们代表南斯拉夫参加奥运会。

在纪念慕尼黑大屠杀二十周年之际，雅艾尔·阿拉德成为第一个获得奥运会奖牌的以色列运动员。她在赢得一枚柔道银牌后说："如果有可能的话，也许我们现在可以说我们已经为这起谋杀报了仇。我认为，这是我们欠这些死难者的家属和以色列人民的。"[1] 四年后，亚特兰大奥运会上发生恐怖袭击，国际奥委会才以萨马兰奇致闭幕词的形式公开提及这场屠杀。

数百万印度尼西亚人站在雅加达街头欢迎他们的第一批奥运会金牌得主——羽毛球明星王莲香和魏仁芳。在荷兰帝国统治的最后几十年里，羽毛球运动在雅加达受过良好教育的爪哇人和华人中间广受欢迎,他们受到一项似乎更像亚洲而不是欧洲的(当然不是荷兰的)运动吸引。印度尼西亚独立后,羽毛球运动被政府视为全国性运动,他们出资让王莲香和魏仁芳乘坐一辆敞篷豪华轿车在首都的街道上巡游,车上装有一个巨大羽毛球。

对英国人来说,失败中有感动。在400米赛跑的半决赛中,德里克·雷德蒙德因为拉伤了腿筋,突然停下来。他父亲从看台上跳到跑道上,搀扶他一起跑过终点线;观众们起立鼓掌。中国庆祝年轻运动员冷静勇敢的赛场表现和体操运动员的辉煌成就。14岁的伏明霞从令人眩晕的10米跳水板高处跃入水中,成为奥运会有史以来最年轻的金牌得主,她从9岁起就在一所快速发展的国家训练学院接受刻苦训练,这是中国经济部门和体育部门拼命追求发展的密码,体现了中国日新月异的变化。一度陷入了结束种族隔离的宪法谈判泥潭的南非,自1960年以来首次重返奥运会。参加奥运会的90多名南非运动员中只有8名黑人,这证明了南非大多数体育项目将黑人排除在外,但出席开幕式的不是德克勒克,而是纳尔逊·曼德拉,他一如既往地为和解定下了务实的基调:"我希望它能反映我国人口的构成比例……但必须有一个起点。"[2] 在女子10000米赛跑中,这个曾经出现严重种族隔离的国家取得了更广泛的和解。南非白人运动员埃拉娜·迈耶与埃塞俄比亚运动员德拉图·图鲁在比赛的大部分赛程中难分高下,最后图鲁加快速度冲过终点线,成为赢得奥运会金牌的第一位非洲黑人女性。赛后,两人手牵手,披着各自的国旗绕场跑了一圈,赢得了巨大欢呼。

然而,尽管如此,运动员们还是黯然失色。正如乔治·韦斯基在《纽约时报》上所说:"运动员们从来没有机会。不管他们跳得多好、跑得多好、划得多好,他们永远也不能主宰这些夏季奥运会。主办城市赢得了奥运会。加泰罗尼亚人民赢得了奥运会。电视画面的背景中总是闪烁着圣家堂的奇特尖顶,或者蒙锥克的喷泉,或者远处的提比达波塔。"[3] 巴塞罗那举办了一场全球电视转播的大型歌剧风格的奥运会,并使自己成为主角。就在十年前,巴塞罗那还是后工业时代一个停滞不前的地区,一个地中海的锈迹斑斑的港口。现在,已被改造成了一个令世界其他地方向往的文化中心,一个建筑瑰宝集中地,一个主要的旅游目的地,一个现代高密度城市化的典范。通过五个专门建造的摄像塔,全球广播公司全天候地播出巴塞罗那城市天际线的美丽画面。[4] 水上运动综合体从蒙锥克山俯瞰整个城市景观。奥运村坐落在一个熠熠生辉的重建码头区的中心,与未开发的城市海滩仅仅一步之遥。为了吸引西方世界的数百万中产阶级的目光,组委会委托皇后乐队主唱佛莱迪·摩克瑞和西班牙天后蒙特塞拉特·卡芭叶创作流行歌剧《巴塞罗那》。奥运会开始时,摩克瑞已经去世了,但是他们还是在开幕式上演奏了这首歌曲,这是为巴塞罗那制作的庸俗品位的游记配备的一首完美音乐作品。在闭幕式上,莎拉·布莱曼和何塞·卡雷拉斯演唱了安德鲁·劳埃德·韦伯创作的西班牙媚俗歌曲《永远的朋友》,也在争取同样喜欢这种风格的人群。

这样的策略奏效了。奥运会举办后的几年里,巴塞罗那成为世界主要旅游目的地和会议举行地之一,游客数目增长飞快,以至于这座城市现在开始采取措施阻止更多游客的到来。它在建筑师协会、规划师协会和奥运会申办委员会中的声望上升得更快。1999年,英国皇家建筑师协会为整座城市颁发了金牌。此后申办奥运会的标书如果不参考巴塞罗那模式及其城市改造的承诺，就算不上完整。

然而，尽管韦斯基对巴塞罗那奥运会做出的评价，以及巴塞罗那随后赢得的喝彩听起来都是真实的，但是它们只是故事的一部分。与主流看法相反，巴塞罗那并没有创造一个其他城市可以效仿的奥运会城市模式，而几乎可以说是独一无二的环境的产物，这种环境很可能是不可复制的。韦斯基和全球观众可能一直关注这座城市，但是在西班牙国内，情况似乎极为不同。在西班牙积极国际化的表象下，1992年巴塞罗那奥运会实际上引发了西班牙文化和政治冲突的严峻考验。[5]

从某种程度上说，很明显巴塞罗那奥运会必须与众不同。它真是一颗未被发现的宝石。还有多少其他城市可以宣称拥有包括米罗、毕加索和高迪在内的艺术遗产？但是巴塞罗那的独特性也表现在政治上。不同于几乎所有其他城市为了举办奥运会必须临时加速城市化的进程，巴塞罗那奥运会是长期的城市发展项目的自然结果。奥运会是城市发展的最高成就，而不是催化剂。巴塞罗那的发展也以公共空间优先于私人空间、公共交通优先于私人交通的城市模式为特色。它尽量不修建新的华丽建筑，更倾向于鬼斧神工的修复，专注于街道和广场、树荫和灌木丛的微观细节，并且优先考虑建筑项目的宜居性而不是盈利性。[6]巴塞罗那模式的两个方面都由加泰罗尼亚社会主义市长纳西斯·塞拉和帕斯卡尔·马拉加尔负责实施，他们从20世纪70年代末开始管理这座城市长达二十年。

同样罕见的是，巴塞罗那奥运会是在三级政府都有充分理由合作的时候获得资助和举办的，尽管这三级政府由不同的政党管理。[7]对于巴塞罗那市来说，奥运会是其发展计划的合乎逻辑的结论，也是将该市致力从工业经济转变为以服务业和旅游业为主导的经济结构的结果。费利佩·冈萨雷斯总理领导的西班牙社会主义政府将奥运会视为重塑新西班牙全球形象——现代、民主、高科技——的一系列重大项目之一。马德里政府把1992年定为"西班牙年",塞维利亚还将主办世博会,西班牙第一条高速铁路也将开通。最后,加泰罗尼亚政府,也就是由乔迪·普约尔和保守民族主义者组成的"统一与联合党"联合执政的加泰罗尼亚自治区政府,把奥运会看作是将加泰罗尼亚的形象投射到西班牙之外并检测其在新西班牙地位的一种方式。

幸好有如此广泛的支持,因为巴塞罗那奥运会的成本并不低。事实上,它可能是自1964年东京奥运会以来成本最高的奥运会。根据计算结果,巴塞罗那机场、码头区和海滩、污水处理网络系统和地铁系统、环形道路、主广场和绿地的全面翻新花费了总成本50亿美元中的绝大部分。实际上,奥林匹克运动设施只占了其中一小部分,组委会充分利用了1929年世界博览会遗留下来的建筑,如冶金宫(Palau de la Metallúrgia)①;该市两家大型体育俱乐部巴塞罗那足球俱乐部和皇家西班牙人足球俱乐部的设施;在奥运会举办之前早就建设完毕的新场馆,如赛车场;还有一些零星建筑,比如蒙锥克奥林匹克体育场外由圣地亚哥·卡拉特拉瓦设计的通信塔。

然而,并不是每个人都支持巴塞罗那奥运会。西班牙政府和奥运会组委会正确地预计了来自三个方向的针对奥运会的攻击:埃塔组织,巴斯克分离主义者的武装派别;自由之土,加泰罗尼亚的一

---

① 英文为 Metallurgical Palace。——译者注

个马克思主义民族主义武装团体；左翼的十月一日反法西斯集团。后两者在20世纪80年代末和90年代初针对奥运会发起了一系列攻击，比如赞助奥运会的银行，但是他们在奥运会开幕前被政府大规模围捕和逮捕。遭受西班牙安全部门持续施压的埃塔组织，试图中断开幕式的电力供应，这一行动被警方挫败，消息被新闻界封锁。最终，奥运会面临的最大威胁来自更为主流的加泰罗尼亚民族主义。1989年，在蒙锥克奥林匹克体育场的重新启用仪式上，观众对胡安·卡洛斯国王和西班牙队发出嘘声，预示了未来事态的发展方向。1991年末和1992年初，一个与巴塞罗那奥运会加泰罗尼亚方面有关的松散团体联盟开始发出他们的声音。① 他们在随后几个月里越来越不稳定，要求提得越来越多、越来越快。他们当中最激进的人呼吁成立一个独立的、得到国际奥委会认可的加泰罗尼亚代表团，并且作为东道主参与奥运会。所有人都坚持认为，关键性的国家象征——国旗，令旗②；"国歌"，《收割者》(*Els Segadors*)；民族舞蹈，萨尔达纳舞；加泰罗尼亚语——不仅应该被纳入奥运会仪式，而且应该被赋予恰当地位，尤其是与西班牙本身相比。与此同时，有人呼吁抵制奥运会，有人在奥运会场馆举行大规模示威，有激进分子威胁要用横幅淹没体育场。

---

① 其中包括：加泰罗尼亚奥委会，该委员会一直呼吁加泰罗尼亚代表团独立参加巴塞罗那奥运会和未来的奥运会；加泰罗尼亚文化协会，加泰罗尼亚的主要语言组织；呼吁团结组织，它是这个领域内的一个更激进的组织；飞来（Accio）奥运会，一个加泰罗尼亚青年文化团体，得到统一联合党中温和民族主义者的支持；加泰罗尼亚共和左翼党是加泰罗尼亚民族主义更激进的分离主义者，当时在加泰罗尼亚议会中占有重要席位。——作者注

② Senyera，加泰罗尼亚语，西班牙语为Señera，是一面以红黄横纹组成的旗帜，泛指现时的阿拉贡自治区旗和加泰隆尼亚自治区旗。——译者注

6月初，奥运会组委会委员马拉加尔市长和乔迪·普约尔宣布一项《奥林匹克休战协议》——一项关于民族主义者在举办大多数重要仪式时要求的协议，并且得到了国家电视台将首次使用加泰罗尼亚语和西班牙语播出奥运会的历史性声明的支持。

尽管这些声明意义重大，但是《奥林匹克休战协议》的颁布没能让更激进的民族主义者满意，他们信守诺言，将抗议带到了欢迎奥林匹克圣火从奥林匹亚到来的仪式上。火炬将传递到安普利耶斯古城遗址附近的海滩上，安普利耶斯古城是公元前6世纪古希腊殖民者建立的加泰罗尼亚小镇。事实上，至少还需要一个半世纪，当代加泰罗尼亚才初见雏形，但是对于抗议者来说没有关系。当最终点燃火焰时，一名激进分子冲上舞台，并且台基上悬挂了一面"加泰罗尼亚自由"的横幅。西班牙电视台将这一事件从报道中删除，但是横幅在圣火点燃仪式的剩余时间中仍然留在台上，并且出现在西班牙报纸的头版。当国民政府的社会主义教育部部长哈维尔·索拉纳上台用西班牙语致辞时，他的声音被嘘声淹没了。

在接下来的9天里，当火炬传递经过加泰罗尼亚各地时，火炬传递运动员遭到一队散发传单者、极端民族主义者和抗议者围挡。在奥运会赛艇比赛场地——民族主义者的大本营班约莱斯，在火炬传递过程中有400名警察驻扎在那里。在蒙特塞拉特，当主教和马拉格尔市长发言时，他们的声音都被呼喊独立的声音淹没了。随着火炬传递到西班牙其他地方，抗议的热度降低了，《奥林匹亚休战协议》发挥了作用。当民族主义者认识到，扰乱奥运会实际上可能会适得其反时，他们退缩了，公开同意不积极干预奥运会本身。有关身份的冲突转移到了巴塞罗那无数公寓的阳台上。

当奥运会火炬传递再次回到这个城市时,它挂满了旗帜。这些旗帜中主要是加泰罗尼亚令旗。它有时独自悬挂,有时它会加上更激进的分裂主义口号,通常一起悬挂的还有巴塞罗那市的旗帜。它代表巴塞罗那众多国内移民,可能被悬挂在另一个西班牙地区的旗帜旁边。在少数情况下,人们可能会看到悬挂着一面西班牙国旗,尽管很少有人敢让这样的一面旗帜独自飘扬。如果将巴塞罗那阳台上悬挂的旗帜大致视为其公民政治认同的投票情况,那么从奥运会本身的仪式层面就可以窥见西班牙复杂的政治冲突和联盟。巴斯克人、加泰罗尼亚人和其他人获得一项协定,确保他们的文化地位和语言地位,并在宪法中明确将权力下放到地区议会。因此,加泰罗尼亚不被允许派出自己的代表团,也不被允许在国家代表团游行或西班牙代表团中占有任何特殊的地位,但是,对于那些知道自己听到的是什么音乐的人来说,开幕式是以一首明白无误的加泰罗尼亚调子开场的;卡洛斯·桑托斯表演的《奥林匹克号角》是用芦苇做成的双簧管演奏的,通常这种乐器演奏的音乐是为加泰罗尼亚的民族舞蹈萨尔达纳舞伴奏。在开幕式的前几分钟,加泰罗尼亚旗帜和"加泰罗尼亚国歌"被赋予与西班牙国旗和国歌同等的地位。在闭幕式上,在每一个奥运会场馆和城市的所有公共建筑上,加泰罗尼亚令旗飘扬在西班牙、巴塞罗那、欧盟和国际奥委会的旗帜旁。在场馆内,尽管官方禁止,民族主义激进分子还是组织起来,在尽可能的情况下,在镜头前展示他们的旗帜和横幅。在奥运会期间,加泰罗尼亚语与西班牙语、英语和法语一样,是奥运会的官方语言,在变得冗长的体育场公告和文字密集的标牌中占据显著位置。当胡安·卡洛斯国王站起来宣布奥运会开幕时,他以加泰罗尼亚语开始:

第八章 风靡全球！
后冷战时代奥运会的全球化

"欢迎大家来到巴塞罗那。"他演讲的其余部分被人群疯狂的掌声淹没了。微妙的政治平衡行为是通过凸显各方都可以接受的、较少引起不和的地区身份来实现的，比如巴塞罗那是一个地中海城市，更是一个欧洲城市。

因为只有在欧洲共同体这个问题上，西班牙的对立实力才能达成共识。不管是左派还是右派中持温和政治观点者将其视为西班牙向民主过渡的重要稳定因素，当时，巴斯克人和加泰罗尼亚人视其为政治保护伞，希望他们的小国有朝一日可以得到庇护，而西班牙卡斯蒂利亚的贫困地区和边缘地区则看中其农业补贴和结构性基金。欧洲则把巴塞罗那奥运会看作是实现自己目的的契机，欧洲委员会预算了与奥运会相关的价值1600万美元的广告和宣传工作。奥林匹克礼宾委员会以国家元首的规格接待欧洲委员会主席雅克·德洛尔，奥运会上使用加泰罗尼亚语、西班牙语和德语演唱确立为欧盟盟歌的贝多芬的《欢乐颂》。在国家代表团游行的高潮时刻，运动员们被十二座由演员叠起来的巨大金字塔包围，这在加泰罗尼亚被称为"人塔城堡"，每个金字塔代表当时十二个欧盟成员国中的一个。观众打开放在座位上的蓝色或金色火炬，拼凑成一面体育场大小的欧盟盟旗，与之呼应的是，仪式结束时燃放的蓝色和金色的星星烟花。

对于品位高雅的人来说一切都很好，但这是《你好！》杂志眼中的西班牙——这是迄今为止最受欢迎的名人新闻形式的源头。在这方面，奥运会对于胡安·卡洛斯国王和王室成员来说是一次漫长而又极其成功的拍照过程。尽管加泰罗尼亚出现了可怕的共和主义潮流，而且胡安·卡洛斯国王是弗朗哥指定的国家元首继任者，但是他在挫败1981年右翼政变中所扮演的角色以及他对民主化的坚定承诺使他赢得了大多数公众的喜爱。由于国王在开幕式上史无前例地使用了加泰罗尼亚语，他成了除最不可救药的分离主义者之外所有人都能接受的民族象征。王室的其他成员给予了有力支持。当费利佩王子举起国旗带领西班牙队入场时，他的姐姐埃琳娜公主感动得热泪盈眶。当费尔明·卡乔在男子1500米赛跑中意外取得胜利后，国王欣喜若狂地公开为他庆祝，这使国王获得了亲民的名声。西班牙总共赢得了22枚奖牌，其中包括前所未有的13枚金牌，庆祝活动越来越多，而且每次冠军都在领奖时披上西班牙国旗和他们家乡的旗帜。最重要的是，赛前表现强烈希望得到加泰罗尼亚身份的运动员，如直言不讳的巴塞罗那中场球员佩普·瓜迪奥拉和西班牙女子曲棍球队的伊莱·马拉加尔，都身披西班牙国旗和加泰罗尼亚旗帜来庆祝他们获得金牌。西班牙在男子足球比赛的最后一分钟以3比2的比分击败波兰，并且是在巴塞罗那的鲁营球场赢得的这场胜利，这更加令人惊叹。在弗朗哥统治时期，鲁营球场是在语言和文化上受到压制的加泰罗尼亚人抵抗他那粗暴独裁主义政权的最重要的唯一聚集场所。现在，西班牙旗帜飘扬在看台上，西班牙圣歌响起。

有一队运动员在巴塞罗那奥运会上用夸张的戏剧性行为留下了个人与他们所代言的品牌的烙印，与这座城市的城市戏剧一样引人注目——"梦之队"。[8] 巴塞罗那是萨马兰奇修订奥林匹克宪章后第一届不再区分业余选手和职业选手的奥运会，这一点很少有人提及。随着大门的打开，美国篮球协会迫切希望通过展示最优秀的球员来使篮球比赛全球化，用它的官方头衔来说，1992年的美国国家男子篮球队，是第一个由美国篮球协会的明星而不是最优秀的大学生球员组成的球队。这是世界上最好的篮球队，有史以来最有才华的篮球队，而且它将赢得金牌，这是毋庸置疑的：真正使它独树一帜的，是它取得胜利的方式，以及它引发的空前的媒体热潮。梦之队可以说是名副其实，它由当红的明星组成，这些明星从20世纪60年代和70年代主流娱乐的边缘发展到20世纪80年代和90年代美国职业篮球联赛的核心，获得的收入与其地位相当。拉里·伯德和梦之队队长魔术师约翰逊是20世纪80年代美国职业篮球联赛上最为突出的一对白人与黑人、波士顿与洛杉矶、凯尔特人与湖人的对手，20世纪90年代一批新的优秀球员加入他们的队伍——其中最重要的是，迈克尔·乔丹，他已经成为美国职业篮球联赛中最伟大的球员和最强劲的商业资产。这是一个令人"震惊和敬畏"的美国，一个拥有技术和资源的唯一超级大国，能够与任何组合中的任何人较量并取得胜利。[9] 正如查尔斯·巴克利在梦之队参加第一场比赛前所说："我对安哥拉了解不多，但是我知道他们有大麻烦了。"这就是胜利的资本主义的美国，它的超级商业运动机器，长期被排除在奥运会之外，现在将毫不费力地证明它优越于社会主义国家支持的篮球队。这是群星闪耀的美国，通过广告和品牌的炼金术，个人变成了超人、英雄和恶棍。梦之队提供了比任何其他奥运会队伍更多的故事、更多的摄影机会和更多的视角：约翰逊与乔丹两代球星之间争夺最佳球员称号；克莱德·德雷克斯勒沉默的愤怒；查尔斯·巴克利，球场上是丑陋的美国人，而在兰布拉大道碰到围观人群时表现得十分温和友好；当然，还有对品牌的热爱和对赞助商的忠诚。梦之队身穿锐步的官方套装去领取金牌，但是与耐克关系密切的迈克尔·乔丹走上领奖台时，在锐步的商标上别了一枚美国国旗的别针。

第四节

对于亚特兰大人民来说,第二十六届奥运会就像奥林匹斯山的云顶山峰一样屹立在未来。这是一个需要把握的梦想,一个需要斟酌的思想,一个需要拥护的时刻。作为一个梦想,它将这座城市在一种比以往任何时候都更为强烈的欲望之中凝聚起来。[1]

以前举办奥运会的城市曾作出过不真诚的奥林匹克承诺,通过体育走向世界的承诺被强制服务于狭隘的意识形态和民族主义,但是如果这些承诺在隐喻层面和伦理层面上是空洞的,那它们从不缺乏其他内容。亚特兰大奥运会申办委员会作出的承诺最为空洞。根据奥运会的官方神话,一位人脉甚广的亚特兰大律师比利·佩恩躺在床上,夜不能寐,充满了共产主义社会带来的狂喜;他刚刚参加完一场成功的筹款活动,为他在邓伍迪郊区的教堂购买了一架管风琴。他从床上爬起来,告诉妻子:"我们需要找到另外一份事业来重新积累这种体验。"这份事业就是把奥运会带到亚特兰大。[2]比利身边有一帮高级律师、营销人员、企业高管和专业派对组织者,他们带着自己的梦想和迄今为止所有申办委员会中最大的招待预算踏上了征程。他们当然知道如何盛情款待国际奥委会委员。国际奥委会委员、土耳其人斯楠·埃尔德姆回忆起他造访亚特兰大的经历时说:"我们去房间时,就看到那里有行李了。那是我的!"[3]他们也知道如何玩弄政治。美国以外的任何人都可能了解亚特兰大的一点是,它曾是马丁·路德·金和民权斗争的基地,这点可能对他们有利。

因此，他们申办奥运会的关键人选是亚特兰大的前市长安德鲁·杨。作为民权斗争最激烈时期马丁·路德·金的副手，以及卡特政府派驻联合国大使，他拥有为亚特兰大从非洲和发展中国家赢得大量选票的荣誉和人脉。至于会取得什么结果，会实现什么梦想，杨还不能完全确定下来；事实上，他似乎把这个问题分包给了全能的上帝："亚特兰大能在上帝的计划中扮演一个特殊角色吗？"[4]

尽管有这种支持，亚特兰大从来都不是1996年百年奥运会的首选举办地。1896年奥运会的主办城市雅典是一个明显的象征性选择，但是在国际奥委会的许多成员看来，雅典的城市和体育基础设施不可能在奥运会举办前修建完毕。多伦多的申奥机会因其反奥林匹克运动的规模和争论而被致命削弱，在倒数第二轮投票中落败，已经倾向于在北美举办奥运会的投票人将选票投给了亚特兰大，而不是雅典。

除了亚特兰大奥运会申办人员对于国际奥委会委员的盛情款待以及他们的好运气之外，曾经是亚特兰大奥运会营销主管的乔尔·巴比特问道："我们是如何获得奥运会举办权的呢？"他自己的回答是："自信和自荐。毕竟，我们既没有宏伟建筑也没有地中海。"[5]一位更加愤世嫉俗但目光敏锐的观察家认为，申办委员会能够成功获得举办权，是因为他们编织了"最大的谎言，并且跑遍世界各地巧舌如簧地向每个人传播这个谎言，直到真相大白的那一天"。[6]

公平地说，佩恩和他的奥林匹克支持者们提出了两个非常值得怀疑的观点。首先，亚特兰大是一个全球性大都市，与国际接轨，并已经做好举办奥运会的准备。事实上，虽然亚特兰大发展迅猛，但是这个城市的大部分基础设施——高速公路、火车和下水道

411

系统——都严重不能满足城市化的需要。亚特兰大的全球性体现在它有一个繁忙的国际机场枢纽，并且是世界上最全球化的品牌的总部——跨国运营的先驱公司可口可乐，以及电视和全球新闻的后起之秀特德·特纳的有线电视新闻网。就其本身而言，这些都不是无关紧要的有利条件，但是在几乎所有其他方面，亚特兰大仍然是一个非常守旧的二线城市。从某种意义上说，这是他们第二个可疑命题的核心：亚特兰大是新南方的首都。在这个版本的故事中，亚特兰大不仅在经济和人口上是美国最具活力的地区中最具活力的城市，而且它也实现了它那最著名的代表人物的梦想，马丁·路德·金在1968年遇刺前所设想的种族平等和深入人心的民权。但是，如果只看亚特兰大的表面，它作为南方城市的典范只不过体现在亚特兰大人的礼貌、好客和热玉米面包。如果审视新亚特兰大的地理现实和经济现实，情况不令人乐观。

亚特兰大当然不能跟亚拉巴马州的伯明翰相提并论，但是它也很难说得上是一个种族和谐的城市。[7] 当南方的大部分地区还沉浸在仇恨和暴力中时，亚特兰大相对和平地实现了公共住房和学校教育方面的种族融合，这只是因为种族对立被认为会对赚钱的事业造成很大的破坏。至少在这一点上，亚特兰大的现实与它的自我感觉一致，即"这个城市忙得不可开交，无暇憎恨"。然而，伴随这些变化的是城市深层次的经济重组和地理重组，这使得种族隔离成为事实上而不是法律上的现实。二十年的快速经济增长几乎完全集中在亚特兰大的郊区和卫星城市。白人外逃，穷人和无家可归者（绝大多数是非裔美国人）集中在亚特兰大市区，加剧了城市和郊区之间持续存在的人口差异。亚特兰大市区人口的贫困率高达60%，凶杀率位居全国第二。在这里，85号州际公路和其他主要道路的路线设计是为了分开黑人聚集的街区和白人聚集的街区，这一事实可以通过同一条道路因经过不同的民族区域而取的不同名字看出。公共住房完全位于现存的黑人社区，尤其是在城市的南部。相比之下，白人聚居的东北部仍然是一个没有公共住房项目的区域。尽管民权运动和人口结构变化有助于在市政厅创造黑人占多数的民主，但是政治家们的影响力有限，他们的税基也逐渐转移到了郊区。在20世纪70年代和80年代，由该市长期的商业和房地产精英领导的重建项目，绝大多数是展示性建筑和城堡性建筑。亚特兰大建造了一批高耸入云的后现代标志性的摩天大楼，它们有着高耸的前庭和不可逾越的镜面玻璃高墙。地面上是整栋建筑和面向街道的封闭购物中心，配备地下停车场和装有空调的走道。在这些摩天大楼和购物中心之间是棚屋城市、废料场、停车场和禁区，濒临消失的四分五裂的街区和小块的孤立的公共住房区域，政府任由它们在物质上和精神上衰败。

　　贫困和遭受排斥的地区是自民权运动以来社会变化甚微的有形实物证据，亚特兰大奥运会上的三场象征性冲突强化了这种印象。首先是选择石头山公园来举办网球比赛、射箭比赛和自行车比赛，由于三K党于1915年在这里重组而受到许多人推崇，比赛场地是观赏公园主要特征的绝佳位置，公园里有南部邦联总统杰弗逊·戴维斯和罗伯特·李将军以及托马斯·杰克逊将军的巨大浅浮雕塑像。更有争议的是佐治亚州州旗的出现，它将悬挂在每一个奥运会场馆。直到1956年，它的图案一直是最初的邦联星条旗的图案，但是，作为对民权运动高涨浪潮的蓄意反击，立法机关改变了它的设计，加入邦联的军旗图案——代表美国南方的有十字叉蓝色星星的旗帜。全美有色人种协进会的地方分会大声疾呼，纪念邦联及其军队不太适合象征人类团结的世界性节日。改变州旗的行动赢得了商界领袖的支持；州长泽尔·米勒想去掉十字叉，1994年亚特兰大超级碗比赛中使用州旗引起了抗议，但是参与投票的公众仍然反对改变州旗，州旗在整个奥运会举办过程中飘扬在各大体育场馆。[8] 也许最能说明问题的是奥运会期间举办的两个艺术节的命运。"五环：世界艺术中的五种激情"在市中心的高级艺术博物馆举行，以其收藏品的珍稀和保守的品位而闻名，展品包括罗丹的《吻》、马蒂斯的《舞蹈》和一件收藏在西班牙马德里的普拉多博物馆的格列柯的作品。在城市南边，在一个几乎没有奥运会游客会光临的区域，举办了一场名为"灵魂深处"的新颖展览，展示了500多件本土或外来的非裔美国艺术家作品。这个展览最初计划在高级艺术博物馆举行，后来实际上被驱逐到埃默里大学校园的东市政厅，与奥运会交通网络分离，在组委会的对外联系名单上几乎不存在。[9]

正是在这种知识和文化真空中，新成立的组委会、亚特兰大市议会和商会着手实现比利的梦想，或者至少就奥运会的口号达成一致。他们通过一项广泛而成本昂贵的搜索找到了平淡乏味得令人难以置信的备选口号："亚特兰大：一个生活和工作的好地方""亚特兰大：一个令人无比自豪的城市"。他们实际上征求了公众提出的一些更标新立异的口号："亚特兰大：一群乡下人生活的岛屿"和"亚特兰大与世界。是的！"在他们着手筹备奥运会的五年后，组委会能想出的最好口号就只有"亚特兰大：来庆祝我们的梦想"，没有人知道那个梦想是什么。

第八章 风靡全球！
后冷战时代奥运会的全球化

亚特兰大奥运会的吉祥物同样被认为缺乏深意。"它是啥"在1992年巴塞罗那奥运会闭幕式上首次亮相。[10]它与之前的奥运会吉祥物不同，既不是人也不是动物，与亚特兰大或南方没有任何关联，而是一个令人摸不着头脑的蓝色拟人状泡沫耳塞——类似于通常由美国广告和动画的超商业化图形工作室的产品，令人费解，毫无意义。"它是啥"被送回画板重新改造，它开始锻炼减肥。改造后的吉祥物身形较小，更具运动性，四肢更长，同时它还接受了美容治疗，加上了一个鼻子，去掉了如闪电般的眉毛和底部一排可怕的牙齿，然后以"依奇"（Izzy）这个新名字重新面世。《辛普森一家》的编剧制作人马特·格罗宁认为，这个吉祥物是面团宝宝和加州最丑的葡萄干的奇怪结合物。《时代》杂志的评论更加直截了当，形容它为"运动鞋中的精子"。奥运会的商品区不乏与依奇连带的低俗艺术作品，但奇怪的是，没有看到身穿真人大小的依奇服装扮演者在奥运会场馆里出没。

佩恩和他的朋友们曾经承诺举办一届完全由私营部门资助的奥运会：1984年洛杉矶奥运会的现代化版本，不同的是，赞助水平和电视经费水平会大幅度提高。与所有新自由主义的幻想一样，该项目实际上依赖于美国各级政府的大规模和多方面的参与，民主控制机构简化流程，必要时使用武力，所有事务的展开都以对一小部分人和已经十分强大的利益团体明确有利的条件为前提。媒体可能会讽刺亚特兰大奥运会的营销，但是在金融和发展的核心问题上，他们完全睁一只眼闭一只眼。组委会面临的唯一挑战来自一小部分有组织的劳工（他们抗议委员会坚持非工会建筑工地），以及关注社会住房的积极分子（他们出版了亚特兰大的另类指南，由一个名叫

"败兴者"的反奥运会吉祥物撰写）。媒体和委员会都没有听取他们的意见。相比之下，他们听取在参与奥运会的各个机构中有很好的代表性的建筑业的业内意见。1996年亚特兰大奥运会场馆是由临时工建造的，几乎没有制定最低工资标准，他们中的大多数人是新近到达美国的西班牙裔，其中许多是非法移民；当地建筑业利润率一直很高，工资低，工作条件差，当地工会力量薄弱。

亚特兰大的贫困人口并没有从佐治亚州、联邦政府、亚特兰大市和举办赛事的各郊区县在奥运会上花费的超过5亿美元的公共资金中获得多少利益。无论是为升级国际机场争取到的2.5亿美元资金，还是原本分配给高等教育但负责佐治亚州州立大学系统的董事会，屈从众愿花在建造奥运村上的1.12亿美元公共资金，都不可能让他们从中受益。产权归属佐治亚州的亚特兰大世界会议中心经历了一次成本高昂的改造。数百万美金被用于改善原本就已经非常高档的盖恩斯维尔乡村俱乐部的设施，那里将举行划船比赛。相比之下，毗邻的牛顿市，位于州际高速公路的另一边，在那里居住的绝大多数是非裔美国人，却一无所获。

亚特兰大市本身现在几乎已经完全被筹备规划剔除出去。由于亚特兰大奥组委依法承诺不把钱——正如俗语所说——"花在栅栏外的任何东西上"，奥运会资金完全被限制用于修建场馆和官方空间。涓滴经济学被应用到了极致地步。亚特兰大的小型奥林匹克发展机构亚特兰大奥运会开发公司非常渴望获得现金来支持亚特兰大市中心低收入社区的重建和安置，因此它向美国运通卡公司发出邀请，吸引它在该市发行信用卡，这是一个从奥运会官方信用卡赞助商维萨（VISA）信用卡公司获得200万美金的策略。亚特兰大急需资金支持，因此市长曾经认真考虑过，将一个直径1英里的气球发射到城市上空的地球静止轨道上，作为一个巨大的奥林匹克广告牌。最终，亚特兰大奥运会开发公司完成的最大项目是美化马丁·路德·金历史遗址的街景，产生的1200万美元费用由联邦政府买单，这个遗址位于主要奥运会遗址以东几英里处，但是在奥运会举办期间，它似乎处于另一个世界。

亚特兰大不是第一个向无家可归的市民宣战或试图隐藏其棚屋区的奥运会城市。流浪汉、露宿者、黑帮、吸毒者和妓女一起被驱逐出柏林、东京和莫斯科的市区。墨西哥城要求那些穷人把自己的棚屋粉饰得五彩缤纷。迄今为止驱逐规模最大的是汉城，它在筹备奥运会的同时，政府主导了针对市中心低收者临时住房的大规模袭击。这两件事亚特兰大都做了。这座城市赢得申办权后不久，它的施舍处开始报告，顾客数量定期出现令人费解的下降，顾客人数总是在国际奥委会访问这座城市之前立即下降。有些无家可归的人被关了起来，有些人被吓跑了，还有些人被送上了公共汽车，运到其他地方。警方、市政厅和一个名为"家园之旅"的非政府组织合作，为无家可归的亚特兰大人提供前往美国任何地方的单程票，只要他们有可能在那里找到落脚的地方或家人。这些人所到的南方城市纷纷向亚特兰大市政厅投诉。与此同时，市政府颁布了一系列针对无家可归者的最具惩罚性条例。在公共场所小便、在市中心露营和乞讨都是刑事犯罪。政府不满足于阻止他们撒尿、睡觉和乞讨，如果无家可归者躺在公共场所、在没有汽车情况下出现在停车场及在任何地方游荡也构成犯罪。政府委员一度考虑将从垃圾桶里移走物体定为犯罪，但最终决定禁止堵塞人行道、在废弃的建筑里逗留以及吐痰。配备了这种法律武器，亚特兰大警方反复扫荡市中心，大规模制作已经印上"非裔美国人、男性、无家可归"等字样的逮捕令和指控案卷。当这个清除流浪汉的过程接近尾声时，来街头视察的组委会欣喜和震惊地发现市中心空空荡荡，像是一片沙漠，它已经被故意设计成没有遮阳处、没有喷泉的地方。一位当地大亨捐赠了近200万美元，为举办奥运会临时安装了这两种设施。在1990年到1996年间，30000人被驱逐出奥运会环区，它是市中心周围的一个小区域，大部分奥运会设施都集中在那里。

位于市中心的南面奥林匹克体育场是一份赠予泰德·特纳的亚特兰大勇士队的价值2.09亿美元的礼物。奥运会组委会为这位大亨和球队提供了体育场、冠名权、特许权和体育场的豪华包厢的完全控制权。亚特兰大给他额外奉送了10000个停车位，这些停车位是从萨默希尔街区剩余的部分中划拨出来的。他们还出资将奥林匹克体育场从椭圆形的形状改造成一个典型的棒球马蹄形状，并支付了拆除勇士队之前占用的富尔顿县旧体育场的费用。这项交易如此厚颜无耻，以至于即使是亚特兰大奥运会管理机构没有利益关系的监管者提出了质疑。对亚特兰大奥运会真正产生威胁的有组织的反对来自亚特兰大主流社会以外的团体，民权领袖之子马丁·路德·金三世领导的黑人政治团体向奥运会组委会发起挑战，并且从他们那里争取到了一些程度较低的让步：削减亚特兰大对勇士队的慷慨资助，任命更多少数族裔加入组委会工作队伍，并且私下放弃全部由白人运动员组成的臭名昭著的奥古斯塔俱乐部——美国高尔夫大师赛的大本营——展示高尔夫作为奥运会示范运动的计划。

奥运会环区中心的三个公共住房项目面临着不同的命运。美国

第八章 风靡全球！
后冷战时代奥运会的全球化

最古老的公共住房特伍德，克拉克·豪威尔和东湖草地公共住房被策略性地安置在可口可乐总部、佐治亚圆顶体育馆和佐治亚理工大学之间，组委会将大部分土地指定给奥运村。尽管这三处公共住房的居民都很贫苦，并且长期被市政厅忽视，但仍然是有大量人口居住的社区，流通量低，入住率高，尽管这些社区和几个发起公共住房运动的团体一起向政府提出了出资翻新和修复住房的要求，奥林匹克委员会和亚特兰大住房管理局还是在规划奥运会环区时绕过了它们。尤其是亚特兰大住房管理局，在加大租户压力方面发挥了重要作用，将财政诱因和提供较远地区的公共住房与惩罚违规行为和拖欠租金的积极措施相结合，将贫苦人口驱逐出去。在这里，与奥运会场馆周围的其他地方一样，再开发项目只包括几栋城镇房屋，它们的价格几乎都超出了被迫迁移的居民的购买能力。最终，不到7%的公共住房租户在奥运会环区被重新安置。

所有这些拆迁方案仍然把特伍德公园排除在外。它位于奥运会环区中心几十个街区，唯利是图的房地产商称之为"坑"或"空"，多年来他们一直在寻找移除它的方法。特伍德公园实际上是一个充满活力的地方。它吸引了数十家小型企业和庭院经营商铺。它为亚特兰大10%的无家可归者提供住所。虽然它看上去破旧，但是按照亚特兰大的衡量标准，它的状况依旧良好，其建筑存量的85%以上得到合理维修；但是废弃庭院和廉价客栈并不符合开发商建设高资产建筑物的梦想。据称比利·佩恩在另一个充满慈善梦想的时刻，提议用推土机推平特伍德，为建设百年奥林匹克公园腾出空间；建设费用由慈善机构提供，它将成为奥运会体育中心，然后作为宝贵的绿色空间遗产回馈给这座城市。亚特兰大市再次被绕过。佩恩向米勒州长和可口可乐公司董事长罗伯特·戈伊苏埃塔提出了这个想法，他们给予了支持。佐治亚州避开了亚特兰大所有的规划机构和分区机构，赋予了毗邻特伍德公园的产权归属方州政府的世界会议中心判定这一地区的建筑物是否为危房和购买土地的权力。可口可乐公司跟进，购买了其中的部分土地，指定用于建设一个永久性公司主题公园。建造百年奥林匹克公园所需的5000万美元将来自亚特兰大市的主要慈善机构伍德拉夫基金会、亚特兰大商会和民众，州政府号召民众以每块35美金的价格购买200万块用于建造公园的纪念砖。以防有人误以为百年奥林匹克公园会像传统的公共公园一样发挥作用，奥运会安保主任及时纠正了他们的错误想法。入场不收取任何费用，但"我们将确立入场条件"。在它的四周竖立围墙，以便"控制人流，防止流氓"。想在城市慈善历史上占据一席之地的民众寥寥无几，家得宝连售出一小部分砖块都很费力。解决办法是出售空间本身。百年纪念公园被分成了数百万美元的区间，租赁给美国电话与电报公司的奥林匹克地球村、斯沃琪巨大的斯沃琪塔、通用汽车公司的动感之城、麦当劳以及占地面积最大的可口可乐游乐园。

在奥运会期间，百年纪念公园一次接待多达7万人，全天接待数十万人。一个与之平行开发的完整房地产市场出现在公园四周，从他们开发建设的建筑物可以俯视公园景观。《纽约时报》的乔治·韦斯基认为这座公园很俗气："百年纪念公园似乎是由金属和石头、塑料和氖气、一棵古老的山核桃树和几片草地、边缘的铁丝网围栏和防水布、帐篷和标有企业赞助商名字的标志组成的一堆杂碎……就像斯塔基便利店。这让我想起了高速公路旁建设的旧连锁店，在那里你可以买到汽油、热狗和糖果以及囤积的混凝土草坪雕像、纪念杯和花里胡哨的 T 恤。"[11]

但是这种评价低估了百年纪念公园的复杂性和存在的重大问题。建设百年纪念公园绝不仅仅是事后的想法或突然出现的想法，而是一种策略性的占领行为，可以借此机会驱逐特伍德公园及其居民，同时确保了其邻近地区的土地价值。尽管它总是被人们想象成公共公园和公共空间的模拟物，在其奥林匹克建筑物的表面下，它是主题公园、商业展览和国家农业博览会的花哨组合。那里有一尊顾拜旦男爵的纪念雕像，占地一英亩的配有空调的官方奥林匹克礼品购物区，占地六英亩的赞助商村，通用汽车公司的激光表演，在那里将奥林匹克百年庆典与汽车的百年历史对应起来，奥林匹克历史在可口可乐奥林匹克博物馆则与可口可乐的历史对应起来，最受欢迎的是奥林匹克五环喷泉表演，直接展现了拉斯维加斯大道的审美品位。正如亚特兰大一位批评家所说："广告、娱乐和教育之间的界限被一个更深层次的金钱为上原则永久抹去了。"[12]

接着，在 7 月 27 日清晨，三枚杀伤力极强的土制铁管炸弹爆炸了，就在几个小时前，本地自由主义恐怖分子埃里克·鲁道夫埋设了炸弹，他有袭击人流诊所和女同性恋夜总会的前科。1 名妇女因其头骨被一枚钉子穿透而死亡，1 名土耳其摄影师心脏病发作，另有 111 人受伤，但是奥运会仍旧继续。三天后，百年纪念公园为这起悲剧性事件默哀，在感谢赞助商后，重新开业。

除了百年纪念公园之外，亚特兰大市内广告牌的规模和数量原本已经是美国人均最高的，但在奥运会期间继续增长。新城市法令允许在市中心的摩天大楼外墙展示垂直广告。由于委员会高估了其他形式赞助的价格，当地产品销售许可证和特许经营空间成倍增加。因此，这座城市的主要购物街和进入奥运会场馆的步行路线上摆满了各种各样的特许摊位。

奥运会开始后，亚特兰大原本已经脆弱的交通系统开始瘫痪。奥组委和州政府拒绝了任何对城市地铁系统进行实际性投资的想法（尽管联邦资金可以支付 90% 的费用），他们更愿意投资管理宣传口号和一个无法运作的计算机控制的交通系统，他们期待从全国其他地方捐赠的 3000 辆公交车完成运输工作。奥运会车队中有超过 10% 的司机来自外地，人们可能会期望组委会会特别注意为他们提供当地的路线信息和清晰标志，但是这块正是亚特兰大的精明商人喜欢自作聪明省钱的地方。不出所料，每天都有关于交通灾难的报道：公共汽车、运动员和记者走错了方向、场地，或者最不幸的是格鲁吉亚的柔道运动员大卫·哈哈莱什维利，他在城里绕来绕去找不到路。哈哈莱什维利在 1992 年赢得了冠军，但是他因为没有在赛前赶到距离奥运村仅一英里地方称体重，被取消了卫冕资格。美国国际商用机器公司大肆宣传的"Info 96"信息和记录系统不断出现故障，主页上关于事件和时间的报道过于滞后，因此它获得了的"Info 97"绰号。

尽管奥运会的消息出现在各种屏幕上，但是现在比以往任何时候都更不可能专注于运动本身，让观众真正看到正在进行的非凡体育表演。众多国内外记者中的一员托尼·科恩海瑟在宣布结束报道时几乎没有提及体育:"当我闭上眼睛想象亚特兰大时,我看到一个巨大的米勒淡啤酒罐或一个巨大的百威啤酒罐……我会听到露天啤酒店飘来熟悉的西班牙歌曲《玛卡雷娜》的旋律……然后我会回想起……百年纪念公园拥挤的人群在酷热中排队等了几个小时才进入'超级商店'"。[13] 最后,有一个运动员只在稍纵即逝的瞬间消除了亚特兰大奥运会的视觉混乱和道德混乱。埃丽卡·古德说得对:"套用大力水手的话来说,我们就是我们自己。恐怖分子,我们当然有。装满了啦啦队员的镀铬皮卡车,我们当然也有。劣质咖啡——我们有很多。商业主义有可能压倒任何残存的体育精神?是的……但是我们还有迈克尔·约翰逊。"[14]

迈克尔·约翰逊是美国田径运动的超级理性、超级商业化、无与伦比的王者。他成为第一个在 200 米和 400 米赛跑中都获得金牌的运动员,并在这两个项目上都创造了新的世界纪录。事实上,在 200 米赛跑中,他以非正统但出色的直立姿势、短步幅和抽吸活塞似的手臂动作打破了世界纪录,而在跑步过程中,他那双在电视上非常抢眼的、闪亮的金色耐克运动鞋在赛道上无可匹敌。然而,即使在那时,约翰逊秉持一种毫不松懈的完美主义。他的水平已经处于世界的顶端,但奇怪的是他对此并不满意:"我一直知道我能跑的速度比我现在跑的速度更快。我整个职业生涯都在努力跑一场完美无缺的比赛——这对于任何人来说都是十分少见的。在我完成我的完美比赛之前,我的职业生涯就要结束了。"回顾他表现惊人的 200 米赛跑的决赛时,约翰逊用平常不过的语调指出,他在第四步上差点绊倒,然后他在最后几米放慢了速度。

闭幕式前，当地电台呼吁观众在萨马兰奇主席致闭幕词之前，高呼"有史以来最好的！有史以来最好的！"这是他对前两届奥运会的赞誉。也许他们应该这样做，因为他对这届奥运会的评价仅仅是"非同寻常"——这种怠慢的言辞既尖锐又简洁。它出自这样一个人之口，在他的管理下，奥运会与商业主义的力量最系统地结合在一起，这给了它与比利的梦想同样的道德分量。

第五节

　　悉尼仅以两票的优势在申办 2000 年奥运会的竞争中击败了北京。正如后来大白于天下的真相显示，这主要是由于澳大利亚非常明智地赠予礼物给国际奥委会的缘故，经费来自资金非常充足的购买选票的预算。在国际奥委会投票后不久，悉尼因其赢得选票的承诺而受到赞扬。这座城市把自己和澳大利亚标榜为被阳光晒得黝黑的游泳者和跑步者的运动天堂，是进行轻松户外运动的理想之地，与奥林匹克运动有着特殊情感关系。1956 年的墨尔本和 20 世纪 60 年代伟大的澳大利亚奥运会代表团被蒙上了怀旧色彩。事实上，澳大利亚的奥林匹克运动成绩在墨尔本奥运会后急剧下滑，在 1976 年蒙特利尔奥运会上跌至最低点，当时澳大利亚代表团仅获得 5 枚奖牌——完全输给了共产主义集团受到国家赞助的运动员，事实上，这个成绩也低于西方的大部分国家。申办 2000 年奥运会的澳大利亚不是 1956 年的业余休闲运动天堂，这次的申办是一次更加专业、更加务实的行动。自 1981 年澳大利亚体育学院成立以来，历届政府为了追求全球体育实力，纷纷向精英体育项目投入资金和技术，并建立了一个面向全国近四分之一学龄儿童的国家人才选拔制度。

　　与主要竞争对手北京形成鲜明对比的是，悉尼还标榜自己的清洁环保。它决定在城市西部被有毒物质污染的土地上建造新的奥林匹克公园，并注意到利勒哈默尔通过其环保的主张成功得到举办冬奥会的经验，举办绿色奥运会的说法获得城市公众和国际奥委会的认同。当时北京的空气污染有些严重，这一事实使澳大利亚的申奥局势变得更好。悉尼还格外宣扬称自己是一个"毫无问题的民主国家",并给国际奥委会一个举办奥运会以支持澳大利亚多数白人和少数土著和解的机会。[1]

对于澳大利亚白人来说,1956年的墨尔本看起来可能是黄金时代,但是对战后的欧洲移民以及土著人民来说,那是一个边缘化和制度化种族主义的时代。在此后的四十年里,澳大利亚成功地融合了希腊移民和斯拉夫移民,但是澳大利亚土著人仍然极度疏离和不满。1988年澳大利亚举行二百周年纪念日,5万人提出抗议,认为种族灭绝和土地掠夺的历史开端没有什么值得庆祝的,并且向工党总理鲍勃·霍克提交了《巴伦加声明》,这是一份由土著领导人在树皮上起草的文件,呼吁政府制定土地、语言和人权方面的彻底的有历史意义的解决方案。[2] 1991年,霍克的继任者保罗·基廷联邦政府成立了土著和解委员会,确立并负责起草一项法律改革和社会变革方案,该方案将于2000年——澳大利亚联邦成立一百周年和悉尼奥运年——完成。基廷政府接着通过了1993年的《联邦原住民土地权法》,并于1995年成立皇家委员会,发布名为《带他们回家》的报告,或者称之为《全国土著和托雷斯海峡岛民儿童与其家庭分离调查报告》,该报告明确陈述了将儿童与其家庭分离的骇人做法,用它自己的话来说,这相当于"种族灭绝"。

澳大利亚土著在与奥运会的关系和解上存在分歧。持更温和观点的人认为奥运会是澳大利亚身份和土著身份平等展示的机会。最著名的土著奥运会选手400米赛跑运动员凯西·弗里曼,轻而易举地做到了这一点。她于1994年在维多利亚州举办的英联邦运动会上庆祝自己获得金牌时,她身披澳大利亚国旗和土著旗帜绕场一周庆

第八章 风靡全球！
后冷战时代奥运会的全球化

祝胜利。更为激进的团体继续抗议，并且对组委会整合其文化的做法感到恼火，比如悉尼申办奥运会时在国际奥委会摩纳哥代表大会上借助土著艺术家和音乐家最后奋力一搏。

然而，基廷的工党政府于1996年下台，当约翰·霍华德领导的自由党接手时，这场辩论的整个基调发生了变化，尽管自由党从未否认和解进程，却未真正用心去做过。霍华德拒绝向被偷走的一代土著人道歉，这激怒了土著中反对悉尼奥运会的激进团体，他们呼吁抵制奥运会。更温和的土著团体反对这种做法，弗里曼准确地表达了他们的立场："呼吁原住民抵制奥运会让我感到沮丧。这没有意义……凯西·弗里曼代表土著人民站在世界舞台上比不站在那里获益更多。"[3] 大多数人指出，使用澳大利亚土著人最先用于狩猎的飞去来器点燃奥运会火炬以及从神圣的土著遗址乌鲁鲁开始火炬传递的做法，具有积极意义。

和解政治使得悉尼的反奥运会抗议活动在某种程度上不可避免，在奥运会前夕组织起来的其他反对团体也并不少见。[4] 最激烈的抗议来自租房观察组织，这是一个关注奥运会开发后对悉尼租赁房地产市场造成有害影响以及为举办奥运会驱逐贫苦人口的运动组织。1998年和1999年，他们在中央商业区举行了戏仿颁奖仪式：房东因"机会主义和贪婪"获得铜牌，房地产经纪人因"精明狡诈和贪婪"获得银牌，开发商因"在这些艰难时期获得创世界纪录的利润"获得金牌。反奥林匹克联盟从澳大利亚日益激烈的反全球化运动中汲取思想和灵感，在2000年初将所有这些运动团体聚集起来，从红十字会到收复街道，从关键多数到救世军，通过新的独立媒体组织网站广为宣传——这是第一次在互联网上组织和宣传的行动。当国际奥委会协调小组于 2000 年 2 月访问悉尼时,他们遇到了穿着大猩猩皮和橙色连衫裤的匿名抗议者。当年 5 月,市政府和组委会不得不依靠一次大规模的军事动员——"三架黑鹰直升机、两艘警察汽艇、15 名骑警和 150 名特警队警察"[5]——赶走邦迪海滩的 150 名抗议者(其中许多是儿童),组委会计划在那里修建一个巨大的沙滩排球场。自始至终,奥林匹克部长和组委会主席迈克尔·奈特痛斥抗议者是反澳大利亚者、牢骚满腹者和讨厌鬼。这些短语在精彩的电视讽刺剧《奥运会》中无休止地重复着,该剧于奥运会筹备工作的最后两年播出。第七频道的晚间奥运会喜剧节目《梦想》和他们非官方的表情乖戾的吉祥物大屁股袋熊,巧妙地延续了这一戏谑传统,超高人气的大屁股袋熊使得官方糟糕透顶的吉祥物变得多余。然而,正如一位观察家尖锐指出的那样,

到了 9 月,许多过去顽固的反对者变成了皈依者。他们给墨尔本的对讲电台打电话表示忏悔。他们看到了光明。他们很乐意排队数小时购买花样游泳或古典式摔跤这些冷门比赛项目的门票。他们陷入了疯狂……在开幕式前的一个温暖夜晚,成千上万人聚集在城市街道上,兴致勃勃地盼望开幕式的到来。陌生人彼此开诚布公地交谈。那些在人群中被挤得无法动弹的人没有表现出怨恨。这是一种温和、愉快地对待任何奥运会带来的不便的宽容气氛。[6]

在奥运会开幕那天,只有 500 人从土著帐篷城游行到约翰·霍华德的家门口,阻断了交通,但其他抗议活动很少出现。计划在机场举行的支持土著权利的示威游行最终没有实现。一旦奥运会比赛开始,抗议活动就变得更加无声无息、分崩离析、缺乏群众参与。有数十人而不是数千人参加了在市中心举行的游行和在赞助商办公

室举行的示威活动。反奥运会联盟把它仅剩的一点火力集中在现场活动场地和"公共"奥运会空间，挑战立法机构已经通过的关于限制政治行动的地方法规。活动分子散发传单，上面写着："危险！你刚刚收到一份非法传单，上面反映了一名奥运会罪犯的反澳大利亚情绪。"开幕式和体育盛会将这些抗议活动一扫而空，最有影响力的时刻是奥林匹克圣火盆的点燃。当主持人宣布凯西·弗里曼的名字时，观众大声欢呼表示赞同。[7] 公众对由弗里曼点燃火炬的反应各不相同。有些报纸刊载的读者来信表达了几乎不加掩饰的种族主义厌恶，描述了弗里曼的表现是如何最多让人"感觉平淡"；最坏的情况是，另一位读者称之为"令人尴尬的"和"绝对的耻辱"。但是主流专栏充满了自我陶醉之情。《时代报》不乏溢美之词："我们一直知道凯西·弗里曼可以成人所不能成。谁比这位广受欢迎的土著年轻妇女更能向所有澳大利亚人表达希望和解的意愿？"

澳大利亚人无暇顾及其他国家运动员的表现。泰国警官中校威占·朋里德在轻量级拳击赛中赢得一枚金牌，回国后荣获一所新房子、2000万泰铢和工作晋升的奖励，并且在曼谷的游行队伍中走在49头大象前列巡游，但是他在悉尼没有受到任何媒体的关注。在奥林匹克体育场举行的男子奥林匹克足球决赛中，喀麦隆在点球大战中击败了西班牙。在奥林匹克城没有人在意这场比赛，但是整个非洲都在庆祝这个大陆获得的第二个全球足球比赛的奖杯。凌晨四点，雅温得的街道上挤满了跳舞的人群。甚至澳大利亚金牌得主的游行，从自行车运动员到射击运动员，从女子水球队到马术赛事，都极少受到澳大利亚媒体人的关注。在他们看来，真正重要的只有一个竞赛选手。头条新闻把她称为"我们的凯西"，并宣称她将参加"我们生活的赛跑"。据联邦反对党领袖金·比兹利称,弗里曼参加的是"400米民族和解"的赛跑。到目前为止,无论在跑道上还是作为媒体的叙述主题,几乎没有人反对。法国出色的短跑运动员玛丽-何塞·佩雷克在巨大压力下崩溃了。她在抵达澳大利亚后不久,就逃离了这个国家。伴随着观众高昂的加油声,弗里曼在决赛中占据绝对优势,眼看就要冲过终点线时,她摔倒在地上,她在地上停留了一分多钟。弗里曼信守了自己的诺言,尽了自己最大的努力。现在轮到澳大利亚白人信守他们的承诺。对于世界观众来说,闭幕式为政治上沉默的澳大利亚请来了具有全球影响力的明星:流行天后凯莉·米洛、高尔夫球巨星格雷格·诺曼、喜剧演员保罗·霍根("鳄鱼邓迪")和超模艾拉·麦克弗森。但是,对于知道这些标志性人物的当地人来说,音乐家才是真正的明星。戴伦·海斯,澳大利亚双人音乐团体野人花园的主唱,穿着印有土著旗帜的T恤表演。土著摇滚之王约图·印迪演奏了《条约》——他们对土著人抵抗的经典表述。澳大利亚另类摇滚乐队午夜石油,穿着印有"对不起!"字样的T恤,选择了表演他们以和解为主题的单曲《床在燃烧》,这显然是坐在观众席上仍然毫无歉意的总理约翰·霍华德的最爱的单曲。

第六节

1980年普莱西德湖冬奥会只持续了12天,只有39个真正的金牌项目,吸引了大约30个国家奥委会(其中三分之二来自欧洲)的1000名运动员参加,这些代表团也参加了过去十到二十年里举办的冬奥会。但是,当2002年冬奥会在盐湖城举办时,总共持续了17天,确保了两个周末的电视黄金时段,来自78个国家的2400名运动员参加了比赛,金牌总数约为80枚。[1]冰壶已被列入奥运会项目名单;短道滑冰项目已经创立;女子项目增加了冬季两项、冰球和有舵雪橇;猫跳滑雪和滑板滑雪首次亮相,率先成为首批大规模新增的极限或自由式冬季运动。奥运会注册记者的数量增加了两倍,电视人员增加了十倍以上,而且,更为显著的是,电视转播权的价值飙升:1980年普莱西德湖冬奥会的电视转播权仅获得2100万美元,1988年卡尔加里冬奥会将其推高至3.25亿美元,盐湖城冬奥会获得7.37亿美元。与此相应,企业赞助收入增长。志愿者、安保人员和"奥林匹克大家庭"成员(包括赞助商和他们的朋友)的数量呈指数增长态势,到2002年,冬奥会的注册总人数接近9万人。毫不奇怪的是,仅仅是举办奥运会赛事的费用,更不用说修建道路、滑雪缆车和其他度假胜地需要的设备,也呈现出指数增长的态势:举办普莱西德湖冬奥会花费了1.68亿美元,举办阿尔伯维尔冬奥会花费7亿美元,举办盐湖城奥运会花费了整整12亿美元。

与夏季奥运会一样,冬季奥运会的蓬勃发展不仅是由全球化的内在逻辑、电视、商业化体育和广告推动的,也是由与之相连的、日益雄心勃勃的地方经济和政治项目推动的。1984年萨拉热窝奥运会是南斯拉夫民族主义的一次小规模演习，尽管该国的各加盟的共和政体在奥运会前夕围绕权利和财政进行了激烈斗争，预示着即将到来的四分五裂。[2] 1988年卡尔加里冬奥会是一次几乎无望的尝试，试图证明这个平原城市不仅仅拥有加拿大骑警、牛仔竞技表演和石油工业。[3] 阿尔贝维尔和利勒哈默尔更加雄心勃勃，它们将冬奥会与这两个城市的区域经济发展和全球品牌化的主要项目联系起来，利勒哈默尔冬奥会还体现了挪威政府的经济发展规划，这两个主办城市都获得了一大笔公共资金。[4] 阿尔贝维尔举办在冬奥会之前，只是法国的一个阿尔卑斯山小镇，萨瓦地区以外没有人听说过它。阿尔贝维尔冬奥会在五个小型冬季度假胜地的中心举办，因为没有一个度假胜地能单独举办奥运会，但是它们可以连成一片。萨马兰奇确保巴塞罗那击败巴黎取得了1992年奥运会的举办权，然后通过大力支持阿尔贝维尔申办冬奥会的方式安抚他的法国盟友。法国政府下令砍伐100英亩封禁林，并且向它和组委会所谓的"法国奥运之星"投入10亿美元的资金。在奥运会期间，这个奥运之星每日都以让-米歇尔·雅尔的电子流行交响乐和高科技激光表演结束，它包括一个巨大的新山路交通网络、五个奥运村、五个溜冰场和无数滑雪缆车和上山吊椅。法国阿尔卑斯山的旅游业得到了梦寐以求的发展，奥运会也新增了它的第一个举办费用高昂的项目：在拉普拉涅举行的有舵雪橇比赛，比赛场地建在基础不牢靠的旧矿山上，从一开始就下沉，且阳光照射过多，几乎不可能冻结赛道。

挪威内陆小镇利勒哈默尔当时只有2.3万人，正在设法留住为数不多的居民，因为挪威繁荣的石油业吸引人们去往海岸地区。冬

第八章 风靡全球！
后冷战时代奥运会的全球化

奥会本来是一个地方负责的项目，后来变成一个国家级项目，旨在将一个由国家资助的大型项目引入冬季运动和旅游设施。然而，与法国国家政府通过举办奥运会而开展的城市化工程形成对比的是，社会民主国家挪威的干预更加小心谨慎。著名的环保主义者格罗·哈莱姆·布伦特兰总理执政后，利勒哈默尔奥组委前所未有地做出承诺，慎重考虑奥运会对环境造成的影响。在选择设施的建设位置上深思熟虑。围绕山的轮廓来修建有舵雪橇赛道，这样就不需要辅助冷却管和支架；跳高滑雪赛道实际上也是就地取现成的。冰球场馆是建设在山中的最大室内空间——这是挪威的非凡工程工业的又一个展示。树木受到保护，免受承包商的侵害，如果树木受损，承包商将面临高额罚款。能源使用和节约堪称典范。作为世界上最重要的外援捐助者之一，挪威人利用利勒哈默尔奥运会建立了第一个奥林匹克人道主义援助项目，并凸显了萨拉热窝的困境——这个城市在1984年举办了冬奥会，但随后在骇人听闻的波斯尼亚内战中被围困和破坏。

在长野举办冬奥会是当时日本首富堤义明的主意，他在这个当时还不为人知的山区度假胜地拥有许多酒店，尽管离东京只有100英里，却由于交通不便，游客很难到达，资源不足。[5]花费了190亿美元后，它有了一列开往东京的子弹式高速列车，新的山区高速公路，一个完全改装的电信系统和大量冬季运动设施。这几乎是日本政府为将该国从后泡沫时代的低谷中解放出来，而掀起的更广泛的基础设施建设热潮的完美缩影，其特征是同样隐藏的利益网络、人为操纵的、专门设计用来排除外国竞争的投标系统。冬奥会给长野经济带来的短暂振兴的势头很快消失，甚至堤义明本人的产业也

433

变得不堪一击，因为他的房地产投资组合价值在 21 世纪初一蹶不振。[6]

奥运会繁荣的神话终于在 1998 年末被打破，当时盐湖城电视台报道说，2002 年奥运会的当地组委会一直在为索尼娅·埃松巴支付她在华盛顿特区美国大学的费用。[7] 索尼娅是国际奥委会委员已故喀麦隆人雷内·埃松巴的女儿，电视报道进一步披露了奥运会组委会总共为 13 名受益人发放了类似的奖学金。随后，美国山间医疗保健公司透露，组委会花了 28000 美元为"与国际奥委会有关系的个人"治疗肝炎，安排膝盖治疗手术和整容手术。对于任何一个在国际奥委会圈子里活动的人来说，这一切都没有令他们过于震惊。例如，任何熟悉 1992 年夏季奥运会申办竞争的最后几天情形的人，都已习惯国际奥委会对铺张浪费行为的容忍甚至是偏好，当时布里斯班申办委员会空运了价值 190 万澳元的新鲜海鲜，由媒体大亨鲁伯特·默多克转交，用于在东柏林举行的竞选招待会。阅读过维夫·西姆森和安德鲁·詹宁斯于 1992 年出版的《五环贵族》的读者也不会感到震惊：这本书非常详细地阐述了全球体育的整个权力结构，以及司空见惯的多种形式的腐败行为和可疑做法，最重要的是，部分国际奥委会委员在奥运会申办期间的贪污受贿行为。[8]

媒体爆出如此之多令人震惊的腐败案例证明了萨马兰奇领导下的国际奥委会的不透明性，它坚持无视一目了然的腐败问题，以及政治家、广播公司、赞助商和媒体给予全球体育组织在治理和合法性问题上的特殊待遇。多伦多、曼彻斯特和阿姆斯特丹在申办奥运会失败后，都向国际奥委会报告了那些委员们明显的违规行为：国际奥委会委员为自己手中的选票收取费用、将头等舱票改为经济舱票后把差额收入囊中,在他们往返参观申办城市时,中途停留下来,奢华度假。1991 年,国际奥委会曾经试图阻止此类行为,并且对委员可以接受的礼物价值设定了 200 美元的上限,但是这一切都没有刹住不良之风。如今,国际奥委会依然无法控制病态的送礼文化。标准和期望值由这个组织的最高层设定,萨马兰奇主席做出了无所畏惧的表率。他自己从来不收礼物,而是把它们转交给国际奥委会博物馆,但是,正如盐湖城申办委员会成员金·沃伦回忆的那样:"他要求乘坐私人飞机。他要求住总统套房——那一定得是城里最好的房间。他一直在一种特殊类型的诺迪克跑步机上锻炼,所以我们必须搞到那样的设备。我们必须为他配备豪华轿车——林肯城市轿车还达不到他的要求。"[9]

除了充斥全球媒体的一股揭露、指控和否认的浪潮之外,针对盐湖城申奥进行了不少于六项调查:组委会自己的道德委员会做出的可笑的努力;由参议员乔治·米切尔领导的美国奥林匹克委员会的调查;联邦调查局和司法部参与了这一行动,考虑对这起案件提起刑事诉讼;众议院成立一个小组委员会强烈谴责媒体爆出的不良行为;国际奥委会自己采取的应对措施是成立庞德委员会,由加拿大律师和委员会的后起之秀迪克·庞德领导。

从所有这些调查以及其他申奥委员会的众多坦白和揭露材料中显而易见的是,盐湖城冬奥会只是近二十年来贪污腐败程度稳步上升的最新例证。亚特兰大如何花费 730 万美元的"官方"招待预算仍然是个谜,因为佐治亚州富尔顿县法院判定其记录不受《公开记录法》的约束。无论他们花了多少钱,花在谁身上,他们都知道如何做得滴水不漏;亚特兰大在成为申办城市之前为赢得美国奥委会的支持举办了派对,"亚特兰大人租了一栋联排别墅,让穿着晚礼服的管家迎接客人并提供香槟,并安排10名小提琴手在房间里来回演奏《我心中的佐治亚》"。[10] 他们一点都没有打错算盘。与他们竞争的申奥城市墨尔本邀请韩国钢琴家金海云和墨尔本交响乐团一起演奏。金海云的父亲金云龙恰好是国际奥委会成员。亚特兰大的做法胜过了墨尔本。奥运会来临时,金海云成为亚特兰大奥林匹克艺术节上的独奏者,并与犹他交响乐团举行了两场音乐会。[11] 长野在申办 1998 年奥运会的竞争中,增加了赌注,准备了一笔 2500 万美元的"招待预算",准备了一辆专门特许的私人火车将萨马兰奇从东京机场送到长野,堤义明为萨马兰奇主席无比喜爱的项目——洛桑的国际奥委会的奥林匹克博物馆提供 100 万美元的个人捐款(当地工业家跟着捐助了 1900 万美元)。其余的钱是如何花掉的还不清楚。在盐湖城丑闻披露之后,长野奥委会被要求提供其账目,据称为了销毁证据,装载着相关资料的 90 个箱子被烧毁了。[12]

悉尼向国际奥委会所作的推介具有积极意义:在南半球最热爱运动的国家举办第一届真正意义上的绿色夏季奥运会,有望在澳大利亚白人和土著人之间产生象征性和解。然而,委员会还制定了其他计划。布里斯班和墨尔本的申办活动失败了;悉尼将其购买选票的预算提高至 2800 万澳元。前总理以及通过体育抵制南非种族隔离的主要人物之一高夫·惠特拉姆被派往非洲,为了赢得国际奥委会中非洲委员的支持。国际奥委会委员澳大利亚人彼得·科尔斯被派往巴黎,逗留四个月,主要目的是款待路过巴黎的委员会同事,以争取他们的支持。他们还把巨幅土著绘画作品捐赠给国际奥委会的博物馆。国际足联主席(以及国际奥委会委员)塞普·布拉特的女儿在澳大利亚谋到了一份工作，识时务的罗马尼亚国际奥委会委员亚历山德鲁·西珀科的女婿也在澳大利亚谋到了一份工作。与承诺投票并谨慎行事的国际奥委会委员有关系的机构也参与其中。在决定申办城市的最后几天，申奥委员会主席约翰·科茨在1993年国际奥委会蒙特卡洛大会上故技重演："我们决定了，既然我们必须这么做，我们将为你们提供比罗马和马赛更好的服务。"[13]肯尼亚国家奥委会和乌干达国家奥委会在最后一刻获得了5万澳元的捐助，他们的国际奥委会委员查尔斯·穆科拉和弗朗西斯·尼扬韦索将军也收到了大量礼物。悉尼以两票优势在最后一轮投票中胜出。

盐湖城在申办1998年冬奥会时输给了长野，它开始吸取教训——实际上，悉尼申奥团队成员把他们关于国际奥委会委员的癖好的许多档案给了盐湖城，指导他们如何招待非常频繁地来盐湖城享受愉快假日的那些委员。不过，这样的说法简直是轻描淡写；众议院共和党议员弗雷德·厄普顿在审查申奥委员会的文件时发现，"一页又一页文件上记录着椰菜娃娃、疯狂的购物单、化油器套件、刹车片、珠宝、童装和鞋子、高尔夫球杆、斯波德瓷器、电脑零件"。[14]还有每支售价1500美元的散弹猎枪，国际奥委会委员来到盐湖城后会收到信用卡，行程还包括观看美国超级碗橄榄球赛；当然，还有从申奥开始就为委员会委员的家人和朋友支付的大量学费和医疗费，为他们提供工作机会。这些都推高了盐湖城举办奥运会的成本。

两名国际奥委会委员在庞德委员会调查他们之前辞职了：芬兰人皮尔约·哈格曼，她的丈夫在多伦多和盐湖城申办奥运会期间获得了可疑职位；利比亚人巴希尔·穆罕默德·阿塔布尔西，调查发现盐湖城为他儿子支付了杨百翰大学的学费,为此他受到了相应处罚。在遭到开除的六名国际奥委会成员中,萨摩亚的体育部常务秘书保罗·沃尔沃克收受贿赂的情节是最轻微的,他的妻子获得了一笔 3 万美元的贷款,她实际上已经偿还了这笔贷款;智利人塞尔吉奥·桑坦德索要 1 万美元的贿赂,以支持他竞选圣地亚哥的市长;苏丹前体育部部长阿卜杜勒·加迪尔收受了 2.5 万美元的贿赂;马里人拉明·凯塔和厄瓜多尔人奥古斯丁·阿罗约收受贿赂的情节更为严重,盐湖城为他们的子女支付了约 10 万美元的大学学费,而阿罗约的女儿则在犹他经济发展部和组委会谋到了就业机会。但是收受贿赂情节最严重的是让 – 克洛德·冈加,一位来自刚果共和国的外交官,他被盐湖城申奥团队称为"真人版真空吸尘器",光是为他支付的旅费就达 11.5 万美元。时任申奥委员会主席的汤姆·韦尔奇与他开展了业务往来,创建了克劳德特投资公司,这是一个在盐湖城房地产泡沫中投机的皮包公司。据透露,盐湖城奥组委还为他支付了医药费,包括为治疗冈加的肝炎、他妻子的美容手术和他岳母的膝盖产生的费用。据估计盐湖城为了获得他的投票大约花费了 25 万美元。如此巨额的受贿行为连萨马兰奇主席也无法视若无睹。

  萨马兰奇为应对奥林匹克运动面临的最大合法性危机做出了异常大胆的反应,是成立 2000 年国际奥委会改革委员会。[15] 改革委员会的成员一半来自国际奥委会,一半来自外界,包括联合国秘书长布特罗斯·布特罗斯 – 加利、美国前国务卿亨利·基辛格、美国全国广播公司体育主席迪克·埃伯索尔和挪威外交部前部长托马斯·斯托尔滕贝格。国际奥委会接受了改革委员会提出的全部 50 条建议,尽管随后有很大一部分建议没有被实施。国际奥委会自身结构发生

第八章 风靡全球！
后冷战时代奥运会的全球化

了部分转变；70名自选成员组成核心成员，同时补充了15名奥林匹克运动员代表，15名国际体育联合会主席，15名来自国家奥委会的成员。成员的年龄要求在70岁以下，任期为八年。未来的主席将被允许连任四年。尽管国际奥委会保留了选择主办城市的最终决定权，但禁止国际委员会委员访问这些城市；新的申奥过程虽然不太容易腐蚀国际奥委会的个别委员，却把更多权力和影响力转移给了执行委员会和主席办公室的内部人员。国际体育联合会（其主席仍然能够造访申办城市以处理公务）的权力也显著增加，这些联合会仍然是世界上未经过改革和最不担负责任的机构。无论国际奥委会存在何种结构性缺陷，改革方案足以阻止国际奥委会合法性的断崖式崩溃。事实上，改革程度比批评者提出的建议更进一步。后来，受到萨马兰奇青睐的继任者——比利时奥林匹克帆船运动员和整形外科医生雅克·罗格确保了国际奥委会的复兴。至少在这方面，萨马兰奇对他助长的国际奥委会腐败文化的改革做出了贡献；罗格的主要对手是韩国人金云龙，据报道，金云龙当时正在游说投票人，承诺大幅增加国际奥委会的开支，后来他在国内因一系列贿赂指控接受审判和定罪。与此同时，罗格形容自己是"一个冷静、正派，也许无聊但有效率的人"，这是真的，除了"也许"之外。迪克·庞德也参加了主席选举，他说"罗格会说五种语言——而且都说得十分流利"。罗格从来都不是肩负重振或重塑奥林匹克理想或阐明体育运动的新社会使命的人，但是，在缺乏远见的情况下，他在国际奥委会治理中应有的体面和效率这两方面都拥有丰富资源，这点在国际奥委会近乎是革命性的。

　　盐湖城奥运会组织者更加迅捷地挑选了自己的高级管理人员，

任命了一位新首席执行官：米特·罗姆尼。他是一名后期圣徒教会的内部人士，通过风险投资发了财，同时也是一名摩门教主教和马萨诸塞州教会的支联会会长。他试图说服记者团，他们申办的不是"摩门教运动会"，与记者团的预期相反，他在媒体招待会上提供香槟，但是他也任命了更多后期圣徒教会成员加入已经有大量摩门教徒存在的高级管理团队。[16] 随后，他说服了后期圣徒教会为奥运会提供更多土地和志愿者，并将位于盐湖城中心的圣殿广场改造成奥运会颁奖广场，确保每一个颁奖仪式都能让世界各个地方的观众清楚地看到摩门教堂和后期圣徒教会总部。原本试图在奥运会筹备期间做幕后工作的后期圣徒教会，以此为契机试图说服美国其他地方，他们不是一个现代邪教或基督教异端教派，而是美国更广泛的宗教多样性群体的组成部分。

如果中西部市民的积极驰援、冬季体育旅游业和正在悄悄改头换面的后期圣徒教会在盐湖城奥运会上奇怪地结合起来，那么一些体育赛事所表达的意义就相当不一致。例如，滑板滑雪运动与奥林匹克盛会的高指标道德标准相去甚远，而对犹他州来说，无论如何，它危险地偏向了各种反主流文化潮流。美国滑板滑雪队队员布拉德·斯图尔特在 1998 年长野奥运会首次亮相后说：

你相信有哪项运动开始于这些冰冷的小山丘、穷乡僻壤和路边空地吗？滑板滑雪爱好者占据的这些非法的、功能失调的、不受欢迎的山区变成了公园、管道和生活方式……你认为我们在这里达到目的了吗？……我想这和研究原子弹的科学家们有着同样的感觉。他们取得了非凡的科学成就，然后会想：天啊，我们给人类带来了什么样的惩罚？[17]

第八章 风靡全球！
后冷战时代奥运会的全球化

很难将滑板滑雪运动与曼哈顿计划（第二次世界大战中美国原子弹研究计划）相提并论，但它肯定同样造成了文化冲突。形式多样的自由式滑雪出现在20世纪50年代和60年代初的美国。雪上芭蕾、翻转和跳跃——自由式滑雪的基础动作——是欧洲移民的产物，就像挪威奥运会奖牌获得者斯泰因·埃里克森在美国斜坡上试验的那样。[18]猫跳滑雪是一种穿越起伏山丘的运动，是美国西部的产物，它最初出现在一个偏远地区的新雪滑道，很早就与激进的态度、反越南战争情绪以及滑雪间隙吸食少量大麻联系在一起。谢尔曼·波本申请了名为"雪上冲浪"的专利滑雪板——一种由绳子操纵的初级滑雪板，于1966年发布，售出超过75万个，引发了一股热潮。[19]

与越野自行车运动一样，滑板滑雪运动的早期文化更注重娱乐性而不是创造纪录，更注重游戏体验而不是表现，但是在奥运会上这些运动引发了轰动性报道，获得了相应地位；反过来，它们给奥运会带来了一点反对现有体制的魔力色彩，当时娱乐体育节目电视网举办了冬季极限运动会，很多年轻的电视观众蜂拥而至。此前，滑板滑雪爱好者和有共同信仰的群体一直抵制这种活动，但自由式冬季运动已经跨越了两者的界限。第一位滑板滑雪金牌得主加拿大运动员罗斯·雷巴利亚蒂在大麻检测中呈阳性，被剥夺了奖牌，但是当时四氢大麻酚没有被认定是禁用物质，也被认为没有提高成绩的作用，因此他把奖牌拿了回来，这个例子很好地说明了随着滑板滑雪运动兴起产生的文化冲突。近年来，雷巴格利亚蒂进军医用大麻行业，他的品牌名为"罗斯金牌"。

花样滑冰引发了更大争议。[20]1994年利勒哈默尔冬奥会受到

441

最多关注的——在媒体报道中,除了那些冰面上的比赛外——是关于美国明星运动员坦雅·哈丁和南茜·克里根之间的不和。哈丁与前夫合谋,让他在比赛前袭击了克里根,用锤子将她打伤。克里根以第二名的成绩结束比赛,而哈丁显得很沮丧,她在最后一场表演中以第八名的成绩落败,为这场肥皂剧画上一个令人满意的句号,因为身材苗条的中产阶级克里根在与蓝领强硬女孩哈丁一决高下时,最终中产阶级取胜。[21]盐湖城冬奥会的双人比赛被这项运动有史以来的最大裁判丑闻闹得沸沸扬扬。尽管俄罗斯运动员组合叶莲娜·别列日娜娅和安东·西哈鲁利泽的表现差强人意,错误百出,但是他们战胜加拿大运动员组合杰米·萨莱和大卫·佩尔蒂埃赢得了金牌,这样的判决引来了观众的怒吼和质疑。仔细检查相关比赛分数后发现,法国裁判玛丽-雷恩·勒高根被迫抬高俄罗斯运动员的分数,因为法国滑冰协会主席迪迪尔·盖拉古特与俄罗斯当局以及一名乌兹别克斯坦的黑帮分子阿利姆詹·托赫塔科乌诺夫之间达成了一项交易,托赫塔科乌诺夫是这场交易的中间人。她在随后几周内,撤回裁决,发布了前后矛盾的声明,被国际滑冰联盟禁止参加这项运动三年;尽管如此,国际滑冰联盟不认为应当对这一丑闻认真审查。只有当国际奥委会和国际滑冰联合会授予加拿大运动员组合第二枚金牌时,这一丑闻才得以化解。[22]

当然,如果管理花样滑冰的人员把他们花在监督运动员性取向上精力分出一小部分来监督裁判,这些丑闻都不会发生。[23]他们认为民主德国伟大的冠军卡塔琳娜·薇特在1984年和1988年的奥运会上的服装过于具有挑逗性,以至于他们将一整套错综复杂的"卡塔琳娜规则"写进了体育手册,详细说明运动员身体的哪些部分需要被遮住，哪些部分不需要。直到最近，女子运动员才被允许穿裤子参赛，同性夫妇不能一起参赛，评判她们艺术表现的标准是根植于羽毛、亮片和怪异妆容的审美。相比之下，男子运动员越来越注重运动难度和运动能力，得分的变化使得四周跳成为无可指责的异性恋和能得分的保证。很明显，这个最没有男子气概的奥运会项目源于最决绝的否认：这项运动中没有男同性恋运动员。[24] 然而，当然，在这段时间里，只有一个滑冰运动员在他的运动生涯巅峰的时候"出柜"了，他就是英国运动员约翰·库里，1976年的奥运会冠军。加拿大冠军乔尼·威尔在参加完2010年温哥华奥运会退役后，才公开自己的性取向，当时在温哥华奥运会上，他还因其"阴柔"的举止遭到法语电视评论员的嘲笑。相比之下，1988年在卡尔加里冬奥会上奋战的两个名为布莱恩的运动员则不愿意谈及自己的性取向；十年后，银牌得主布莱恩·奥赛尔被一个男朋友曝光，而布莱恩·博伊塔诺则在被奥巴马总统要求参加2014年索契冬奥会代表团时才宣布"出柜"——这是其对俄罗斯那时刚通过的反同性恋法律的故意反击。许多西方人对冬奥会竟然会在索契举行而感到震惊。然而，无论如何，在花样滑冰运动中，在冬奥会仍随处可见的是根深蒂固和漫不经心的同性恋恐惧症的堡垒。

第七节

一名志愿者欢迎游客来到闪闪发光的雅典奥林匹克体育场时，向人群大喊："玩得开心点。我们什么时候才能再遇到这样的日子？"[1] 在经历有史以来最混乱、最后一刻才完工的奥运会场馆建设日程之后，雅典奥运会如期举行，这真是一个奇迹。小说家帕特罗斯·马可瑞斯表示，当年6月，当希腊国家足球队以令人瞠目结舌的、前所未有的机会主义和防御性进攻相结合的方式击败东道主葡萄牙队，赢得欧洲足球锦标赛冠军时，氛围发生了变化："谁说奇迹不会在同一个夏天发生两次？奇迹是希腊赖以生存的体系的组成部分，如果其他方面出了问题，还有一个奇迹可以作为我们最后的解决手段。"[2]

十多年来，希腊一直依靠运气，寄希望于奇迹。自20世纪90年代中期以来，希腊的经济增长达到了前所未有的水平，消费水平甚至更加超前。在全球金融繁荣的推动下，并且通过最神奇的行为进入全球资本市场——进入欧元区——使得希腊的公共借贷和私人借贷达到创纪录的水平。在出现这种疯狂的堆积如山的债务情况下，希腊政治圈和希腊国家仍未进行改革。这是一个规模极小的福利国家，腐败严重，在希腊获得服务、工作和养老金是一种政治恩庇形式，建立在微观财政这个不牢靠的基础上，使得富人和中产阶级专业人士可以完全避税。自1981年以来执政的泛希腊社会主义运动党和反对党新民主党都没有改革的压力——事实上，所有压力都存在于无限期延长分期付款的美好时光。此外，在这一切之上，奥运会

第八章 风靡全球!
后冷战时代奥运会的全球化

就是利用这种繁荣滋长的狂躁能量、贪得无厌的胃口和膨胀的自负心理来滋养自己。

2004年雅典奥运会的收支情况仍然不够透明,十多年后,申奥委员会和组织委员会的主席吉安娜·安格洛普洛斯·达斯卡拉基,第一个在奥运会上担任这两个职位的女性,现在效力于希腊的一个经济智囊团,仍然在积极研究所有的经费花去了哪里。[3] 最准确的估计是,最初的40亿美元预算变成了160亿美元的巨款,使得雅典奥运会成为当时成本最高的奥运会——而且,按人均计算,现在仍然是成本最高的。与2008年金融危机前希腊政府累积的3000亿美元公共债务总额相比,更不用说希腊金融机构的债务了,奥运会债务在希腊债务总额中只占几个百分点,其支出方式却是了解希腊金融病态繁荣动态的最佳窗口。

在20世纪70年代和80年代,希腊经济发展的不平衡导致越来越多的人离开贫困的农村和小城镇,前往雅典。20世纪90年代的经济繁荣使这些流动人口的数量成倍增加。雅典的人口极度膨胀,道路和铁路网络变得极度不足,交通堵塞的程度令人叹为观止。承担这一交通重任的公交车车队老旧而且严重污染空气,使得雅典原本十分糟糕的空气质量更加糟糕。雅典市中心仅存的令人难以置信的考古遗产遭到刺鼻的黄色烟雾腐蚀。鉴于迄今为止雅典城市发展所经历的政治混乱和行政混乱,雅典以及整个希腊政治精英将奥运会的举办视为在七年内建设本应在过去四分之一世纪完成的基础设施的绝佳时机,这一点并不奇怪。因此,雅典奥运会的巨额成本源于建造一座新的国际机场、修建一个新的城市道路网络、地铁系统和电车轨道交通、电信基础设施和城市珍贵考古区全面改造产生的费用。[4]

然而，这还不够。关于奥林匹克主体育场，组委会坚持把它建设成"国际公认的地标性建筑"。西班牙建筑师圣地亚哥·卡拉特拉瓦受到委托，对一个带有巨大管状钢拱的现有设施进行彻底改造，在上面增加了两个巧夺天工的叶形层压玻璃屋顶。它很漂亮，很引人注目，但是非常复杂且成本昂贵。雅典还在城市南部建设了两个主要场馆群，集中在位于福利罗湾和埃利尼科的国有棕地。前者被一条沿海高速公路与爱琴海隔开，已成为一片荒地，极易遭受洪水侵袭。雅典对它进行了全面改造：移走整个赛马场，增加三个新体育馆，包括一个仅用于举办沙滩排球比赛的体育馆。这对承包商和供应商来说无利可图，因为没有建设一个临时或非常态的场地。在希腊绝对没有人参加的运动被安排在雅典市中心的南部，由一个旧机场遗址改造成的巨大阿里尼可奥运会场馆。机库被改造成击剑比赛和篮球比赛场馆，为棒球比赛、曲棍球比赛和回旋皮划艇比赛修建了专门的体育场。为了让许多其他地方赞助商和客户满意，组委会分发了好处。比雷埃夫斯大学分到了一座举办举重比赛的新建筑物；古迪奥林匹克综合体育馆分到了全新的羽毛球和现代五项设施。尽管雅典奥组委宣称要举办有史以来最环保的比赛，他们计划在所谓的退化湿地上建造一个赛艇综合馆，但是考古学家认为这里是马拉松战役的遗址，生态学家和欧盟委员会将这里列为珍稀生态保护地。当组委会故意将该遗址从欧盟的保护区名单中剔除后，希腊非政府小型环保组织在法庭上赢得罕见的胜利，迫使组委会缩减他们的宏伟计划。

公平地说，雅典奥运会的最初预算并没有将"9·11"恐怖袭击事件考虑在内。随着反恐战争局势日益紧张，随着伊拉克被占领，

第八章 风靡全球!
后冷战时代奥运会的全球化

雅典不得不与 23 个国家签署 38 项安全协议。在 2004 年初马德里发生了与基地组织有关的地铁爆炸事件后,他们请求北约协助进行空中巡逻和海上巡逻,并且防止核武器和生化武器袭击。2002 年,盐湖城冬奥会需要部署大约 4000 名士兵;雅典宣布奥运会场馆和其他场地为禁飞区,并且召集了总人数为 7 万人的安全部队中的 1 万人来维持安全。他们与北约合作,提供全天候的空中监视和公海监视,海岸警卫队和一艘装有超灵敏传感器的小型软式飞艇持续进行外部巡逻,同时政府在希腊边境安装了一个永久性海底探测系统、高分辨率摄像机和辐射探测设备,还在所有奥运会场馆安装了大约 1400 台闭路电视摄像机。总体来说,组委会在维持安全方面花费了 12 亿欧元,是 2000 年悉尼奥运会花费的六倍多。[5]

如果维持安全的费用是推高奥运会举办成本真正意想不到的原因,那么希腊公共部门的运营成本肯定是可以预料得到的。曾经一度担任雅典奥组委最高级别主管的科斯塔·巴库里斯说自己不得不辞职,"因为他拒绝接受所有竞标出价——无论是大型基础设施项目还是铺设奥运村地毯——都是悉尼对应项目竞标价的大约三倍"。[6]当然,其他人能够接受这些价格。然而,迟迟难以交付工程造成的损失比希腊公共部门受到腐败驱动的交易成本还要高。雅典在赢得奥运会举办权后近三年里,奥组委和政府什么筹备工作都没做,整天忙于内部争斗和迫切加入欧元区的任务。当他们最终着手处理建设项目时,建设进展的缓慢速度为外国媒体提供了无尽标题、笑柄和讽刺主题。希腊人自己开玩笑说,来到雅典的中国游客看到他们筹备工作的进展情况会说:"到 2006 年,北京奥运会的筹备工作全部就绪。"当地人听到后回答说:"我们也是。"主体育场的屋顶先在地上费力建造完毕后,在国际奥委会决定场馆是否符合要求的当天才吊到场馆上。就在开幕式前一周,带妆彩排在一片圆锯和风镐工作中的震耳欲聋的声音中进行。在奥运会前夕,《卫报》指出:"有报道称,在激流皮划艇比赛场地,旗杆尚未竖立起来。公路自行车赛场的座位刚刚安装完毕,而奥林匹克主体育场的喷泉设施昨天才完工。"[7]

除开声誉问题之外,这种拖到最后一刻才完工的做法产生的真正成本是财务上的。面对不可能完工的最后期限和繁荣时期紧张的劳动力市场,承包商招来了成千上万名阿尔巴尼亚人,他们三班倒,一周七天,昼夜不停地工作;建筑现场悬挂了数百盏泛光灯,使得夜间工作成为可能,专业材料和工资的价格也不断攀升。奥运会结束后,建筑质量低劣、使用劣质材料以及随之而来的装修不完整将变得显而易见。但是,在 2004 年 8 月 12 日,所有这些都可以放在一边,民众意识到奥运会将会奇迹般地真正举行,雅典看起来非同寻常,建筑问题现在只是一个细枝末节的问题。众神确实给了希腊人和他们的宾客一个反思机会,一个瞬间戳穿笼罩整个奥林匹克盛会的巨大傲慢泡沫的机会。在奥运会开始的前一天,获得悉尼奥运会 100 米赛跑银牌的希腊运动员、最有希望在国内奥运会获得田径金牌的埃卡泰里尼·萨努和她的搭档短跑运动员康斯坦丁诺斯·坎特里斯在发生摩托车相撞事故后,被送入雅典医院的急诊室。很快消息传来,他们错过了当天下午本赛季的第三次药物检测——这一违规行为几乎肯定会导致他们被禁赛,以及需要继续进行大量的进一步药物检测。当然,这是一个愚蠢的把戏。当时这两名运动员被妖魔化并被其他人排斥,后来他们在希腊法庭上被免除了刑事指控,但是因为他们的错误行为，他们的教练不幸被要求承担责任。

作为世界反兴奋剂机构成立以来的第一届夏季奥运会，2004年奥运会拥有迄今为止最先进的药品和管理装备。参加雅典奥运会的运动员有很多没有通过药检。获得铜牌的希腊举重运动员列奥尼达·桑帕尼斯进行药检时，检查人员发现他体内的睾丸素水平是允许水平的两倍。总共有13名举重运动员在药检中检出相似的化学成分。俄罗斯铅球运动员艾瑞娜·科尔扎年科在奥林匹亚古城遗址比赛时被检查出服用了类固醇。爱尔兰马术运动员奇安·奥康纳因为他骑的马沃特福德·克里斯托在药检时被发现服用了抗抑郁药，而失去了马术场地障碍赛的金牌；德国骑手卢德格尔·比尔鲍姆和他的同事被剥夺了团体金牌，因为比尔鲍姆的马戈德费夫被检查出服用了倍他米松——这种药物完全不会影响比赛成绩却被列为禁用药品。药检中总共发现37个阳性案例，其中两个是马，15名运动员在旷日持久的法律冲突后被剥夺了奖牌，有些人最迟在2012年被剥夺了奖牌。

到那时，没有人知道或关心这些药检结果。伊恩·辛克莱在2010年发现，雅典人达成的共识是"雅典奥运会举办了一场里程碑式的、划时代的开幕式……每个人都有焰火之夜的影碟，现在还在卖。没人记得那之后发生了什么。"[8]2004年12月，当欧盟委员会向希腊发出第一次正式警告时，希腊开始从奥运会的幻想中清醒过来。当时，欧盟委员会发现，希腊政府在加入欧元区前夕伪造了国家预算赤字数据，非法将巨额债务从公共账目中剔除。不久后发布的奥运会官方报告显示，奥运会费用现已从45亿美元增加到90亿美元。两个数据都与真正成本相差甚远。当全球金融危机迫使希腊政府拒绝国际救助并向世界公开账目时,希腊公共债务接近 3000 亿美元,奥运会的举办成本估计为 160 亿美元。希腊政府对电信巨头西门子发起一项重大腐败调查,调查内容是该公司如何获得为希腊电话公司和雅典奥运会提供关键电子安全系统的合同,此举罕见逆转了德国和希腊的权力关系。西门子被迫注销了一些债务,并在希腊投资了几亿欧元,与希腊流向德国银行用来偿还贷款的款项相比,这简直是杯水车薪。

雅典奥运会并不是唯一留下一堆规模和位置不当、成本高昂又累赘、维护费用昂贵和建筑质量低下的体育场的奥运会。此外,并非所有新建项目都是一场彻底灾难。新博物馆、希腊主要遗址周围的步行空间、地铁和机场都给雅典提供了其真正需要的基础设施,尽管造价极其高昂。举办残奥会极大推动了雅典公共建筑和交通的发展,至少为残疾人提供了部分无障碍设施,而且,人们难以想象的是,国际广播中心成功过渡为高档黄金购物中心。国际媒体四年一度的评论对希腊的衰落程度及其愚蠢程度幸灾乐祸,他们忘记了至少有一半场馆在奥运会后至少起到了某种程度的体育用途。[9] 例如,雅典市的第三大足球队君士坦丁堡竞技联盟足球俱乐部占据了奥林匹克主体育场;雅典主要篮球队奥林匹亚科斯队在福利罗湾的体育馆打比赛。

但是雅典奥运场馆疏于照料,浪费严重,这点无与伦比,没有办法掩饰。2011 年,一名游客发现马鲁西主要奥运会场馆的官方入口"所有值钱的东西被人一扫而空,包括铜管、电力设施和大理石瓷砖"。保安推断道:"我不知道我们为什么现在还守在这里……小偷拿走了所有值钱的东西,我想我们只是为了阻止擅自占地者搬进来。"[10] 这个体育场馆可以容纳 10 万名观众,但是前来观看雅典君士坦丁堡竞技联盟足球俱乐部比赛的观众不到 2 万人;2014 年,俱乐部球迷通过暴力闯入比赛场地,使俱乐部受到惩罚,观众人数降得更低。这座体育场馆还改造成希腊优秀田径运动员的永久基地,经费由希腊奥林匹克委员会慷慨资助。到 2010 年,这些经费几乎还无法到位,运动员和教练几个月都拿不到工资。体育场屋顶持续漏水,而在建筑物内部,每天只允许供暖一小时。2008 年,希腊派出了 150 名运动员参加北京奥运会,而 2012 年,希腊只能派出 23 名运动员参加伦敦奥运会。自那以后,在极度紧缩时期,情况并没有得到改善:"模仿柏树大道的环形隧道成了断头路。公园里规模宏大的建筑在某种程度上成了烂尾楼:一座从未完工的未来主义城市。一个介于高速公路和铁路之间的孤岛地带,周围环绕着废弃的黑色摄像玻璃罩、倒闭的企业建筑、不受欢迎的房地产、废金属堆放场、放置断路器的栅栏、印有月桂花环图案以及喷涂口号的马赛克墙。这个伟大工程的衰亡是我们时代的历史画卷。"[11]

奥运村的情况甚至更糟。它所处的地区距离基础设施、工作聚集区或公共交通网都有一定距离,它只有一个优势:土地是国有的,而且价格低廉。这个奥运村为奥运会高峰期造访雅典的 1 万名游客建造,其目的一直是改造为低成本的社会住房,奥运会结束后,希腊人通过摇号获得以低于市场价格购买或租赁住房的资格,规划者预计这里将成为一个繁荣的混合社区。事实上,90% 的公寓分配给了严重贫困和/或有重大健康和残疾问题的家庭。到 2015 年,这里只有少数人口符合工作年龄,而且失业率高达 60%。面对高得离谱的财产税,该地产的 32 家店铺缩减到 4 家。建设新学校和托儿所的承诺没有兑现，居民的子女只能在快速组装的临时办公建筑里接受教育。只在 2004 年举办奥运会的几个星期里供运动员参加比赛的游泳池再也没有开放过。[12]

奥运新闻村的命运大不相同，它原计划设计成可容纳 6000 人住宿的公寓楼，于 2004 年向外国媒体开放，然后改造成社会住宅，而实际上，它在 2005 年作为"购物中心"开放，自称是东南欧最大的购物中心。要实现这个小小的奥林匹克奇迹需要对法律进行特别安排的修改，允许兰姆达——希腊首富斯皮罗·拉特西斯拥有的建筑公司——在其他地方建造一个规模极度缩小了的新闻村，而在这个地方建造一个巨大购物中心。尽管国务委员会和最高法院做出了一系列裁定，认定该建筑违反了环境法。但是，该购物中心还是顺利建设完毕，成为希腊（如果不是欧洲的话）的最大的非法建筑，直到 2011 年再次修改法律追溯其为合法建筑。不用说，所有附带交易，包括偿还地方当局的费用或资助公共公园的建设，都没有达成。[13]

这些是最好的资产。就像试图在一家"坏账银行"中隔离其最有害债务的国有化银行一样，组委会将最难出售的设施转让给希腊奥林匹克地产公司。其中只有一座建筑——羽毛球馆——真正成功地实现了改造和后奥林匹克时代的运营，并于 2007 年作为羽毛球剧场重新开放。许多场馆连同其巨大的维护和运营成本都被简单地移交了。雅典警方获得了射击场，希腊赛艇联合会获得了希尼亚斯中心，马术联合会获得了马可普洛赛马场。赛马场勉强维持运作，事实证明，在这项赛马运动规模极小的国家，要合理使用 280 匹马的花式骑术训练设施是不可能的。希尼亚斯中心在 2008 年举办了一次世界锦标赛,但是后来逐渐长满了杂草,变成流浪狗的栖息地。由于希腊大学体育预算的彻底崩溃,比雷埃夫斯大学从未使用过它的新体育馆,最终把它变成了普通办公空间。原本针对福利罗体育馆的改造计划宏伟却不切实际,包括将其改造成露天剧院、会议中心、歌剧院、考古公园与军事和海军博物馆。实际上,奥林匹亚科斯篮球队使用了两个和平友谊体育场中较大的一个,而较小的一个体育场则依靠举办几场重金属音乐会和冰上假日表演团的造访勉强维持。沙滩排球馆杂草丛生,将雅典的沙滩与大海相连的人行道支离破碎。这种状况距离支持者的愿望有一定距离,但是伊恩·辛克莱在这里体会到了一种真正的、带有忧郁色彩的都市主义:

> 天桥和地下通道、架空公路和巨大围板、灌溉沟渠和空荡荡的运河、网状栅栏和溅满涂鸦的电气接线盒构成了一个前卫公园,在这里任何事情都有可能发生。人们可以离开修建的小路走进垃圾填埋堆中,消失在纵横交错的交通路线中,消失在铁轨和电车轨道中……奥林匹克公园,这处衰败的历史遗留物,就像费里尼的中期电影作品:放风筝的人,穿着长外套的喜怒无常的都市人,停留在不该停的地方的白色汽车,你永远也够不到的波光粼粼的大海。[14]

主办乒乓球和艺术体操的加拉茨奥林匹克体育馆似乎肯定会变成另一个购物中心。2006 年,希腊政府与一家葡萄牙开发商签订了租约,投入资金,在体育馆的地基上动工,但是该项目最终完全消失在希腊负责规划的官僚机构的错综复杂的世界中。[15] 在外国债权人和希腊国内日益绝望的政客的压力下,加拉茨体育馆和其他奥运会场馆被一起打包出售给私营企业。加拉茨体育馆或阿里尼可奥运会场馆无人问津。

有些雅典人对它们的破败不以为意："奥运会场馆只是空置的建筑,它们对我们来说没有用。但是它们已经成为纪念碑,所以我们可以处理它们并和它们一起生活。我们习惯于生活在废墟中。它们只是废墟,从来不是别的什么。"[16] 对于那些不仅仅有隐喻性的废墟,它们会再次呈现奇迹般的光辉。2015年末,面对来自叙利亚和西亚地区的前所未有的难民潮,希腊政府考虑在这些尚未售出的奥运会场馆设立难民营。[17]

第九章

走向南方：新世界秩序中的奥林匹克

雅典 2004 · 北京 2008 · 伦敦 2012 · 里约 2016
都灵 2006 · 温哥华 2010 · 索契 2014

我们有能力举办奥运会。我们是英国。我们不是第三世界国家。[1]

——托尼·布莱尔

我们必须振作起来。我们必须理解和感到我们有能力举办大型项目，并且按时地、高质量地完成。[2]

——弗拉基米尔·普京

第一节

　　21世纪的第三世界到底指哪些国家或地区，或者是由什么标准来判定，还没有定论。但是，托尼·布莱尔认为的只有北半球最富裕地区才有能力举办奥运会的看法是不正确的。虽然都灵和温哥华连续举办冬奥会，但是它们与伦敦奥运会一样，都是例外；在这个时代，不止奥运会，其他全球大型赛事和世界体育锦标赛的举办地的地理位置都发生了决定性转变，走向了崛起的南半球国家和地区。2016年夏季奥运会在里约举行，过去十年中的三届奥运会分别是2008年北京奥运会、2014年索契冬奥会和2016年里约热内卢奥运会，新的奥运会将在全球转型背景下的核心大国——金砖国家中的巴西、俄罗斯、印度和中国之一举行。印度可能没有举办过奥运会，但是它在全球板球运动中占有核心地位，印度首都新德里还举办了一届热闹非凡的英联邦运动会和世界一级方程式锦标赛印度大奖赛。作为全球体育盛会奥运会唯一重要的竞争对手——世界杯，2010年在南非举行，2014年在巴西举行，2018年在俄罗斯举行，2022年将前往卡塔尔。这是四个因素共同作用的结果。首先，在经历了一二十年的飞速工业化和商品价格飙升后，南半球的许多地区都有能力举办大型赛事。其次，新的和开放的体育市场的诱惑使得赞助商和管理机构热衷把他们的品牌和赛事都送往那里。再次，20世纪60年代在东京和墨西哥城确立的"举办奥运会可以作为一个国家经济发展和全球互联互通的标志"的想法，在南半球工业空前发展的时代获得了相当大的支持。最后，该地区的一些政府发现，在许多体育联合会分配举办权时，利用现有的腐败网络要容易得多，同时在国内就会面临很少的批评或根本不会受到批评。

这种新主办模式产生的一个后果是，已经上涨的奥运会举办成本在一条已经令人担忧的、呈指数增长的曲线基础上急剧上升。温哥华奥运会和伦敦奥运会的举办成本相对较低，分别为100亿美元和160亿美元。但是，当新世界秩序的新兴大国选择奥运会来体现它们的全球崛起的地位，并重建它们的城市时，举办规模自然宏大。北京奥运会花费了约400亿美元，似乎创造了一个绝对牢不可破的新纪录，但规模巨大的2014年索契冬奥会的举办成本是510亿美元，这使它成为有史以来举办的成本最高的奥运会，超过了历届冬奥会的总和。

这种奥运会举办费用暴涨的情况发生在雅克·罗格担任国际奥委会主席期间，他最亲民的姿态是提出迄今为止最令人难以置信的想法，即国际奥委会主席应该在奥运村过上一夜。他展现了他所承诺的那种小心谨慎、缺乏想象力的领导能力，挽回了国际奥委会的地位，却没有完全消除笼罩在它上面的委员腐败的氛围。他不动声色地实施了针对盐湖城申办丑闻而制定的《国际奥委会2000改革后续方案》①大部分改革，努力让赞助商和媒体公司开心，并改善了国际奥委会自身的财务状况，在此过程中积累了近10亿美元的储备。试图缩小奥运会规模和限制官方注册人员总数的努力收效甚微。棒球比赛和垒球比赛被挤出了奥运会项目名单——主要是因为美国职

---

① 原为 Agenda 2000，但没有这个议程，推测是 IOC 2000 Reform Follow-up（国际奥委会 2000 改革后续方案）。本方案由萨马兰奇于 1999 年开始推行，其继任者罗格继续实施改革方案。——编者注

第九章 走向南方：
新世界秩序中的奥林匹克

业棒球大联盟不愿意在赛季中期放走它的明星球员，以及因为它在类固醇和药物测试方面仍有着令人担忧的宽松标准。摔跤比赛一度被排除出奥运会项目名单，但后来又被重新列入名单。然而，高尔夫球——一项几乎不需要再在全球推广的运动，以及橄榄球联盟比赛被加入夏季奥运会运动项目名单，而冬奥会新增了无数种标新立异的自由式滑雪和滑板滑雪的比赛项目。

与此同时，即使对国际奥委会来说，世界各地管理咨询机构为证明举办奥运会的正当性而兜售的常规经济论证和成本效益分析越来越难以令人信服。关于这一主题的每一项理由的充分研究都表明，从投资、增长、就业、工资和旅游业方面来看，举办奥运会取得的经济净收益微乎其微，[3]甚至是负经济增益。因此，奥林匹克运动依赖举办奥运会带来的其他好处使人信服：特别是举办奥运会带来的环境改善，以及奥运会可能留下的体育遗产和社会遗产。从这两方面进行的论证都无法令人信服。从环境角度来说，雅典奥运会是一场特别不信守环保承诺和灾难性的奥运会。对比雅典奥组委做出的环保承诺，环境相关的非政府组织发现雅典奥组委几乎放弃或忽视了每一个环保目标。北京的污染仍然比较严重。里约热内卢原本打算利用举办奥运会的契机对该市严重不足的污水系统增进投资，后来却完全放弃了该项目。

奥运会新体育设施留下的"后遗症"也是存在的。雅典奥运会在这方面是最糟糕的，在整个城市留下了一堆造价高昂却没什么实际用途的设备和场馆。北京奥运会用于举办皮划艇比赛、沙滩排球比赛、自行车越野赛和棒球比赛的场地后来也没得到良好的使用。事实上，伦敦已经将其奥林匹克体育场交给了一家英超足球俱乐部，而索契的奥林匹克体育场——仅用于开幕式和闭幕式——成本巨大，现在被改造成一个足球体育场，而索契没有任何足球队，这个足球体育场后来只举办了2018年世界杯的几场比赛。然而，即使在最开明和最有远见的规划制度下，组委会认为在偏远的奥林匹克公园建造世界级高性能体育设施，是提高公众参与体育和锻炼的成本效益最高的方法，是一种不切实际的幻想。

事实证明，奥运会带来的更广泛的社会遗产和城市遗产更加令人沮丧，因为奥运会引发的再开发已经产生了一连串常见问题。1988年汉城奥运会和1996年亚特兰大奥运会的举办，都出现了强迫人群迁移的现象，特别是强迫穷人和边缘人群的迁移造成了较大的社会问题。而温哥华奥运村和伦敦奥运村原本承诺用作公益住房，但是后来几乎都没有实现，围绕奥运会项目产生的大部分城市空间变成死气沉沉的封闭社区，与城市环境隔绝。不管罗格的国际奥委会是否注意到了这些情况，潜在的主办城市和公众都注意到了，结果是有意申办奥运会的城市变得越来越少。申办2020年夏季奥运会和2022年冬奥会的竞争是几十年来最不激烈的。[4]

然而，这不是罗格的问题。他在任职十二年后，于2013年卸任，由德国人托马斯·巴赫接任。巴赫是1976年奥运会击剑金牌得主，他曾像赛普·布拉特一样当过律师，在阿迪达斯和德国国家体育联合会获得了体育管理职位。巴赫已经得到萨马兰奇的支持，萨马兰奇确保他能进入国际奥委会并当选为副主席，他被罗格悄悄指定为其继任者。如果这还不够的话，巴赫还获得了科威特贵族、国际奥委会委员、国家奥委会协会主席谢赫·艾哈迈德·萨巴赫的坚定友谊和竞选支持，萨巴赫负责国际奥委会对全球体育联合会价值

4亿美元的资助,并且是亚洲和全球体育政治领域的一个自封的领袖。[5] 巴赫上任伊始就执行一个实施小规模变革的议程——缩减奥运会规模、压缩预算、对组织治理进行细微改变,并对2024年和2026年奥运会的潜在东道主城市进行一次旋风式访问,试图为这项似乎成本越来越高、政治风险越来越大的任务争取支持。这个时代可能会对国际奥委会进行更严格的审查,到目前为止改革成果算得上令人欢欣鼓舞。国际奥委会要改善体育管理,还需付出更多努力,但是世界足球和田径运动管理机构似乎已经设法加强了管理——前者是由于国际足联及其地区联盟的大规模系统性腐败危机;后者是由于国际业余田径联合会和俄罗斯体育当局在掩盖运动员服用兴奋剂方面有着同样令人震惊的腐败和勾结。

迄今为止,全球体育机构或奥运会建设项目中不管出现多少腐败现象、多少运动员系统性地服用兴奋剂和使用其他作弊方式,都不足以让全球公众远离奥运会。越来越多世界观众继续观看奥运会。早期的纸质出版物、广播甚至卫星电视技术所实现的奥运会转播形式已经遭到一场雪崩式变革的削弱:移动通信、有线电视、互联网和社交媒体一起将观众人数和世界参与奥运会的程度提高到了前所未有的水平。2012年伦敦奥运会宣称,地球上至少有一半人——36亿人观看了至少一分钟比赛。它向近200个国家播出,观看黄金时段节目的全球观众人数达到2亿,关键赛事和时刻的观众数量更大。

但是传统的电视收视率现在得到了官方广播网站上点播流媒体服务的极大补充;据估计,网页浏览量超过85亿,视频浏览量超过15亿,更不用说观众在移动设备上消费和社交媒体上分享的奥运会图像了。2014年索契冬奥会的数据表明,随着收视向网络空间的大规模迁移，奥林匹克盛会仍然是主流浏览之王。在美国，尽管观众由于时差不方便观看比赛，但是奥运会节目被证明是全国广播公司有史以来收视率最高的，使它得以连续17天占据每晚黄金时段，收视率超过其他三个主要电视网的总和，吸引了新的和更年轻的收视群体。

奥运会继续提供展示个人才华和引发世界性集体敬畏的迷人时刻，从迈克尔·菲尔普斯超人式的游泳到尤塞恩·博尔特前所未有的速度。但是随着奥运会影响力的增强，任何一种力量或声音试图塑造其意义的能力被削弱了。中国和俄罗斯的国内几乎没有针对举办奥运会的有组织抗议，因此这两个国家在举办奥运会时都吸引了更加多的好奇的全球观众。在国内条件允许的情况下，20世纪80年代和90年代首次出现的反奥运会运动又以新的形式出现了——在都灵奥运会和伦敦奥运会上规模不大，但是在2010年温哥华冬奥会和2016年里约奥运会的筹备工作中却出现了规模较大的反奥运会运动。但是，到目前为止，这些反奥运会组织——国际非政府组织、移民社群、社会正义和福利活动家、土著活动家、无政府主义者和环境保护主义者——的努力还没有达到能够与奥运会竞争的规模或形式。

奥运会作为财政承担以及一场遍及全球的体育盛会，其日益扩大的规模的一个重要标志是开幕式的成本及其被赋予的重要性。[6]事实上，可以说这些体育盛会标志着自里芬斯塔尔拍摄的《奥林匹亚》以来奥运会美学上的最大创新。她的最大成就是将柏林开幕式的素材转化成一部如此强大、如此广泛观看的电影，以至于它抹杀了关于当时开幕式的其他任何记忆或版本——由于当时还没有电视，

第九章 走向南方：
新世界秩序中的奥林匹克

这项任务变得简单许多。在一个即时数字全球广播的世界里，当代开幕式的组织者们不像里芬斯塔尔那样享有几个月的编辑、重新拍摄和后期制作时间，面向的也不是她心目中的艺术殿堂观众。今天的导演不得不将开幕式现场制作成一部现场电影，而且不只是一部旧式电影，而是一部超级受欢迎的大片，就像好莱坞的大片一样，必须同时吸引国内外观众。

所有这些都要花钱。都灵奥运会和温哥华奥运会在开幕式上分别花费了约 2000 万美元和 3000 万美元，但它们还没有达到大片的级别。它们依赖一种较为老式的奥运会拍摄方式，技术相对较为低级，因此成本低廉：它们在形式和舞蹈编排上大量借鉴音乐剧、电视表演和马戏团表演。因此，都灵冬奥会的开幕式由里克·伯奇执导，他曾执导过 1984 年洛杉矶奥运会的开幕式和 1992 年巴塞罗那奥运会的开幕式，他擅长制作滚石影带，而悉尼奥运会开幕式和温哥华奥运会开幕式是大卫·阿特金斯的作品，他的职业生涯始于热门音乐剧《踢踏热舞》。相反，北京最初将奥运会开幕式外包给大片达人史蒂文·斯皮尔伯格，后来他退出，被中国"第五代导演"代表人物之一张艺谋取代，张艺谋导演了《红高粱》和《大红灯笼高高挂》，他用华丽的色彩记录了中国的历史片段。2012 年伦敦奥运会开幕式由丹尼·鲍伊尔执导，他的作品包括《猜火车》和奥斯卡获奖影片《贫民窟的百万富翁》，开幕式编剧由电视和电影编剧弗兰克·科特雷尔·博伊斯负责。索契冬奥会的开幕式由康斯坦丁·恩斯特"稳稳掌控"，他是一位电视和电影主要高管，偏爱拍摄《安娜·卡列尼娜》和《列宁格勒》等现代爱国大片。由于巴西陷入严重的经济困难，里约热内卢奥运会开幕式是一个与缺乏创意且资金严重不足的国内电影产业的贫困程度相称的低成本项目,组委会把执导开幕式的工作交给了巴西电影界三位顶级人才:广受赞誉的《上帝之城》的导演费尔南多·梅里尔斯,以及制作圣保罗这座城市发展的精彩影片——《越线》的团队丹妮拉·托马斯和安德鲁卡·瓦丁顿。其他奥运会开幕式一直在使用好莱坞电影规模的预算,伦敦奥运会开幕式的预算估计为4500万美元,索契奥运会开幕式的预算至少为1亿美元,北京奥运会开幕式的预算为1.5亿美元。当然,好莱坞电影必须支付额外费用和布景费用;相比之下,奥林匹克体育场已经被列入预算,成千上万志愿者免费组成了这些开幕式的庞大阵容。从这个角度来看,它们在经济上和美学上都可以与同时段上映的电影媲美。北京奥运会的开幕式花费相当于当年詹姆斯·邦德的电影《007:大破量子危机》,或者超级英雄动作片,比如《钢铁侠》和《蝙蝠侠:黑暗骑士》。索契奥运会开幕式的成本与历史传记电影《林肯》和雷德利·斯科特的高科技电影《法老与众神》差不多。

由于这种高风险的资金投入,并且有最新数字增强技术的支持,奥运会组委会一直不敢冒险。2000年悉尼奥运会上首次出现的主要表演者假唱的情况变得更加流行。技术灾难,如悉尼奥运会点燃圣火现场出现问题,通过先拍摄另一个版本的权宜之计得以避免。索契奥运会开幕式上的一片巨大的漂浮雪花未能变成奥林匹克五环中的一环,国内电视将这个镜头剪掉了,用他们之前制作的镜头替换。[7] 除了电影制作的技术,奥运会开幕式也越来越青睐流行音乐。自1984年莱昂纳尔·里奇在洛杉矶奥运会闭幕式演唱了主题曲以来,每届奥运会都有主办城市中的最成功、全球知名度最高的明星表演。此前流行音乐明星是闭幕式的主要表演嘉宾——像在亚特兰大奥运会闭幕式上表演的阿尔·格林和斯台普斯歌手,或者在悉尼奥运会闭幕式上表演的凯莉·米洛,他们成为在21世纪奥运会开幕式上表演的明星。在北京奥运会开幕式上表演的流行歌星有刘欢、莫文蔚、韩红和孙楠,以及中国著名的钢琴家郎朗。伦敦将英国的流行文化遗产作为开幕式的中心元素,保罗·麦卡特尼和雷·戴维斯进行了现场表演,而摇滚乐队北极猴子几乎把整个英国流行音乐和摇滚音乐的经典曲目作为伴唱音轨:谁人乐队的《我这一代》、滚石乐队的《满足》、甲壳虫乐队的《她爱你》、大卫·鲍伊的《星人》、皇后乐队的《波希米亚狂想曲》,甚至还有性手枪乐队的《美妙的空虚》。尽管所有这些都代表了一种对在迄今为止难以言喻的奥运会仪式沉闷气氛中大众品位的令人钦佩的认可,但是大片电影和体育场大型音乐会的结合往往被证明是讲述历史的荒诞媒介——而这种奥运会仪式的盛大排场,正是所有举办奥运会的国家和组委会不惜巨资打造的。

在有些国家,历史是一个高度的国家政策的问题,是构建政权合法性的恒定参照物。俄罗斯政府在普京的领导下,将注意力重新集中在过去的国家缔造者身上,跳过了20世纪30年代。在一种较小规模上,政治家和教育学家也为英国学校的历史教学大纲的内容争论不休,主要是关于英国历史和世界历史的平衡问题,传统的宪法和君主叙事与更流行的文化史的冲突。

奥运会的开幕式对各个国家历史的演绎都跨过了部分内容。索契奥运会跳过了与纳粹签署的互不侵犯条约以及切尔诺贝利核事故。伦敦对其帝国征服和统治的历史敬而远之。北京以对中华民族伟大的古文明，如火药、印刷术、指南针等的宏大描述提醒着世界，从中国的角度来看——可以追溯到五千多年前，在有历史记载的大部分时间里，中国一直是世界的中心；最后，以中国征服太空的一组镜头作为结束，寓意中国将会再次举世瞩目。索契奥运会无法对大国地位的重新崛起进行如此成功地叙述，但它尽量用高科技手法用西里尔字母描绘了俄罗斯的文化伟人，还有舞台造型浮夸的芭蕾舞者的表演，以及哥萨克人表演的场景。

相比之下，2012年伦敦奥运会的开幕式，则证明了英国人对其后帝国时代的衰落所作出的反应，将他们历史中的帝国篇章抹掉，取而代之的是一部超现实主义喜剧：以儿童电视节目的形式展现农村圈地运动；以音乐剧《奥利弗！》的音调来呈现英国的工业革命；自1945年以来，由于对公费医疗制度、儿童文学及后披头士时代流行的摇滚经典的连续的热爱，音乐和社会被联系在了一起。当代精英们希望以这样的方式、规模讲述此类的故事，这并不令人惊讶。他们应该这样做，但是以此作为当今世界高水平运动的、高度商业化运作的、全球顶尖赛事的奥运会的开幕式，仍然耐人寻味。

第二节

2002年,中国领导人曾说,中国正式加入世界贸易组织,取得了2008年第29届夏季奥林匹克运动会的主办权,亚太经合组织第九次领导人非正式会议在中国成功举行,说明中国在新世纪的发展有了良好的开端。中国将第一次在世界杯决赛上亮相。[1]

因此,对于中国人来说,举办奥运会一直被视为中国对外关系划时代转变的一部分,这一转变过程与经济改革并行,经济改革点燃了历史上规模最大、速度最快的工业革命。中国第一次申办的是2000年奥运会,在最后一轮投票中,其强有力的候选资格被悉尼击败。后来,悉尼出资购买了关键选票的信息被泄露出来。同时,中国北京的申奥努力则受到了来自一些国际组织和美国的破坏。

20世纪90年代末,中国重返申办大战,希望主办2008年奥运会。当时中国的年增长率达到令人难以置信的两位数高点,中国似乎连连获胜。香港在1997年回归,澳门也在1999年回归——同年,中国庆祝建国50周年。北京承诺,要举办一届"绿色奥运会""人文奥运"。2001年,北京赢得了主办2008年奥运会的权利。对国际奥委会的乐观主义者和大多数西方外交界人士来说,奥运会被视为中国重新参与国际秩序的表现,这代表了中国国内的开放和民主化,他们还希望借此鼓励中国遵守上半个世纪北半球建立的国际机构和法律的自由秩序。

但中国人有自己不同的想法。首先,中国人认为,奥运会是中国重新获得繁荣、力量和秩序的证明。其次,他们对全球秩序的概念和理解，仍然与国际人权体制的模糊世界主义不一致——中国认为，主权和自治的原则是进入国际秩序的先决条件，而不是盲目服从国际法。此外，尽管合作、协作和相互理解令人钦佩，但这不应延伸到对其他国家，尤其是对中国政治横加干涉或提出道德评价。

然而，北京奥运会的意义并不局限于凸显中国在全球秩序中的地位，而是明确体现了它所经历的巨大经济变化。毫无疑问，北京奥运会的规模将超过以往任何一届奥运会，据悉中国政府以 400 亿美元的预算支持了这一规划。

尽管一些奥运会场馆位于首都之外，比如香港的马术比赛场馆和青岛的帆船比赛设施，但主要场馆集中在北京。这座城市有历史悠久的建筑，改革开放后，中国共产党希望在这座城市留下自己的印记。毛泽东领导时期，开始改造和扩建天安门广场；后来，增加了具有苏联特色的纪念碑，而那个时代，集中在中华人民共和国的首都北京建立了一批重工业工厂。后来，人们建造了一小群朴实无华的塔楼，但是从建筑风格上看，很少有迹象表明这里是即将成为世界上最大经济体的国家的首都。[2]

在筹备奥运会期间，北京发生了如此巨大和迅猛的转变，以至于市政府每过大约三个月就发布一次新地图。建筑业带来的经济效益占蓬勃发展的城市经济的近五分之一，在高峰期，年增长率高达 17%。从获得奥运会主办权到主办奥运会的七年间，北京建成了世界上最大的国际机场航站楼（这个纪录只保持了几个月，因为迪拜修建了更大规模的机场），增加了 5 万间酒店客房，仅在光缆网络上就花费了 36 亿美元，并彻底更新了城市的主要污水系统，铺设了 400 英里管道系统。在 20 世纪 90 年代就已经非常广泛的地铁系统，

第九章 走向南方：
新世界秩序中的奥林匹克

又增加了 8 条地铁线路，还增加了无数地面线路，更不用说建设了 31 个奥运会场馆。北京已经投用了三条环城公路，第四条巨大规模的环形公路已经完工，并且新增了第五条环城公路和第六条环城公路。现在环城公路上的交通常常很拥挤。北京已经高度工业化，正等着修好被寄予厚望的第七条环城公路。

2006 年 4 月，北京举办了一次重要的全国环境会议，其间遭到沙尘暴的袭击。沙尘暴从戈壁沙漠吹来，与积满沙子的城市空气结合在一起，笼罩在城市上方，这说明北京的空气污染之严重已经到了令人震惊的状况。客观地说，中国政府为了解决空气污染问题采取了很多措施，如从严惩罚违法者，关闭了燃煤发电站，提高了汽车和工厂排放的环境标准，将重工业转移出北京，对汽车征税，并以史无前例的速度建设公共交通。但是，北京的发展规模根本无法为改善空气质量而停下脚步。

据总部设在日内瓦的非政府组织住房权利和驱逐住客问题中心称，在颗粒物、柴油废气和酸雨的笼罩下，北京这座城市需要重新安置的市民有 150 万人。[3] 而中国的外交部反驳说，只有 6000 户家庭需要搬迁，并且都得到了慷慨的补偿和妥善的安置。举办奥运会时，拆迁了不少北京旧城的街区，这些城市胡同具有人口密度高和卫生条件不佳的特点，拆除了它们给喜庆和热烈的街头生活氛围造成了一定程度的破坏。

由此一来，北京这座城市显得不那么完整了。在一片由高速公路、交流道、巨大的弧形边缘和它们之间的死角所构成的景观中，新开发的建筑项目像蘑菇一样涌现。其中，大部分建筑的风格似乎不那么明显，但我们不能因此而认为为奥运会筹备的北京缺乏建筑雄心，只不过，它们有点过于集中了。这座城市选择了用四座不同寻常的建筑将庞大而热情的城市改造推上高潮：国家大剧院、中国国家电视巨头——中国中央电视台的总部、奥林匹克公园内的主体育场和水上运动场馆。国家大剧院是一座由钛金属板玻璃幕墙组成的巨大半椭球形建筑物，坐落在一个巨大的方形水池中。中国中央电视台大楼由两栋光滑、黑色、倾斜的摩天塔楼组成，两座塔楼双向内倾斜6度，在163米以上由"L"形悬臂结构连为一体。奥林匹克体育场，现在被称为鸟巢，屋盖部分结合建筑造型，采用了斜拉双曲面组合网壳。旁边是水立方，它的墙壁和天花板由1.2万个承重节点连接起来的网状钢管组成，整个建筑内外层包裹的ETFE膜（乙烯－四氟乙烯共聚物）具有有效的热学性能和透光性，看上去就像一个蓝色的水盒子，而墙面就像一团无规则的泡泡。

  这些设计方案由中国设计师与外国建筑师共同设计[①]，每个人都竭尽全力地将建筑和中国的思想、宇宙学和传统融合。事实上，这四个场馆都具有惊人的和电影般的现代性特征，被安放在它们自己的洁净空间，远离周围的世界，使它们看起来更像是外星人的宇宙飞船。这些场馆在电视上看起来非常出众，尤其是体育设施，但是

[①] 原文为All were designed by foreign architects（均由外国建筑设计师设计），与事实不符合，故此处为修正后译出。据2003年7月29日中国搜狐网转载自《北京娱乐信报》的报道：参加国家游泳中心建筑设计竞赛的10个方案公开展示。专家评审、技术论证和群众投票结果，一致认为命名为"水的立方"的B 04号方案在各参赛设计方案中较为出色。最终将其确定为国家游泳中心的实施方案。该方案由中国建筑工程总公司、澳大利亚PTW公司、澳大利亚ARUP公司组成的联合体设计。建筑造型看上去像一个装满水的立方体，融建筑设计与结构设计于一体，设计新颖，结构独特，与国家体育场比较协调，功能上完全满足2008年奥运会的赛事要求，而且易于赛后运营。——译者注

第九章 走向南方：
新世界秩序中的奥林匹克

维护费用昂贵。毫无疑问，这些纪念性的建筑，见证了中国人的勃勃雄心，并展示了其实现雄心的当代手段。

如果现代中国的特征只是模糊地铭刻在其奥林匹克建筑中，也许从它处理奥运会事务和奥运会政治的方式中可以看出一些更为具体的东西。事实证明，中国政府及其下属行业和盟友在规划和实施大型基础设施项目方面的能力超强，与金砖国家的其他成员——印度、俄罗斯和巴西相比，其奥运会筹备工作要顺利得多。

奥运会舞台完全留给了中国政府、国际奥委会及其企业赞助商。开幕式无可挑剔的浩瀚表演让即使是最不专心的电视观众都非常清楚，中国是一个大国，中国正在复兴。自20世纪90年代初第一次申办北京奥运会以来，中国庞大的精英体育项目就一直处于领先地位：中国在这届奥运会上总共获得100枚奖牌，其中包括51枚金牌，尤其是在射击、举重、拳击、击剑、体操、柔道和跳水项目上，中国代表团的表现尤其出色。[4] 这些运动员的训练强度很大，可以从两点看出来：他们中有些人看上去年纪很小，而且似乎很多运动员选择与同行结婚。

除了超越任何其他国家的成绩之外，北京确实见证了真正非凡的人类表现。田径赛事中有五项世界纪录被打破——这是一个了不起的成绩，因为前四届奥运会总共只创下七项纪录——在三十四项游泳赛事中有二十五项世界纪录被打破。这两项运动也造就了举世瞩目的杰出运动员：美国游泳运动员迈克尔·菲尔普斯和牙买加短跑运动员尤塞恩·博尔特。菲尔普斯在北京奥运会上赢得了8枚金牌，超过了马克·施皮茨在1972年慕尼黑奥运会创下的7枚金牌的记录。在过去的四十年里,游泳运动员在打破世界纪录方面取得了稳步进展,得益于重要的技术发展:更大的深水池、更少的波浪和湍流阻力,以及改进的游泳装备。北京奥运会游泳馆以其非常深的水域而闻名,并且运动员使用了新的聚氨酯运动服,而不是纺织类运动服,这对流线型的运动方式——游泳的影响十分显著,以至于 2009 年游泳运动管理机构——国际游泳联合会禁止使用它们。即便如此,菲尔普斯让世人了解了他的职业道德(在某种程度上来说,是他的注意力缺陷多动症 [ADHD] 导致的)和特别适合游泳的身体构造。他身高 6 英尺 4 英寸,相对于身高来说,他的臂展和躯干偏长,这使他相对于其身高、体重和所受阻力来说,浮力特别好,力量特别大。他的手和脚虽然没有超出正常比例,但非常大,非常擅长划水。最后,几乎所有游泳运动员在比赛中每天都要游泳多次,而他从运动劳累中恢复的能力,特别是他极低的乳酸生成率,让他比其他游泳运动员有优势。[5]

尤塞恩·博尔特在参加北京奥运会之前已经是世界纪录保持者,在精英运动圈之外却鲜为人知,他在北京奥运会上取得的成绩让世界观众叹为观止。首先,他以创纪录的 9.69 秒赢得了 100 米赛跑的冠军,然后他打破了迈克尔·约翰逊在十二年前在亚特兰大奥运会创下的 200 米赛跑的纪录。这名牙买加男子在 100 米接力赛跑中以打破世界纪录的成绩完美收官。博尔特在 2012 年奥运会上再次取得同样成就,赢得了三枚金牌,牙买加短跑运动员全面主导了短跑项目,他们总共赢得了 18 枚奖牌中的 11 枚,而谢莉-安·弗雷泽-普莱斯在 2008 年和 2012 年的奥运会上都赢得了女子 100 米短跑冠军。

博尔特和菲尔普斯一样能力出众,在某种程度上是由于个人生理构造上的优势。短跑运动员一般是通过更少和更长的步子达到最高速度从而赢过他们的竞争对手,而获得冠军的博尔特,身高足有6英尺5英寸,在100米赛跑中只需要跑41步,而一般运动员要跑45步左右。通常情况下,他这种体型的主要劣势会在短跑比赛的前10米体现出来,在这段赛程中,短而有力的步伐对于增加动力至关重要,但是博尔特已经找到了将他的问题最小化的技术。

然而,正如牙买加短跑运动员取得了更广泛的进步所表明的,博尔特的成功也产生了重大的影响。[6]一个只有200万人口的岛国竟然能取得如此优势,尤其是在一项参与门槛低、潜在运动员人才库巨大的体育项目中,这是一个令人惊讶的事实。同样情况也适用于音乐世界,牙买加这个岛国和它的移民散居地令人难以置信地成为思想、创新和卓越音乐的沃土。一位评论员指出,牙买加音乐"似乎创造性地发生在更高的安培数。这可能是岛屿效应。与世隔离有时确实会滋生出如此强烈的音乐"。[7]同样的诠释适用于牙买加的中学体育教育,它在学生当中引起了激昂的热情。牙买加田径锦标赛是一年一度举行的校际比赛,为期一周,仅仅显示了面向高中生的大量体育活动的冰山一角,这些高中竞相招募最优秀的运动员,并积极地训练和培养他们。高中毕业后,顶尖运动员可以进入教练、学院和赞助组织(许多是由前运动员创建的),这给了他们成为职业运动员的机会。为了提醒他们可以通过这项运动提供的经济资助摆脱贫困,尤塞恩·博尔特将豪宅建在举行牙买加田径锦标赛的国家体育场上方的青山上。

菲尔普斯很害羞,较为沉默寡言。博尔特不害羞,事实上,他的魅力和吸引力是任何其他奥运会运动员都无法比拟的。人们必须追溯到 1972 年的奥尔加·科尔布特，才能找到一位像尤塞恩·博尔特一样具有电视明星般的、真情流露的性格和全球吸引力的奥运会选手。博尔特在参加北京奥运会 100 米赛跑项目的最后几微秒展示了他的运动才华和深厚人性，当他意识到他的对手已经失败时，他放慢速度，庆祝自己取得胜利。他对志愿者和助手的亲切态度和他精心编排的赛后庆祝姿势——从射箭动作（摆好姿势，用想象中的弓向天空射箭）到从容不迫的舞厅表演动作——为他赢得了人们的钦佩、财富和爱。然而，国际奥委会主席雅克·罗格对当代奥林匹克主义的残余灵魂进行了一次非同寻常的透视，他批评了博尔特，认为他在北京奥运会上的庆祝动作是无礼的，并暗示他在伦敦奥运会上自称"活着的传奇"是没有根据的。

对博尔特自称"传奇"表示不满，这样的行为显然是荒谬的。罗格认为只有年纪大的运动员才能确保其传奇地位，这是完全无视博尔特（在这个通常没有年纪大的运动员参与竞争的运动中）的表现。至于庆祝动作，罗格的反应似乎是一个衡量奥林匹克主义衰落的标准，它将高水平运动与人类自然流露的温暖、快乐和其他情感分离开来。正如马克斯·韦伯所说："没有灵魂的唯灵论者。没有心灵的享乐主义者。这种虚无想象即是文明的顶点。"[8]

第三节

尽管2012年伦敦奥运会是在戴维·卡梅伦担任保守党主导的联合政府首相期间举行的，但从概念、基调和形式上看，它都是新工党及其漫长的十三年执政的遗产。在工党继任者的领导下，它们的变化如此之小，这是衡量工党政府与以保守党为主的联合政府之间极其微弱的文化距离和政治距离，以及英国民众对于工党认可程度的一个尺度。[1]

早期的两个项目决定了英国的政治精英和体育精英对伦敦奥运会的看法。首先，曼彻斯特及其工党市议会多次申办奥运会（虽然不成功），以及随后主办2002年英联邦运动会，使由体育和赛事驱动复苏的概念合法化。其次是"千年项目"，这是第一届新工党政府从其前任政府继承下来的。它的旗舰项目包括一个成本昂贵的巨大帐篷形竞技场，由理查德·罗杰斯设计，坐落在伦敦东南部格林威治半岛深度污染的荒地上，旨在惆怅地回顾1951年的不列颠节，同时在某种程度上定义英国的未来。随着将展览会的控制权移交给企业赞助商，不用说，那是一次完全不成功的努力，但是在英国举办大型项目的需求依然存在。事实上，考虑到威尔士和苏格兰民族主义的稳步上升，以及工党在曾经的大本营逐渐失去支持，寻找大型国家项目的需求变得更加迫切。

发起伦敦申办奥运会的关键人物是文化部大臣兼伦敦议员泰莎·乔威尔，她明白在伦敦举办奥运会比在曼彻斯特举办能给复兴带来更大的可能性，伦敦奥运会体现的英国特色比在曼彻斯特发生新千年恐怖袭击更引人注目。[2] 她的提议得到了伦敦劳动党市长肯·利文斯通的强有力支持，尽管他对此持怀疑态度，还是愿意支持申奥工作，以换取伦敦东部的经济发展和社会发展以及投资的承诺。托尼·布莱尔批准申办奥运会似乎不是基于奥运会能够提供发展机会的深思熟虑的审视，而是作为对乔威尔挑衅的回应，他想表明，自己并不缺乏领导能力、远见和冒险精神。当时的申办预算低得可笑，只有 23 亿英镑，主要用于重新开发伦敦东部斯特拉福德附近的李河谷地带。他们打算清理一片巨大的有毒棕色地带，将其改造成一个绿色奥林匹克公园，使其与一系列交通网络相连，将这个城市边缘部分与市中心直接连接起来。他们感受到了国际奥委会对近年来举办的奥运会出现主办城市借机大力推进经济发展，以及建设大量华而不实的体育场馆的这种情况的不安，2012 年伦敦奥运会提出了更加雄心勃勃的目标，承诺留下美好遗产——一个可持续发展的城市，一个更健康、更积极的国家，让残疾人过上更美好的生活。除此之外，他们还加入了塞巴斯蒂安·科这张王牌，他刚被授予爵位并从保守党政治前线退休。作为奥运会冠军和完美的内部人士，他可以对媒体直言不讳，但他有一种圆滑的魅力，使他成为申办奥运会的完美象征。2005 年，英国申奥人员在新加坡做最后一次大张旗鼓的宣传，托尼·布莱尔和切丽·布莱尔负责社交这一块，塞巴斯蒂安·科和来自伦敦的多元文化东区的 30 个孩子一起负责游说。令最受欢迎的申奥候选城市巴黎感到惊讶和懊恼的是，2012 年奥运会主办权被授予了伦敦。

伦敦获得奥运会主办权的第二天，伦敦人一觉醒来，得知有 4 名自杀式炸弹袭击者在首都引爆了自己，3 名在地铁上，1 名在公共汽车上。伦敦七七爆炸案造成52名平民和4名英国圣战者死亡，700多人受伤。因此，在雅典奥运会和北京奥运会上已经高度加强的安保又加强了。北京奥运会花费了65亿美元用于安保，安装了30万台闭路电视摄像机，伦敦不同于北京，但它仍然花费了20亿美元，并计划部署5万多名警察、军事人员和私人保安，以及邀请1000多名美国安全部队成员。[3]伦敦已经配备了高端闭路电视摄像机，并在公共交通和公共空间试验了最先进的人脸识别技术，同时设计了密封奥运会场馆私人空间的计划——为实现这一策略，伦敦加设了环绕整个奥林匹克公园的11英里的蓝色安全围栏。奥运会吉祥物——文洛克和曼德维尔——竟然在外观上如此接近闭路电视摄像机，这是一个出乎意料但极其讽刺的事情；但是随后在奥林匹克特许商店里有以摄像机作为人脸的警察玩偶出售。

全球大型私营安保公司士瑞克保全公司与英国政府签署了一份2.84亿英镑的安保合同，负责提供奥运会上的大部分安保人员，13700名警卫。但是，在奥运会开始前的两周，他们只招募到了4000人，受过训练的就更少了。英国政府取消了合同，命令军队负责安保事宜。倒霉的政府、对公共领域漫不经心的态度（奥运会只是其中一个例证）及士瑞克保全公司制定的微薄的最低工资政策都是英国经济中最令人厌恶部分之一的特征，但最能说明问题的是士瑞克保全公司的首席执行官尼克·巴克尔斯的厚颜无耻，他竟然要求英国政府支付该公司5500万英镑的管理费。[4]

重新开发李河谷和建设新的斯特拉福德是从伦敦码头区得到的启示。在20世纪80年代早期撒切尔政府的指导下，该再开发方案在执行之初创建了一个不负责任的半官方机构——伦敦码头区发展委员会，盲目地满足商业需求，然后给予那些商家通常在地方议会选举后才能行使的所有规划控制权，并增加巨额公共补贴，以建设所需的交通基础设施，使这片土地升值，并在投机性房地产繁荣的疯狂循环中维持与它有利益瓜葛的开发商的生存。通过所有这些再开发的努力，最后建成了金丝雀码头。举办奥运会可以进行类似的再开发，其中奥运会交付管理局是主要计划者和开发者，再开发项目按时交付，即使项目成本离最初低得不可思议的投标预算相差甚远。与英国大部分政府部门一样，他们和组委会向私人顾问，特别是会计和项目管理领域的私人顾问，分派了大量工作——价值约5亿英镑，以及权力和政策导向。[5] 最终的成本估算是一笔略低于90亿英镑的账单——几乎是2005年申办文件中提议的成本的四倍。

特别值得一提的是，关于斯特拉福德的最终计划是将新交通交汇处和奥林匹克公园之间的大片土地分配给购物中心开发商韦斯特菲尔德，以确保几乎所有参加奥运会的人都必须经过其可预见的沉闷、花哨的连锁店。在公园里，大部分建筑都是功能性的——即使毫无特色可言——现代主义风格，扎哈·哈迪德设计的波浪形水上运动中心是唯一可以称得上标志性建筑和对得起巨大预算超支的奥运会场馆。然而，尽管伴随奥运会而来的通常是紧张的公共关系、大量遗产、奥运会结束后的场馆使用以及奥运会的双赢、推动和协同作用，但伦敦奥运会的意义仍然出奇地无法界定。

英国广播公司的情景喜剧《2012年》的受欢迎程度和辛辣讽刺凸显了这一不足，该剧以其准确再现组委会困境的精彩模仿和奥运会公关机器无意义的喋喋不休而闻名。正如伊恩·辛克莱辛辣地评论的那样，它似乎描绘了"一条没有主题的主题公园的长征之路"。[6]

第九章 走向南方：
新世界秩序中的奥林匹克

安尼施·卡普尔赞助的雕塑——安赛乐米塔尔轨道塔，"一座 377 英尺高的塔。它的安装证实了这一观点……它看起来像是在垃圾压缩机里处理过的过山车"。[7] 丑陋、与周围景色格格不入、没有任何意义，这个庞然大物吸引了大量游客排着长长队伍。游客可以乘它到达塔上面，观看公园的风景。事实证明，它十分受欢迎。后来，它被重新美化成一个螺旋滑梯。[8]

无论如何，对国内观众来说，它本质上是一场关于英国特色的奥运会，尽管从背景来看，这是一届偏向贵族体制、君主制和伦敦周围各郡的奥运会——马术比赛在格林威治公园举行；划船比赛在伊顿赛艇俱乐部所在地多尼伍德举行；沙滩排球比赛在皇家骑兵卫队阅兵场举行；网球比赛在温布尔登全英俱乐部举行；射箭比赛在板球运动大本营勋爵板球场举行。但是，要想让英国特色不言而喻，就需要在开幕式上通过燃放烟火和一系列关于英国历史和文化的表演来打破大部分民众表面上假装的防御性的愤世嫉俗和冷漠。英国坚信它可以上演一场伟大的表演，现在正等待英国运动员获得金牌，它将打开爱国主义的闸门。

它们接踵而来。自行车运动员布拉德利·威金斯在计时赛中获得金牌，海伦·格洛弗和海瑟尔·斯坦宁在赛艇比赛中获得金牌，这仅仅是 29 枚金牌和 65 枚奖牌中的开始，在"超级星期六"，英国国旗升起的次数振奋人心，英国运动员的优异表现达到顶峰，他们在当天早些时候获得 3 枚金牌，后来又在奥林匹克体育场举行的赛事中获得了 3 枚金牌：参加七项全能比赛的杰西卡·恩尼斯、参加 10000 米赛跑的莫·法拉赫和参加跳远比赛的格雷格·卢瑟福德。尽管后来被否认并澄清，但英国广播公司的一名高管在奥运会期间发了一份备忘录，提到总干事时说："马克·汤普森越来越不高兴，因为我们过于关注英国队的表现，而忽略了其他所有的事情。"[9] 与书面媒体相比，英国广播公司绝对算得上克制。为《每日邮报》撰稿的多米尼克·桑德布鲁克代表左派和右派的大部分观点，尽管她使用的辞藻更加华丽："即使对厌恶体育的人来说，过去两周也是爱国主义的大爆发，在我们最近历史中几乎没有这样的时刻……一种特别的快乐情绪重新点燃了英国精神——经常有人对我们说，英国精神正面临消亡的危险。事实上，如果亚历克斯·萨尔蒙德和以他为代表的苏格兰民族主义者如愿以偿的话，奥运会上根本就不会有英国队。"[10]

然而，尽管空气中弥漫着朴实无华的、真挚诚恳的爱国主义，但现场呈现的是一个复杂多样化、不总是令人感觉舒服的英国。男子足球锦标赛象征着权力下放到英伦诸岛后，身份和体育代表的复杂性。[11] 早在国际奥委会或国际足联成立之前，英国足球协会就已经覆盖了四个组成王国——英格兰、苏格兰、威尔士和北爱尔兰，并通过与世界管理机构达成的一系列协议，继续维持现状。但是它还没有与国际奥委会达成此类协议，国际奥委会坚持在2012年委派一支英国球队参加比赛，否则不会与英国足球协会达成任何协议。虽然戈登·布朗的工党政府和英格兰足球协会都是这一观点的热情支持者，但凯尔特人足球协会和许多球迷对这一前景感到沮丧。首先，因为他们担心这将开创一个先例，国际足联相当多的反英选民将此先例永久化，从而清除他们。其次，因为在权力下放后的英国，放弃来之不易的体育身份和独立的想法是不可接受的。苏格兰足球协会向其球员明确表示，尽管他们可以加入这样的赛事，但这将被

第九章 走向南方：
新世界秩序中的奥林匹克

视为一种背叛行为。考虑到凯尔特人足球协会和四个联合王国足球协会的大多数支持者对于奥运会安排的反感，英国足球队比赛时，体育场座无虚席，大部分是通常不来这里观看足球比赛的观众，除了少数威尔士人外，管理人员和运动代表队都是英格兰人。

与通常在奥运会中以男子职业足球、橄榄球和板球为主的体育国家相比，2012年伦敦奥运会无疑更加性别均衡。[12] 沙特阿拉伯女子运动员首次参加奥运会，凸显了女子运动，而突尼斯赛跑运动员哈比巴·古里比尼为该国赢得了第一枚女子金牌。英国女运动员表现得异常出色，全国都在称赞著名运动员，如杰西卡·恩尼斯和自行车运动员维多利亚·彭德尔顿，同时也赞美新星和金牌得主，如拳击手尼古拉·亚当斯、跆拳道冠军杰德·琼斯和自行车运动员劳拉·特洛特。尽管如此，明显的不平等和双重标准依然存在：澳大利亚足球联合会和日本足球联合会都为他们派出的男子足球队队员提供头等舱，而女子足球队队员只能坐经济舱；英国举重运动员佐伊·史密斯在社交媒体上遭到令人不愉快的攻击，因为发挑衅帖子的人觉得她的身材不够女性化，不合他们的口味；媒体没有赞扬非裔美国体操运动员加贝·道格拉斯的精彩表演，而是纷纷议论起她的头发。

英国队很好地体现英国的种族多样性，尽管在足球和其他运动中，非洲加勒比海裔球员和混血球员比南亚裔球员更多。然而，他们取得的成就没有一项能与莫·法拉赫在5000米和10000米赛跑中获得的两枚金牌相提并论。他出生在索马里的摩加迪沙，8岁时来到英国，是索马里残酷内战的难民。作为一个虔诚穆斯林和一个伦敦东区男孩，他在5000米赛跑决赛的最后几圈取得胜利，引发现场观众雷鸣般的欢呼，引发了英国国际主义者的狂欢高潮。诗人迈克尔·罗森在推特上说，带有种族偏见的英国国家党领导人尼克·格里芬如果在吃晚饭时看到这一幕，他会噎住的，但多米尼克·桑德布鲁克再次对英国新兴奥运会选手表达了最激情洋溢的颂扬："在后帝国时代，还有什么更好的象征能代表一个团结、包容的国家呢？英国身份还有什么比这更好的宣传材料：自信和没有种族偏见？对于那些坚持英国精神已经死亡，多元文化主义才是未来的人，还有什么答案比这更好呢？还有什么能比这更好地谴责那些狭隘的民族主义者，他们想要分裂我们的国家，把它变成一小撮碎片呢？"[13]

21世纪的英国无疑已经成为一个更加多样化的社会，在某些领域，也成为一个更加照顾女性利益的国家，但它持久的阶级不平等不仅依然存在，而且在经济不平等的状况急剧加剧的情况下，变得更加明显。在英国所有再生和巩固阶级不平等的机构中，公学体系是最重要的。这些选拔性付费的"慈善"教育机构仅为各年龄段中7%的学生提供教育机会，但其毕业生占据了牛津大学和剑桥大学几乎一半的名额（它们本身也是阶级再生的强大引擎），培养了35%的议员、54%的资深记者和70%的司法人员。[14]

奥林匹克运动的世界没有什么不同。萨顿信托研究参加北京奥运会的英国代表团后发现，三分之一的运动员、37%的奖牌获得者和一半金牌获得者曾经在付费公学接受教育。参加2012年伦敦奥运会上的英国代表团人员构成几乎相同，尽管国立学校也培养了杰西卡·恩尼斯、布拉德利·威金斯和维多利亚·彭德尔顿这样优秀的体育人才，但只招收全国7%青少年的英国公学体系培养了本·艾恩斯利、克里斯·霍伊、50%的赛艇运动员和划船运动员，以及马术队的所有运动员。这种人才库的一个必然结果是，英国代表团主要由来自英格兰东南部的运动员组成，那里是财富和私立学校的聚集地，尽管仍然存在一些有趣的地区特性——例如整个射击队来自英格兰西南部的农村。

政治家和专栏作家积极诠释英国队的胜利，试图用他们自己的方式来解释奥运会。右翼的欧洲议会议员丹尼尔·汉南写道："与政府机构相比，家庭提供了更好的教育、激励方式、医疗、社会保障和纪律。"[15] 伦敦保守党市长鲍里斯·约翰逊①声称："英国孩子正看到努力和成就之间有着直接的联系，投入越多，收获就越多。这是一堂关于生活的精彩且符合保守党政见的课。"[16] 如果政府机构没有筹备和举办奥运会以及支持英国精英体育，那么汉南的观点正确与否，不得而知。左翼的《卫报》试图宣称赛车和布拉德利·威金斯体现了当代进步主义的议程：民主的和可及的，对于个人和集体来说都是如此。威尔·赫顿更仔细地审视了使英国自行车队成为世界领先队伍的超级理性以及崇尚高科技的执着态度，他指出："英国体育采纳了一个持续有公共投资和组织目标的新框架，发展了一个新生态系统，以出色的教练指导为核心支持个人体育运动。竭尽全力取得竞争优势。道理很简单。我们可以在解决经济问题和社会问题时采取同样做法，摒弃那些联合政府置于经济政策核心却使我们在经济竞争中失败的原则。"[17]

伦敦残奥会揭示了英国残疾人生活中的深刻矛盾。一方面，从最基本的衡量标准来看——奥运会门票实际上已经售出，不像其他

---

① 鲍里斯·约翰逊已于 2019 年就任英国首相。——编者注

主办城市，伦敦支持残奥会。雅典残奥会售出了 85 万张门票，悉尼残奥会售出了 120 万张，北京残奥会售出了 180 万张，但为了坐满这座城市的比赛场馆，他们不得不免费送出同样数量的门票。[18]伦敦残奥会的门票几乎全卖完了。250 万张门票，不仅仅是奥林匹克体育场和水上运动中心的门票，还有轮椅击剑、坐式排球、盲人足球和硬地滚球的门票。硬地滚球是法式滚球和保龄球的混合型运动，是为脑性瘫痪的运动员开发的，但现在已经扩展到各种运动神经元残疾的运动员。不仅如此，观看残奥会的观众人数不仅庞大，而且现场气氛喧闹、观众投入和欢乐。另一方面，残奥会官方赞助商阿托斯科技公司作为履行政府惩罚性工作能力评估的主要承包商，因其在工作中对待残疾人和精神疾病患者的做法受到广泛批评。这些测试非常严格，而且经常以最不公平和无同情心的方式进行，以至于申请残疾人补助者的自杀率和患上精神疾病的比率都有所攀升。[19]

从历史上看，残奥会最终真正成为英国主流运动会是水到渠成的结果，自第二次世界大战以来，英国一直是残疾人体育运动的中心，尽管像许多事情一样，它的催化力量是一名外国难民。[20]犹太裔德国神经外科医生路德维希·古特曼逃离了纳粹的迫害，于 1939 年抵达英国，并在牛津郡的斯托克曼德维尔医院任职。他负责治疗截瘫，这在退伍军人中很常见，他认为截瘫是"所有医学中最令人沮丧和被忽视的课题"，因此开创了一种不同于常规的、更积极、更人道和更全面的康复养生法。从这种养生法来看，运动被认为是一种生理治疗，也是一种恢复身体愉悦的方式。1948 年，在举办伦敦奥运会的同时，来自斯托克曼德维尔和里士满的另一家医院——斯塔和盖尔特尔的两支射箭队参加了观察员们希望可以成为"为残疾

第九章 走向南方：
新世界秩序中的奥林匹克

男女设立的奥运会"的比赛。在与志同道合的团体建立国际联系后，国际斯托克曼德维尔运动会委员会于1959年成立，并开始举办四年一度的运动会。尽管国际奥委会授予古特曼最高荣誉，并且在1960年罗马奥运会和1964年东京奥运会之后举行了残奥会，但两者在制度和文化上仍然是分离的。只有在1988年的汉城和1992年的巴塞罗那，这两个奥运会才实际上融为一体，这一合并的做法在1996年确定下来，成立了国际残疾人奥林匹克委员会，自那以后，该委员会一直与国际奥委会并行举办（夏季和冬季）奥运会。

虽然这些变化在提高残疾人奥林匹克运动的地位方面受到极大欢迎，并且在改善主办城市为残疾人提供的建筑和基础设施上做出了重要贡献，但滋养了一种日益令人困扰的体育文化。一方面，主流残奥会试图将自己和运动员描绘成普通运动员，并要求广播公司和公众认同这一概念。因此，我们在观看一场只有一条或两条肢体的运动员参加的游泳比赛时，解说队伍面临着极其棘手的情况，他们甚至无法从物理原理上解释运动员的残疾如何影响他们的推进模式。然而，与此同时，整个奥运会都在坚持不懈地用对残疾人有利的叙事方式来吸引观众：战胜悲剧，个人意志是个人成功的关键，以及如何在一个不平等、难以接近的世界中变得强大。当然，2012年伦敦奥运会开创了一种新的叙述方式，尤其是在第四频道的电视报道中，残疾运动员被描绘成超人、拥有特殊能力的机器人、与漫威变种英雄相似的人、X战警，以及使用残疾人漫画并且聘用残疾主持人。[21]

奥运会的金色光芒——一个"悠然自得"的英国，正如鲍里斯·约翰逊满怀希望地表示那样——不会持续太久。在残奥会闭幕式后的几天内,足球不可避免地重新成为英国体育爱好者的关注焦点,一连串令人反感的对比被炮制出来,在这些对比中,足球成为将英国工人阶级妖魔化的最有力工具。[22]伦敦赢得奥运会的主办权是由于当时申办团队承诺会留下有用的遗产,但是迄今为止,它远未兑现承诺。体育遗产尤其不健康。2015年,负责让英国国民运动起来的政府机构英国体育协会报告称,即使按照其低得可怜的指标——每周参加一次体育活动的人口比例,自奥运会以来,英国国民也变得不那么喜欢运动了:2012年的数字为1590万人(占人口的36%),而2015年的数字则为1550万人(占人口的33.35%)。[23]

然而,正如对2000年悉尼奥运会和2002年在曼彻斯特举行的英联邦运动会的影响的研究表明,在高端基础设施和电视节目上的支出根本无法改变大多数富裕国家的民众似乎不可阻挡地朝久坐不动的生活方式和肥胖流行的趋势下滑。在少数逆势而行的社会中——芬兰的运动水平高,日本的肥胖水平低,其关键因素是社会不平等程度低,而在芬兰,是对自行车道和步行区等微型项目的长期投资。伦敦奥运会不仅没有做到这一点,而且以保守党为主的联盟政府还大幅削减了学校体育的可用资金,并解散了一个发展中的体育学校网络,该网络一直在提供一个强化的合作项目。地方政府的资金被削减到了最低限度,不可避免的后果是运动场、休闲中心和青年服务机构减少或关闭,其中包括谢菲尔德的唐谷体育场,杰西卡·恩尼斯最初在那里接受过训练。最重要的是,保守党缩紧福利政策、低工资和高租金的时代使英国出现更多穷人和预算紧张的人,对他们来说,首先要舍弃的是体育和休闲支出。[24]

奥运会的真正赢家是西汉姆联足球俱乐部及其已经拥有大量财

富的老板大卫·戈尔德和大卫·沙利文,他们将搬进造价4.29亿英镑的奥林匹克体育场,政府将再花1.6亿英镑把它改造成他们更喜欢的场馆。体育场拥有5.4万个座位和大量餐饮区,但西汉姆联足球俱乐部需要支付的租金极低。如果英国想要一个具体例子和一个有力象征来说明其经济是如何为了富人的利益而被操纵和重组的,那么这确实是奥运会留下的遗产。[25]

第四节

20世纪80年代和90年代，有些申办城市中出现了显著的无政府主义和挑衅性反奥运会运动，2000年悉尼奥运会上只出现了小规模的抵制活动，而雅典奥运会和北京奥运会都没有出现此类运动。伦敦街头有对北京奥运会火炬传递的抗议，也有对斯特拉福德重建的抗议。在举办奥运会前的那个夏天，伦敦发生了被粉饰为骚乱的抢劫事件，所有心怀不满者和边缘人都已经筋疲力尽。发生抗议的地方，主要是在国际媒体和互联网上引发了关于奥运会的政治和意义的争论的地方，而没有发生在主办城市。2010年温哥华奥运会是个例外，它引发了21世纪最具多面性和最激烈的反奥运会抗议活动——抗议不仅出现在电视上，而且出现在当地。[1]

以随和的生活方式而闻名的温哥华，竟然成为反奥运会行动的大本营，乍一看似乎有点匪夷所思。市议会实际上在2003年的一次公民投票中获得了公众对举办奥运会的认可，尽管只有四分之一的选民愿意出来投票，而"赞成"举办奥运会者获得的资金是"反对"举办奥运会者的140倍。组委会非常注重语言问题和象征性问题，似乎竭尽全力考虑法语地区和加拿大土著的诉求。奥林匹克火炬传递路线计划在第一民族的土地上进行300站，组委会根据第一民族的神话动物制作的卡通动物寓言集设计奥运会吉祥物，为土著文化活动提供大量资金，还输送其他政府资金到与温哥华组委会一起签约成为"东道主"的部落。尽管如此，超过三分之一的不列颠哥伦比亚印第安人拒绝参与奥运会。而且，在更为激进的印第安团体中，

第九章 走向南方：
新世界秩序中的奥林匹克

围绕第一民族主权的持久问题，引发了相当大程度的抗议，因为奥运会主要在惠斯勒的周围山区土地上举办，那是沿海盐人（coast salish）无可争辩的古老领土，就他们和加拿大法律而言，他们的诉求仍未得到解决。

1763 年，英国在这些问题上建立了正式的法律先例，发布了一项《皇家公告》，声明只有王室才能获得英国加拿大殖民地的土著土地，而且只能通过条约获得。不列颠哥伦比亚政府于 1871 年才加入加拿大联邦，但与当地人签署的条约很少，绝大多数土著人的权利主张没有得到解决。20 世纪初期和中期，加拿大政府在法律和政治上为取消土著产权作出了相当大的努力，但在 20 世纪 70 年代，不列颠哥伦比亚省赢得了一系列里程碑式的判决，第一民族仍未解决的权利主张得到了支持。

自那以后，不列颠哥伦比亚的土地所有权、监管和使用一直是许多其他问题的避雷针，如加拿大印第安人遭遇的贫困、不平等和边缘化。计划修建从温哥华到惠斯勒山区的海天高速公路，要经过鹰岭断崖——一个神圣的土著遗址，这引起了第一民族活动人士的强烈抗议。这次，该地区环保运动的激进分子也加入了抗议的行列，他们担心修建公路会破坏森林和生物多样性，他们的抗议口号是"不要在被盗的土著土地上举办奥运会"。第一民族长者哈里特·纳哈内和资深环保主义者贝蒂·科劳兹克在 2006 年 5 月举行的一次示威游行中被捕入狱，等待审判；两人都七十多岁了。九个月后，在温哥华市中心举办奥运会倒计时活动时，抗议者冲上台，要求释放他们。一个月后，纳哈内染上肺炎，死在狱中。活动人士对此的回应是偷走了市政厅飘扬的巨大奥林匹克旗帜，并穿着印第安勇士团的传统服装出现在社交媒体上,把那面旗帜当作他们的战利品。

女子跳台滑雪的问题进一步凸显了奥运会上谁是主权者这个棘手的问题。早在1991年,国际奥委会就颁布法令,所有新的奥林匹克运动项目必须对男女运动员都开放。然而,这一裁决不适用于夏季奥运会和冬季奥运会的最初比赛项目;因此,跳台滑雪项目迄今为止完全属于男子运动员的时代结束了。温哥华奥运会前夕,领先的女子跳台滑雪运动员,同时也是世界巡回赛的常规选手,将当地组委会温哥华奥组委告上法庭,声称受到性别歧视。加拿大法官裁定,温哥华奥运会没有设定女子跳台滑雪比赛违反了加拿大宪法及其性别平等的法律,但鉴于加拿大组委会已经将此事的控制权让给了国际奥委会,加拿大法院无能为力。因其几乎独特的法律地位而免受不良影响的国际奥委会试图平息这一争议,声称他们是在"严格的技术基础上"做出的决定,并指出原因在于顶级运动员和参赛国家的数量不足。如果遵循同样的逻辑,那么同样顶级运动员和参赛国家数量不足的男子跳台滑雪比赛,以及鲜为人知甚至更少顶级运动员参加的越野滑雪,也应该被排除在奥运会项目名单之外。不管国际奥委会能够提供多少法律上的支撑依据,跳台滑雪项目仍然是最陈旧且未经审查的性别歧视的大本营。直到2005年,国际滑雪联合会主席吉安·弗朗哥·卡普尔认为,"从医学角度来看,跳台滑雪似乎不适合女性",这个看法重复了20世纪20年代不足信的医学观点,即错误地认为女性参与耐力运动和身体接触性运动有害健康。[2]

由于奥运会上没有女子跳台滑雪运动员,对男女运动员的双重标准被坚定地用在了加拿大女子冰球队的队员身上。乔恩·蒙哥马

第九章 走向南方：
新世界秩序中的奥林匹克

利因在走向领奖台领取俯式冰橇运动金牌时，大口喝了一名观众递给他的一大罐啤酒而广受赞誉，评论家称这是"派对真正开始的时候"。然而，当女子冰球队在决赛结束后的溜冰场派对上被偷拍到她们抽雪茄、喝啤酒时，她们受到了严厉谴责，媒体批评她们不尊重奥运会。[3]

《奥林匹克宪章》第五十一条规定了举办奥运会的基础，即"任何奥林匹克场所、场馆或其他区域都不允许进行任何形式的示威以及政治宣传、宗教宣传或种族宣传"。温哥华做得更好，通过了一项地方法规，禁止张贴任何"不庆祝"奥运会的横幅和海报，只允许张贴那些"增强节日气氛"的横幅和海报。2009年，杰西·科克伦在痛哭画廊（Crying Room Gallery）外展示了一小幅由五张圆脸——四张鬼脸一张笑脸交错组成的涂鸦作品。当局撤下了这幅作品，虚假地声称他们这样做是根据一条旧的反涂鸦法规，而不是奥林匹克庆典规则，但法院最终判决他们重新张贴这幅作品，那时温哥华已经布满了反奥运会的口号。

无论如何，由20个不同情报部门和安全机构组成的温哥华综合安全部队，是否一定会遇上更大的麻烦？预算超过10亿美元的不列颠哥伦比亚省警察部队借此机会购买了许多新的凯夫拉防弹衣，半自动武器成为针对温哥华示威活动的新标配，并获得了一种无害的发声中程扬声设备——实际上是用来镇压示威群众的军用级声波武器。加拿大边境服务局坚持不懈地在市区监视无证非法移民，并要求居民出示证明自己公民身份的证件；城市各处架设了1000台闭路电视摄像机，而当地警察局局长杰米·格雷厄姆向媒体吹嘘说，每一个反奥运会抗议团体都会被警方渗透。

当然，没有什么比城市里低空飞行的警察直升机发出的警笛声更能激发无政府主义者以及温哥华的人权积极分子、环境保护积极分子和第一民族积极分子的对抗，从而点燃了新生的反奥运会运动。然而，让抗议活动获得更大影响力并在这座城市立足的是，举办奥运会的成本急剧上升（从10亿美元飙升至80亿美元）、奥运会结束后将奥运村改造成任何社会住房的承诺没有兑现以及在财政紧缩的情况下挪用公共资金以维持破产开发商的经济周转，这些都令抗议者对政府不再抱有幻想。奥运会造成市中心侵略性中产阶级化，触动了包括住房非政府组织、为无家可归者争取权利的运动团体以及部分居民。东区市中心是一个8×15的街区区域①，是除了加拿大印第安人定居点以外最贫穷的地区，但它靠近新的奥林匹克水边开发项目，是主要改造对象，受制于市议会极其虚伪的"公民社会项目"和《援助非住房法案》——前者是一个监管无家可归者和驱逐边缘人群的项目，后者是一项法律文书，迫使露宿者住进旅馆。[4]抗议者聚集在诸如"2010年无奥运会联盟"和"2010年奥运会观察"等抵制团体周围，这群由多个团体组成的积极分子聚集在东区的一个停车场，该停车场由臭名昭著的开发商协平世博集团拥有。该场地还有一个额外优点，那就是它是官方"奥林匹克走廊"一个清晰可见的地标，被指定用于开发高价公寓楼。

在华尔街运动者占领祖科蒂公园的一年多前，抗议者建立的奥运会帐篷村将成为抵制奥运会的象征和实际中心。土著长者燃起圣

---

① 8×15的街区区域：原文为 an eight-by fifteen-block zone。温哥华的街区分为东区和西区，并按照南北（上下）划分具体的街道，此处指的是南北向8条街、东西向15条街的矩形区域。——译者注

第九章 走向南方：
新世界秩序中的奥林匹克

火；举行音乐研讨会、抗议研讨会和政治研讨会；基督教正义团体、和平主义者和当地女性力量居民团体组织了一大群抗议者，并为他们提供食物，大量大学生加入抗议人群，他们所在的大学经过深思熟虑后决定在奥运会举办期间停课。抗议者有意识地模仿2001年在边境对面的西雅图举行的反对七国集团、反全球化抗议活动的策略和语言，一个名为"直捣心脏游行"——"堵塞资本主义动脉"——的小规模游行队伍走向商业区。许多公司的平板玻璃被打碎，警察使用了一些新装备，但是在VIVO媒体艺术中心有一股更强大的反对力量，示威者、博主、电影制作人和艺术家聚集在那里，每天拍摄抗议活动，举行现场表演。不同于美国的抵制运动，温哥华运动有自己的地下电台，由诗人活动分子运作，尽管维持的时间很短。当然，你必须很仔细地寻找才能在媒体上看到他们的消息。美国关注着美国人。深夜喜剧演员斯蒂芬·科拜尔亲自资助美国短道速滑队，媒体对他的报道比对整个抗议活动的报道加起来还要多。亚历山大·比洛代在自由式滑雪比赛中最终为东道主加拿大赢得了第一枚奥运会金牌，一种更加令人舒适的加拿大爱国主义开始高涨，当加拿大对阵美国的男子冰球决赛以2比2打平时，希尼·克罗斯比——国家队的新星——打进了制胜球。加拿大观众欢呼雀跃。

据说，2014年索契奥运会的想法是在奥地利的一个滑雪聚会中酝酿出来的，参加聚会的人想知道为什么俄罗斯尽管有巍峨的山脉，却没有类似欧洲阿尔卑斯山的滑雪胜地。参加这个滑雪聚会的人中，恰巧包括奥地利总理沃尔夫冈·许塞尔、俄罗斯总统弗拉基米尔·普京和他的亲密伙伴——极其富有的商人弗拉基米尔·波塔宁，他在索契东部山区拥有一个当时交通不便的小型滑雪胜地，名叫克拉斯纳亚·波利亚纳。[5]

普京在许多方面都继承了苏联政治精英的一个核心信念：在国际体育中表现出的实力，就是在国内外展示国家实力乃至国家威信的重要方式。正是这些标准，塑造了他的执政理念：俄罗斯在国内对顽固的寡头、制造麻烦的民主党和反对党以及不安定的共和国重新行使权力；确立俄罗斯作为国际事务主要参与者和自己势力范围内主导者的地位。十多年来，俄罗斯的财政来源，主要是蓬勃发展的世界经济带来的巨大财富、极高的大宗商品价格及碳氢化合物和矿产的巨大储备。2014年索契冬奥会，本身只是俄罗斯主办和赞助国际体育运动的更广泛承诺的一部分，其中包括俄罗斯天然气工业股份公司赞助的世界杯和欧洲冠军联赛，主办2013年世界田径锦标赛和2018年的世界杯。

普京出席了2007年国际奥委会代表大会，并与参会多人进行了交谈。国际奥委会代表大会将2014年冬奥会的举办权授予了索契。索契是俄罗斯与高加索毗邻的黑海东海岸的一个小旅游城市。对许多人来说，这似乎是一个奇怪的选择。在罗曼诺夫王朝和共产主义者执政时期，索契曾是一个度假胜地，是属于俄罗斯的一个罕见的角落，那里拥有亚热带气候、温水和棕榈树。对冰天雪地的莫斯科人来说索契是个好地方，但似乎不是一个举办冬季运动盛会的理想之地。那里有山和弗拉基米尔·波塔宁的小度假村，但是要把这个地区和索契联系起来需要一个史诗般的工程壮举。

撇开基础设施和气象问题不谈，索契奥运会很难做到万无一失。2008年，格鲁吉亚和俄罗斯之间酝酿已久的冲突演变成公开战争，此前普京总统公开支持从格鲁吉亚分离出去的南奥塞梯共和国和阿

第九章 走向南方：
新世界秩序中的奥林匹克

布哈兹自治共和国——这两个共和国位于索契以东。附近有动荡的俄罗斯联邦北奥塞梯共和国、印古什共和国、达吉斯坦共和国和车臣共和国。本已十分活跃的伊斯兰叛乱分子将索契视为一个新的攻击点。车臣伊斯兰叛乱分子头目多库·乌马罗夫将其描述为"在你祖先的骨头上似撒旦般跳舞"，2013年，一群武装分子轰炸了索契西南150英里处厄尔布鲁士山的滑雪缆车，并向一辆汽车开火，造成三名游客死亡。切尔克斯人也不高兴。他们曾经是索契周围地区的居民，于1864年遭到沙皇军队镇压，并被驱逐出该地区。19世纪中期，他们的人口约为150万，而现在索契地区只有不到2.5万名切尔克斯人。滑雪和滑板滑雪运动场地位于红山，对切尔克斯人来说，那是与俄罗斯最后一场决定胜负的战役所在地，这在流亡海外的切尔克斯人中引发了一场反索契奥运会的全球性运动。[6]

　　普京与索契的关系很能说明问题。他在索契拥有两座别墅，深藏于索契国家公园，位于偏远的伦纳亚·波利亚纳——联合国教科文组织认定的世界遗产——最近建成的最富裕地区中。在那里，普京为自己建造了两座巨大木屋，在当地斜坡上建有个人直升机停机坪、发电站和个人滑雪缆车，联合国教科文组织将这里列为一个气象站。因此，光占领这片地区是不够的，还需要在这里举办冬奥会——正如总统本人所说："我们必须理解并且感觉我们有能力举办大型项目。"[7] 从这个角度看，索契奥运会是一个强化行为、一个伟大声明以及一个经济再分配的重要机制。

　　鉴于索契完全没有任何体育基础设施，在这里举办冬奥会的成本肯定会很高，但在俄罗斯非政府组织——反腐败基金会汇编的详细研究资料中，索契的奥运会项目平均比其他地方最好的同类项目贵42%。[8]如果暂时去掉"俄罗斯附加费",510亿美元的账单看起来更像300亿美元——成本仍然很高,但考虑到项目规模以及建设从城市到山区的铁路和公路线路面临的巨大工程挑战,账单总数就不那么令人难以置信了。从某种程度上说,所有经费都来自俄罗斯公共部门。大多数项目由联邦政府、市政府和地方政府直接资助;国有公司也进行了投资,如俄罗斯铁路公司和俄罗斯天然气工业股份公司,它们从经营运输和碳氢化合物发展到冬季旅游业务;此外,政府还发放了大量贷款来掩盖公私伙伴关系。"俄罗斯附加费"是腐败、回扣与账外付款的多层次、根深蒂固的体系,任何一个俄罗斯建设项目都必须谈判。鉴于许多关键人物将这些资金分散给普京总统,索契奥运会被证明是一个绝佳工具,可以将俄罗斯的石油资源和矿产资源回收给一小部分盟友。20世纪90年代,俄罗斯天然气工业股份公司和俄罗斯铁路公司的首席执行官阿列克谢·米勒和弗拉基米尔·雅库宁与普京一起在圣彼得堡市政府工作。下一队列的盟友和寡头也需要他们的份额。俄罗斯铁路公司将绝大部分建筑工程分配给了交通公司,这家公司是由雅库宁的俄罗斯铁路公司的副总裁创建的,他的妻子是该公司的董事会成员,而铁路建设集团公司则是属于吉纳迪·蒂姆琴科——普京过去的另一个盟友。

至于能从经费中捞到多少是有限度的。组委会副主席阿克梅德·比拉洛夫有过一次不愉快的经历,他试图向普京总统解释跳台滑雪场馆的成本是如何翻了两番,达到2.56亿美元。第二天,他逃离了俄罗斯。最后,在建筑工地上,俄罗斯企业集团及其合作伙伴发现自己受制于当地有组织的犯罪组织,其中许多可追溯到苏联时代。不用说,尽管媒体对这些问题进行了广泛报道,犯罪团伙之间

第九章 走向南方：
新世界秩序中的奥林匹克

也发生了多起枪击事件，但还没有任何针对这些案件的调查，更不用说诉诸法庭了。尽管组委会制定了雄心勃勃的计划，筹备索契冬奥会期间仅有2000人搬迁，这一事实只是证明了这座城市的规模极小，而不是规划者有多审慎或仁慈。因此，当地根本没有足够的工人为这样一个规模巨大的项目服务，所以当局引进了成千上万名主要来自中亚的移民。即使按照俄罗斯标准来衡量，这里的工作条件也很差。除了工资低、工时长和安全隐患多之外，许多工人的工资也得不到保障，生活条件恶劣，甚至被承包商扣押了护照。这些劳动力被期望在不可能的时间节点前完成工程建设，但是预算由于层层盘剥而大幅削减，而最终胡乱拼凑出的工程则遭到美国记者和欧洲记者在社交媒体上的冷嘲热讽。[9] 一名德国摄影师报告说，水、无线网络和暖气经常无法供应；他到达酒店套房时，还会发现工人和流浪狗在他的房间里游荡。

相比之下，普京打造的"铜墙铁壁"是一个围绕着索契的军事控制和监视的多层系统。据估计，这套系统的花费为20亿美元，至少部署了7万名安保人员。[10] 该政权对同性恋的态度遭到了全球很多媒体尖锐的攻击和激烈的指责。

索契市长阿纳托利·帕克霍莫夫告诉英国广播公司，在索契这个有着50万人口的城市里，根本没有同性恋，至于游客，"我们只是说这是你的事，这是你的生活。但在我们居住的高加索地区，这是无法接受的。我们的城市里没有同性恋"。[11] 当总统被问及外国同性恋者、双性恋者和变性者群体来索契的感受时，普京回应称，他们会"感到平静和放松"，但是他补充了一句，"请不要骚扰孩子"。普京坚持将同性恋和恋童癖混为一谈，这在纽约可能看起来像是一个"可恶的谣言",但在俄罗斯,人们可以理解,奥运会本身也是如此。

俄罗斯以 13 枚金牌和 33 枚奖牌高居奖牌榜榜首,他们竭尽全力获得金牌。韩国短道速滑运动员维克托·安只是最近获得俄罗斯国籍并为祖国赢得奖牌的众多运动员之一——安还获得了三枚个人金牌和接力赛金牌。花样滑冰运动员安迪琳娜·斯托尼科娃成功击败金妍儿获得金牌,尽管金妍儿在规定动作中领先,在自由滑中表现完美,相比之下斯托尼科娃的技术要求更高,但容易出错。[12]

一位观察人士认为,索契冬奥会"看起来就像是一场在世界上的任何地方都可以上演的盛宴:闭门不出,聚集一堂,群众性强,而且最好是在电视上观看全程。"[13] 女子朋克乐队暴动小猫在冬奥会进行到第二周时举行了抗议活动,她们走在离奥林匹克公园 20 英里的一条城市街道上,演奏《普京将教你热爱祖国》,遭到俄罗斯骑警的马鞭袭击。正如大卫·雷姆尼克所说:"一个骑警打碎了暴动小猫的吉他,这是普京主义的体现。"也就是说,这是对内的普京主义。至于对外的普京主义,我们还需拭目以待。奥运会结束后仅仅四天,国际奥委会的"奥林匹克休战"就结束了,亲俄民兵就开始占领塞瓦斯托波尔的政府大楼,这是克里米亚脱离乌克兰、拥抱俄罗斯的前奏,同时俄罗斯议会授权了总统将乌克兰东部讲俄语的人动员起来。

第五节

2009年，在哥本哈根举行的国际奥委会大会上，里约热内卢不同寻常地选择了该国央行行长恩里克·梅雷莱斯，而不是前奥运会选手或主要政治家向委员会发表主旨演讲，该委员会在当天晚些时候就2016年奥运会的举办权进行投票。梅雷莱斯意识到许多国际奥委会委员担心巴西是否已准备好举办奥运会并为此买单，因此他辩称，巴西正处于高增长、高就业率和低通胀的持续时间最长的时期，而最近发现的大量石油储备将缓解经济增长放缓。[1]这一观点让国际奥委会得到了适当的安抚，尤其是在全球南方经济转型的时代，在是时候将奥运会举办地授予南美洲这一普遍观点的推动下，国际奥委会投票将奥运会主办权授予了里约，而不是芝加哥、马德里或东京。

仅仅七年后，国际奥委会、全球金融界和巴西人自己都在想，他们当时做出决定时到底是怎么想的。事实证明，巴西经济非常脆弱。尽管经受住了2008年世界金融危机的最初风暴，随后的全球经济增长放缓和大宗商品价格暴跌使巴西进入了最严重、持续时间最长的衰退期，巴西货币雷亚尔在国际市场上的价值已减半，石油收入也大幅下降；而这一切都发生在总是完全虚构的投标预算变成接近200亿美元的最终账单的时候。

2013年6月的事件使国际奥委会的担忧更加严重。巴西在主办联合会杯——将于次年举行的足球世界杯的延长热身赛和彩排的同时，各大城市针对公共交通票价上涨举行了小规模抗议。在遭遇了骇人听闻的警察暴力之后，抗议的规模越来越大，随后演变成大规模的公民抗议，抗议巴西糟糕的基础设施、学校和医疗保健状况，以及巴西公共生活中令人震惊的浪费和腐败，世界杯和奥运会的筹备就是例证。[2]

迪尔玛·罗塞夫总统做出的医疗和教育支出的政治让步和承诺——从未兑现过——以及在世界杯期间实施的军事化紧急状态，确保了2014年除了一个小小的激进分子核心团体之外，不会再发生类似的抗议活动。国际奥委会很有理由感到慌乱，2014年4月，在异常详细地观察了当地的实际情况后，表示里约的筹备工作"比雅典的更糟糕"，当然，这也使里约的筹备工作成为"史上最糟糕的"。[3]

除去经济危机之外，这是一个令人沮丧的可预见的事态转变。如果国际奥委会看看里约在2007年举行的泛美运动会上的情形，而不是光听听其央行行长对经济的无知判断，或者陶醉于这座城市常见的旅游手册上的照片，他们可能会产生不同的想法。泛美运动会的举办成本是最初预算的六倍多。所有旨在伴随举办运动会而制定的具有社会意识的环保计划和交通计划都被取消了，运动会后没有一个新的场馆有公共用途，民众也无法用到这些场馆。无论如何，这些场馆和运动员村一样，绝大多数都集中在新的巴拉达蒂尤卡高档郊区。运动员村原本打算开发成房地产热门项目，但是建筑质量非常糟糕，以至于它后来成为一场金融灾难和住房灾难：未完工，地处不适宜居住的位置，很难销售出去。最能说明问题的是，尽管巴西当局用警戒线和摄像头封闭了赛事举办场地，但是安全部门的其他机构与距离泛美运动会仅几英里的山顶贫民窟阿莱芒街区的贩

第九章 走向南方：
新世界秩序中的奥林匹克

毒团伙展开了长达一个月的激烈战斗，造成40多人死亡，整个街区的居民被要求待在自己的房子里，不能出来。

里约奥运会的筹备工作也是以类似的方式进行的。巴拉达蒂尤卡区再次成为主要的开发区，通过兴建奥运村试图再次将这里开发成房地产热门项目。与此同时，城市警察试图用武力平定贫民窟和尚未实施法令的贫困郊区。同时，政府付出了巨大的人力和财力代价，将毒品团伙和有组织犯罪分子从一些街区驱离或边缘化，政府投入了少量资金用于修建基础设施，但是在大多数情况下，警察的暴力使他们的统治与其敌人的统治几乎没有什么不同。

2007年和2016年之间的一个关键区别是，这一次，至少一些有罪的当事人被绳之以法，因为巴西体育界陷入了巴西国家石油公司丑闻，该丑闻正席卷全国精英阶层。联邦警察于2014年末发起名为"洗车行动"的调查活动，利用国有石油巨头巴西国家石油公司的一名高级管理人员的检举证词，在巴西国家石油公司的合同分配以及各种公共部门的工作中，揭露了一个贿赂、洗钱和贪污的巨大网络。在接下来的18个月里，随着案件的审理，100多名主要政治家受到了腐败指控，尤其是执政党工人党，以及巴西国家石油公司的高管以及该国一些最富有和最有权势的商人。

巴西的体育管理人员最初几乎遭到了同样的调查和指控。2015年5月，美国司法部长和瑞士政府宣布，他们正在对全球足球腐败进行广泛调查，并一起逮捕了14名足球高管和媒体高管，其中许多人是在国际足联最喜欢的苏黎世酒店被逮捕的。联邦调查局主要关注的是中北美洲及加勒比海足球协会和南美足球联合会官员——其中许多人还在国际足联担任行政职务——出售媒体转播权而在美国赚取的回扣，或者通过美国银行支付的回扣。瑞士正在调查2018年和2022年世界杯主办权的投票，以及其他涉及国际足联官员的可疑交易。这两项仍在进行当中的调查一起揭示了长期以来所有人都心知肚明，但是大多数人选择熟视无睹的情形：足球管理界上层的集体腐败行为——在出售电视转播权和主办权时收取高额回扣。

巴西人不可避免地在被免职前的辞职名单上占据显要位置（国际足联名誉终身主席若昂·阿维兰热和巴西足协前主席、国际足联副主席里卡多·特谢拉）及那些被逮捕、指控并引渡到美国的人——最著名的是组织2014年巴西世界杯的何塞·玛丽亚·马林。巴西自己的腐败调查人员在2015年指控该国排球联合会的领导人有很多违法行为，而卡洛斯·努兹曼，这个曾经主管巴西排球，后来当选为2016年里约奥组委主席和巴西国家奥委会主席的人，被指控在他竞选巴西国家奥委会主席期间犯有最严重的渎职行为。非常巧合的是，在2011年，唯一一个与他竞争这个职位的人——该国规模极小的冬季运动联合会主席埃里克·马莱森——在竞选前夕被控欺诈，因轻微的程序性原因被取消竞选资格，并被对手的手下突击搜查其办公室。[4]

2016年初，围绕巴西国家石油公司的调查揭示了该公司与奥运会筹备工作千丝万缕的关联。司法部部长路易斯·亚当斯宣布，他正在调查议会下院议长爱德华多·库尼亚与巴西几家最大建筑公司承建的奥运会工程之间的关系——特别是他从奥德布雷希特公司那里获得的47.5万美元，该公司赢得了建造越野自行车比赛、皮划艇比赛和山地自行车比赛场馆的合同，以及快速公交车道的大部分工程。鉴于赢得绝大多数奥运会合同的五家公司中，有四家公司的

第九章 走向南方：
新世界秩序中的奥林匹克

首席执行官目前正在监狱中煎熬，等待审判，或者已经因类似的腐败指控而遭到监禁，毫无疑问还会有更多这样的内幕有待揭露。数十万巴西人走上街头，要求弹劾罗塞夫总统，反对派正在积极推进这一要求。[5]

罗塞夫总统和联邦政府由于自身的问题饱受困扰，而由努兹曼领导的组委会几乎无法处理运营预算，更不用说建设项目了，里约奥运会逐渐成为爱德华多·派斯市长管控的项目和实现他竞选总统的野心的工具。在他的管控下，里约奥运会获得了些许关注和组织能力。巴西危险的经济状况迫使奥运会的筹备和组织预算大幅削减，贵宾用餐的规模受到冲击，志愿者现在被要求支付住宿费用。尽管如此，奥林匹克公园的场馆、奥运村的设施和德奥多罗奥林匹克公园的许多临时建筑已经完工或按合理的时间表完工。曾经庞大的交通计划已经缩减为两个关键项目：快速公交线路和延伸到奥林匹克公园的地铁线路。即使按照巴西的标准，地铁看起来也要到最后一分钟才能完工，而且可能需要注入天文数字般的联邦资金才能按时完成。快速公交系统将会建成，尽管成本相当高，而且许多家庭被迫搬迁，他们的家园过去位于旧的高速公路两旁。但这真的不是最严重的，因为问题是，政府投入了巨额资金满足巴拉达蒂尤卡区的交通需求，而北区的大量人口——最依赖公共交通的人，忍受着在市中心工作的漫长而昂贵的公共汽车车程——再次被忽视了。

也许被巴西政府忽视更好？过去住在维拉·奥托多莫贫民窟的600个家庭中，有些人可能会这样认为。[6]这是一个稳定且相对欣欣向荣的贫民窟，位置优越，联通城市的其他地方，是自1967年起渔民和建筑工人在贾卡雷帕瓜潟湖附近搭建的一个临时棚户区，那里曾经有一条旧的赛马场,在这里建设奥林匹克公园的规划迫使棚户区的居民迁离。尽管政府提出的搬迁请求遭到了相当大的阻力,但到 2015 年初,受顽固阻力和勇气的驱使,只剩下 40 户家庭,他们中的一些人这一次就自己的房产获得了市场价格或高于市场价格的政府赔偿,而不是开发商通常发放的极低的或象征性的赔偿。直到 2015 年 4 月,最后一批人因为拒绝搬迁而举行抗议示威活动,堵塞了早上高峰时段的交通,造成了三个小时的拥堵。

尽管市长可能倾注了全力,巴西也因在最后一刻才完成奥运会工程而臭名昭著,但是有一项奥运会工程在最后期限来临之时远未达标。这项工程旨在彻底改造里约臭名昭著的糟糕的污水和自来水系统,以及清洁该市所有被污染的河道、海滩和海湾,这样的计划过于不切实际,不可能实现。对于里约穷人来说,这样令人失望的结果在意料之中,他们仍然生活在最起码的卫生条件下,这对于奥运会本身来说也是一个潜在的灾难性的决定。国际奥委会、世界航海管理机构和巴西奥组委继续坚持认为,根据标准的细菌测量,举行帆船比赛的瓜纳巴拉湾、举行划艇比赛和皮划艇比赛的罗德里戈·弗雷塔斯潟湖和举行铁人三项的科帕卡巴纳海滩的水质在可接受的范围内,对参赛者来说非常安全。尽管排入这些水域的污水中有 50% 完全没有得到处理,但是组委会和相关机构仍然坚持他们的看法。不管监控设备提供的画面如何,最近在这些奥运会水域里练习和比赛的运动员发现了"床垫、汽车、洗衣机、桌子、电视、沙发和椅子,以及死狗、死马和死猫"。[7] 巴西奥运会选手拉斯·格拉尔报告说,他过去几年在海湾进行划船训练时发现了四具尸体,而他的一位同事托马斯·洛-比尔在参加一场冠军赛时撞到了沙发而

第九章 走向南方：
新世界秩序中的奥林匹克

输掉了比赛。美联社委托进行的一项测量水中病毒水平的研究发现，不仅在海岸附近，连深海中的污水相关病原体的浓度都比南加州使用的安全允许水平高170万倍。2015年夏天，在海湾举行训练的克罗地亚和奥地利帆船营报道，他们的运动员爆发了严重的胃肠疾病。有些运动员提议早点来，经常在海湾出航，这样他们就有可能像里约的大多数人一样，最终获得一些免疫力。其他运动员希望抗生素漱口水能起到作用。里约政府仍然声称，他们在最后一刻可能完工的污水管道计划将会改变这一切；与此同时，它投资购买了一些名为"生态船"和"屏障"的东西，这些东西实际上是用来打捞购物车、腐肉、移动浮标和吊杆等水域垃圾的拖轮，政府试图将污物和泡沫挡在电视摄像机的镜头外面。[8]

相比之下，马拉维利亚港区的工程进展要快得多。[9]大规模再开发这个城市中有着历史意义的码头区，在所有宣传文献中被认为是一个奥林匹克中心项目，实际上只是奥运会媒体村的所在地和一个小型技术运营中心。它所承担的功能不多，但足以让该项目获得奥运会项目的紧迫性和高规格的公私合作伙伴关系，在这种关系中，市政府将该市有史以来最大的开发项目的规划和治理移交给由三家私人建筑公司共同完成（不用说，所有这些公司都卷入了巴西国家石油公司的丑闻）。它的中心场馆是气势恢宏的明天博物馆。该建筑由圣地亚哥·卡拉特拉瓦设计，被媒体描述为"一座看起来像太阳能恐龙和大型空调设备的混合体的另类建筑"，致力于解决可持续发展、气候变化、能源使用和城市生活等问题，并鼓励游客思考确保可持续未来所涉及的复杂选择。[10]

很难想象以 200 亿美元举办奥运会是解决方案的一部分。人们不禁要问，博物馆是否也会让游客思考在可持续发展的未来，安全成本将是多少？2013 年席卷联合会杯的示威是由圣保罗的警方对公交票价上涨的抗议活动的粗暴回应引发的。这一次，当局在 1 月份而不是 6 月份提高了价格，随后在圣保罗举行抗议的 3000 多人遭到了催泪瓦斯、眩晕手榴弹和高压水枪的袭击。里约似乎将在安全方面花费大约 20 亿美元，部署 8.5 万名人员——甚至比索契冬奥会上部署的人员还要多——只为维持 17 天的城市和平。这就是未来之国巴西，举办的奥运会。

结 论

主动改变还是被迫改变？这就是问题所在。

——国际奥委会主席 托马斯·巴赫

尽管国际奥委会一直很保守，但它还是泰然自若地渡过了难关，这是一个两难的境地。事实上，其领导层的灵活性往往被证明对保持国际奥委会在全球体育中的卓越地位至关重要。顾拜旦与世界博览会和不可避免的国际体育民族主义达成了和解。巴耶-拉图尔执掌的国际奥委会将女子奥运会扼杀在萌芽状态，并与好莱坞和第三帝国密切合作。布伦戴奇同意苏联加入国际奥委会，确保了奥运会在全球体育运动中的卓越地位，也注定了业余运动主义的防御失败。萨马兰奇发起了激进的改革，并与近一个世纪以来奥林匹克对金钱的蔑视原则背道而驰，与职业体育和全球文化产业建立了一系列决定性联盟，从而确保了国际奥委会的经济独立和奥运会的全球影响力。他们的继任者托马斯·巴赫也面临着变革的压力。但是巴赫的国际奥委会面临的挑战不是来自一种不同的运动模式、不满的民族国家和运动员，或者被排斥在外的少数群体，问题在于奥运会本身。

在 21 世纪，奥运会的举办成本已经很高昂，而且越来越与最宏大的城市发展项目紧密相连，但由于希腊和巴西的繁荣、中国恢复大国地位以及俄罗斯决心让我们知道它从未失去自己的大国地位等因素，奥运会被注入了财政和建筑上的类固醇。20世纪90年代，奥运会的安保成本已经飙升，但由于"9·11"恐怖袭击事件的余波未平，以及国际奥委会和奥组委越来越倾向于在主办城市筑墙以保护奥运会空间的安全，清除无家可归者、抗议者和游击营销者，这一成本急剧上升。雅克·罗格担任国际奥委会主席期间，主要着力于在盐湖城丑闻后重建国际奥委会的声誉和廉洁，并满足赞助商的需求，但是他在任职期间更加引人注目是，他不仅几乎完全无视城市巨大规模重建项目造成的经济和社会后果，而且放任并且助长了这种趋势。事实上，尽管奥运会的体育日程上已经安排了过多的比赛项目，罗格还是确保夏季奥运会增加了高尔夫球比赛和七人制橄榄球比赛，冬季奥运会增加了一系列新的极限运动和另类运动。

北美和欧洲潜在主办城市的公民对主办成本不断上升且收益不确定的奥运会持不太乐观的态度，他们的怀疑使申奥成为越来越难以处理的政治行为。因此，2018年冬季奥运会只有三个城市申办，竞争2020年夏季奥运会主办权的也只有三个城市。当地方公投否决了圣莫里茨／达沃斯、克拉科夫和慕尼黑对2022年冬季奥运会的潜在的申办可能性时，国际奥委会终于敲响了警钟。乌克兰战争终止了利沃夫的申办计划，瑞典政府中止了斯德哥尔摩的申办程序。[1]最后，奥斯陆尽管在国际奥委会赢得了50比36的多数票，但还是在挪威政府宣布不资助申办活动后退出了竞争。国际奥委会将在北京或者哈萨克斯坦的阿拉木图中间做出选择。

托马斯·巴赫于2014年12月在摩纳哥举行的国际奥委会特别代表大会上发表讲话，提出了自己的国际奥委会高层更迭建议——《奥林匹克2020议程》，提出国际奥委会在被迫变革之前是否能够

结 论

改变自身这个问题。该报告主要关注的是使申办和举办奥运会的成本降低、程序减少，更倾向于翻修而不是重新建设奥运会场馆，以及将国际奥委会与其东道主之间的关系重新想象为更接近合作的关系而不是以往较为强硬的特许经营。然而，在他的讲话和报告当中，人们都意识到更为重要的信息。"我们需要改变，因为体育在社会中的作用十分重要，我们不能忽视社会的其他部分。我们不是一个孤岛。"这算不上社会学上的新洞见，但对国际奥委会——一个致力于从其他所有社会行为者那里获得自身的经济、政治和道德自主权，并维护其对许多人的主权的机构——主席来说，这相当于间接地认识到，全球体育及其机构的公众地位正在走向类似垃圾债券的地位。巴赫暗示但并未明确表达的是，在以国际奥委会为中心的全球体育世界中，一系列深刻而又相互关联的危机正在发生。这些危机的严重程度使社会无法忽视，对于体育来说无法自行解决，其结果是蚕食了国际奥委会和体育界仅存的一点道德权威。

国际奥委会自身在奥运会的规模巨大化和在申办过程中蔓延的腐败文化方面的问题并不仅限于奥运会。不断攀升的成本，不断下降的有形利益，在危险、有时是压迫性的工作条件下建造的高昂成本，用途有限的体育场，因建筑行业的腐败和回扣而造成大量资源流失，这些都是南非、巴西和俄罗斯世界杯的一大特色，尽管没有一次世界杯引发过奥运会带来的那种基础设施建设热潮。然而，2022年卡塔尔世界杯预计支出在2000亿美元左右，将超过此前所有世界杯的举办成本。同样，在盐湖城冬奥会丑闻爆发之前，奥运会申办过程中购买选票的现象已经十分普遍。尤其是足球世界杯举办权的分配似乎已经腐败到了极点，尽管最终真相仍在瑞士和美国法律当局的调查之中。世界田径锦标赛申办过程的公正性也受到质疑,特别是2021年锦标赛没有经过任何形式的申办过程就被授予耐克总部所处的俄勒冈州尤金市。[2]这对迄今为止,一直认为新的申办程序没有腐败的国际奥委会来说,是一件不幸的事;调查全球田径运动腐败的法国当局也已经公开了一份与申办2016年和2020年夏季奥运会相关的文件。[3]

同样,继盐湖城丑闻引发了国际奥委会自身的治理和合法性危机之后,十多年来全球体育领域不断爆出治理丑闻和腐败丑闻。国际排球联合会主席(也是国际奥委会成员)墨西哥人鲁本·阿科斯塔将排球这项运动作为个人领地经营了十多年,从出售全球排球电视转播权的个人佣金中积累了巨额财富。[4]全球足球比赛管理的相关机构已经陷入危机。美国联邦调查局对出售北美和南美足球锦标赛电视转播权过程中出现的洗钱和回扣行为展开调查,逮捕了媒体公司、国家和地区足球协会的高级管理人员以及国际足联执行委员会成员。与此同时,国际足联自己的道德委员会禁止其新任主席(和国际奥委会成员)塞普·布拉特和秘书长杰罗姆·瓦尔克参与足球活动。

国际奥委会认为世界反兴奋剂机构的成立可以缓解自20世纪30年代以来困扰奥运会和整个体育界的问题,这或许是可以原谅的。尽管国际奥委会已经将对这一问题的控制权交给了世界反兴奋剂机构,但该组织成立的第一个十年主要是为了证明这一问题的地方性规模,澄清高水平体育运动中的兴奋剂制度化的形式,揭露体育官僚机构中许多高级官员与兴奋剂使用者的互相勾结,并使所有有组织的体育运动名誉扫地。兴奋剂泛滥的重灾区,如摔跤、举重和游泳，相继有运动员爆发兴奋剂丑闻并被取消资格，但是自行车运动员的兴奋剂丑闻已经占据了大部分头条。[5]在法国、西班牙和美国进行的一系列刑事和新闻调查表明，在20世纪90年代和21世纪初，几乎所有的车队和赛车手都无法洗脱兴奋剂的嫌疑，最严重的是兰斯·阿姆斯特朗，奥运会铜牌获得者，七次环法自行车赛冠军。[6] 2015年，俄罗斯在田径和其他体育项目中系统性的、国家支持的兴奋剂政策曝光后，无论世界反兴奋剂机构的工作收复了什么样的失地，过去对各种不端行为的所有揭露都因此次曝光相形见绌。由于国际田径联合会高层人物的相互勾结，以及相对容易回避世界反兴奋剂机构的检查，这导致相关运动员使用兴奋剂的方式变得更加隐蔽和容易成功。

兴奋剂当然不会增强体育的道德权威，而且它继续威胁运动员的健康和福祉，但是，正如美国职业棒球大联盟和欧洲公路赛的持久流行所证明的，公众对兴奋剂对体育比赛的影响非常宽容。兰斯·阿姆斯特朗可能服用了不少兴奋剂，但至少他和其他所有处于类似药理状态的自行车运动员都在努力获胜——尽管兴奋剂很好，但无法保证运动员获得冠军。人们对假球的态度非常不同，因为大部分球员在踢假球时，倾向于选择更容易实现的故意输球，因此球赛的所有不确定性和真实性都消失了，只剩下一场拙劣的哑剧，观众被当成了傻瓜。同样，操纵比赛有着悠久而不光彩的历史：曼彻斯特足球俱乐部和利物浦足球俱乐部的球员在1915年操纵了他们之间的一场比赛，而1919年美国棒球世界大赛就是由于芝加哥白袜队队员在比赛中放水而爆发了大联盟历史上最严重的打假球事件。由于羽毛球比赛和击剑比赛独特的资格循环赛制，这两项运动中的比赛策略经常会造成这样的情况，即来自同一国家的运动员在比赛时会故意输掉比赛，以确保对手的晋级资格。正如奥运会自身在滑冰和体操方面的经验所证明的那样，长期以来，涉及裁判的运动容易受到金融操纵和政治操纵。在意大利足球和巴西足球中，季末交换分数以防止降级几乎是常事。尽管这些形式的假球存在问题，但与全球离岸博彩业和由印度和东亚高度不受监管的市场对体育博彩似乎贪得无厌的嗜好驱动的新形式的价差界外球赌注（spread-and-spot betting）所推动的有组织犯罪假球浪潮相比，它们显得微不足道。[7]就在过去十年里，发生了无数起运动员打假球的丑闻：巴基斯坦板球投手投出了"三无球"；从波斯尼亚乙级联赛到欧洲冠军联赛和奥运会预选赛，各级别的足球运动员都有故意丢球和救球。在韩国，排球和篮球比赛中都发现了运动员打假球，操纵比赛在日本相扑比赛中很普遍。[8]作为对比赛中一连串丑闻的回应，国际网球协会自己的监督机构网球诚信小组已经收集了前50名男子选手中有16名比赛作弊的证据。[9]

20世纪90年代初，当国际奥委会最终从章程中删除业余主义的定义时，美好时代绅士运动员的幽灵，以及顾拜旦将奥运会视为"展现男子气概的美德"的观点——由适当的男性展现以对其他人进行道德教育——从此寿终正寝。虽然这是奥运会真正体现其普遍性和包容性的先决条件，而且作为一系列更广泛变革的一部分，它有助于将奥运会运动员和项目的男女性别比例提高到50%，但这是有代价的。最明显的是，这意味着现在混合模式的奥林匹克运动中最重要的单一成分是顽固的商业化和高水平的专业精神。尽管这对于国际奥委会来说是一件非常好的事情，但无法从其中塑造出卓越的社会使命和体育目的。顾拜旦及其继任者仍然可以说服自己和其他人,他们掌管的奥运会是人道主义精神和宗教仪式,是展示欧洲男性统治阶级和军官团的道德优势和身体优势的合法平台。这不会再奏效了。因此,国际奥委会试图重塑其社会使命和道德使命,与全球政治的新话语——普遍人权、大众参与体育和环境可持续性保持一致。其他同样缺乏当代道德指南针的全球体育组织也走上了同样的道路。这里的危机不在于他们对道德的争论或目标的选择,而在于这些组织及其掌管的大型赛事未能兑现自己的价值观和承诺。

国际奥委会以及许多国际体育机构和他们的商业支持者声称,他们的壮观赛事是促进人们参与运动和锻炼的催化剂,因此是鼓励更健康生活方式所需的复杂政策组合中的一个强有力的工具,但这种说法缺乏足够的证据。在某些社群中,体育已经成为一条成熟且似乎可行的脱贫之路,商业性大型体育赛事继续令人眼花缭乱并引人入胜。牙买加运动员在短跑项目上取得胜利、中美洲拳击冠军、非洲足球运动员在欧洲的成功以及多米尼加球员在美国职业棒球大联盟中的成功,都有助于鼓励下一代人通过自己的运动天赋改变命运。然而,在大多数富裕国家,尽管比以往任何时候有更多的各种各样的运动方式出现在更多的屏幕上,所有这些运动都是以越来越强烈的视觉方式和修辞方式播放的,但参加有组织的运动的人数没有相应的增加;事实上,在许多国家,参与运动的人数明显下降。这些社会中重视管理身体的富裕阶层会去健身房锻炼身体,但似乎无论有多少运动员获得金牌或打破世界纪录,都无法对抗久坐不动的生活方式和工业化食品行业造成的后果。

东亚已经确保了奥运会的近期前景。东京于 2020 年举办夏季奥运会①，2018年冬季奥运会在韩国平昌，2022年冬季奥运会在北京举办。虽然这些奥运会都不会达到2008年北京奥运会或2014年索契冬奥的规模或成本，但它们的预计成本并没有紧缩。平昌冬奥会的预算是100亿美元，而且还在增加，东京奥运会的费用预计在200亿美元左右，北京方面称举办冬季奥运会的成本为40亿美元②。然而，尽管花费了大量的资源，这些奥运会在申办之初看起来非常符合主办国的国情。对分别于1988年和2008年举办夏季奥运会的韩国和中国来说，举办奥运会标志着它们新近获得了领先的工业大国和经济大国地位。韩国和中国都是首次举办冬季奥运会，似乎宣告了它们向后工业经济形态的转型，有大量有钱有闲的中产阶层，以及高度发达的冬季运动和旅游业。[10] 2008年北京奥运会的主题口号是"同一个世界，同一个梦想"。2022年北京冬奥会的主题口号是"纯洁的冰雪，激情的约会"。中国承诺，将把冬季运动的参与率从现在的全国不到2%提高至22%以上。但是，除了少数相对富裕的休闲滑雪者之外，3亿名新的冬季运动爱好者亟待挖掘，这将是个较为艰巨的挑战。韩国的平昌冬奥会的筹备工作，包括了砍伐加里旺山山坡上的数万棵树，其中有许多珍稀的古树，在当地的非政府组织看来，这种较少受到干扰的森林环境的消失是一种"生态灾难"。在北京，或者更确切地说，在北京以北70英里的小海坨山，新建滑雪场和设施的计划需要动用松山国家级自然保护区的大

---

① 东京奥运会实际上于2021年才举行。——编者注
② 根据新华网在2015年7月31日的报道，2022年北京冬奥会的预算分为两个部分，一个是赛事编制预算，约为15.6亿美元；一个是包括竞赛场馆和非竞赛场馆在内的场馆建设预算，约为15.1亿美元。——编者注

结　论

部分①，这是一个富含多种稀有鸟类的地区。

2020 年东京奥运会似乎是一个更雄心勃勃的项目，它从 1964 年奥运会中汲取灵感。1964 年奥运会不仅宣布日本重返世界秩序，还预示着日本将成为一个工业和技术强国，并成为东京自身重建的重要催化剂。因此，日本将举办 2020 年奥运会并将此视为重塑东京作为未来城市的一个机会，同时也有助于将东京和日本从自 20 世纪 90 年代以来笼罩日本的长期通货紧缩阴影中解救出来。迄今为止，人们的大部分精力和注意力都集中在明治公园建造的一座新的奥林匹克体育场上。这单设计最初是由扎哈·哈迪德极其丑陋的设计方案赢得的。它看上去像一个巨大的自行车头盔，高耸在明治公园的上空，造价高达 2520 亿日元，是有史以来建造成本最高的体育场。针对该建筑规模和外观的大规模激烈抗议活动导致这项计划被取消，在新一轮设计方案提交后，设计工作被授予一个由日本建筑师隈研吾设计的更加朴素和传统的方案，该设计仍将耗资超过 10 亿美元。至于未来，2020 年东京奥运会看起来将会是一个高科技装置的展示区：运送运动员往返奥运村的自动驾驶汽车；电动助力四肢和机器人套装使越来越多的老年人能够锻炼和运动；新一代更高分辨率的相机和屏幕、更快的手机和新一代游客智能翻译机器。

《奥林匹克 2020 议程》能否带来足够的变化，让国际奥委会保持领先地位，解决困扰当代体育的治理、合法性和宗旨的多重交织的危机？在其主要关注的申办城市和奥运会主办方这两个领域，情

---

① 根据人民网在 2015 年 8 月 8 日的报道，为优化松山国家级自然保护区的整体生态环境，政府将保护区总面积扩大了 31%，而规划中的冬奥会滑雪场并不在调整后的自然保护区范围内。——编者注

况并不乐观。在汉堡和波士顿的人民看来，国际奥委会的改革显然不够，因此他们果断地拒绝了当地市政府提出的申办要求。国际奥委会最终选定了四个候选城市——洛杉矶、罗马、巴黎和布达佩斯——尽管很难相信匈牙利作为欧洲最为甚嚣尘上的本土主义、民族主义和反移民政治的中心是一个值得严肃考虑的候选城市。《奥林匹克 2020 议程》在透明度方面取得微小进展，但根本无法解决一个实体的基本民主和问责缺陷，该实体实际上是一个相当于世界银行或世贸组织的国际组织，代表全球国家体系连接和管理全球和国际体育空间，但根据瑞士法律，它是一个合法的非政府组织，不对任何人负责，这种情况因其自行负责国际奥委会委员的任命模式而变得更加糟糕。无论与联合国、赞助者、体育联合会和其他非政府组织建立多少战略伙伴关系，都无法弥补这一差距；奥林匹克电视频道和微观文化节目的创建也不会创造将国际奥委会与全球公众联系起来的沟通和参与的途径。

因此，《奥林匹克 2020 议程》的悲剧不在于它不足以完成全球体育改革，特别是国际奥委会改革的任务；这些不是简单的问题，也不是国际奥委会能够独自解决的问题。相反，《奥林匹克 2020 议程》的悲剧在于，在扭曲的企业变革语言——重新定位、标杆管理、领导力之下，巴赫和他的手下们都在幻想自己仍然是一场社会运动的一部分——一股推动价值驱动的行动和目标的力量，不受经济和政治需求的影响，并与之对立。"对我们来说，进步意味着凭借我们的价值观加强社会体育"。但是"我们"是谁？它包括国际奥委会，也包括利益相关者：组成组委会的国家政治和经济联盟、体育用品行业、世界体育媒体、跨国公司赞助商、国家体育机构和国际体育

结 论

机构,这些机构从形式和行为上都不像社会运动。它包括奥林匹克运动员和奥林匹克官员,但是没有包括奥林匹克公众,也不包括奥林匹克活动家。国际奥委会已经做出了改变,因为只有一个规模虽小但联系极其紧密、权力巨大的官僚机构在运转。

马克斯·韦伯在思考如何(如果有可能的话)扭转现代世界的官僚化时问道,我们所创建的机构如何能够注意到除自身之外的其他需要,或者政治权力和物质利益的危险诱惑。"没有人知道将来谁会住在这个笼子里,或者在这个巨大发展的阶段结束时,是否会出现全新的先知,或者旧思想和理想会有一次伟大的重生。"没有新的奥林匹亚先知即将出现,也没有任何迹象表明顾拜旦核心理念会换上新包装再度出现。在这种情况下,韦伯把未来的官僚机构想象成"带有某种突如其来的自负的机械化僵化"。这样的话用来形容国际奥委会的状况再好不过了。如果国际奥委会制定不出比《奥林匹克2020议程》更激进的改革方案,它所掌控的奥运会可能结局也会如此。

尾声 2017年：派对结束后

里约奥运会上有许多非凡的表现。当然包括尤塞恩·博尔特、莫·法拉赫和西蒙·拜尔斯，但实际上没有什么比托马斯·巴赫作为国际奥委会主席在他上任后的第一届夏季奥运会上轰动一时的首次亮相更加引人注目的了。在闭幕式结束后一天举行的早餐会上，他极度不真诚地说："这是在不可思议的城市举行的精彩的奥运会。里约奥运会向世界展示了里约热内卢人和巴西人最好的一面。"真的吗？让我们暂时搁置这场奥运会还没开始就已经是一场灾难的看法。让我们忽略这样一种观点，即奥运会的筹备工作例证了巴西最糟糕的裙带政治、广泛的腐败以及贪婪的政治家和房地产开发商。让我们忽略这样一个事实，即大部分已建成的基础设施使本已富裕的人受益，代价是成千上万人被迫搬迁。让我们假装里约热内卢州及其公共服务在奥运会前夕的破产与奥运会无关。

如果我们只是按照我们看到的奥运会本身做出判断，那么里约奥运会给世人留下的最持久记忆肯定是大量的座位——凉爽的大西洋蓝色、热带黄色、雨林绿色——全都是空的，不管组委会狂吹他们卖出或赠送了多少票，也掩盖不了这个事实。虽然有些赛事和有些比赛环节接近满座，许多赛事——比如七人制橄榄球赛、手球比赛和举重比赛极少有观众观看。甚至观众对于观看公路赛车和铁人三项这样的免费赛事也没什么热情。名义上是在最后一分钟给学校的赠票，完全没能堵住门票价格把城市的大部分居民排除在场馆之外留下的漏洞。糟糕的交通状况和迟钝的安全措施在一定程度上造成了观看奥运会的人数少,但空荡荡的看台反映了少数富裕的公民对大部分赛事漠不关心,以及可耻地把座席分配给赞助商和"奥林匹亚家族",造成的极大浪费;国际奥委会委员爱尔兰人帕特·希基因被指控无耻倒卖门票而遭到逮捕,使得比赛场馆空荡荡的场面更加令人不快。[1]

即使观众多也一定不能保证奥运会气氛。米歇尔·特梅尔总统在开幕式上致辞时,观众发出粗鲁的嘘声,但比开幕式上宣读奥运会誓言时观众毫无意义的插科打诨好很多。这两种表现都比法国撑竿跳高运动员李纳德·拉维莱涅受到的待遇要好,他在输给巴西选手蒂亚戈·布拉斯·达席尔瓦的比赛中遭到了观众的恶毒嘘声,随后在颁奖仪式上又遭到了嘘声。[2] 据报道,环球电视台的负责人说:"巴西人不喜欢运动,他们喜欢胜利。"

尽管里约奥运会成功地将我们的注意力集中到了主要的赛事上,但后台出现的故事还是很能说明问题。遗憾的是,奥林匹克广播联盟没有把摄像机对准供国际奥委会成员享用的自助餐及其账房,那里每日向每位国际奥委会成员发放 450 美元至 900 美元的津贴。与此同时,辛勤工作的志愿者却没有人给他们提供食物,清洁工轮班工作 15 个小时,他们却被禁止进入奥林匹克村的公共区域。[3] 这个城市的其他地方也是如此。除了奥运会泡沫,还有一种普遍的感觉——甚至在主流体育报道中也是如此——里约正在主办一个绝大多数人没有受到邀请参加的聚会;一组城市贫民窟的居民观看开幕式烟火的照片非常清楚地表明了这一点,开幕式上播放了一张描绘了他们街区的卡通版本照片,但购买开幕式的门票要花掉他们几周的工资。

尾声
2017 年：派对结束后

面对这一切，托马斯·巴赫竟然能对他的东道主给予如此油滑的赞扬，这的确是无人能及的。然而，这种意识形态和政治灵活性的壮举与巴赫和国际奥委会从里约仓促离开后留下的无与伦比的奥运会导致的灾难相比显得微不足道。事实上，巴赫厚着脸皮，无视事实地宣称奥林匹克金融模式已经通过了它自己的"压力测试"。在奥运会后的浮华下，从里约这座不可思议的城市看来，情况并非如此。

里约州仍然面临 310 亿美元的债务，完全没有任何新的收入来源来缓解危机。这座城市的教师、警察和公共部门工人屡次罢工和抗议，他们的工资——即使他们能按时拿到——在通货膨胀肆虐时没有上调。里约前州长塞尔吉奥·卡布拉尔遭到逮捕，面临多项腐败指控。里约前市长爱德华多·派斯的资产被一名里约法官冻结，该法官正在调查他从奥林匹克高尔夫球场建造中获得的款项。就交通遗产而言，地铁的运营状况只达到其设计运载能力的一小部分，每天只有 8 万趟，而设计的目标是不切实际的 30 万趟。除了富人之外，它的路线在地理上对其他所有人都毫无用处，票价也是大多数人负担不起的。里约满足贫困居民需求的快速公交网络，实际上专注于为奥林匹克公园周围的富裕地区提供服务，而原本有利于北区工人阶级的主要路线被取消了。[4]

里约城轻轨系统现在将新港口开发与中央巴士总站和城市的小型国内机场桑托斯杜蒙连接起来，这仅仅对游客来说是个好消息，但对当地居民更实用的其他路线也被取消了。因此，这个轻轨系统带来的收入非常少，但是，考虑到建立该系统的公私合作关系的性质，破产的市政府已经保证私营开发商获得二十五年的利润。与此同时，这些项目的无形遗产是对许多街区的街景、人行道和公共广场造成的巨大破坏，随着客流量和公共交通利用率的下降，企业和商店纷纷关门歇业。与此同时，对许多通勤者至关重要的二十八条传统的南北公交线路被新工程一分为二。公共交通服务机构拒绝承认对方的卡和票或里约城市折扣卡——相当合理地认为政府永远不会为他们报销——使得换乘的情况几乎不可能发生。[5]

普罗维登夏建造的缆车的命运违背了当地居民的明确愿望，可以代表贫民窟居民的大部分奥运会经历。它只是为游客服务的花哨无用的装置，但是它的建造需要摧毁美国伯明翰广场（Plaza America Brum）的大部分区域，这是该地区唯一的公共空间。缆车不再运行了，而且在目前的财政让步下，它也无望再次运行。[6] 警察和平分队和他们受托执行的贫民窟维和方案的命运没有什么不同。这样的方案从来没有受到欢迎，后来还遭到鄙视，但是奥运会之前和期间大规模的安保行动在某种程度上维持了和平——尽管这座城市常见的凶杀和暴力袭击还是时有发生。随着犯罪率的上升，甚至这种和平也不再存在，警察罢工已经变得很普遍，监狱暴动已经把整个安全机构带到了崩溃的边缘。尽管如此，那些仍住在贫民窟的人是幸运的。根据里约政府制定的名为"我的家，我的生活"计划，大多数为建设奥运会场馆和基础设施让路的公民，最终都被重新安置在最骇人听闻的居民区，这些居民区在那里的土地价格最低的时期建造，没有交通设施，或者交通设施距离居民区非常遥远。开发商建造的是与能源和污水系统连接不良或根本无法连接的千篇一律的兵营式公寓街区。它们都落入了帮派的手中，而许多居民还受到银行的恐吓和威胁，因为他们面临着无法偿还的抵押贷款，如果他们通水通电的话，还要支付高昂的水电费。[7]。

尾声
2017年：派对结束后

马拉卡纳运动场至少保留了其反映、甚至领导城市社会气候的持久能力。就在奥运会后几个月，它变成了一座废墟。由于没有为它的正常使用制定计划，关于谁负责维护它的争论还在继续，没有人为它支付电费。遭到虫子啃咬后，运动场地无法再用，没有安排任何比赛。然后电源被切断，它变得黯淡无光。运动场的其余部分不断遭到抢劫，窃贼偷走了电视、铜线和座位。[8] 奥林匹克公园至少保留了安保，由于在残奥会结束时实际上是检修好存置备用的，但它是以公众完全无法进入公园为代价的。没有一个设施找到新的所有者或制定合理的再利用计划。

入住率约为10%的奥运村，还没有显现其建筑商所设想的房地产繁荣。事实上，情况如此糟糕，以至于新上任的里约市长马塞洛·克里维拉一直试图说服银行向在那里购买房产的政府雇员提供低息抵押贷款。德奥多鲁奥林匹克区及其设施本应成为一个公共公园，但已被里约市议会关闭，维护该区的运营公司也被解雇。[9] 高尔夫球场——在这里打一场比赛需要花费74美元，超过一周的最低工资——正在苦苦挣扎，可能会关闭。尽管如此，里约组委会主席卡洛斯·努兹曼和里约前市长爱德华多·派斯还是获得了国际奥委会颁发的奥林匹克金质勋章。

任何人都不应该对国际奥委会的短视或其坚持为有罪之人授予荣誉感到惊讶。在里约举行的国际奥委会大会上，在许多关于延长国际奥委会成员资格和执行委员会的讨论中，仍然有很多人喜欢像非洲足球联合会主席喀麦隆人伊萨·哈亚托和穆尼尔·萨贝特这样年事已高的成员，萨贝特手握的众多挂名职务之一是埃及国家奥林匹克委员会主席。哈亚托和萨贝特都超过了国际奥委会对普通成员的70岁年龄限制；他们被认为配得上荣誉会员资格，这使他们能够继续留在委员会并保留他们的津贴。

哈亚托无疑是因为纯粹的耐力而获得荣誉会员资格的，他曾在非洲足球联合会担任了二十八年的主席，也是国际足联执行委员会的高级官员。除了无数的腐败指控外，国际足联臭名昭著、现已解散的媒体权力机构国际体育休闲公司通过海外银行账户向哈亚托支付了数百万美元，这一点仍是无可争议的。他和其他执行委员会委员得以保留职位，只是因为在支付款项时，没有针对瑞士的国际组织腐败的法律定义。正如下一代足球高管和媒体公司已经认识到的那样，现在情况不同了，他们必须为自己的腐败行为付出代价。美国法律当局和瑞士法律当局对该组织与媒体交易和分配2018年世界杯和2022年世界杯主办权时收受回扣的情况发起调查，但哈亚托毫发无损。塞普·布拉特辞职后，他就任国际足联临时主席。当他一本正经地宣称他和国际足联都没有涉嫌腐败时，他的表现足以与巴赫宣称里约奥运会圆满成功相媲美。

穆尼尔·萨贝特将军，虽然毫无疑问是一名军官、商人和体育行政官，但他也是苏姗·穆巴拉克的兄弟，也就是已故埃及总统胡斯尼·穆巴拉克的大舅哥。萨贝特一度处于旧政权的中心地位，与他的妹妹和穆巴拉克的其他公司挂名负责人一道，担任无数离岸公司的联合董事。《巴拿马文件》披露了他是位于巴黎的一家军火交易公司的董事。如果不是他对和平主义与奥林匹克和平价值观的贡献为他赢得了荣誉成员的头衔，就可能是他那"坦诚"的履历。当然，他涉嫌腐败和洗钱的记录足够严重，瑞士当局和加拿大当局都冻结了他的银行账户和资产。

尾声
2017年：派对结束后

国际奥委会不是一个从历史中吸取教训的组织，但它在2016年末目睹韩国事件的发展时一定会有点似曾相识的感觉。与2016年里约奥运会的进程惊人相似的是，2018年平昌冬奥会的主办者艰难地应对预算从30亿美元飙升至逾120亿美元的局面，随后陷入一起轰动一时的全国性腐败丑闻，一直蔓延至总统办公室（这两起事件中涉及的国家元首都是这两个国家首位在任的女性元首），引发了公众的严重抗议，韩国立法机关启动弹劾总统的程序，最终导致总统名誉扫地后辞职。朴槿惠总统原本希望通过在2018年2月举办冬奥会来光荣结束她的五年任期，但在宪法法院考虑弹劾她时，她一直处于犹豫不决之中。她以前的朋友兼干政者崔顺实①遭到逮捕并接受审判。两个人都被指控向韩国企业施压，要求它们向一系列与总统有关联的基金会和联盟组织提供大量捐赠，以换取政治支持。

平昌奥组委以及地区政府和国家政府的各种监督委员会竭尽全力告诉世界，他们参与奥运会申办的成员中没有一个受到腐败的"污染"。然而，崔顺实的女儿郑维罗——曾经是一名花样骑术选手——据称已经成立了一个非政府体育组织，该组织拥有赢得政府资助和支持的非凡能力。三星为这个组织赞助了600万美元。它还受益于将2018年冬奥会溜冰场变成永久性而非临时性建筑的决定，该建筑将由同一非政府组织接管。此外，在2017年初，警方突击搜查了参与建造通往江陵高速铁路的韩国四家公司的办公室，他们认为这四家公司秘密勾结，以确保一起分享37亿英镑的项目。[10]尽管如此，前体育部部长崔光植仍说："冬奥会将让我们展示我们已经

---

① 原文误写为Choi Yoon-sun（崔允善），翻译时对此处纠正了。——译者注

达到了一个先进国家的水平。"毫无疑问，这个先进水平现在包括了广泛隐蔽的且无法追责的金钱和权力交易网络。[11]

到目前为止，2020年东京奥运会的情况仍然较为正常，它们的主要问题是资金。2020年东京奥运会因预算接近300亿美元而陷入旷日持久的内部冲突。2016年末，东京都知事小池百合子抨击组委会铺张浪费，缺乏像诸如首席财务官的基本职位设置，并坚持预算上限仅为170亿美元。[12]

国际奥委会可能仍然对其运作模式长久以来存在的问题视而不见，但世界其他地方并非如此。[13]在争夺2024年夏季奥运会的主办权的过程中，波士顿和汉堡在里约奥运会之前已经退出竞争。罗马和布达佩斯也紧随其后。2016年9月，罗马新当选的市长维尔吉尼娅·拉吉在接受媒体采访时说："奥运会是一个变成了噩梦的梦想。我不了解关于里约奥运会的所有事实，但我们看到了里约市民的状况。"她代表意大利五星运动党竞选罗马市长时明确表态，不支持罗马市申办2024年夏季奥运会，随后她领导市议会投票反对申办并获胜。[14]

尽管布达佩斯从来都不是热门候选城市，但是它的申奥工作看起来更加稳健，得到了总理维克多·欧尔班、匈牙利政府和大多数反对派的大力支持。这也许是致命的弱点，因为举办奥运会的前景为那些感觉没有受到任何政党代表的草根抗议者提供了完美的机会。仅在2017年初的几周内，名为"动力运动"的抗议团体就在一份请愿书上征集了超过25万人的签名，要求就申办奥运会进行全民公决，目的是将奥运会专用资金用于卫生和教育方面。欧尔班和布达佩斯市长知道他们将不可避免地在这样的公决中丧失民众的支持，

尾声
2017年：派对结束后

他们战术性地完全撤出了奥运会的申办。[15]

这样就只剩下巴黎和洛杉矶，这两个城市都不敢举行公投，因为它们肯定也会遭遇失败。由于世界各大城市对举办2028年奥运会的兴趣越来越小，争夺2024年奥运会主办权的竞争也不再那么激烈。随着世界城市吸取了里约奥运会的经验教训，国际奥委会给自己争取了一些时间，宣布他们将同时授予两届奥运会的主办权；洛杉矶很乐意选择主办2028年奥运会，巴黎选择了主办2024年奥运会。它们许诺举办什么样的盛会呢？它们会试图将什么样的意识形态主题挂在五环上？法国总统马克龙奉承地说："奥林匹克价值观就是我们的价值观。它们受到了威胁，今天许多人对此提出疑问，所以现在是保护它们的最佳时机。"洛杉矶市长埃里克·加塞蒂也这样说："我相信，洛杉矶夏季奥运会将体现奥林匹克理想和美国精神。"也许我们应该相信他们的话，假设他们真的认为他们的政治和国际奥委会的政治是一样的，是一种不受经验证据或民众抱怨影响的政治，是在秘密地运作和在幻想中交易的政治。也许，奥林匹克运动再次证明了它的古灵精怪，有足够的韧性足以适应我们的这个时代。

Notes

Chapter 1, Section One

[1] On Soutsos, see D. Young, *The Modern Olympics: A Struggle for Revival*, Johns Hopkins University Press (1996), pp. 1–8.
[2] P. de Coubertin, *Olympism*, Comité International Olympique (2000), p. 297.
[3] *Scholia in Lucianum*, 41.9.42–46.
[4] Ibid.
[5] A. Vott et al, 'Sedimentary burial of ancient Olympia (Peloponnese, Greece) by high-energy flood deposits – the Olympia Tsunami Hypothesis', 2nd INQUA-IGCP-567 International Workshop on Active Tectonics, Earthquake Geology, Archaeology and Engineering (2011), Corinth, Greece.
[6] C. Habicht, *Pausanias' Guide to Ancient Greece*, University of California Press (1998).
[7] Cited in M. Polley, *The British Olympics: Britain's Olympic Heritage 1612–2012*, English Heritage (2013).
[8] Cited in P. Radford, 'The Olympic Games in the Long Eighteenth Century', *Journal for Eighteenth-Century Studies, 35(2)*, (2012), pp. 161–184.
[9] D. Flower, *Voltaire's England*, Folio (1950), p. 4.
[10] Cited in M. Polley, *The British Olympics: Britain's Olympic Heritage 1612–2012*, English Heritage (2013), p. 19.

Chapter 1, Section Two

[1] Originally published as R. Chandler, *Travels in Asia Minor: or an account of a tour made at the expense of the Society of Dilettanti*, J. Booker (1817), p. 294.
[2] S. Dyson, *In Pursuit of Ancient Pasts: A History of Classical Archaeology in the Nineteenth and Twentieth Centuries*, Yale University Press (2008).

[3] Key sources drawn on for the ancient Games include: M. Finley and H. Picket, *The Olympic Games: The First 1000 Years*, Viking (1976); N. Spivey, *The Ancient Olympics*, Oxford University Press (2005); S. Miller, *Arete: Greek Sports from Ancient Sources*, University of California Press (2012); M. Golden, *Sport and Society in Ancient Greece*, Cambridge University Press (1998); N. Crowther, 'Visiting the Olympic Games in Ancient Greece: Travel and Conditions for Athletes and Spectators', *International Journal of the History of Sport*, 18(4), (2001), pp. 37–52.
[4] Pausanias (V, 24, 9).
[5] Cited in A. Guttmann, *The Olympics, A History of the Modern Games*, University of Illinois Press (2002), p. 116.
[6] Herodotus, *Histories*, 6.103.2.
[7] Plutarch, *Themistocles*, 17.2.

Chapter 1, Section Three

[1] Cited in A. Arvin-Berod, 'In France, the idea of the Olympic Games crosses the centuries', *Olympic Review* (321), (1994), pp. 339–341.
[2] D. Young, *The Modern Olympics: A Struggle for Revival*, Johns Hopkins University Press (1996); J. MacAloon, *This Great Symbol: Pierre de Coubertin and the Origins of the Modern Olympic Games*, Routledge (2013); D. Young, 'Further thoughts on some issues of early Olympic history', *Journal of Olympic History* 6.3 (1998), pp. 29–41.
[3] On Much Wenlock and Liverpool, see M. Polley, *The British Olympics: Britain's Olympic Heritage 1612–2012*, English Heritage (2012). See also R. Physick, *Played in Liverpool*, English Heritage (2007).
[4] P. Lovesey, *The Official Centenary History of the Amateur Athletic Association*, Guinness Superlatives (1979), cited in Polley (2012), p. 69.
[5] The account of the Zappas games and Greek Revivalism, as well as the Athens games in 1896, draws from D. Young, *The Modern Olympics: A Struggle for Revival*, Johns Hopkins University Press (1996); MacAloon (2013);

M. Smith, *Olympics in Athens 1896: The Invention of the Modern Olympic Games*, Profile Books (2004); and R. Mandell, *The First Modern Olympics*, University of California Press (1976).

[6] *Athena*, 8 November 1859, cited in Young (1996), p. 22.

[7] *Ague*, 16 November 1859, cited in ibid.

Chapter 1, Section Four

[1] J. MacAloon, *This Great Symbol: Pierre de Coubertin and the Origins of the Modern Olympic Games*, Routledge (2013), p. 26.

[2] See the account of this in MacAloon (2013), pp. 27–30.

[3] Ibid.

[4] Cited in ibid, p. 51.

[5] Cited in ibid, p. 54.

[6] Cited in ibid, p. 58.

[7] R. Mandell, *The First Modern Olympics*, University of California Press (1976).

[8] In his book, *This Great Symbol: Pierre de Coubertin and the Origins of the Modern Olympic Games*, Routledge (2013), MacAloon, personally and politically more sympathetic to Coubertin, opts for a form of 'deep and multiple determined wish fulfilment' and argues that Thomas Arnold served as an imago, 'a complicated psychological representation in which an external personage is blended with a set of condensed psychic needs and relations', p. 60.

[9] Cited in D. Young, *The Modern Olympics: A Struggle for Revival*, Johns Hopkins University Press (1996), p. 75.

[10] Cited in ibid, p. 74.

[11] P. de Coubertin, *L'idée olympique* (1908), trans. as *The Olympic Idea: Discourses and Essays*, Karl Hofman (1967).

[12] Cited in Young (1996), p. 75.

[13] Cited in ibid, p. 78.

Chapter 1, Section Five

[1] The role of the aristocratic convention is well dealt with in C. Murphy, *International Organization and Industrial Change: Global Governance Since 1850*, Polity Press (1994).

[2] This roster of the emergent global peace moment included the Englishman Hodgson Pratt, who founded the International Arbitration and Peace Association; Ruggero Bonghi, the Italian writer and president of the 1891 Universal Peace Congress in Rome; the then current and future presidents of the International Peace Bureau, the Belgian Henri La Fontaine, and the Danish politician Frederic Bajer, not to mention the organization's director, Ellie Decommum, and committee member Frederic Passy, who, along with the organization and its presidents, was a recipient of the Nobel peace prize.

[3] K. Moore, 'A neglected imperialist: the promotion of the British empire in the writing of John Astley Cooper', *The International Journal of the History of Sport*, 8(2) (1991), pp. 256–269. D. Gorman, 'Amateurism, Imperialism, Internationalism and the First British Empire Games', *The International Journal of the History of Sport*, 27(4) (2010), pp. 611–634.

[4] MacAloon (2013), p. 158.

[5] Ibid, p. 160.

Chapter 1, Section Six

[1] Cited in P. de Coubertin, *Olympism: Selected Writings*, ed. Norbert Müller, Lausanne: International Olympic Committee (2000), p. 314.

[2] Cited in D. Young, *The Modern Olympics: A Struggle for Revival*, Johns Hopkins University Press (1996), p. 98.

[3] Coubertain (2000), p. 322.

[4] Cited in Young (1996), p. 112.

[5] Cited in MacAloon, *This Great Symbol: Pierre de Coubertin and the Origins of the Modern Olympic Games*, Routledge (2013), p. 212.

Chapter 1, Section Seven

[1] Cited in D. Young, *The Modern Olympics: A Struggle for Revival*, Johns Hopkins University Press (1996), p. 117.
[2] *New York Times*, 29 March 1896, cited in M. Smith, *Olympics in Athens 1896: The Invention of the Modern Olympic Games*, Profile Books (2004), p. 151.
[3] Cited in Smith (2004). Haranlambous Anninos was an Athenian writer whose reflections and reports were in the collection originally published as C. Beck, *The Olympic Games BC 776–AD 1896* (2 vols.), Robertson (1896).
[4] Cited in Young (1996), p. 146.
[5] G. S. Roberton, 'An Englishman at the first modern Olympics, 1896', *Fortnightly Review* , (June 1896), pp. 944–957.
[6] Ibid.
[7] Cited in Young (1996), p. 161.
[8] Cited in Smith (2004), p. 189.
[9] Cited in Young (1996), p. 159.
[10] Ibid, p. 164.
[11] Robertson (1896).

Chapter 2, Section One

[1] Simmel, cited in D. Rowe, 'Georg Simmel and the Berlin Trade Exhibition of 1896', *Urban History*, Volume 22, Issue 2 (1995), pp. 216–228. P. de Coubertin, *Olympism: Selected Writings*, ed. Norbert Müller, Lausanne: International Olympic Committee (2000), p. 636.
[2] Much of the material on the world's fairs is drawn from the following: A. Geppert, *Fleeting Cities: Imperial Expositions in Fin-de-Siècle Europe*, Palgrave (2010); P. Greenhalgh, *Ephemeral Vistas: The Expositions Universelles, Great Exhibitions and World's Fairs, 1851–1939*, Manchester University Press (1988); R. Rydell, *All the World's a Fair: Visions of Empire at American International Expositions, 1876–1916*, University of Chicago

Press (2013); Z. Celik and L. Kinney, 'Ethnography and Exhibitionism at the Expositions Universelles', *Assemblage*, (1990), pp. 35–59; J. Findling, *Chicago's Great World's Fairs*, Manchester University Press (1994).

[3] *Official Catalogue of the Great Exhibition of the Works of Industry*, Spicer (1851), p. 145.

[4] Cited in E. Larsen, *The Devil in the White City*, Vintage (2003), p. 311.

[5] J. Findling, 'Chicago Loses the 1904 Olympics', *Journal of Olympic History*, 12(3) (2004).

[6] Cited in S. Brownell (ed.), *The 1904 Anthropology Days and Olympic Games: Sport, Race, and American Imperialism*, University of Nebraska Press (2008), p. 48.

[7] Cited in L. Yttergren and L. Bolling (eds.), *The 1912 Stockholm Olympics: Essays on the Competitions, the People, the City*, McFarland (2012), p. 10.

Chapter 2, Section Two

[1] Cited in J. E. Findling and K. D. Pelle, *Encyclopedia of the Modern Olympic Movement*, Greenwood (2004), p. 30.

[2] Cited in Gaston Meyer, 'Paris 1900', in Lord Killanin and John Rodda (eds), *The Olympic Games 1984*, Willow (1983).

[3] *Concours Internationaux d'Exercises Physiques et de Sports*: Rapports, Imprimerie Nationale (1900), p. 72.

[4] *L'Auto-Vélo*, 1900, cited in Findling and Pelle (2004), p. 31.

[5] *Official Guide to the Louisiana Purchase Exposition*, Official Guide Company (1904), p. 7.

[6] G. Matthews and S. Marshall, *St Louis Olympics, 1904*, Arcadia Publishing (2003); G. Matthews, *America's First Olympics: the St Louis Games of 1904*, University of Missouri Press (2005).

[7] P. Kramer, 'Making concessions: race and empire revisited at the Philippine Exposition, St Louis, 1901–1905', *Radical History Review* (73), (1999), pp. 75–114; L. Carlson, 'Giant Patagonians and Hairy Ainu: Anthropology Days at the 1904 St Louis Olympics', *Journal of American Culture* 12(3),

(1989), pp. 19–26.
[8] See S. Brownell, *The 1904 Anthropology Days and Olympic Games: Sport, Race, and American Imperialism*, University of Nebraska Press (2008).
[9] See W. J. McGee, *Official Catalogue of Exhibitions – Department of Anthropology* (1904), p. 88, cited in Brownell, *The 1904 Anthropology Days and Olympic Games: Sport, Race, and American Imperialism*, University of Nebraska Press (2008), p. 48.
[10] 'A Novel Athletic Contest', *World's Fair Bulletin*, 5 September 1904, cited in H. Lenskyj and S.Wagg (eds), *The Palgrave Handbook of Olympic Studies*, Palgrave (2012), p. 49.

Chapter 2, Section Three

[1] 1906 and its politics are covered in K. Lennartz, 'The 2nd International Olympic Games in Athens, 1906', *Journal of Olympic History*, 10, (2002), pp. 3–24; for a first-hand account, see T. Cook, *The Cruise of the Branwen: Being a Short History of the Modern Revival of the Olympic Games, Together with an Account of the Adventures of the English Fencing Team in Athens in MCMVI*, Ballantyne (1908).
[2] *Daily News*, 23 May 1908, cited in R. Jenkins, *The First London Olympics: 1908*, Hachette (2008), p. 175.
[3] *Evening Standard*, 24 November 1906.
[4] *Bystander*, 25 July 1908, cited in Jenkins (2008), p. 160.
[5] Ibid, p. 145.
[6] Official Report, 1908, p. 137.
[7] Cited in Jenkins (2008), p. 142.
[8] Ibid, p. 137.
[9] *World*, 8 July 1908, cited in ibid, p. 108.
[10] Ibid, p. 114.
[11] Cited in ibid, pp. 152–153.
[12] 'The Olympics at the Franco-British Imperial Exhibition', *Vanity Fair*, 29 July 1908, cited in Jenkins (2008), p. 258.

[13] *New York Times*, 25 July 1908.
[14] *Daily Mail*, 27 July 1908.
[15] Cited in Jenkins (2008), p. 224.
[16] *L'Illustrazione Italiana*, 2 August 1908, cited in Jenkins (2008), p. 235.

Chapter 2, Section Four

[1] Cited in L. Yttergren and H. Bolling (eds.), *The 1912 Stockholm Olympics: Essays on the Competitions, the People, the City*, McFarland (2012), p. 5.
[2] *Dagens Nyheter*, 14 July 1912, cited in ibid, p. 161.
[3] *Aftonbladet*, 10 July 1912, cited in ibid, p. 165.
[4] *Dagens Nyheter,* 4 July 1912, cited in ibid, p. 163.
[5] *Idun*, No. 3, 1912, cited in ibid, p. 162.
[6] *Stockholm Tidningen*, 15 July 1912, cited in ibid, p. 166.
[7] Cited in ibid, p. 164.
[8] *Aftonbladet*, 12 July 1912, cited in ibid, p. 164.
[9] Cited in ibid, p. 167.
[10] *New York Times*, 7 July 1912, cited in ibid, p. 167.
[11] S. Heck, 'Modern Pentathlon and the First World War: When Athletes and Soldiers Met to Practise Martial Manliness', *International Journal of the History of Sport, 28*(3–4), (2011), pp. 410–428; S. Heck, 'A Sport for Everyone? Inclusion and Exclusion in the Organisation of the First Olympic Modern Pentathlon', *The International Journal of the History of Sport, 31*(5), (2014), pp. 526–541.
[12] Cited in Heck, 'A Sport for Everyone?' (2014), p. 537.

Chapter 3, Section One

[1] Cited in R. Renson, *The Games Reborn: The VIIth Olympiad*, Pandora (1996), p. 29.
[2] 'Aileen Riggin Soule: A Wonderful Life In her own words', at http://ishof.

org/assets/aileen_riggin.pdf
[3] Cited in Renson (1996), pp. 39–40.
[4] Cited in ibid, p. 30.
[5] *L'Auto*, 3 August 1914.

Chapter 3, Section Two

[1] J. Lucas, 'American Preparations for the First Post World War Olympic Games', *Journal of Sport History, 10*(2), (1983); N. Müller and R. Tuttas, 'The role of the YMCA: especially that of Elwood S. Brown, Secretary of physical education of the YMCA, in the worldwide expansion of the Olympic Movement during de Coubertin's presidency', in K. Wamsley, S. Martyn, G. MacDonald and R. Barney (eds.), *5th International Symposium for Olympic Research, Sydney*, (2000), pp. 127–134; R. Gems, 'Sport, Colonialism, and United States Imperialism', *Journal of Sport History, 33*(1), (2006); S. Pope, 'An army of athletes: Playing fields, battlefields, and the American military sporting experience, 1890–1920', *The Journal of Military History, 59*(3), (1995), p. 435.

[2] A. Waquet and J. Vincent, 'Wartime rugby and football: Sports elites, French military teams and international meets during the First World War', *International Journal of the History of Sport* 28.3–4, (2011), pp. 372–392; S. Hübner, 'Muscular Christianity and the "Western Civilising Mission": Elwood S. Brown, the YMCA, and the Idea of the Far Eastern Championship Games', *Diplomatic History* (2013).

[3] G. Wythe and J. Hanson, *The Inter-Allied Games, Paris, 22 June to 6 July 1919*, The Inter Allied Games Committee (1919); T. Terret, 'Prologue: Making men, destroying bodies: Sport, masculinity and the Great War experience', *The International Journal of the History of Sport, 28*(3–4), (2011), pp. 323–328.

[4] Cited in T. Terret, 'The Military "Olympics" of 1919', *Journal of Olympic History* 14 (2), (2006), p. 28.

[5] Wythe and Hanson (1919), p. 37.

[6] Cited in Terret (2006) p. 27.
[7] Cited in ibid, p. 26.
[8] Cited in P. Beck, *Scoring for Britain: International Football and International Politics, 1900–1939,* Routledge (2013), p. 94.
[9] Thierry Terret, 'The Albertville Winter Olympics: Unexpected Legacies – Failed Expectations for Regional Economic Development', in J. A. Mangan and Mark Dyreson (eds.), *Olympic Legacies: Intended and Unintended*, Routledge (2010), p. 21.
[10] Cited in J. Lucas, 'American Preparations for the First Post World War Olympic Games', *Journal of Sport History, 10* (2), (1983), p. 30–44.

Chapter 3, Section Three

[1] R. Renson, *The Games Reborn: The VIIth Olympiad,* Pandora (1996), p. 24.
[2] Key sources on Antwerp 1920 – alongside the definitive Renson (1996) – are R. Renson and M. Den Hollander, 'Sport and business in the city: the Antwerp Olympic Games of 1920 and the Urban Elite', *Olympika, 6* (1997), pp. 73–84; M. Llewellyn, ' "Olympic Games are an international farce": the 1920 Antwerp games and the question of Great Britain's participation', *Olympika, 17* (2008), pp. 101–132.
[3] Cited in Renson (1996), p. 33.
[4] Cited in ibid, p. 73.
[5] Cited in ibid, p. 54.
[6] Ibid, p. 74.
[7] Cited in ibid, p. 76.
[8] See his memoir, J. Langenus, *Voetbal van hier en overal,* Snocek-Ducaju (1943), cited in Renson, (1996), p. 62.
[9] Cited in ibid, pp. 86–88.

Chapter 3, Section Four

[1] P. de Coubertin, *Olympism: Selected Writings*, ed. Norbert Müller, Lausanne: International Olympic Committee (2000), p. 711.
[2] Cited in S. Cahn, *Coming On Strong: Gender and Sexuality in Women's Sport*, University of Illinois Press (2015), p. 32.
[3] See ibid, p. 33.
[4] F. Carpentier and P. Lefèvre, 'The modern Olympic Movement, women's sport and the social order during the inter-war period', *The International Journal of the History of Sport, 23*(7), (2006), pp. 1112–1127; T. Terret, 'From Alice Milliat to Marie-Thérèse Eyquem: Revisiting Women's Sport in France (1920s–1960s)', *The International Journal of the History of Sport, 27*(7), (2010), pp. 1154–1172.
[5] In a letter from Baillet-Latour to Godefroy de Blonay, cited in Carpentier and Lefèvre (2006), p. 1122.
[6] K. Wamsley and G. Schultz, 'Rogues and Bedfellows: The IOC and the Incorporation of the FSFI', in K. Wamsley, S. G. Martyn, G. H. MacDonald, and R. K. Barney (eds), *Bridging Three Centuries: Intellectual Crossroads and the Modern Olympic Movement*, International Centre for Olympic Studies (2000), pp. 113–118.
[7] Cited in Paauw and Visser, *Model voor de Toekomst: Amsterdam, Olympische Spelen 1928 (A Model for the Future: Amsterdam, Olympic Games 1928)*, De Buitenspelers (2008), p. 194.

Chapter 3, Section Five

[1] T. Terret, *Les Paris des Jeux Olympiques de 1924*, Atlantica (2008); T. Terret, *Les Jeux Olympiques de 1924 et les Presses Francophones, Recorde: Revista de História do Esporte, 1*(1), Français (2008); Comité Olympique, *Les Jeux de la VIII Olympiade, Paris 1924, Rapport Officiel* (1924).
[2] C. Culleton, 'Competing Concepts of Culture: Irish Art at the 1924 Paris Olympic Games', *Estudios Irlandeses*, (9), (2014), pp. 24–34.

[3] Cited in J. Findling and K. Pelle (eds.), *Encyclopedia of the Modern Olympic Movement*, Greenwood (2004), p. 84.

[4] Cited in M. Dyreson, 'Scripting the American Olympic Story-Telling Formula: The 1924 Paris Olympic Games and the American Media', *Olympika, 5,* (1996), pp. 45–80; M. Llewellyn, 'Chariots of discord: Great Britain, nationalism and the "doomed" 1924 Paris Olympic Games', *Contemporary British History, 24*(1), (2010), pp. 67–87.

[5] T. Terret, C. Ottogalli-Mazzacavallo and J. Saint-Martin, 'The Puliti affair and the 1924 Paris Olympics: Geo-Political issues, National pride and fencing traditions', *The International Journal of the History of Sport, 24*(10), (2007), pp. 1281–1301.

[6] *Guardian*, 11 July 1924.

[7] Cited in T. Mason, *Passion of the People? Football in South America*, Verso (1995), p. 31.

[8] Cited in B. Oliver, 'Before Pelé there was Andrade', *Observer*, 24 May 2014.

[9] D. Séguillon, 'The origins and consequences of the first World Games for the Deaf: Paris, 1924', *The International Journal of the History of Sport, 19*(1), (2002), pp. 119–136.

[10] Ibid.

Chapter 3, Section Six

[1] P. Jørgensen, 'From Balck to Nurmi: the Olympic movement and the Nordic nations', *The International Journal of the History of Sport, 14*(3), (1997), pp. 69–99; L. Yttergren, 'The Nordic games: visions of a winter Olympics or a national festival', *International Journal of the History of Sport, 11*(3) (1994), pp. 495–505.

[2] Cited in R. Huntford, *Two Planks and a Passion: the Dramatic History of Skiing*, A & C Black (2009), p. 320.

[3] P. Arnaud and T. Terret, *Le Rêve Blanc: Olympisme et Sports D'Hiver en France: Chamonix 1924, Grenoble 1968*, Presses Universitaires de Bordeaux (1993).

[4] Cited in Huntford (2009), p. 79.
[5] J. Hines, *Figure Skating: A History*, University of Illinois Press (2006); M. Adams, 'The manly history of a "girls' sport": Gender, class and the development of nineteenth-century figure skating', *International Journal of the History of Sport*, 24(7), (2007), pp. 872–893; M. Adams, 'Freezing social relations: Ice, rinks, and the development of figure skating', *Sites of Sport: Space, Place, Experience*, 5, (2004), pp. 7–72; E. Kestnbaum, *Culture on ice: figure skating and cultural meaning*, Wesleyan University Press (2003).
[6] On the history of curling, see A. Guttmann, *Sports: The first five millennia*, University of Massachusetts Press (2004), pp. 249–251. See also the useful collection of material at http://curlinghistory.blogspot.co.uk.

Chapter 3, Section Seven

[1] N. Valentinov, *Encounters with Lenin*, Oxford University Press (1968), p. 30.
[2] Cited in D. Steinberg, 'The workers' sport internationals, 1920–28', *Journal of Contemporary History* 13.2, (1978), pp. 233–251. The other key works on the workers' sports movement drawn upon are: S. Jones, 'The European Workers' Sport Movement and Organized Labour in Britain Between the Wars', *European History Quarterly*, 18(1), (1988), pp. 3–32; R. Wheeler, 'Organized sport and organized labour: the workers' sports movement', *Journal of Contemporary History*, (1978), pp. 191–210; A. Kruger and J. Riordan (eds.), *The Story of Worker Sport*, Human Kinetics Publishers (1996); J. Tolleneer and E. Box, 'An alternative sport festival: the third Workers' Olympics, Antwerp, 1937', *Stadion* 12/13, (1987), pp. 183–190; J. Wagner, 'Prague's socialist Olympics of 1934', *Canadian Journal of History of Sport*, 23(1), (1992), pp. 1–18.
[3] Cited in Kruger and Riordan (1996), pp. 7–8.
[4] Cited in ibid, p. 14.
[5] Cited in ibid, p.12.
[6] Cited in Steinberg (1978), p. 235.
[7] S. Jones, 'Sport, politics and the labour movement: the British workers' sports

federation, 1923–1935', *The British Journal of Sports History*, *2*(2), (1985), pp. 154–178; S. Jones, *Sport, Politics and the Working Class: Organised Labour and Sport in Inter-War Britain*, Manchester University Press (1992).

[8] N. Rossol, *Performing the Nation in Interwar Germany. Sport, Spectacle and Political Symbolism 1926–1936*, Palgrave (2010).

[9] Cited in N. Rossol, 'Performing the Nation: Sports, Spectacles and Aesthetics in Germany 1926–1936', *Central European History*, no. 4, 43, (2010), p. 626.

[10] R. Edelman, *Serious Fun: A History of Spectator Sport in the USSR*, Oxford University Press (1993); B. Keys, 'Soviet sport and transnational mass culture in the 1930s', *Journal of Contemporary History, 38*(3), (2003), pp. 413–434.

[11] Cited in R. Krammer, 'Austria: New Times Are With Us', in Kruger and Riordan (1996), p. 91.

Chapter 3, Section Eight

[1] The key work on the Amsterdam games is R. Paauw and J. Visser, *Model voor de Toekomst: Amsterdam, Olympische Spelen 1928 (A Model for the Future: Amsterdam, Olympic Games 1928)*, De Buitenspelers (2008). See also P. Mol, 'Sport in Amsterdam, Olympism and other influences: the inter – war years', *International Journal of the History of Sport, 17*(4), (2000), pp. 141–152.

[2] Cited in Paauw and Visser (2008), p. 34.

[3] P. Scharroo and J. Wils, *Gebouwen En Terreinen voor Gymnastiek, Spel en Sport, Handleiding voor den Bouw, den Aanleg en de Inrichting*, N.V. Prometheus (1925).

[4] Cited in Paauw and Visser (2008), p. 60.

[5] Cited in ibid, p. 62.

[6] Cited in ibid, p. 114.

[7] Cited in ibid, p. 110.

[8] Cited in ibid, p. 327.

[9] Cited in ibid, p. 201.

[10] Cited in ibid, p. 201.
[11] Cited in ibid, p. 229.
[12] Cited in ibid, p. 11.

Chapter 4, Section One

[1] Cited in B. Keys, *Globalizing Sport: National Rivalry and International Community in the 1930s*, Harvard University Press (2013), p. 94.
[2] Organising Committee for the Olympic Games in Los Angeles in 1932, *The Games of the Xth Olympiad, Los Angeles 1932: Official Report* (1933), p. 359.
[3] Ibid, p. 362.
[4] Cited in S. Dinces, 'Padres on Mount Olympus: Los Angeles and the production of the 1932 Olympic mega-event', *Journal of Sport History, 32*(2), (2005), p. 137.
[5] C. McWilliams, *Southern California: An Island on the Land*, Gibbs Smith (1946), p. 157.
[6] J. Slater, 'Changing partners: The relationship between the mass media and the Olympic Games', in *Fourth International Symposium for Olympic Research*, University of Western Ontario (1998), pp. 49–69.
[7] Cited in M. Dyreson, 'Marketing national identity: The Olympic Games of 1932 and American culture', *Olympiaka: The International Journal of Olympic Studies*, vol. IV,1995, pp. 23–48.
[8] Press coverage and much besides is well covered in R. Mandell, *The Nazi Olympics*, University of Illinois Press (1971); A. Krüger and W. Murray (eds.), *The Nazi Olympics: Sport, Politics, and Appeasement in the 1930s*, University of Illinois Press (2003); A. Krüger and A. Auguts, 'The ministry of popular enlightenment and propaganda and the Nazi Olympics of 1936', in *Proceedings of the Fourth International Symposium for Olympic Research*, University of Western Ontario (1998).
[9] L. McKernan, 'Rituals and Records: the Films of the 1924 and 1928 Olympic Games', *European Review*, 19(04), (2011), pp. 563–577.

[10] D. Denby, 'The seat of power', *New Yorker*, 7 June 2010.
[11] S. Bach, Leni: *The Life and Work of Leni Riefenstahl*, Vintage (2008); G. McFee and A. Tomlinson, 'Riefenstahl's Olympia: ideology and aesthetics in the shaping of the Aryan athletic body', *International Journal of the History of Sport, 16*(2), (1999), pp. 86–106.

Chapter 4, Section Two

[1] R. Barney, 'A Research Note on the Origins of the Olympic Victory Podium', in *Global and Cultural Critique: Problematizing the Olympic Games: Fourth International Symposium for Olympic Research*, (1998), p. 19–25.
[2] On the Olympic Village, see, J. White, ' "The Los Angeles Way of Doing Things": The Olympic Village and the Practice of Boosterism in 1932', *Olympika 11*, (2002), pp. 79–116; M. Dyreson and M. Llewellyn, 'Los Angeles is the Olympic city: Legacies of the 1932 and 1984 Olympic games', *International Journal of the History of Sport, 25*(14), (2008), pp. 1991–2018.
[3] Cited in White (2002), p. 96.
[4] Cited in Dryerson and Llewellyn (2008), p. 38.
[5] On the other side of Los Angeles, see M. Davis, *City of Quartz: Excavating the Future in Los Angeles*, Verso (2006).
[6] On the development of the torch relay, see K. Lennartz, 'The genesis of legends', *Journal of Olympic History*, 5(1), (1997), pp. 8–11.

Chapter 4, Section Three

[1] Organising Committee for the Olympic Games in Los Angeles in 1932, *The Games of the Xth Olympiad, Los Angeles 1932: Official Report*, (1933), p. 30, cited in Dinces, 'Padres on Mount Olympus: Los Angeles and the production of the 1932 Olympic mega-event', *Journal of Sport History*, 32(2), (2005) p. 144
[2] Organising Committee for the Olympic Games in Los Angeles in 1932, *The*

Games of the Xth Olympiad, Los Angeles 1932: Official Report, (1933), p. 335. Cited in S. Dinces, 'Padres on Mount Olympus: Los Angeles and the production of the 1932 Olympic mega-event', *Journal of Sport History*, *32*(2), (2005), p. 144.

[3] Warwick S. Carpenter, 'On to the Olympic Games!', *Country Life* (62), June-July 1932, p. 74. Cited in Dyreson (1995), p. 25.

[4] 'Sports of the Times; The Grand Dame of the Olympics', *New York Times*, 3 July 1984.

[5] On Hollywood and the Olympics, amongst other things, see the excellent M. Dyreson, 'Marketing Weissmuller to the World: Hollywood's Olympics and Federal Schemes for Americanization through Sport', *International Journal of the History of Sport, 25*(2), (2008), pp. 284–306; M. Dyreson, 'The republic of consumption at the Olympic Games: globalization, Americanization, and Californization', *Journal of Global History, 8*(02), (2013), pp. 256–278.

Chapter 4, Section Four

[1] W. Baker, 'Muscular marxism and the Chicago counter – Olympics of 1932', *International Journal of the History of Sport, 9*(3), (1992), pp. 397–410.

[2] Cited in S. Dinces, 'Padres on Mount Olympus: Los Angeles and the production of the 1932 Olympic mega-event', *Journal of Sport History*, 32(2), (2005), p. 37–65. Mooney was eventually pardoned after it became obvious in the late 1930s that the whole thing was cooked up.

[3] 'STUNT FOR MOONEY JEERED: Finale of Olympiad Marked by Demonstration; Crowd Cheers Arrest of Participants', *Los Angeles Times*, 15 August 1932, cited in Dinces (2005), p. 149.

[4] 'Will Rogers Remarks', *Los Angeles Times*, 4 August 1932, cited in M. Dyreson, (1995), p. 38.

[5] Cited in ibid, p. 40.

[6] Grantland Rice, 'For Men Only?', *Collier's* (90), 24 September 1932, cited in ibid, p. 37.

[7] Cited in ibid, p. 42.
[8] 'The World Beating Girl Viking of Texas', *Literary Digest* (114), 27 August 1932, cited in S. Cahn, *Coming on Strong: Gender and Sexuality in Women's Sport*, University of Illinois Press (2015), p. 115.
[9] E. Yamamoto, 'Cheers for Japanese Athletes: The 1932 Los Angeles Olympics and the Japanese American Community', *The Pacific Historical Review*, (2000), pp. 399–430; D. Welky, 'Viking girls, mermaids, and little brown men: US journalism and the 1932 Olympics', *Journal of Sport History, 24*, (1997), pp. 24–49.
[10] Cited in Yamamoto (2000), p. 32.
[11] Cited in B. J. Keys, *Globalizing Sport: National Rivalry and International Community in the 1930s*, Harvard University Press (2013), p. 113.

Chapter 4, Section Five

[1] Cited in B. J. Keys, *Globalizing Sport: National Rivalry and International Community in the 1930s*, Harvard University Press (2013), p. 137.
[2] On the making and transport of the bell, see M. Meyer, 'Berlin 1936', in J. Gold and M. Gold (eds.), *Olympic Cities: City Agendas, Planning, and the World's Games, 1896–2016*, Routledge (2010).
[3] In a letter from the IOC president to Lewald, dated 3 May 1933, cited in Keys (2013), p. 138.
[4] Baillet-Latour, cited in ibid, p. 138; Edström, in a letter to Brundage, 4 December 1933, cited in L. Yttergren, 'Questions of Propriety: J. Sigfrid Edström, Anti-Semitism, and the 1936 Berlin Olympics', *Olympika, 16* (2007), pp. 77–92.
[5] On the boycott movement, see C. Marvin, 'Avery Brundage and American Participation in the 1936 Olympic Games', *Journal of American Studies, 16*(01), (1982), pp. 81–105; M. Gottlieb, 'The American Controversy over the Olympic Games', *American Jewish Historical Quarterly*, (1972), pp. 181–213; A. Kruger, ' "Once the Olympics are through, we'll beat up the Jew": German Jewish Sport 1898–1938 and the Anti-Semitic Discourse',

Journal of Sport History, 26(2), (1999), pp. 353–375; A. Guttmann, 'The "Nazi Olympics" and the American Boycott Controversy', in P. Arnaud and J. Riordan (eds.), *Sport and International Politics: The Impact of Fascism and Communism on Sport*, Routlededge (2003), pp. 31–50.

[6] Cited in Keys (2013), p. 118.

[7] A. Gounot, 'Barcelona against Berlin. The project of the People's Olympiad in 1936', *Sportwissenschaft, 37*(4), (2007), pp. 419–428; X. Pujadas and C. Santacana, 'The Popular Olympic Games, Barcelona 1936: Olympians and Antifascists', *International Review for the Sociology of Sport, 27*(2), (1992), pp. 139–148.

[8] Drawn from a variety of *New York Times* reports, all cited in Keys (2013), p. 150.

Chapter 4, Section Six

[1] On Owens, see, D. McRae, *In Black and White: The Untold Story of Joe Louis and Jesse Owens*, Simon and Schuster (2014); C. Young, ' "In Praise of Jesse Owens": Technical Beauty at the Berlin Olympics 1936', *Sport in History, 28*(1), (2008), pp. 83–103; D. Wiggins, 'The 1936 Olympic Games in Berlin: The response of America's black press', *Research Quarterly for Exercise and Sport, 54*(3), (1983), pp. 278–292.

[2] Cited in B. J. Keys, *Globalizing Sport: National Rivalry and International Community in the 1930s*, Harvard University Press (2013), p. 153.

[3] All the above cited in ibid, p. 155.

[4] D. Lell and K. Voolaid, 'Every Nation Has Her Own Olympics: The Estonian Example', in *Proceedings: International Symposium for Olympic Research*, International Centre for Olympic Studies (2008), pp. 47–52.

[5] See K. Lennartz, 'Kitei Son and Spiridon Louis: Political Dimensions of the 1936 Marathon in Berlin', *Journal of Olympic History, 12*(1), (2004), pp. 16–28.

[6] Cited in D. Large, *Nazi Games: The Olympics of 1936*, W. W. Norton (2007), p. 219.

[7] Cited in Keys (2013), p. 155.

[8] Cited in A. Krüger and W. Murray (eds.), *The Nazi Olympics: Sport, Politics, and Appeasement in the 1930s*, University of Illinois Press (2003), p. 63.

Chapter 4, Section Seven

[1] For an overview of sport in modern Japan, see A. Guttmann and L. Thompson, *Japanese Sports*: A History, University of Hawaii Press (2001).
[2] Cited in S. Collins, 'Special issue: The missing Olympics: the 1940 Tokyo Games, Japan, Asia and the Olympic Movement', *International Journal of the History of Sport, 24*(8), (2007), p. 962.
[3] See Collins (2007); M. Polley, 'Olympic diplomacy: the British government and the projected 1940 Olympic games', *International Journal of the History of Sport, 9*(2), (1992), pp. 169–187.
[4] Cited in Collins (2007), p. 1064.
[5] Cited in ibid, p. 1088.
[6] Cited in ibid, p. 1081.

Chapter 5, Section One

[1] P. Wilson, 'Helsinki: 1952', in J. Rodda (ed.), *The Olympic Games 1984*, Willow (1983).
[2] Organising Committee for the Games of the XV Olympiad, *The Official Report of the Organising Committee for the Games of the XV Olympiad, Helsinki 1952* (1953), p. 240.
[3] This argument has been most explicitly made in Finland by A. Raevuori, *Viimeiset oikeat olympialaiset:Helsinki 1952 (The Last Real Olympics, Helsinki 1952)*, Ajantus (2002).
[4] J. Hughson, 'The Friendly Games – The "Official" IOC Film of the 1956 Melbourne Olympics as Historical Record', *Historical Journal of Film, Radio and Television*, vol. 30, issue 4 (2010).

[5] Cited in J. Hampton, *The Austerity Olympics: When the Games Came to London in 1948*, Aurum Press (2012), p. 99.
[6] Ibid, p. 32.
[7] Cited in G. Davison, 'Welcoming the world: The 1956 Olympic Games and the re-presentation of Melbourne', *The Forgotten Fifties, Australian Historical Studies*, vol. 28, no. 109, pp. 64–76.
[8] Key sources on the two presidents include: A. Guttmann, *The Games Must Go On: Avery Brundage and the Olympic Movement*, Columbia University Press (1984); C. Marvin, 'Avery Brundage and American Participation in the 1936 Olympic Games', *Journal of American Studies*, 16(01), (1982), pp. 81–105; L. Yttergren, 'Questions of propriety: J. Sigfrid Edström, anti-Semitism, and the 1936 Berlin Olympics', in *Olympika*, 16, (2007), pp. 77–92; L. Yttergren, 'J. Sigfrid Edström and the Nurmi Affair of 1932: The Struggle of the Amateur Fundamentalists against Professionalism in the Olympic Movement', in *Cultural Imperialism in Action: Critiques in the Global Olympic Trust*, (2006), pp. 111–126.
[9] The composition and politics of the IOC is covered in C. Hill, *Olympic Politics*, Manchester University Press (1996); P. Charitas, 'Imperialisms in the Olympics of the Colonization in the Postcolonization: Africa into the International Olympic Committee, 1910–1965', *International Journal of the History of Sport*, (2015), pp. 1–14; P. Charitas and D. Kemo-Keimbou, 'The United States of America and the Francophone African Countries at the International Olympic Committee: Sports Aid, a Barometer of American Imperialism? (1952–1963)', *Journal of Sport History*, 40(1), (2013), pp. 69–91; P. Charitas, 'Anglophone Africa in the Olympic Movement: The Confirmation of a British Wager? (1948–1962)', *African Research & Documentation*, (116), (2011), p. 35.
[10] Cited in D. Maraniss, *Rome 1960: The Olympics that Changed the World*, Simon and Schuster (2008), p. 55.

Chapter 5, Section Two

[1] The official 1948 film can be viewed at https://www.youtube.com/watch?v=VajWojMkY5I.
[2] Cited in P. Beck, 'The British government and the Olympic movement: the 1948 London Olympics', *International Journal of the History of Sport*, 25(5), (2008), pp. 615–647.
[3] Ibid.
[4] Ibid.
[5] Cited in J. Hampton, *The Austerity Olympics: When the Games Came to London in 1948*, Aurum Press (2012), p. 57.
[6] Ibid, p. 23.
[7] Ibid, p. 24.
[8] Ibid, p. 187.
[9] Ibid, pp. 275–287.
[10] Ibid, Collins cited in *The Times obituary*, 22 December 2006.
[11] *Guardian*, 30 July 1948.
[12] D. Kynaston, *Austerity Britain*, 1945–1951, Bloomsbury (2008), p. 292.
[13] L. Emery, 'Women's participation in the Olympic Games: A historical perspective', *Journal of Physical Education, Recreation & Dance*, 55(5), (1984), pp. 62–72.
[14] 'Olympian Ahead of Her Time', *International Herald Tribune*, 2 October 1982.
[15] Cited in Hampton (2012), pp. 303–305.
[16] *The Economist*, 21 August 1948.
[17] *The Economist*, 11 September 1948.

Chapter 5, Section Three

[1] Cited in P. D'Agati, *The Cold War and the 1984 Olympic Games: A Soviet–American Surrogate War*, Palgrave (2013), p. 58.
[2] N. Romanov memoir, cited in J. Riordan, 'Sport after the Cold War', in S.

Wagg and D. Andrews (eds.), *East Plays West: Sport and the Cold War*, Routledge (2007), p. 152.
[3] Letter, Brundage to Edström, dated 6 April 1947, cited in J. Parks, 'Verbal gymnastics', in ibid, p. 33.
[4] Ibid, p. 34.
[5] Brundage to all IOC members (no date; possibly 1952, shortly after he assumed the presidency), cited in J. Riordan, 'The rise and fall of Soviet Olympic champions', *Olympika*, 2, (1993), pp. 25–44.
[6] Cited in J. Findling and K. Pelle (eds.), *Encyclopedia of the Modern Olympic Movement*, Greenwood (2004), p. 143.
[7] All quotations cited in S. Crawford, 'Foxhunter and Red Rum as national icons: Significant equestrian episodes in post-Second World War British sports history', *Sport in History*, 27(3), (2007), pp. 487–504.

Chapter 5, Section Four

[1] The official film can be seen at https://www.youtube.com/watch?v=EDA5BvvtDsM.
[2] G. Davison, *The Rise and Fall of Marvellous Melbourne*, Melbourne University Press (1979).
[3] G. Davison, 'Welcoming the world: The 1956 Olympic games and the re-presentation of Melbourne', *Australian Historical Studies*, 27(109), (1997), pp. 64–76.
[4] J. Hughson, 'An Invitation to "Modern" Melbourne: The Historical Significance of Richard Beck's Olympic Poster Design', *Journal of Design History*, 25(3), (2012), pp. 268–284.
[5] J. Hughson, 'The cultural legacy of Olympic posters', *Sport in Society 13.5*, (2010), pp. 749–759.
[6] R. Stanton, *The Forgotten Olympic Art Competitions: The Story of the Olympic Art Competitions of the 20th Century*, Trafford (2000); D. Brown, 'Revisiting the Discourses of art, beauty and sport from the 1906 Consultative Conference for the Arts, Literature and Sport', *Olympiaka 5*, (1996), pp. 1–24.

[7] D. Islip, '1956 Olympic Decorations: the final fling', *Fabrications, 11*(1), (2000), pp. 26–43.

[8] *Opening Ceremony: Official Programme Melbourne Olympics 1956*, cited in G. Davison, 'Images of the city', at http://www.emelbourne.net.au/biogs/EM00742b.htm.

[9] Cited in M. Killanin and J. Rhodda (eds.), *The Olympic Games 1984*, Collins Willow (1983), p. 148.

[10] Cited in N. Lehmann, *Internationale Sportbeziehungen und Sportpolitik der DDR, Teil I (International Sports Relations and Sports Politics of the GDR, Part 1)*, Lit Verlag (1986), p. 309.

[11] Account of the water-polo match at http://www.smithsonianmag.com/people-places/blood-in-the-water-at-the-1956-olympics-1616787/?no-ist= ; R. Rinehart, '"Fists flew and blood flowed": Symbolic Resistance and International Response in Hungarian Water Polo at the Melbourne Olympics, 1956', *Journal of Sport History, 23,* (1996), pp. 120–139.

[12] Cited in J. Findling and K. Pelle (eds.), *Encyclopaedia of the Modern Olympic Movement*, Greenwood (2004), p. 152.

[13] Ibid, p. 152.

[14] Cited in D. Dunstan, 'Sir Harold Luxton', in *Australian Dictionary of Biography*, vol. 10, Melbourne University Press (1986).

Chapter 6, Section One

[1] C. Levi, *Fleeting Rome: In Search of La Dolce Vita*, John Wiley (2005); J. Carlos and D. Zirin, *The John Carlos Story: The Sports Moment that Changed the World*, Haymarket Books (2011).

[2] J. Traganou, 'Tokyo's 1964 Olympic design as a "realm of [design] memory" ', *Sport in Society, 14*(4), (2011), pp. 466–481.

[3] E. Zolov, 'Showcasing the "Land of Tomorrow": Mexico and the 1968 Olympics', *The Americas, 61*(2), (2004), pp. 159–188; E. Carey, 'Spectacular Mexico: Design, Propaganda, and the 1968 Olympics', *Hispanic American Historical Review, 95*(4), (2015), pp. 698–699.

[4] K. Schiller and C. Young, *The 1972 Munich Olympics and the Making of Modern Germany*, University of California Press (2010), p. 94.
[5] Ibid.
[6] M. de Moragas Spa, N. Rivenburgh and J. Larson, *Television in the Olympics*, John Libbey (1995), p. 21.
[7] Cited at http://www.vtoldboys.com/mexico68.htm.
[8] N. Masumoto and G. MacDonald, '"Tokyo Olympiad": Olympism Interpreted from the Conflict Between Artistic Representation and Documentary Film', *International Journal of Sport and Health Science, 1*(2), (2003), pp. 188–195; I. McDonald, 'Critiquing the Olympic documentary: Kon Ichikawa's Tokyo Olympiad', *Sport in Society, 11*(2–3), (2008), pp. 298–310; D. Martinez, 'Politics and the Olympic film documentary: the legacies of Berlin Olympia and Tokyo Olympiad', *Sport in Society, 12*(6), (2009), pp. 811–821. There may well be a good Olympic movie still to be made, but the stranglehold on the slot acquired by the unbearably dull American director Bud Greenspan has made it, so far, impossible. See L. Roessner, 'Sixteen Days of Glory: A Critical – Cultural Analysis of Bud Greenspan's Official Olympic Documentaries', *Communication, Culture & Critique, 7*(3), (2014), pp. 338–355.
[9] Cited in S. Wenn, 'Lights! Camera! Little Action: Television, Avery Brundage and the 1956 Melbourne Olympics', *Sporting Traditions, 10*(1), (1993), pp. 38–53; S. Wenn, 'Growing pains: The Olympic movement and television, 1966–1972', in *Newsletter NASSH*, (1995), pp. 70–77.
[10] S. Wenn, 'A turning point for IOC television policy: US television rights negotiations and the 1980 Lake Placid and Moscow Olympic festivals', *Journal of Sport History, 25*, (1998), pp. 87–118.
[11] B. García, 'The concept of Olympic cultural programmes: origins, evolution and projection', *Centre d'Estudis Olimpics, University lectures on the Olympics*, (2002), pp. 1–15; N. Aso, 'Sumptuous re-past: The 1964 Tokyo Olympics arts festival', in *Positions: East Asia Cultures Critique, 10*(1), (2002), pp. 7–38.
[12] On Hary, Adidas and the sports goods industry, see the excellent B. Smit, *Pitch Invasion: Adidas, Puma and the Making of Modern Sport*, Penguin

(2007); the wider debate over amateurism is covered in M. Llewellyn and J. Gleaves, 'The Rise of the "Shamateur", The International Olympic Committee and the Preservation of the Amateur Ideal', in Problems, *Possibilities, Promising Practices: Critical Dialogues on the Olympic and Paralympic Games*, International Centre for Olympic Studies (2012), p. 23; S. Wagg, 'Tilting at Windmills? Olympic Politics and the Spectre of Amateurism', in *Handbook of Olympic Studies*, Palgrave (2012), pp. 21–37.

[13] C. Hill, *Olympic Politics*, Manchester University Press (1996); M. Smith, 'Revisiting South Africa and the Olympic Movement: The Correspondence of Reginald S. Alexander and the International Olympic Committee, 1961–86', *International Journal of the History of Sport, 23*(7), (2006), pp. 1193–1216; D. MacIintosh, H. Cantelon and L. McDermott, 'The IOC and South Africa: a lesson in transnational relations', *International Review for the Sociology of Sport, 28*(4), (1993), pp. 373–393.

[14] On this extraordinary episode in sports history, see T. Pauker, 'Ganefo I: sports and politics in Djakarta', *Asian Survey*, (1965), pp. 171–185; R. Lutan and F. Hong, 'The politicization of sport: GANEFO – A case study', *Sport in Society, 8*(3), (2005), pp. 425–439; C. Connolly, 'The Politics of the Games of the New Emerging Forces (GANEFO)', *International Journal of the History of Sport, 29*(9), (2012), pp. 1311–1324; T. Gitersos, 'The sporting scramble for Africa: GANEFO, the IOC and the 1965 African Games', *Sport in Society, 14*(5), (2011), pp. 645–659; R. Field, 'Re-Entering the Sporting World: China's Sponsorship of the 1963 Games of the New Emerging Forces (GANEFO)', *International Journal of the History of Sport, 31*(15), (2014), pp. 1852–1867; I. Adams, 'Pancasila: Sport and the Building of Indonesia – Ambitions and Obstacles', *International Journal of the History of Sport* 19.2–3, (2002), pp. 295–318.

[15] Cited in S. Reeve, *One Day in September: The Full Story of the 1972 Munich Olympics Massacre and the Israeli Revenge Operation*, Skyhorse Publishing (2011), p. 51.

Chapter 6, Section Two

[1] Cited in R. Bosworth, 'Rome 1960: Making Sporting History', *History Today, 60*(8), (2010), p. 18.
[2] Ibid.
[3] S. Martin, *Sport Italia: The Italian Love Affair with Sport*, I. B. Tauris (2011); D. Maraniss, *Rome 1960: The Olympics that Changed the World*, Simon and Schuster (2008); T. Brennan, 'The 1960 Rome Olympics: spaces and spectacle', in *Proceedings: International Symposium for Olympic Research*, International Centre for Olympic Studies (2010).
[4] Cited in Bosworth, 'Rome 1960: Making Sporting History', *History Today, 60*(8), (2010), p. 20.
[5] C. Levi, *Fleeting Rome: In Search of La Dolce Vita*, John Wiley (2005), p. 159.
[6] N. Zonis, 'City of Women: Sex and Sports at the 1960 Rome Olympic Games', in P. Morris (ed.), *Women in Italy 1945–60: An Interdisciplinary Study*, Palgrave (2006), pp. 77–91.
[7] Cited in ibid, p. 82–83.
[8] C. Gissendanner, 'African American women Olympians: The impact of race, gender, and class ideologies, 1932–1968', *Research Quarterly for Exercise and Sport, 67*(2), (1996), pp. 172–182.
[9] Cited in Maraniss (2008), p. 160.
[10] Cited in Maraniss (2008), p. 384.
[11] T. Judah and R. Girard, *Bikila: Ethiopia's Barefoot Olympian*, Reportage Press (2008); R. Chappell and E. Seifu, 'Sport, culture and politics in Ethiopia', *Culture, Sport, Society, 3*(1), (2000), pp. 35–47.

Chapter 6, Section Three

[1] Cited in S. Wilson, 'Exhibiting a new Japan: the Tokyo Olympics of 1964 and Expo '70 in Osaka'. *Historical Research, 85*(227), (2012), pp. 159–178.
[2] J. Abel, 'Japan's Sporting Diplomacy: The 1964 Tokyo Olympiad', *International History Review, 34*(2), (2012), pp. 203–220.

[3] R. Whiting, 'Olympic construction transformed Tokyo', *Japan Times*, 10 October 2014.

[4] Ibid; see also R. Whiting, 'Negative impact of 1964 Olympics profound', *Japan Times*, 24 October 2014.

[5] C. Tagsold, 'Modernity, space and national representation at the Tokyo Olympics 1964', *Urban History, 37*(02), (2010), pp. 289–300.

[6] R. Whiting, 'Schollander, Hayes were spectacular at Tokyo Games', *Japan Times*, 17 October 2014.

[7] All cited in R. Otomo, 'Narratives, the body and the 1964 Tokyo Olympics', *Asian Studies Review* 31.2, (2007), pp. 117–132.

[8] A. Niehaus, '"If you want to cry, cry on the green mats of Kôdôkan": Expressions of Japanese cultural and national identity in the movement to include judo into the Olympic programme', *International Journal of the History of Sport, 23*(7), (2006), pp. 1173–1192; M. Villamón, D. Brown, J. Espartero and C. Gutiérrez, 'Reflexive Modernization and the Disembedding of Jūdō from 1946 to the 2000 Sydney Olympics', *International Review for the Sociology of Sport, 39*(2), (2004), pp. 139–156; K. Carr, 'Making way: War, philosophy and sport in Japanese judo', *Journal of Sport History, 20*(2), (1993), pp. 167–188.

[9] I. Buruma, *Inventing Japan: 1853–1964*, Random House (2004).

[10] C. Tagsold, 'Remember to get back on your feet quickly: the Japanese women's volleyball team at the 1964 Olympics as a "Realm of Memory"', *Sport in Society*, 14(4), (2011), pp. 444–453; H. Macnaughtan, 'The Oriental Witches: Women, Volleyball and the 1964 Tokyo Olympics', *Sport in History, 34*(1), (2014), pp. 134–156; I. Merklejn, 'Remembering the oriental witches: Sports, gender and shōwa Nostalgia in the NHK narratives of the Tokyo Olympics', *Social Science Japan Journal*, (2013).

[11] J. Underwood, 'An Exuberant Finish in Tokyo', *Sports Illustrated*, 2 November 1964.

Chapter 6, Section Four

[1] Cited in C. Brewster and K. Brewster, *Representing the Nation: Sport and Spectacle in Post-revolutionary Mexico*, Routledge (2013), p. 71.

[2] K. Brewster, 'Patriotic pastimes: the role of sport in post-revolutionary Mexico', *International Journal of the History of Sport, 22*(2), (2005), pp. 139–157; K. Brewster, 'Reflections on Mexico '68', *Bulletin of Latin American Research, 29*(s1), (2010), pp. i–vii; K. Brewster and C. Brewster, 'Special Issue: Representing the nation: sport, control, contestation, and the Mexican Olympics', *International Journal of the History of Sport, 26*(6), (2009), pp. 711–880.

[3] A good overview of this can be found in M. Barke, 'Mexico 1968', in J. Gold and M. Gold (eds.), *Olympic Cities: City Agendas, Planning, and the World's Games, 1896–2016*, Routledge (2010), pp. 233–246.

[4] K. Wendl, 'The Route of Friendship: A Cultural/Artistic Event of the Games of the XIX Olympiad in Mexico City – 1968', *Olympika, 7*, (1998), pp. 113–134; L. Castañeda, 'Choreographing the Metropolis: Networks of Circulation and Power in Olympic Mexico', *Journal of Design History*, (2012), pp. 285–303.

[5] K. Brewster, 'Teaching Mexicans How to Behave: Public Education on the Eve of the Olympics', *Bulletin of Latin American Research, 29*(s1), (2010), pp. 46–62.

[6] K. Witherspoon, *Before the Eyes of the World: Mexico and the 1968 Olympic Games*, Northern Illinois University Press (2008); R. Hoffer, *Something in the Air: American Passion and Defiance in the 1968 Mexico City Olympics*, Simon and Schuster (2009); E. Carey, *Plaza of Sacrifices: Gender, Power and Terror in 1968 Mexico*, UNM Press (2005).

[7] Cited in Hoffer (2009), p. 116.

[8] R. Ritchie, J. Reynard and T. Lewis, 'Intersex and the Olympic games', *Journal of the Royal Society of Medicine, 101*(8), (2008), pp. 395–399; S. Wiederkehr, ' "We shall never know the exact number of men who have competed in the Olympics posing as women": Sport, gender verification and the Cold War', *International Journal of the History of Sport, 26*(4), (2009),

pp. 556–572.
[9] T. Hunt, *Drug Games: The International Olympic Committee and the Politics of Doping, 1960–2008*, University of Texas Press (2011); P. Dimeo, *A History of Drug Use in Sport: 1876–1976: Beyond Good and Evil*, Routledge (2008).
[10] J. Gleaves and M. Llewellyn, 'Sport, Drugs and Amateurism: Tracing the Real Cultural Origins of Anti-Doping Rules in International Sport', *International Journal of the History of Sport*, *31*(8), (2014), pp. 839–853.
[11] V. Møller, 'Knud Enemark Jensen's death during the 1960 Rome Olympics: A search for truth?', *Sport in History*, 25(3), (2005), pp. 452–471.
[12] Cited in http://www.washingtonpost.com/wp-dyn/content/article/2010/08/21/AR2010082102538.html and Hunt (2011), p. 42.
[13] H. Edwards, *The Revolt of the Black Athlete*, New York: Free Press (1969); D. Hartmann, *Race, Culture, and the Revolt of the Black Athlete: The 1968 Olympic Protests and Their Aftermath*, University of Chicago Press (2004); T. Smith and D. Steele, *Silent Gesture: The Autobiography of Tommie Smith*, Temple University Press (2008); J. Carlos and D. Zirin, *The John Carlos Story: The Sports Moment that Changed the World*, Haymarket Books (2011).
[14] H. Edwards, *The Revolt of the Black Athlete*, New York: Free Press (1969), cited in D. Wiggins and P. Muller, *The Unlevel Playing Field: A Documentary History of the African American*, University of Illinois Press (2005), p. 288.
[15] Edwards (1969), p. 190.
[16] Cited in Hoffer (2009), p. 177.

Chapter 6, Section Five

[1] See S. Kvarv, 'The Labour Movement's Perception of Sports and the Winter Olympics in Oslo in 1952', *International Journal of the History of Sport*, *29*(8), (2012), pp. 1215–1230.
[2] Overviews of the winter games include: S. Essex and B. Chalkley, 'The changing infrastructural implications of the winter Olympics, 1924–2002', *Bollettino della Società Geografica Italiana* (2002), pp. 1–14; S. Essex and B. Chalkley, 'Mega - sporting events in urban and regional policy: a history

of the Winter Olympics', *Planning Perspectives*, *19*(2), (2004), pp. 201–204; S. Essex and B. Chalkley, 'Driving urban change: the impact of the winter Olympics, 1924–2002', in J. Gold and M. Gold (eds.) *Olympic Cities: City Agendas, Planning, and the World's Games, 1896–2016*, Routledge (2007), pp. 56–79; L. Gerlach (ed.), *The Winter Olympics: From Chamonix to Salt Lake*, University of Utah Press (2004).

[3] On ice hockey and the Cold War, see J. Soares, 'Cold War, Hot Ice: International Ice Hockey, 1947–1980', *Journal of Sport History*, *34*(2), (2007), p. 207; P. Conlin, 'The Cold War and Canadian nationalism on ice: federal government involvement in international hockey during the 1960s', *Canadian Journal of History of Sport*, *25*(2), (1994), pp. 50–68; M. Jokisipila, 'Maple leaf, hammer, and sickle: international ice hockey during the Cold War', *Sport History Review*, *37*(1), (2006), p. 36; J. Wilson, '27 remarkable days: the 1972 summit series of ice hockey between Canada and the Soviet Union', in *Totalitarian Movements and Political Religions* 5.2 (2004), pp. 271–280.

[4] L. Loew, 'Karl Schranz and the International Debate on Amateurism, Sapporo 1972', *Olympika*, *17*, (2008), pp. 153–168.

[5] *New York Times*, 6 February 1973, cited in J. Findling and K. Pelle (eds.), *Encyclopedia of the Modern Olympic Movement*, Greenwood (2004), p. 289.

Chapter 6, Section Six

[1] Sources on the Munich games include: K. Schiller and C. Young, *The 1972 Munich Olympics and the Making of Modern Germany*, University of California Press (2010); D. Large, *Munich 1972: Tragedy, Terror, and Triumph at the Olympic Games*, Rowman & Littlefield (2012); S. Reeve, *One Day in September: The Full Story of the 1972 Munich Olympics Massacre and the Israeli Revenge Operation 'Wrath of God'*, Skyhorse Publishing (2011); A. Vowinckel, 'Sports, Terrorism and the Media: The Munich Hostage Crisis of 197', *Esporte e Sociedade*, *6*, (2007), pp. 1–16; S. Diffrient, 'Spectator sports and terrorist reports: filming the Munich Olympics, (re)

imagining the Munich Massacre', *Sport in Society, 11*(2–3), (2008), pp. 311–329.
[2] Cited in Schiller and Young (2010), p. 132.
[3] A fabulous thirty-minute film of the performances and installations on the *Spielstrasse* can be seen at https://www.youtube.com/watch?v=PoIFP59U3L4
[4] Cited in Schiller and Young (2010), p. 188.

Chapter 7, Section One

[1] J. Rodda, 'Lord Killanin', 27 April 1999, *Guardian*.
[2] S. Martyn and S. Wenn, 'Lord Killanin's Path to Olympic Commercialism', *Journal of Olympic History* 2 (2008), pp. 40–46.
[3] Cited in S.Wagg and D. Andrews (eds.), *East Plays West: Sport and the Cold War*, Routledge (2007), p. 229.
[4] All cited in Mary McDonald, ' "Miraculous" Masculinity meets militarisation: narrating the 1980 USSR–US men's Olympic ice hockey match and Cold War politics', in ibid, pp. 222–234.
[5] R. S. Edelman, 'The Russians Are Not Coming! The Soviet Withdrawal from the Games of the XXIII Olympiad', *International Journal of the History of Sport, 32*(1), (2015), pp. 9–36.
[6] S. Radchenko, 'Sport and Politics on the Korean Peninsula – North Korea and the 1988 Seoul Olympics', https://www.wilsoncenter.org/publication/sport-and-politics-the-korean-peninsula-north-korea-and-the-1988-seoul-olympics#sthash.0DjEStTY.dpuf (2011).

Chapter 7, Section Two

[1] Cited in T. Teixeira, 'The XXI Olympiad: Canada's Claim or Montreal's Gain? Political and Social Tensions Surrounding the 1976 Montreal Olympics', in H. Lenskyj and S. Wagg (eds.), *The Palgrave Handbook of Olympic Studies*, Palgrave (2012), pp. 120–133. Other key sources on

the Montreal games include J. Ludwig, *Five Ring Circus: The Montreal Olympics*, Doubleday Canada (1976); A. der Maur, *The Billion-Dollar Game: Jean Drapeau and the 1976 Olympics*, James Lorimer (1976); B. Kidd, 'The culture wars of the Montreal Olympics', *International Review for the Sociology of Sport*, 27(2), (1992), pp. 151–162; D. Latouche, 'Montreal 1976', in J. Gold and M. Gold (eds.), *Olympic Cities: City Agendas, Planning and the World's Games*, Routledge (2012), pp. 247–267.

[2] D. Paul, 'World cities as hegemonic projects: the politics of global imagineering in Montreal', *Political Geography*, 23(5), (2004), pp. 571–596.

[3] J. Adese, 'Colluding with the Enemy? Nationalism and Depictions of "Aboriginality" in Canadian Olympic Moments', *American Indian Quarterly*, 36(4), (2012), pp. 479–502.

[4] J. Redfern, 'Interview: Melvin Charney', *Canadian Art*, 15 December 2001.

[5] J. Ludwig, Five Ring Circus: *The Montreal Olympics*, Doubleday (1976), pp. 2–3.

[6] E. Kidd, 'Future Games', *Ottawa Journal*, 21 August 1976, p. 128.

Chapter 7, Section Three

[1] Cited in J. Parks, *Red Sport, Red Tape: The Olympic Games, the Soviet Sports Bureaucracy, and the Cold War, 1952–1980*, Doctoral dissertation, UNC Chapel Hill (2009), p. 274.

[2] Ibid., p. 293.

[3] Ibid., p. 295.

[4] See T. Hunt, *Drug Games: The International Olympic Committee and the Politics of Doping, 1960–2008*, University of Texas Press (2011), p. 66.

[5] G. Plimpton, 'Moscow Games', *Harper's*, October 1980, and 'Paper Tourist: A Yank in Moscow', *Time*, 4 August 1980.

[6] R. Jackson, 'The forgotten story of Ian Campbell', *Guardian*, 7 August 2013.

[7] 'This Moscow man remembers the 1980 Summer Olympics as a beautiful fairy tale', http://www.pri.org/stories/2014-02-07/moscow-man-remembers-1980-summer-olympics-beautiful-fairy-tale.

Chapter 7, Section Four

[1] See the transcript in the *New York Times*, 24 August 1984, http://www.nytimes.com/1984/08/24/us/convention-dallas-republicans-transcript-reagans-speech-accepting-gop. html?pagewanted=all.

[2] Cited in R. Gruneau and R. Neubauer, 'A gold medal for the market: the 1984 Los Angeles Olympics, the Reagan era, and the politics of neoliberalism', in *The Palgrave Handbook of Olympic Studies*, Palgrave (2012), pp. 134–154.

[3] Key sources on the Los Angeles games include B. Shaikin, *Sport and Politics: the Olympics and the Los Angeles Games*, Praeger, (1988); C. La Rocco, 'Rings of Power: Peter Ueberroth and the 1984 Los Angeles Olympic Games', *Financial History, 81*(10), (2004), pp. 1–13; S. Wenn, 'Peter Ueberroth's Legacy: How the 1984 Los Angeles Olympics Changed the Trajectory of the Olympic Movement', *International Journal of the History of Sport, 32*(1), (2015), pp. 157–171; M. Dyreson and M. Llewellyn, 'Los Angeles is the Olympic city: Legacies of the 1932 and 1984 Olympic games', *International Journal of the History of Sport, 25*(14), (2008), pp. 1991–2018; M. Dyreson, 'Global Television and the Transformation of the Olympics: The 1984 Los Angeles Games', *International Journal of the History of Sport, 32*(1), (2015), pp. 172–184; M. Llewellyn, J. Gleaves and W. Wilson, 'The Historical Legacy of the 1984 Los Angeles Olympic Games', *International Journal of the History of Sport, 32*(1), (2015), pp. 1–8.

[4] Cited in K. Reich, *Making It Happen: Peter Ueberroth and the 1984 Olympics*, Capra Press (1986), p. 28.

[5] J. Haramon, 'A Look Back: Velodrome Built for 1984 Olympics Brought CSU Dominguez Hills Recognition as Sports and Entertainment Venue', (2009), http://www.csudhnews.com/2009/08/velodrome/.

[6] View the McDonald's 1984 Olympic Games commercials at https://www.youtube.com/watch?v=JBnVtUpCV28 and https://www.youtube.com/watch?v=1zaLMWizN4s, and for a discussion of the promotion, see http://www.nytimes.com/1984/08/10/business/advertising-big-mac-s-olympic-giveaway.html.

[7] Ronald Reagan, *Radio Address to the Nation on the Summer Olympic*

Games, 28 July 1984, accessible at http://www.reagan.utexas.edu/archives/speeches/1984/72884a.htm/.

[8] 'Olympics Open Amid Pomp, Glittery Circumstances', *Washington Post*, 29 July 1984.

[9] F. Depford, 'Cheer, Cheer, Cheer For The Home Team', *Sports Illustrated*, 13 August 1984.

[10] Cited in Z. Lu and F. Hong, *Sport and Nationalism in China*, Routledge (2013), p. 104.

[11] A. Anthony, 'Speed: the Sequel', *Observer*, 30 September 2007. Thompson performed a victory lap at Los Angeles wearing a T-shirt that bore the words, 'Is the world's second greatest athlete gay?' He, like Lewis, has had a tetchy relationship with the general public. See the excellent R. Chalmers, 'The Champion That Time Forgot: why do we find it so hard to love Daley Thompson?', *Independent*, 22 October 2011.

[12] O. Wainwright, 'More is more: the gaudy genius of the late Deborah Sussman', *Guardian,* 27 August 2014.

[13] See ' "Festive Federalism" at the 1984 Los Angeles Olympics' at http://www.experiencingla.com/2012/07/festive-federalism-at-1984-los-angeles.html, (28 July 2012); D. Walker, 'Los Angeles Olympiad 84', at http://www.bdonline.co.uk/los-angeles-olympiad-84/5040770.article (website registration necessary), (July 1984); R. Rosenblatt, 'Olympics: Why We Play These Games', Time, 30 July 1984.

Chapter 7, Section Five

[1] On the development of Korean sport, see G. Ok, 'The Political Significance of Sport: An Asian Case Study – Sport, Japanese Colonial Policy and Korean National Resistance, 1910–1945', *International Journal of the History of Sport* 22.4, (2005), pp. 649–670; H. Nam-Gil and J. Mangan, 'Ideology, Politics, Power: Korean Sport-Transformation, 1945–92', *International Journal of the History of Sport, 19*(2–3), (2002), pp. 213–242; Y. Ha, *Korean Sports in the 1980s and the Seoul Olympic Games of 1988*, Doctoral dissertation,

Pennsylvania State University (2000); E. Hong, 'Elite sport and nation-building in South Korea: South Korea as the dark horse in global elite sport', *International Journal of the History of Sport, 28*(7), (2011), pp. 977–989.

[2] J. Manheim, 'Rites of passage: The 1988 Seoul Olympics as public diplomacy', *Western Political Quarterly*, (1990), pp. 279–295.

[3] Cited in J. Larson and H. Park, *Global Television and the Politics of the Seoul Olympics*, Westview Press (1993), p. 161.

[4] D. Black and S. Bezanson, 'The Olympic Games, human rights and democratisation: lessons from Seoul and implications for Beijing', *Third World Quarterly, 25*(7), (2004), pp. 1245–1261.

[5] B. Bridges, 'The Seoul Olympics: Economic miracle meets the world', *International Journal of the History of Sport, 25*(14), (2008), pp. 1939–1952; E. Koh, 'South Korea and the Asian Games: The first step to the world', *Sport in Society*, 8.3, (2005), pp. 468–478.

[6] S. Collins, 'Mediated Modernities and Mythologies in the Opening Ceremonies of 1964 Tokyo, 1988 Seoul and 2008 Beijing Olympic Games', *International Journal of the History of Sport, 29*(16), (2012), pp. 2244–2263.

[7] N. Griffin, *Ping-pong Diplomacy: The Secret History Behind the Game that Changed the World*, Simon and Schuster (2014).

[8] J. H. Cho and A. Bairner, 'The sociocultural legacy of the 1988 Seoul Olympic Games', *Leisure Studies, 31*(3), (2012), pp. 271–289.

Chapter 8, Section One

[1] Chen, quoted in D. Booth and C. Tatz, 'Swimming with the big boys? The politics of Sydney's 2000 Olympic bid', *Sporting traditions* 11.1, (1994), pp. 3–23. Ganga is quoted in J. Calvert, 'How to buy the Olympics', *Observer*, 6 January 2002.

[2] On Samaranch and his era, see C. Hill, *Olympic Politics*, Manchester University Press (1996); V. Simpson and A. Jennings, *The Lords of the Rings*, Simon and Schuster (1992); R. Pound, *Inside the Olympics: A Behind-the-*

Scenes Look at the Politics, the Scandals, and the Glory of the Games, Wiley (2004).

[3] M. Killanin and M. Morris, *My Olympic Years*, Secker & Warburg (1983).

[4] On FIFA under Havelange, see D. Yallop, *How They Stole the Game*, Hachette (2011); J. Sugden and A. Tomlinson, *Badfellas: FIFA Family at War*, Mainstream (2003).

[5] R. Barney, S. Wenn and S. Martyn, *The International Olympic Committee and the Rise of Olympic Commercialism*, University of Utah Press (2002); A. Tomlinson, 'The commercialization of the Olympics: Cities, corporations and the Olympic commodity', in K. Young and K. Wamsley (eds.), *Global Olympics: Historical and Sociological Studies of the Modern Games*, JAI Press (2005); M. Payne, *Olympic Turnaround: How the Olympic Games Stepped Back from the Brink of Extinction to Become the World's Best Known Brand*, Greenwood (2006).

[6] Data is all drawn form the excellent survey, J. L. Chappelet, 'Managing the size of the Olympic Games', *Sport in Society*, *17*(5), (2014), pp. 581–592.

[7] For an overview of the relationship between TV and the Olympics, see A. Billings, *Olympic Media: Inside the Biggest Show on Television*, Routledge (2008); M. de Moragas Spa, N. Rivenburgh and J. Larson, *Television in the Olympics*, John Libbey (1995).

[8] G. Collins, 'Coke's Hometown Olympics: The Company Tries the Big Blitz on Its Own Turf', *New York Times*, 28 March 1996.

[9] A. Tomlinson, 'Olympic spectacle: Opening ceremonies and some paradoxes of globalization', *Media, Culture & Society, 18*(4), (1996), pp. 583–602; R. Puijk, 'Producing Norwegian culture for domestic and foreign gazes: The Lillehammer Olympic opening ceremony', in A. Klausen (ed.), *Olympic Games as Performance and Public Event: The Case of the XVII Winter Olympic Games in Norway, 94*, Berghahn Books (1999), pp. 97–136; T. Heinz Housel, 'Australian nationalism and globalization: Narratives of the nation in the 2000 Sydney Olympics' opening ceremony', *Critical Studies in Media Communication, 24*(5), (2007), pp. 446–461; J. Hogan, 'Staging The Nation: Gendered and Ethnicized Discourses of National Identity in

Olympic Opening Ceremonies', *Journal of Sport & Social Issues, 27*(2), (2003), pp. 100–123; J. Traganou, 'National narratives in the opening and closing ceremonies of the Athens 2004 Olympic Games', *Journal of Sport & Social Issues, 34*(2), (2010), pp. 236–251; A. Mobley, 'Sharing the dream: The opening ceremonies of Beijing', *Journal of Sport & Social Issues, 32*(4), (2008), pp. 327–332.

Chapter 8, Section Two

[1] Anon, 'The Great Victory of the Household Garbage: The Self-Abuse of Nolympics', available at http://thing.desk.nl/bilwet/Cracking/nolympics.html.
[2] 'Lights, Camera . . . Too Much Action', *Los Angeles Times*, 15 October 1986.
[3] The Toronto campaign and the anti-Olympics movements in general are well covered in H. Lenskyj, 'When winners are losers: Toronto and Sydney bids for the Summer Olympics', *Journal of Sport & Social Issues, 20*(4), (1996), pp. 392–410; H. Lenskyj, *Olympic Industry Resistance: Challenging Olympic Power and Propaganda*, SUNY Press (2008).
[4] C. Colomb, *Staging the New Berlin: Place Marketing and the Politics of Urban Reinvention Post-1989*, Routledge (2013), pp. 191–200.
[5] 'Chronologie – Olympia Bewerbung Berlin 90er Jahre', available at http://autox.nadir.org/archiv/chrono/olymp_chro.html.

Chapter 8, Section Three

[1] W. Montalbano, 'Israeli Medals Fail to Erase Munich Horror', *Los Angeles Times*, 8 August 1992.
[2] Mandela quoted in J. Jeansome, 'Forgive and Forget, Mandela Urges South Africa', *Los Angeles Times*, 26 July 1992.
[3] G. Vecsey, 'Sports of The Times; Heartfelt Adeu, Adeu: Barcelona Won Gold', *New York Times*, 10 August 1992.
[4] M. de Moragas Spà, N. Rivenburgh and N. García, 'Television and the

construction of identity: Barcelona, Olympic host', in M. de Moragas and M. Botella (eds.), *The Keys to Success: The Social, Sporting, Economic and Communications Impact of Barcelona '92*, Universitat Autonoma de Barcelona (1995), p. 92.

[5] The key source on the domestic politics of the Barcelona games is J. Hargreaves, *Freedom for Catalonia? Catalan Nationalism, Spanish Identity and the Barcelona Olympic Games*, Cambridge University Press (2000).

[6] T. Marshall (ed.), *Transforming Barcelona: the Renewal of a European Metropolis*, Routledge (2004); F. Monclús, 'The Barcelona model: and an original formula? From "reconstruction" to strategic urban projects (1979–2004)', *Planning Perspectives*, *18*(4), (2003), pp. 399–421; M. Balibrea, 'Urbanism, culture and the post-industrial city: Challenging the "Barcelona model" ', *Journal of Spanish Cultural Studies*, *2*(2), (2001), pp. 187–210.

[7] J. Botella, 'The political games: agents and strategies in the 1992 Barcelona Olympic Games', in M. de Moragas and M. Botella (eds.), *The Keys to Success: The Social, Sporting, Economic and Communications Impact of Barcelona '92*, Universitat Autonoma de Barcelona (1995).

[8] On the Dream Team, see M. Ralph, 'Epilogue: It was all a dream (wasn't It?)', *International Journal of the History of Sport*, *24*(2), (2007), pp. 311–316; C. Cunningham, 'Basketball Bedlam in Barcelona: The Dream Team, a Reflection of the Globe's "New Order" ', in *Proceedings: International Symposium for Olympic Research*, International Centre for Olympic Studies (2006), pp. 86–99.

[9] On the wider globalization and commercialization of the NBA, see W. LaFeber, *Michael Jordan and the New Global Capitalism*, W. W. Norton (2002); D. Andrews, *Michael Jordan, Inc.: Corporate Sport, Media Culture, and Late Modern America*, SUNY Press (2001).

Chapter 8, Section Four

[1] The Atlanta Committee for the Olympic Games, *The Official Report of the Centennial Games* (3 vols), Peachtree (1997).

[2] Quoted in M. Starr, 'No Payne, No Games', *Newsweek*, 16 July 1995.
[3] Quoted in 'Getting Olympics: No Simple Game', *Washington Post*, 21 September 1993.
[4] A. Young, *A Way Out of No Way: The Spiritual Memoirs of Andrew Young*, Thomas Nelson (1994), p. 142.
[5] Quoted in P. Goldberger, 'Atlanta Is Burning', *New York Times*, 23 June 1996.
[6] C. Rutheiser, *Imagineering Atlanta: The politics of place in the city of dreams*, Verso (1996).
[7] Key sources on the Atlanta games, especially its urbanism, include C. Rutheiser, *Imagineering Atlanta: The Politics of Place in the City of Dreams*, Verso (1996); C. Rutheiser, 'How Atlanta lost the Olympics', *New Statesman, 125*(19), (1996), pp. 28–29; P. Queensberry, 'The Disposable Olympics Meets the City of Hype', *Southern Changes*, vol. 18, no. 2, (1996), pp. 3–14; C. Rutheiser, 'Assessing the Olympic Legacy', *Southern Changes* vol. 18, no. 2, (1996), pp. 16–19; D. Whitelegg, 'Going for gold: Atlanta's bid for fame', *International Journal of Urban and Regional Research, 24*(4), (2000), pp. 801–817; S. Gustafson, 'Displacement and the Racial State in Olympic Atlanta 1990–1996', *Southeastern Geographer, 53*(2), (2013), pp. 198–213; A. Beaty, *Atlanta's Olympic Legacy*, Centre On Housing Rights and Evictions (2007).
[8] Rutheiser, *Imagineering Atlanta* (1996), pp. 242–243.
[9] S. Duncan, 'Souls Grown Deep and the Cultural Politics of the Atlanta Olympics', *Radical History Review, 2007* (98), (2007), pp. 97–118.
[10] K. Sack, 'Atlanta and Izzy: No Medals for the Olympic Mascot', *New York Times*, 30 June 1996; R. Sandomir, 'ATLANTA DAY 7: The Mascot Vanishes? Where Is Izzy?' *New York Times*, 26 July 1996; S. Zebulon Baker, 'Whatwuzit?: The 1996 Atlanta Summer Olympics Reconsidered', in *Southern Spaces*, Emory University (2006).
[11] G. Vescey, 'Sports of The Times; Atlanta Sends Up The Balloons', *New York Times*, 14 July 1996.
[12] Rutheiser, *Imagineering Atlanta* (1996), p. 267.
[13] T. Kornheiser, 'The end is just such a deflating experience', *Washington Post*, 5 August 1996.

[14] Cited in Alistair Cooke, *Letter From America: Atlanta Olympics 1996*, 9 August 1996, available at http://www.bbc.co.uk/programmes/articles/3r16W7 hz2LZcbl8N9CJk4nj/atlanta-olympics-1996-9-august-1996.

Chapter 8, Section Five

[1] T. Magdalinski, 'The reinvention of Australia for the Sydney 2000 Olympic games', *International Journal of the History of Sport, 17*(2–3), (2000), pp. 305–322; R. Cashman, *The Bitter-Sweet Awakening: The Legacy of the Sydney 2000 Olympic Games*, Pan Macmillan (2006); K. Toohey, 'The Sydney Olympics: Striving for legacies – overcoming short-term disappointments and long-term deficiencies', *International Journal of the History of Sport, 25*(14), (2008), pp. 1953–1971.
[2] G. Morgan, 'Aboriginal protest and the Sydney Olympic games', *Olympika, 12*, (2003), pp. 23–38.
[3] On Cathy Freeman, see C. Elder, A. Pratt and C. Ellis, 'Running Race: Reconciliation, Nationalism and the Sydney 2000 Olympic Games', *International Review for the Sociology of Sport, 41*(2), (2006), pp. 181–200.
[4] The anti-Olympics movement at Sydney is well covered in H. Lenskyj, *The Best Olympics Ever? Social Impacts of Sydney 2000*, Suny Press (2012).
[5] Ibid, p. 197.
[6] G. Morgan, 'Aboriginal protest and the Sydney Olympic games', *Olympika, 12*, (2003), p. 26.
[7] T. Heinz Housel, 'Australian nationalism and globalization: Narratives of the nation in the 2000 Sydney Olympics' opening ceremony', *Critical Studies in Media Communication, 24*(5), (2007), pp. 446–461.

Chapter 8, Section Six

[1] Data is all drawn from the excellent survey J. Chappelet, 'From Lake Placid to Salt Lake City: The Challenging Growth of the Olympic Winter Games

Since 1980', *European Journal of Sport Science, 2*(3), (2002), pp. 1–21.

[2] N. Moll, 'An Integrative Symbol for a Divided Country? Commemorating the 1984 Sarajevo Winter Olympics in Bosnia and Herzegovina from the 1992–1995 War until Today', *Politička misao, 51*(5), (2015), pp. 127–156; J. Walker, 'Olympic ghosts in a former warzone: what the legacy of 1984 means for Sarajevo today', *Visual Studies, 27*(2), (2012), pp. 174–177.

[3] H. Hiller, 'The Urban Transformation of a Landmark Event: The 1988 Calgary Winter Olympics', *Urban Affairs Review, 26*(1), (1990), pp. 118–137.

[4] R. Spilling, 'Mega event as strategy for regional development: The case of the 1994 Lillehammer Winter Olympics', *Entrepreneurship & Regional Development, 8*(4), (1996), pp. 321–344; T. Terret, 'The Albertville Winter Olympics: Unexpected legacies – failed expectations for regional economic development', *International Journal of the History of Sport, 25*(14), (2008), pp. 1903–1921.

[5] S. WuDunn, 'Japan's King of the Mountain; The Man Who Made Nagano Also Owns Part of It', *New York Times*, 6 February 1998.

[6] D. Hamilton, 'The Party's Over in Nagano', *Wall Street Journal*, 22 February 1998.

[7] B. Mallon, 'The Olympic bribery scandal', *Journal of Olympic History, 8*(2), (2000), pp. 17–27; S. Wenn and S. Martyn, ' "Tough Love": Richard Pound, David D'Alessandro, and the Salt Lake City Olympics Bid Scandal', *Sport in History, 26* (1), (2006), pp. 64–90; D. Booth, 'Gifts of corruption?: Ambiguities of obligation in the Olympic movement', *Olympika 8*, (1999), pp. 43–68; D. Booth, 'Olympic city bidding: An exegesis of power', *International Review for the Sociology of Sport*, (2011); R. Sullivan, 'How the Olympics were Bought', *Time*, 1 February 1999; J. Calvert, 'How to buy the Olympics', *Observer*, 6 January 2002.

[8] Originally published as A. Jennings and V. Simson, *The Lords of the Rings*, Simon and Schuster (1992).

[9] Quoted in R. Sullivan, 'How The Olympics Were Bought', *Time*, 1 February 1999.

[10] Cited in F. Allen, *Atlanta Rising: The Invention of an International City 1946–1996*, Taylor Trade Publishing (1996), p. 237.

[11] See M. Fisher and B. Brubaker, 'Privileged World of IOC's Members Under Scrutiny', *Washington Post*, 23 January 1999.

[12] D. Macintyre, 'Japan's Sullied Bid', *Time*, 1 February 1999; M. Jordan and K. Sullivan, 'Nagano Burned Documents Tracing '98 Olympics Bid', *Washington Post*, 21 January 1999.

[13] Quoted in D. Booth and C. Tatz, 'Swimming with the big boys? The politics of Sydney's 2000 Olympic bid', *Sporting Traditions* 11.1, (1994), pp. 3–23.

[14] Quoted in I. Molotsky, 'Olympics: Corruption Allegations Investigated', *New York Times*, 15 October 1999.

[15] R. Pound, *Inside the Olympics: A Behind-the-Scenes Look at the Politics, the Scandals, and the Glory of the Games*, Wiley (2004); J. MacAloon, 'Scandal and governance: inside and outside the IOC 2000 Commission', *Sport in Society*, *14*(03), (2011), pp. 292–308.

[16] L. Gerlach, 'The "Mormon Games": Religion, Media, Cultural Politics, and the Salt Lake Winter Olympics', *Olympika 11*, (2002), pp. 1–52.

[17] Quoted in C. Wiseman, 'People's History of Snowboarding', 9 February 2014, available at http://xgames.espn.go.com/xgames/snowboarding/article/10421440/a-people-history-snowboarding-olympics.

[18] Watch Stein Eriksen talking about experimenting with and developing new jumps and flips at https://www.youtube.com/watch?v=A6Qwwonh39Y

[19] S. Howe, (Sick): *A Cultural History of Snowboarding*, Macmillan (1998).

[20] On the historical trajectory of gender, sexuality and skating, see M. Adams, 'From Mixed-Sex Sport to Sport for Girls: The Feminization of Figure Skating', *Sport in History*, *30*(2), (2010), pp. 218–241; M. Adams, *Artistic Impressions: Figure Skating, Masculinity, and the Limits of Sport*, University of Toronto Press (2011).

[21] C. Baughman, *Women on Ice: Feminist Essays on the Tonya Harding/Nancy Kerrigan Spectacle*, Psychology Press (1995).

[22] A. Kramer and J. Glanz, 'In Russia, Living the High Life; in America, a Wanted Man', *New York Times*, 1 June 2013.

[23] M. Adams, 'Freezing social relations: Ice, rinks, and the development of figure skating', *Sites of Sport: Space, Place, Experience* (2004), pp. 57–72; A. Feder, ' "A Radiant Smile from the Lovely Lady": Overdetermined Femininity in Ladies' Figure Skating', *TDR* (1994), pp. 62–78; S. Wise, 'Artistic Impressions: Figure Skating, Masculinity, and the Limits of Sport', *International Journal of the History of Sport, 29*(10), (2012), pp. 1490–1492.

[24] Quoted in A. Jones, 'The Frozen Closet', *Newsweek*, 30 January 2014.

Chapter 8, Section Seven

[1] Quoted in N. Malkoutzis, 'How the 2004 Olympics Triggered Greece's Decline', *Bloomberg Business*, 2 August 2012, available at http://www.bloomberg.com/news/articles/2012-08-02/how-the-2004-olympics-triggered-greeces-decline.

[2] P. Markaris, 'Gridlocked Greeks still paying for the miracle of Athens', *Guardian*, 21 December 2004.

[3] D. Mackay, 'Angelopoulos-Daskalaki commissions study into true cost of Athens 2004', *Inside The Games*, 7 August 2014, available at http://www.insidethegames.biz/articles/1021753/angelopoulos-daskalaki-commissions-study-into-true-cost-of-athens-2004.

[4] M. Gold, 'Athens 2004', in J. Gold and M. Gold (eds.), *Olympic Cities: City Agendas, Planning and the World's Games*, Routledge (2012); P. Kissoudi, 'The Athens Olympics: optimistic legacies – post-Olympic assets and the struggle for their realization', *International Journal of the History of Sport, 25*(14), (2008), pp. 1972–1990; P. Kissoudi, 'Athens' post-Olympic aspirations and the extent of their realization', *International Journal of the History of Sport, 27*(16–18), (2010), pp. 2780–2797.

[5] M. Samatas, 'Security and Surveillance in the Athens 2004 Olympics: Some Lessons From a Troubled Story', *International Criminal Justice Review, 17*(3), (2007), pp. 220–238; M. Samatas, 'Surveilling the 2004 Athens Olympics in the aftermath of 9/11: International pressures and domestic

implications', *Security Games: Surveillance and Control at Mega Events* (2011), pp. 55–71.

[6] Quoted in J. Heyer, ' "We Are Greedy and Asocial": Corruption Continues Virtually Unchecked in Greece', *Spiegel Online*, 16 October 2012, available at http://www.spiegel.de/international/europe/corruption-continues-virtually-unchecked-in-greece-a-861327.html.

[7] L. Donegan, 'Athens ready to dispel "last minute" myth', *Guardian*, 13 August 2004.

[8] I. Sinclair, 'The Colossus of Maroussi', *London Review of Books*, vol. 32 no. 10, 27 May 2010, pp. 30–33.

[9] See, for example, the spirited if overstated defence from M. Nevradakias, 'The True Olympic Legacy of Athens: Refuting the Mythology', *Huffington Post*, 7 August 2012, available at http://www.huffingtonpost.com/michael-nevradakis/mythology-an-olympic-spor_b_1745857.html.

[10] F. Govan, 'Greece's Olympic dream has turned into a nightmare for Village residents', *Daily Telegraph*, 23 June 2011.

[11] Sinclair (2010), p. 30.

[12] J. Van der Made, 'Struggling to survive, Greece's Olympic villagers ponder referendum choice', 5 July 2015, available at http://www.english.rfi.fr/economy/20150705-struggling-survive-greeces-olympic-villagers-face-referendum-choice.

[13] N. Kalmouki, 'Illegally Built Athens Mall to be Legalized', *Greek Reporter*, 4 June 2014, available at http://greece.Greekreporter.com/2014/06/04/illegally-built-athens-mall-to-be-legalized/.

[14] Sinclair (2010), p. 31.

[15] J. Chaffin and K. Hope, 'Decline and fall of Greece's Olympic legacy', *Financial Times*, 30 December 2011.

[16] Sinclair (2010), p. 33.

[17] K. Gordon, 'In Athens, former Olympic venues now play host to refugees', *Baltimore Sun*, 12 November 2015, available at http://darkroom.baltimoresun.com/2015/11/in-athens-former-olympic-venues-now-play-host-to-refugees/#1.

Chapter 9, Section One

[1] M.Gross, 'Jumping Through Hoops', *Vanity Fair*, 9 May 2012.
[2] K. Radia, 'Putin: "Can't Feel Weak" in the Face of Terror Threats to Sochi Olympics" ' at http://abcnews.go.com/blogs/politics/2014/01/putin-cant-feel-weak-in-the-face-of-terror-threats-to-sochi-olympics.
[3] This case is made in the incomparable A. Zimbalist, *Circus Maximus: The Economic Gamble Behind Hosting the Olympics and the World Cup*, Brookings Institution Press (2015).
[4] See J. Pramuk, 'The Winter Olympics problem – nobody wants them', available at http://www.cnbc.com/2015/08/07/the-winter-olympics-problem-nobody-wants-them.html and L. Abend, 'Why Nobody Wants to Host the 2022 Winter Olympics', available at http://time.com/3462070/olympics-winter-2022/.
[5] His roster of successful allies and friends, alongside Bach, includes Salman al-Khalifa, who secured the presidency of the Asian Football Confederation, and the organizers of the Buenos Aires Youth Olympics planned for 2018. See O. Gibson, 'Fifa powerbroker Sheikh Ahmad may hold key to Sepp Blatter's successor', *Guardian*, 3 June 2015, available at http://www.theguardian.com/football/2015/jun/03/sheikh-al-sabah-fifa-powerbroker-sepp-blatter.
[6] On opening ceremonies in general, see A. Tomlinson, 'Olympic spectacle: Opening ceremonies and some paradoxes of globalization', *Media, Culture & Society, 18*(4), (1996), pp. 583–602; J. Hogan, 'Staging the Nation: Gendered and Ethnicized Discourses of National Identity in Olympic Opening Ceremonies', *Journal of Sport & Social Issues, 27*(2), (2003), pp. 100–123.
[7] See R. Mendick, 'Sochi opening ceremony glitch: "This is bad, but it does not humiliate us" ', *Telegraph*, 8 February 2014, available at http://www.telegraph.co.uk/news/worldnews/europe/russia/10626384/Sochi-opening-ceremony-glitch-This-is-bad-but-it-does-not-humiliate-us.html.

Chapter 9, Section Two

[1] Key sources on Beijing 2008 include M. Price and D. Dayan (eds.), *Owning the Olympics: Narratives of the New China*, University of Michigan Press (2009); S. Brownell, *Beijing's Games: What the Olympics Mean to China*, Rowman & Littlefield (2008); G. Jarvie, D. J. Hwang and M. Brennan, *Sport, Revolution and the Beijing Olympics*, Berg (2008); P. Close, D. Askew and X. Xin, *The Beijing Olympiad: The Political Economy of a Sporting Mega-Event*, Routledge (2006).

[2] On the reshaping of Beijing, see C. Marvin, ' "All Under Heaven" – Megaspace in Beijing', in M. E. Price and D. Dayan (eds.), *Owning the Olympics: Narratives of the New China*, Digital Culture Books (2008), pp. 229–59; and Ian G. Cook and Steven Miles, 'Beijing 2008', in J. Gold and M. Gold (eds.), *Olympic Cities: City Agendas, Planning and the World's Games, 1896–2016*, 2nd ed., Routledge (2011).

[3] COHRE, *One World, Whose Dream? Housing Rights Violations and the Beijing Olympic Games*, Centre on Housing Rights and Evictions (2008); A. M. Broudehoux, 'The social and spatial impacts of Olympic image construction: The case of Beijing 2008', in *The Palgrave Handbook of Olympic Studies*, Palgrave (2012), pp. 195–209.

[4] F. Hong, P. Wu and H. Xiong, 'Beijing ambitions: An analysis of the Chinese elite sports system and its Olympic strategy for the 2008 Olympic Games', *International Journal of the History of Sport, 22*(4), (2005), pp. 510–529.

[5] A. Hadhazy, 'What makes Michael Phelps so good?', *Scientific American*, 18 August 2008, available at http://www.scientificamerican.com/article/what-makes-michael-phelps-so-good/.

[6] See the argument outlined in R. Moore, *The Bolt Supremacy: Inside Jamaica's Sprint Factory*, Yellow Jersey (2014).

[7] John Jeremiah Sullivan, cited in R. Moore, 'From Usain Bolt to "Donkey Man" – how Jamaica stays so fast', Guardian, 19 August 2015, available at http://www.theguardian.com/sport/2015/aug/19/searching-for-the-next-usain-bolt-at-jamaicas-elite-school-for-sprinters.

[8] M. Weber, *The Protestant Ethic and the Spirit of Capitalism: and other writings*, Penguin (2002).

Chapter 9, Section Three

[1] M. Perryman (ed.), *London 2012: How Was It For Us?* Lawrence & Wishart (2013).
[2] M. Gross, 'Jumping through Hoops', *Vanity Fair*, May 2012; M. Lee, *The Race for the 2012 Olympics: The Inside Story of How London Won the Bid*, Random House (2006).
[3] B. Houlihan and R. Giulianotti, 'Politics and the London 2012 Olympics: the (in)security Games', *International Affairs,* *88*(4), (2012), pp. 701–717; S. Graham, 'Olympics 2012 security: welcome to lockdown London', *City, 16*(4), (2012), pp. 446–451.
[4] See A. Taylor, 'How The Plan To Privatize London's Olympic Security Turned Into A Disaster', *Business Insider*, 18 July 2012; Szu Ping Chan, 'Timeline: how G4S's bungled Olympics security contract unfolded', *Telegraph*, 21 May 2013, available at http://www.telegraph.co.uk/finance/newsbysector/supportservices/10070425/Timeline-how-G4Ss-bungled-Olympics-security-contract-unfolded.html.
[5] M. Raco, 'The privatisation of urban development and the London Olympics 2012', *City*, *16*(4), (2012), pp. 452–460.
[6] I. Sinclair, *Ghost Milk: Calling Time on the Grand Project*, Penguin (2011), p. 12.
[7] M. Gross, 'Jumping through Hoops', *Vanity Fair*, May 2012.
[8] See D. Hill, 'London's Olympic legacy three years on: is the city really getting what it needed?', *Guardian*, 23 July 2015.
[9] J. Halliday, 'Olympics 2012: BBC denies Thompson criticized news coverage of Team GB', *Guardian*, 10 August 2012.
[10] D. Sandbrook, 'How glorious, after years of our national identity being denigrated, to see patriotism rekindled', *Daily Mail*, 10 August 2012, available at http://www.dailymail.co.uk/debate/article-2186815/The-rebirth-

Britishness-How-glorious-years-national-identity-denigrated-patriotism-rekindled.html.
[11] See D. Goldblatt, *The Game of Our Lives: The Meaning and Making of English Football*, Penguin (2014).
[12] P. Donnelly and M. K. Donnelly, *The London 2012 Olympics: A gender equality audit*, Toronto: Centre for Sport Policy Studies (2013).
[13] Sandbrook (2012).
[14] A. Smith, D. Haycock and N. Hulme, 'The class of London 2012: Some sociological reflections on the social backgrounds of Team GB athletes', *Sociological Research Online, 18*(3), (2013), p. 15; see also http://www.suttontrust.com/newsarchive/third-british-olympic-winners-privately-educated/.
[15] D. Hannan, 'Multiculturalism? Nonsense. The Olympics are a victory for patriotism and common British values', *Daily Mail*, 10 August 2012.
[16] Shiv Malik, 'Boris Johnson spells out the Olympics' moral message to rioters and bankers', *Guardian*, 6 August 2012.
[17] W. Hutton, 'Olympics: the key to our success can rebuild Britain's economy', Guardian, 11 August 2012, available at http://www.theguardian.com/commentisfree/2012/aug/12/will-hutton-olympics-economic-recovery.
[18] Data drawn from J. L. Chappelet, 'Managing the size of the Olympic Games', *Sport in Society, 17*(5), (2014), pp. 581–592.
[19] See E. Addley, 'Paralympic sponsor Atos hit by protests', *Guardian*, 31 August 2012, available at http://www.theguardian.com/society/2012/aug/31/paralympic-sponsor-atos-hit-protests.
[20] Key sources on the history of the Paralympic Games: S. Bailey, *Athlete First: A History of the Paralympic Movement*, John Wiley (2008); J. Gold and M. Gold, 'Access for all: the rise of the Paralympic Games', *Journal of the Royal Society for the Promotion of Health, 127*(3), (2007), pp. 133–141; D. Legg and R. Steadward, 'The Paralympic Games and 60 years of change (1948–2008): Unification and restructuring from a disability and medical model to sport-based competition', *Sport in Society, 14*(9), (2011), pp. 1099–1115; K. Gilbert and O. Schantz, *The Paralympic Games: empowerment or side show?* (vol. 1), Meyer & Meyer Verlag (2008).

[21] P. D. Howe, 'From Inside the Newsroom: Paralympic Media and the Production of Elite Disability', *International Review for the Sociology of Sport, 43*(2), (2008), pp. 135–150.
[22] G.Wheatcroft, 'From Jessica Ennis to Joey Barton. Could a contrast be more ghastly?' *Guardian*, 16 August 2012.
[23] A. Sedghi, 'Olympic legacy failure: sports participation figures', Guardian, 5 July 2015, available at http://www.theguardian.com/news/datablog/2015/jul/05/olympic-legacy-failure-sports-participation-figures.
[24] D. Conn, 'Olympic legacy failure: sports centres under assault by thousand council cuts', *Guardian*, 15 July 2015; J. Riach and O. Gibson, 'Olympic legacy failure: access to school sport now a postcode lottery', *Observer*, 5 July 2015.
[25] 'Taxpayers to foot bills for some services at West Ham's Olympic Stadium', *Guardian*, 9 October 2015.

Chapter 9, Section Four

[1] Key sources on the games include J. Boykoff, 'The anti-Olympics', *New Left Review, 67*, (2011), pp. 41–59; J. Boykoff, 'Space matters: the 2010 Winter Olympics and its discontents', *Human Geography, 4*(2), (2011), pp. 48–60; J. J. Silver, Z. A. Meletis and P. Vadi, 'Complex context: Aboriginal participation in hosting the Vancouver 2010 Winter Olympic and Paralympic games', *Leisure Studies, 31*(3), (2012), pp. 291–308; C. M. O'Bonsawin, ' "No Olympics on stolen native land": contesting Olympic narratives and asserting indigenous rights within the discourse of the 2010 Vancouver Games', *Sport in Society, 13*(1), (2010), pp. 143–156.
[2] A. Travers, 'Women's ski jumping, the 2010 Olympic games, and the deafening silence of sex segregation, whiteness, and wealth', *Journal of Sport & Social Issues, 35*(2), (2011), pp. 126–145; J. Laurendeau and C. Adams, ' "Jumping like a girl": discursive silences, exclusionary practices and the controversy over women's ski jumping', *Sport in Society, 13*(3), (2010), pp. 431–447.

[3] L. Edwards, C. Jones and C. Weaving, 'Celebration on ice: double standards following the Canadian women's gold medal victory at the 2010 Winter Olympics' *Sport in Society, 16*(5), (2013), pp. 682–698.

[4] J. Kennelly and P. Watt, 'Sanitizing public space in Olympic host cities: The spatial experiences of marginalized youth in 2010 Vancouver and 2012 London', *Sociology, 45*(5), (2011), pp. 765–781.

[5] The planning for and political economy of the games are well dealt with in M. Müller, 'State dirigisme in megaprojects: governing the 2014 Winter Olympics in Sochi', *Environment and Planning A, 43*(9), (2011), pp. 2091–2108; R. W. Orttung and S. Zhemukhov, 'The 2014 Sochi Olympic mega-project and Russia's political economy', *East European Politics, 30*(2), (2014), pp. 175–191.

[6] These issues are well covered in E. Persson and B. Petersson, 'Political mythmaking and the 2014 Winter Olympics in Sochi: Olympism and the Russian great power myth', *East European Politics, 30*(2), (2014), pp. 192–209; and B. Petersson, 'Still Embodying the Myth? Russia's Recognition as a Great Power and the Sochi Winter Games', *Problems of Post-Communism, 61*(1), (2014), pp. 30–40.

[7] Cited in D. Remnick, 'Patriot Games', *New Yorker,* 3 March 2014.

[8] Fund for the Fight Against Corruption. 2014. Entsiklopediya trat Sochi-2014 (Encyclopedia of Expenditure for Sochi 2014). Moscow: Fund for the Fight Against Corruption.

[9] 'Russia: Migrant Olympic Workers Cheated, Exploited At 1-Year Countdown to Winter Games, IOC Intervention Urgently Needed', 6 February 2013, available at https://www.hrw.org/news/2013/02/06/russia-migrant-olympic-workers-cheated-exploited.

[10] S. Zhemukhov and R. W. Orttung, 'Munich Syndrome: Russian Security in the 2014 Sochi Olympics', *Problems of Post-Communism, 61*(1), (2014), pp. 13–29.

[11] 'Sochi 2014: No gay people in city, says mayor', BBC, 24 January 2014, available at http://www.bbc.com/news/uk-25675957.

[12] J. M. Curry, 'Sochi 2014: 1.5m sign petition calling for inquiry into figure skating gold', *Guardian,* 21 February 2014, available at http://www.

theguardian.com/sport/2014/feb/21/sochi-2014-south-korea-russia-figure-skating-gold-sotnikova-kim-yuna.

[13] D. Remnick, 'Patriot Games', *New Yorker*, 3 March 2014.

Chapter 9, Section Five

[1] A full transcript of this gagfest is available at http://www.americanrhetoric.com/speeches/henriquemeirellesrio2016olympicspeech.htm.
[2] D. Goldblatt, *Futebol Nation: A Footballing History of Brazil*, Penguin (2014).
[3] O. Gibson, 'Rio 2016 Olympic preparations damned as "worst ever" by IOC', *Guardian*, 29 April 2014.
[4] J. Cruz, 'Rio's fragile Olympic spirit', 10 May 2013, available at http://www.playthegame.org/news/news-articles/2013/rio's-fragile-olympic-spirit/.
[5] S. Wade and M. Savarese, 'Brazil attorney general alleges bribes tied to Rio Olympics', 22 December 2015, available at http://bigstory.ap. org/article/a154ff2b597d49c8a8f623164e7ea381/brazil-attorney-general-alleges-bribes-tied-rio-olympics.
[6] S. Gregory, 'Meet the Impoverished Brazil Residents Who Won't Move for the Olympics', Time, 27 December 2015.
[7] J. Clarke, 'Sailing Through the Trash and Sewage of Guanabara Bay', *New Yorker*, 23 August 2015.
[8] B. Brookes and J. Barchfiled, 'AP Investigation: Olympic teams to swim, boat in Rio's filth', 30 July 2015, available at http://bigstory.ap. org/article/d92f6af5121f49d982601a657d745e95/ap-investigation-rios-olympic-water-rife-sewage-virus; J. Clarke, 'Sailing Through the Trash and Sewage of Guanabara Bay', *New Yorker*, 23 August 2015; S. Romero and C. Clatey, 'Note to Olympic Sailors: Don't Fall in Rio's Water', *New York Times*, 18 May 2014, available at http://www.nytimes.com/2014/05/19/world/americas/memo-to-olympic-sailors-in-rio-dont-touch-the-water.html.
[9] Fernanda Sánchez and Anne-Marie Broudehoux, 'Mega-events and urban regeneration in Rio de Janeiro: planning in a state of emergency', *International Journal of Urban Sustainable Development* 5.2, (2013),

pp. 132–153; Anne-Marie Broudehoux, 'Accumulation by multiple dispossessions: The case of Porto Maravilha, Rio de Janeiro', in *The Second ISA Forum of Sociology*, Isaconf (1–4 August 2012); C. Gaffney, 'Gentrifications in pre-Olympic Rio de Janeiro', *Urban Geography*, (2015), pp. 1–22.
[10] J. Watts, 'Museum of Tomorrow: a captivating invitation to imagine a sustainable world', *Guardian*, 17 December 2015.

Conclusion

[1] See 'Voters deliver resounding no to Munich 2022 Winter Olympics bid', Deutsche Welle, 11 November 2013, available at http://www.dw.com/en/voters-deliver-resounding-no-to-munich-2022-winter-olympics-bid/a-17217461; L. Arbend, 'Why Nobody Wants to Host the 2022 Winter Olympics', *Time*, 3 October 2014.
[2] See 'French authorities investigating IAAF's Eugene 2021 World Athletics Championships decision', *Guardian*, 15 December 2015.
[3] O. Gibson, 'French police widen corruption investigation to 2016 and 2020 Olympic bids', *Guardian*, 1 March 2016.
[4] Acosta's time at the FIVB is well covered in Play the Game's summary, available at http://www.playthegame.org/media/2641683/FAV-FIVB-summary-by-Play-the-Game-Oct2014update.pdf.
[5] See, inter alia, A. Krasimirov, 'Eleven Bulgarian weightlifters test positive for steroids', Reuters, 20 March 2015, available at http://www.reuters.com/article/us-doping-bulgaria-weightlifting-idUSKBN0MG2CJ20150320; 'IWF suspends world champion Aleksei Lovchev', Associated Press, 25 December 2015, available at http://bigstory.ap. org/article/8e05d89b2ae3 496b9fe1bbacb2202e14/iwf-suspends-world-champion-aleksei-lovchev; M. Pavitt, 'Wrestling medallist among five more doping cases to emerge at Toronto 2015', *Inside the Games*, 20 July 2015, available at http://www. insidethegames.biz/articles/1028838/wrestling-medallist-among-five-more-doping-cases-to-emerge-at-toronto-2015; K. Crouse, 'Shadow of Doping Is

Never Far From Pool', *New York Times*, 2 August 2015.
[6] See D. Walsh, *From Lance to Landis: Inside the American Doping Controversy at the Tour de France*, Ballantine Books (2007); P. Dimeo, 'Why Lance Armstrong? Historical context and key turning points in the "cleaning up" of professional cycling', *International Journal of the History of Sport, 31*(8), (2014), pp. 951–968; W. Voet, *Breaking the Chain: Drugs and Cycling – The True Story*, Random House (2011).
[7] D. Hill, 'The Insider's Guide to Match-fixing in Football', Anne McDermid (2013); M. R. Haberfeld and D. Sheehan, *Match-fixing in International Sports*, Springer (2014).
[8] 'Japan's sumo scandals', The *Economist*, 10 February 2011; Choe Sung Han, 'South Korea Cracks Down on Match-Fixing Epidemic', *New York Times*, 21 February 2012.
[9] S. Cox, 'Tennis match fixing: Evidence of suspected match-fixing revealed', BBC Sport, 18 January 2016, available at http://www.bbc.com/sport/tennis/35319202.
[10] C. Beam, 'Beijing's Winter Olympics: Conspicuous Consumption in the Snow', *New Yorker*, 31 July 2015.

Coda 2017: After the Party

[1] https://www.theguardian.com/sport/2016/aug/19/oci-investigation-illegal-ticket-sales
[2] The crowd booing during the pole vault medal ceremony can be seen here:https://www.youtube.com/watch?v=WY8Q2Jc_G2c
[3] https://www.theguardian.com/sport/2016/aug/19/cleaners-at-rioathletes-village-paid-just-140-an-hour; http://www.independent.co.uk/ sport/olympics/rio-2016-thousands-of-olympic-volunteers-quit-over-long-hours-and-lack-of-food-a7194776.html
[4] https://sports.vice.com/en_us/article/a-legacy-of-crisis-rio-after-the-olympics;https://www.theguardian.com/world/2016/dec/20/what-is-rio-olympic-legacy-brazil

[5] On the VTL http://www.rioonwatch.org/?p=33799
[6] On the cable car http://www.rioonwatch.org/?p=34709
[7] http://edgeeffects.net/olympic-legacies/
[8] http://uk.reuters.com/article/uk-soccer-brazil-maracana-idUKKBN14U2MO
[9] http://riotimesonline.com/brazil-news/rio-real-estate/parque-radical-in-rios-deodoro-olympic-sports-complex-closed/
[10] http://www.insidethegames.biz/articles/1036652/four-companies-raidedamid-alleged-corruption-involving-pyeongchang-2018-railway-line
[11] http://bigstory.ap.org/article/026efc428642422d8d5fe6105f75d59d/ political-scandal-overshadows-south-korea-2018-olympic-prep; http:// www.insidethegames.biz/articles/1046143/pyeongchang-2018-caughtup-again-in-south-korean-political-scandal; https://www.jacobinmag. com/2017/02/olympics-south-korea-corruption-environment/
[12] http://www.playthegame.org/news/news-articles/2017/0265_tokyogovernor-cuts-through-olympic-nostalgia/
[13] Swiss Canton rejects 2026 bid, http://www.insidethegames.biz/ articles/1046967/swiss-canton-votes-against-2026-winter-olympic-bid-inreferendum
[14] https://www.theguardian.com/world/2016/oct/11/italy-suspends-rome-2024-olympic-games-bid
[15] http://hungarianspectrum.org/2017/02/01/momentums-anti-olympicsdrive-is-already-a-success/; http://hungarianspectrum.org/2017/02/24/ viktor-orban-avoids-humiliation-at-the-hands-of-the-international-olympiccommittee/

图书在版编目（CIP）数据

奥运会的全球史 /（英）大卫·戈德布拉特（David Goldblatt）著；项歆妮译.
-- 武汉：华中科技大学出版社，2021.10
ISBN 978-7-5680-7524-4

Ⅰ.①奥… Ⅱ.①大… ②项… Ⅲ.①奥运会-历史Ⅳ.①G811.219

中国版本图书馆CIP数据核字(2021)第184015号

湖北省版权局著作权合同登记 图字：17-2021-166号

© David Goldblatt 2016
First published 2016 by Macmillan an imprint of Pan Macmillan.

奥运会的全球史
Aoyunhui de Quanqiushi

[英] 大卫·戈德布拉特 著
项歆妮 译

总 策 划：	亢博剑 闫青华
责任编辑：	田金麟
特约编辑：	姚敏怡
装帧设计：	燕 声 夏玮玮
责任校对：	刘 竣
责任监印：	朱 玢
出版发行：	华中科技大学出版社（中国·武汉） 电话：(027) 81321913
	武汉市东湖新技术开发区华工科技园 邮编：430223
印 刷：	湖北新华印务有限公司
开 本：	880mm×1230mm 1/32
印 张：	18.5
字 数：	446千字
版 次：	2021年10月第1版第1次印刷
定 价：	98.00元

本书若有印装质量问题，请向出版社营销中心调换
全国免费服务热线：400-6679-118 竭诚为您服务
版权所有 侵权必究

电子回函表入口

姓名：＿＿＿＿＿ 性别：＿＿＿ 年龄：＿＿＿＿ 职业：＿＿＿＿＿ 教育程度：＿＿＿

邮寄地址：＿＿＿＿＿＿＿＿＿＿＿＿＿＿＿＿＿＿＿＿ 邮编：＿＿＿＿＿＿

E-mail：＿＿＿＿＿＿＿＿＿＿＿＿＿＿ 电话：＿＿＿＿＿＿＿＿＿＿＿

您所购买的书籍名称：《奥运会的全球史》

您对本书的评价：

书名：	□满意	□一般	□不满意	故事情节：	□满意	□一般	□不满意
翻译：	□满意	□一般	□不满意	书籍设计：	□满意	□一般	□不满意
纸张：	□满意	□一般	□不满意	印刷质量：	□满意	□一般	□不满意
价格：	□便宜	□正好	□贵了	整体感觉：	□满意	□一般	□不满意

您的阅读渠道（多选）：□书店 □网上书店 □图书馆借阅 □超市/便利店
□朋友借阅 □找电子版 □其他＿＿＿＿＿＿

您是如何得知一本新书的呢（多选）：□别人介绍 □逛书店偶然看到 □网络信息
□杂志与报纸新闻 □广播节目 □电视节目 □其他

购买新书时您会注意以下哪些地方？
□封面设计 □书名 □出版社 □封面、封底文字 □腰封文字 □前言、后记
□名家推荐 □目录

您喜欢的书籍类型：
□文学-奇幻小说 □文学-侦探/推理小说 □文学-情感小说 □文学-散文随笔
□文学-历史小说 □文学-青春励志小说 □文学-传记
□经管 □艺术 □旅游 □历史 □军事 □教育/心理 □成功/励志
□生活 □科技 □其他＿＿＿＿＿＿

请列出3本您最近想买的书：＿＿＿＿＿＿、＿＿＿＿＿＿、＿＿＿＿＿＿

请您提出宝贵建议：＿＿＿＿＿＿＿＿＿＿＿＿＿＿＿＿＿＿＿＿＿＿＿＿＿
＿＿＿＿＿＿＿＿＿＿＿＿＿＿＿＿＿＿＿＿＿＿＿＿＿＿＿＿＿＿＿＿＿＿

★感谢您购买本书，请将本表填好后，扫描或拍照后发电子邮件至wipub_sh@126.com，您的意见对我们很珍贵。祝您阅读愉快！

亲爱的读者朋友：

也许您热爱阅读，拥有极强的文字编辑或写作能力，并以此为乐；

也许您是一位平面设计师，希望有机会设计出装帧精美、赏心悦目的图书封面。

那么，请赶快联系我们吧！我们热忱地邀请您加入"编书匠"的队伍中来，与我们建立长期的合作关系，或许您可以利用您的闲暇时间，成为一名兼职图书编辑或兼职封面设计师，成为拥有多重职业的斜杠青年，享受不同的生活趣味。

期待您的来信，并请发送简历至 wipub_sh@126.com，别忘记随信附上您的得意之作哦！

电子邀请函入口

为进一步提高我们引进版图书的译文质量，也为翻译爱好者搭建一个展示自己的舞台，现面向全国诚征外文书籍的翻译者。如果您对此感兴趣，也具备翻译外文书籍的能力，就请赶快联系我们吧！

您是否有过图书翻译的经验：
☐ 有（译作举例：_____） ☐ 没有

您擅长的语种：
☐ 英语　☐ 法语　☐ 日语　☐ 德语

您希望翻译的书籍类型：
☐ 文学　☐ 科幻　☐ 推理　☐ 心理　☐ 哲学　☐ 历史　☐ 人文社科　☐ 育儿

请将上述问题填写好，扫描或拍照后，发至 wipub_sh@126.com，同时请将您的应征简历添加至附件，简历中请着重说明您的外语水平。